JENNY WILD
PEER CLASSEN

Sicher & frei reiten

mit Natural Horsemanship

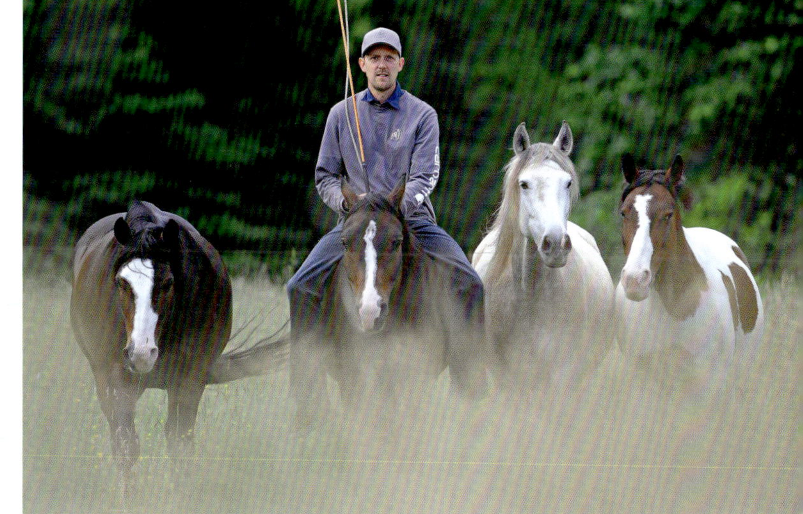

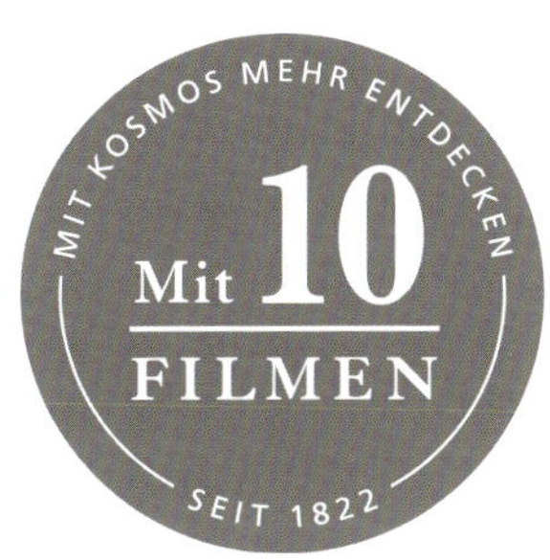

KOSMOS

☞ *Inhalt*

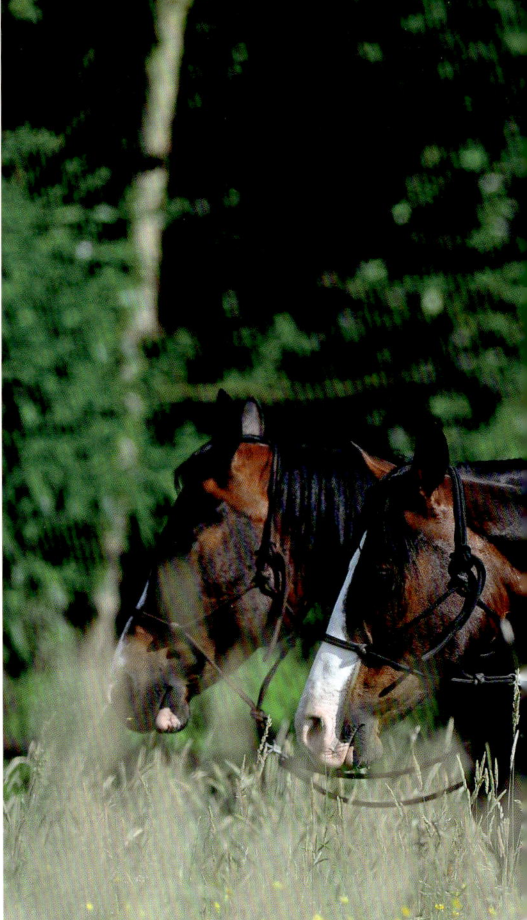

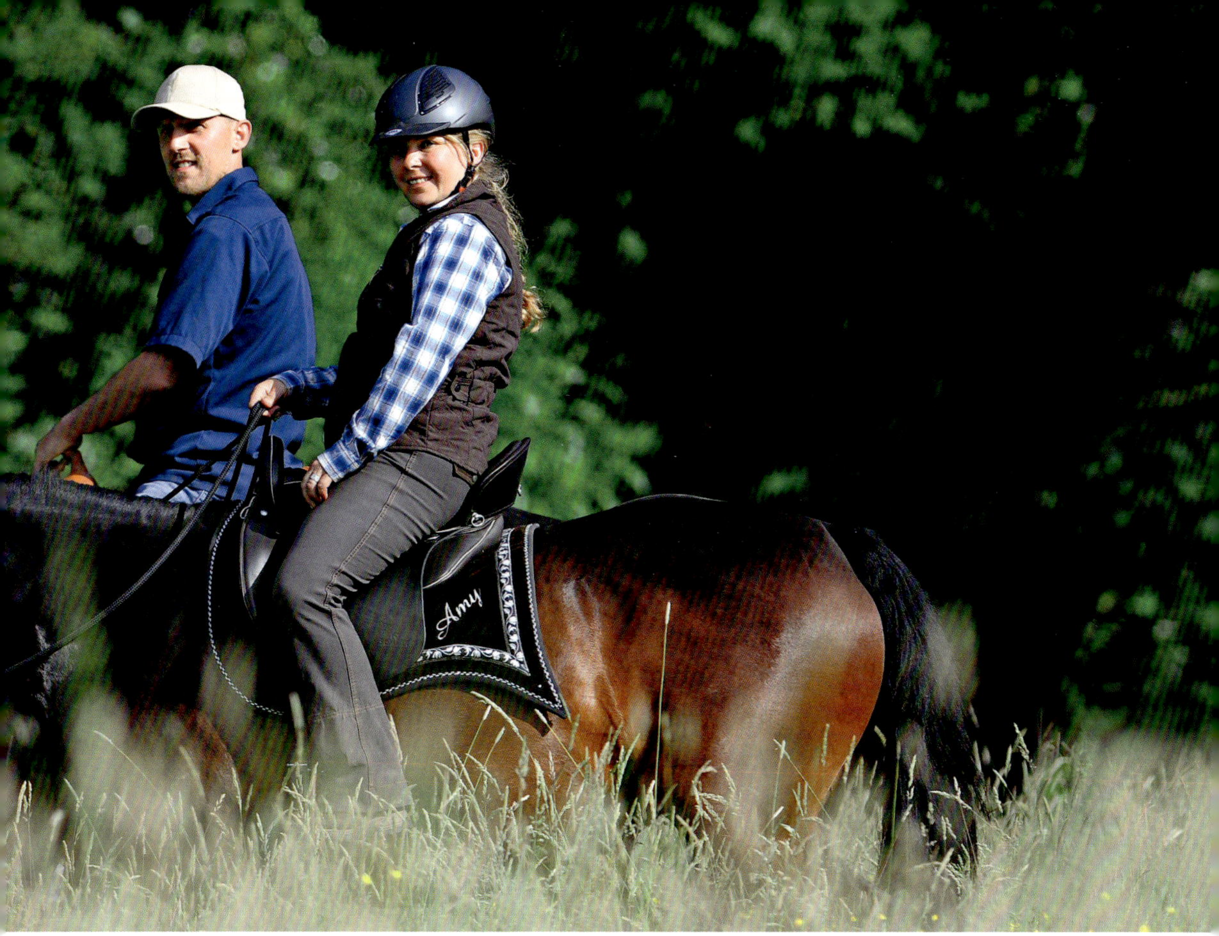

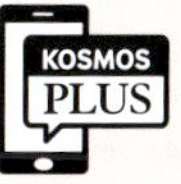

DAS KOSTENLOSE EXTRA: DIE KOSMOS-PLUS-APP FÜR DIGITALE ZUSATZINHALTE

Dieses Buch bietet Ihnen weitere Inhalte in Form von ausgewählten Lektionen als Video, die durch dieses Symbol **123** gekennzeichnet sind.

Und so geht's:

1. Besuchen Sie den App Store oder Google Play
2. Laden Sie die kostenlose App „KOSMOS PLUS" auf Ihr Mobilgerät
3. Öffnen Sie die App und laden die Inhalte für Wild/Claßen, sicher & frei reiten
4. Auf den Buchseiten mit dem Symbol **123** können Sie sich die Videos ansehen. Dazu geben Sie den dort genannten Zahlen-Code, z. B. 001, in die App ein.

Mehr Informationen finden Sie unter plus.kosmos.de

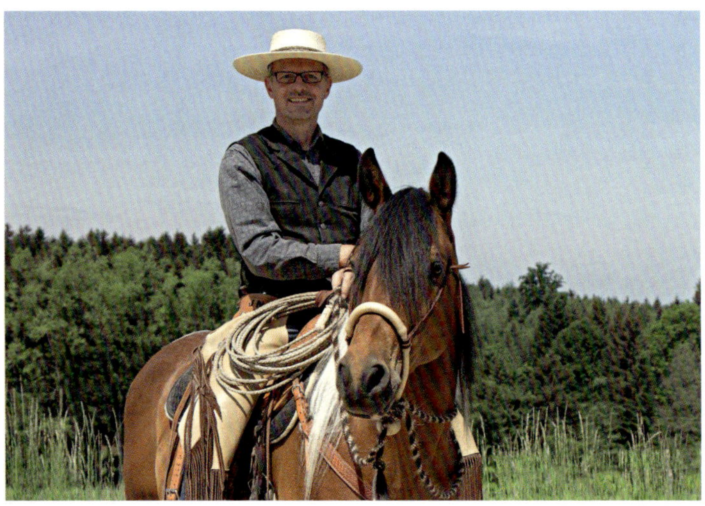

Rolf Schönswetter mit Pintoaraber Jackson

GELEBTE PFERDELIEBE

Wahre Pferdeliebe ist keine Momentaufnahme – sie ist eine Lebenseinstellung. Echte Pferdeleute tragen sie ein Leben lang in ihren Herzen und begegnen damit Mensch und Tier. Als ich Jenny und Peer das erste Mal traf, waren mir die beiden sofort vertraut. Ihre positive Ausstrahlung hat mich gleich berührt und wir verstanden uns auf Anhieb prächtig. Kurz darauf besuchte ich die beiden auf einem ihrer Kurse und was ich dort sah, überzeugte mich ganz und gar. Hier waren zwei echte Pferdemenschen am Werk, die ihre Arbeit lieben und leben.
Wie stark ihre Herzen für Pferde schlagen, geht schon aus ihrem Übungsbuch Natural Horsemanship hervor, das über Nacht zum Bestseller wurde. Es handelt von Bodenarbeit und wie sich Pferd und Mensch harmonisch und vertrauensvoll in Einklang bringen lassen. Ihr Wort- und Sprachgebrauch drückt aus, wie die beiden denken und handeln: Es wird gefragt statt bestimmt, gelehrt statt trainiert. Pferde dürfen mitdenken, sich entspannen und beim Menschen sicher fühlen. Ich finde, ein gutes Credo, das sich in dem nun vorliegenden Buch fortsetzt.
Ein afrikanisches Sprichwort und der wichtigste Leitsatz in meinen Unterrichtsstunden und Kursen besagt: „Das Gras wächst nicht schneller, wenn man daran zieht.“ Darin begründet sich auch die Leichtigkeit, mit der Jenny und Peer Mensch und Pferd zur Seite stehen. Sie nehmen sich alle Zeit der Welt und zeigen doch auf, wie schnell sich ihnen die anvertrauten Vierbeiner anschließen.
Ich bin froh, diese wahren Pferdemenschen zu kennen. Es sind nicht nur ihre Bücher, sondern auch die Menschen dahinter, die sehr empfehlenswert sind.

ROLF SCHÖNSWETTER

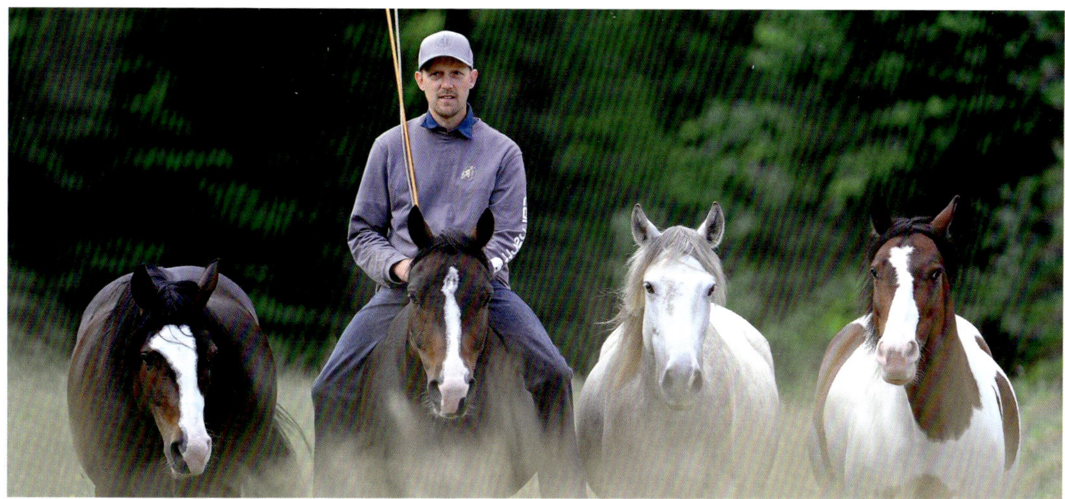

Freiheit und Sicherheit beim Reiten haben viele Gemeinsamkeiten und machen als Kombination Unmögliches möglich.

FREI UND SICHER – WIE PASST DAS ZUSAMMEN?

Benjamin Franklin hat einmal gesagt: „Wer die Freiheit aufgibt, um Sicherheit zu gewinnen, wird am Ende beides verlieren." Freiheit bringt Sicherheit? Dieser Gedanke lässt bestimmt viele Reiter erbleichen. Ganz besonders im heutigen Zeitalter von Helmen, Sicherheitswesten, Protektoren, Hilfszügeln und Durchgängergebissen.

Zunächst einmal muss jedem klar sein: Hundertprozentige Sicherheit gibt es nicht. Weder im Straßenverkehr, noch beim Sicherheitscheck am Flughafen, ja nicht mal zu Hause im eigenen Wohnzimmer. Und genauso wenig gibt es sie beim Umgang mit Pferden. Es gibt aber Möglichkeiten, das Zusammensein von Pferd und Mensch so sicher wie möglich zu machen. Dazu gehören natürlich auch Helme und Sicherheitswesten. Solche und andere Hilfsmittel haben aber einen großen Nachteil: Menschen verlassen sich darauf. Sie haben das Gefühl, mit Gebiss, Weste und Helm kann ihnen nichts passieren. Doch es passiert sehr wohl etwas, man nimmt die Gefahr nur eher in Kauf. Tatsächlich mindern diese Hilfsmittel nur die Folgen von Gefahren, und lassen uns die Notwendigkeit vergessen, uns um ihre Ursachen zu kümmern. Natürlich ist zum Beispiel auch beim Motorradfahren Sicherheitskleidung sinnvoll, aber niemand würde sich mit noch so gutem Schutz auf ein Motorrad setzen, dessen Lenkung und Bremse nicht richtig oder nur manchmal funktionieren, und das oft sogar von selbst Gas gibt. Kein Mensch würde sich dabei einfach nur denken: „Egal, ich habe ja einen Helm auf!" Der Großteil der Reiter tut genau das jedoch jeden Tag! Unserer Erfahrung nach gibt es viel wichtigere Sicherheitsfaktoren, die im Übrigen auch alle irgendwie etwas mit Freiheit zu tun haben. Um sie wird es in den meisten Kapiteln des Buchs gehen. Gemeinsame

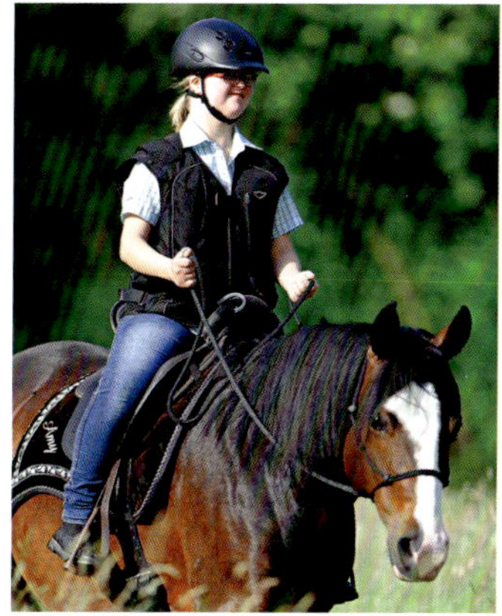

Schutzkleidung kann echte Sicherheit auf Basis von Verständigung, Vertrauen und Respekt ergänzen – aber nicht ersetzen.

Grundlage – soviel können wir an dieser Stelle schon verraten – ist das Prinzip der Verantwortung. Nur wenn Pferd und Reiter beide gelernt haben, ihre Verantwortungen wahrzunehmen, kann es echte Sicherheit geben. Die Freiheit dient dabei einerseits als Trainingsmittel, andererseits aber auch als Prüfstein. Pferd und Mensch lernen dabei, mit ungewohnten Freiheiten umzugehen und den Kopf einzuschalten, anstatt in schwierigen Situationen nur auf einander zu reagieren. Das ist unserer Meinung nach die beste Versicherung. Aber das schaffen wir Menschen nur, wenn wir unser geliebtes Muster des Sich-festhaltens vergessen und das Loslassen üben. Eine schwere aber in jeder Hinsicht lohnenswerte Herausforderung.

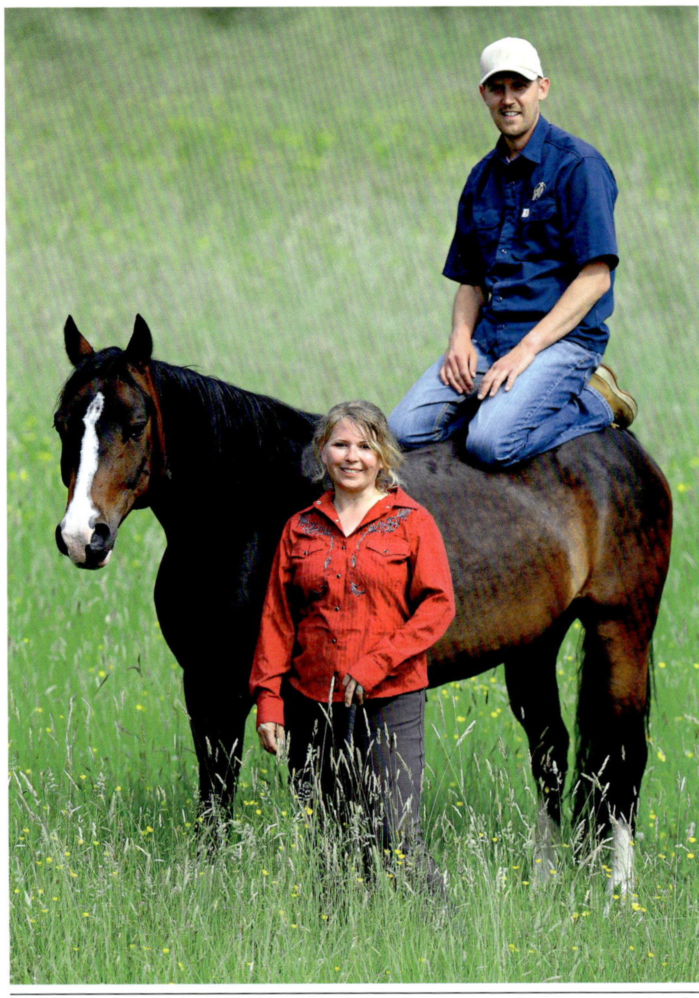

Einen Menschen auf dem Rücken zu haben, ist für ein Pferd erst einmal nicht natürlich. Wenn man aber das Zusammensein mit dem Pferd sowohl am Boden als auch auf seinem Rücken als soziale Interaktion gestaltet, kann es für Pferde zu etwas Natürlichem werden.

NATÜRLICH REITEN – GEHT DAS ÜBERHAUPT?

Dass sich ein fremdes, oft bedrohliches Wesen auf den Rücken eines Fluchttiers setzt, ist sicher nichts Natürliches. Doch selbst wenn man diese Tatsache einmal ignoriert: Pferde sind nicht auf der Welt, damit wir auf ihnen reiten – Pferde sind ganz generell nicht dazu da, das zu tun, was wir von ihnen wollen. Alles was wir von ihnen bekommen, ist ein Geschenk. Wir müssen es uns entweder schenken lassen oder verdienen, nicht aber einfach nehmen. Wir Pferdebesitzer vergessen das nur allzu oft. Zum Beispiel, wenn wir uns auf einen Ausritt mit unseren Freundinnen freuen, wenn wir für ein Turnier trainieren, oder wenn man, so wie wir, beruflich darauf angewiesen ist, dass die Pferde „funktionieren" müssen.

Je mehr wir vergessen, dass die Pferde uns nichts schuldig sind, umso mehr arbeiten wir gegen das Pferd – gegen seine Talente, seine Natur, seinen Willen. Kultivieren wir dagegen eine Einstellung, die offen ist für die Ideen und auch die Probleme der Pferde, dann werden sie uns auch bald das schenken, was sie können! Pferde sind sehr lern- und anpassungsfähig. Man kann ihnen alles Mögliche beibringen und man kann sie auch an viel Sinnvolles und Unsinniges gewöhnen. Tatsächlich gilt das auch für Dinge, die für sie „unnatürlich" sind, wie das Reiten. Zum Glück kann man das sogar auf eine Art und Weise tun, die es ihnen erlaubt, uns nicht nur zu „er-tragen", sondern es als etwas Normales zu akzeptieren, wenn wir da oben drauf sitzen – also dass es für sie fast zu etwas ganz Natürlichem wird. Das gelingt aber auch nur, wenn wir es ihnen gemäß ihrer Natur näherbringen. In diesem Sinne ist natürlich reiten zumindest nicht unbedingt ein Widerspruch.

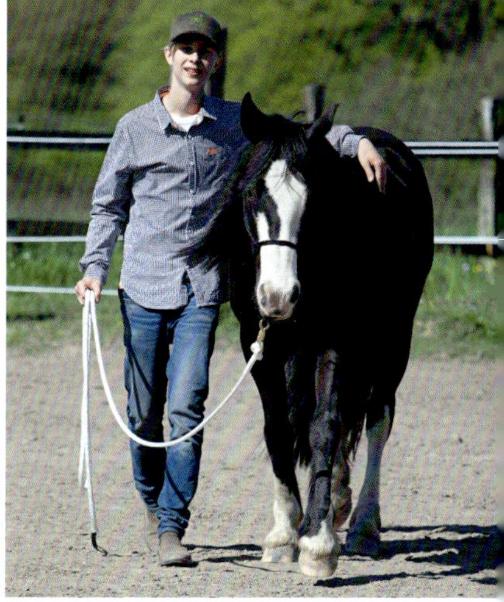

Gemeinsam unterwegs zu sein, macht den Reiz des Reitens aus. Doch auch, wenn man nicht auf dem Pferderücken sitzt, ist das jederzeit möglich und leistet gleichzeitig sinnvolle Vorarbeit für das Reiten.

DER GROSSE WERT DER BODENARBEIT

Oft werden wir sowohl von unseren Schülern, als auch von einigen Kollegen gefragt: „Reitet ihr eigentlich auch?", weil unser eigentliches Steckenpferd ja die Freiheitsdressur ist und diese meistens am Boden abläuft. Nach Ansicht vieler Pferdemenschen sind Reiten und Bodenarbeit zwei vollkommen unterschiedliche Bereiche, die wenig miteinander gemein haben.

Aus Sicht der Pferde macht es allerdings kaum einen Unterschied, ob ein Mensch vom Boden aus agiert oder von oben. Es sind immer zwei Lebewesen, die eine gemeinsame Beziehung führen, die miteinander kommunizieren, deren Energie Einfluss aufeinander nimmt. So gesehen ist es nur logisch, diese Gemeinsamkeiten zu nutzen, um für beides – Reiten und Bodenarbeit – eine klare, nachvollziehbare und verständliche Kommunikation zu schaffen.

Ein gravierender Unterschied zur Arbeit am Boden ist allerdings, dass man beim Reiten einen großen Teil seiner physikalischen Balance einbüßt. Das beeinträchtigt natürlich auch die Körpersprache. Um das auszugleichen, werden viele Übungsabläufe am Anfang übertrieben deutlich beschrieben. Sie handeln dadurch bewusster, entwickeln ein besseres Gefühl für Reitdynamiken und Ihr Körper automatisiert Bewegungsabläufe schneller.

VORBEREITUNG IST DER SCHLÜSSEL

Dieses Buch ist als Einführung konzipiert. Es soll Ihnen helfen, eine gute Grundlage zu schaffen, aus der sich ganz von alleine der weitere Weg für Sie und Ihr Pferd ergeben wird. Um gerade das freie Reiten wirklich zu meistern und zu verfeinern, empfehlen wir daher auch immer die persönliche Unterstützung erfahrener Trainer. Das wird ein Buch alleine nicht leisten können und das ist auch nicht der Anspruch unserer Übungen.

Bitte wundern Sie sich nicht, wenn wir einige Übungen so beschrieben haben, als würden wir ein junges Pferd ausbilden, oder als würden Sie gerade erst mit dem Reiten beginnen. Gerade diese Herangehensweise lehrt Sie, mit jedem Pferd so sensibel und fein umzugehen, als wäre es noch ein Jungspund. Das lässt viele Probleme erst gar nicht aufkommen und hilft Ihnen außerdem, eigene eingefahrene Muster zu erkennen und zu überarbeiten!

Auch als erfahrener Reiter werden Sie staunen, wie erfrischend es sein kann, manchmal neue Wege zu gehen, anstatt unbedingt an alten Mustern und Bildern festzuhalten. Neue Wege beginnen immer an der

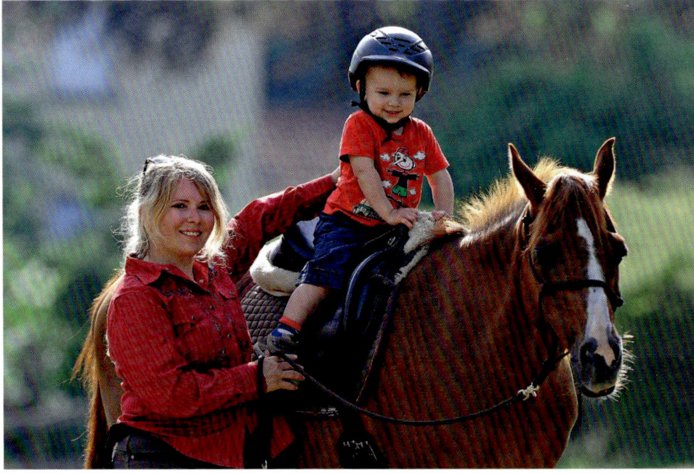

Die „Anfänger- Perspektive" erinnert auch alte Hasen an Träume und Wünsche von damals. Mit neuen Sichtweisen können sie jederzeit wahr werden.

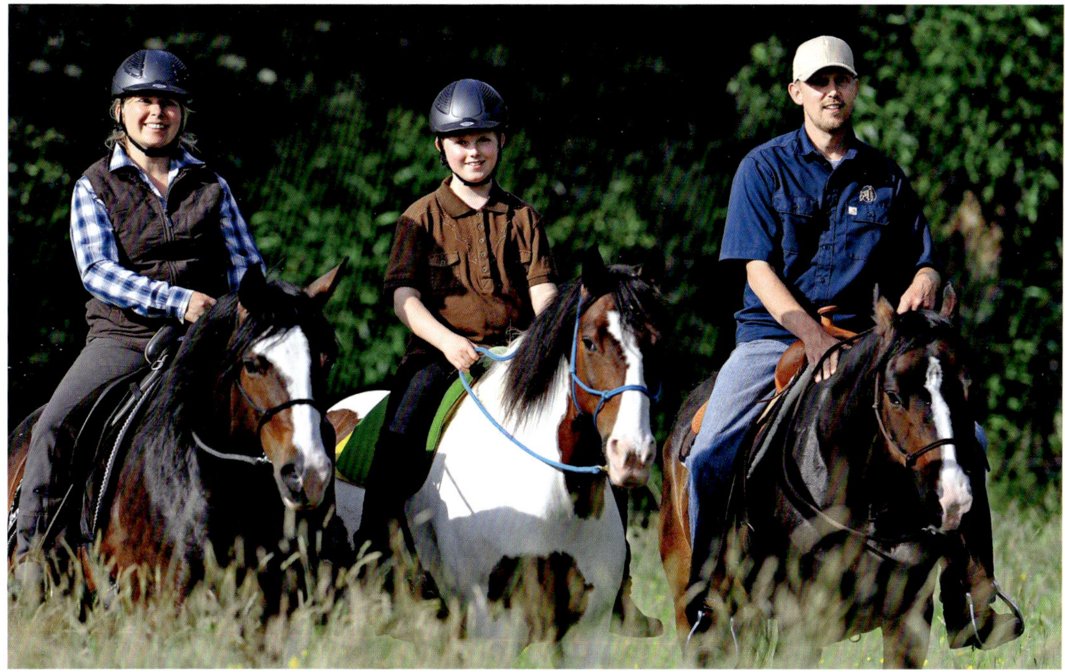

Egal, ob Western-, Dressur- oder Freizeitreiten – eine Beziehung, die auf der Natur der Pferde aufbaut, führt immer zum Erfolg.

Basis. Je solider diese ist, umso höher und stabiler kann man darauf bauen. Dies gilt beim Häuserbau genauso wie beim Reiten. Doch Sie brauchen keine Angst zu haben, dass Sie all Ihr bisheriges Wissen und Können über den Haufen werfen müssen. Oft sind es nur einige einzelne Bausteine, die am Fundament fehlen. Sind diese Lücken gefüllt, wird das automatisch auch positive Auswirkungen auf einem höheren Level haben. Versuchen Sie einfach, manchmal etwas anderes, manchmal aber auch das Gleiche nur etwas anders zu tun.

REITWEISENUNABHÄNGIG

Der positive Nebeneffekt eines guten Fundaments ist, dass sich darauf ganz unterschiedliche Dinge aufbauen lassen. Wenn man die Konzepte in unserem Buch wirklich verstanden hat, wenn man ein Gefühl für die Pferde entwickelt hat, wenn man weiß, wie man Fragen stellt und dem Pferd unterschiedliche Manöver verständlich macht, hat man die beste Voraussetzung, in jeder Reitweise entspannt, sicher und motiviert seinen gemeinsamen Weg zu finden.

Wie man dem Pferd etwas sagen kann, das ist das Hauptthema in diesem Buch und ebenso in unserem ersten Buch über die Grundlagen am Boden. Unterschiede in Energie und Fokus entscheiden im weiteren Trainingsverlauf, was man damit tut.

RICHTIG ODER FALSCH?

Die Übungen in unserem Buch sind nicht die einzigen oder die richtigen, sondern sie basieren auf unseren persönlichen Erfahrungen, Vorlieben, Zielen und unserer Philosophie. Insbesondere der Sitz und die Zügelführung sowie Gewichts- und Schenkelhilfen können mitunter ganz anders angewandt werden. Da haben wir beide auch nicht immer haargenau sich deckende Ansichten, Konzepte und Vorstellungen. Wenn Sie etwas bereits tun, was für Sie und Ihr Pferd funktioniert, brauchen Sie es nicht (zwingend) zu ändern – vielleicht können Sie Ihr Repertoire aber ergänzen. Es gibt nicht immer nur richtig und falsch oder gut und schlecht, es gibt einfach Vor- und Nachteile unterschiedlicher Methoden.

VON ANDEREN LERNEN

Das meiste Wissen, welches wir mit unserem Buch gerne an Sie weitergeben möchten, ist nicht allein auf unserem Mist gewachsen. Deswegen würden wir gerne an dieser Stelle unseren Vorbildern, Lehrern und Mentoren für ihr wertvolles Wissen und die Inspiration, die sie mit ganzem Herzen an jeden interessierten Pferdemenschen weitergeben,

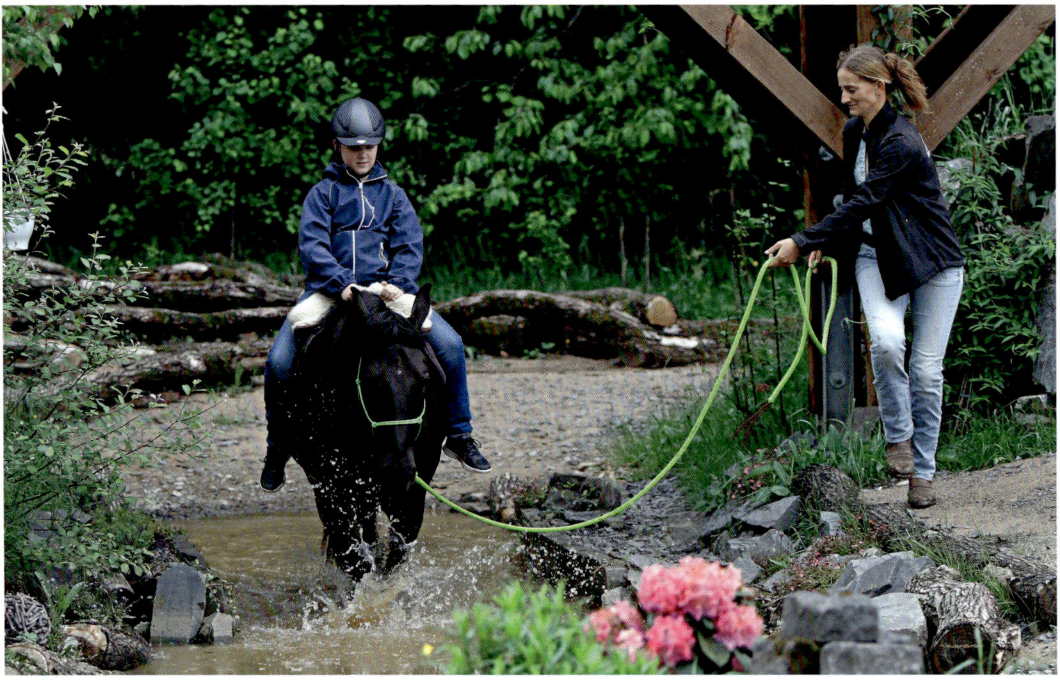

Immer neugierig und offen, weiterlernen zu wollen, macht einen guten Horseman aus. Hier lernt Henry von Noémie in ihrem Extreme- Trail Park.

danken. Das sind allen voran Pat und Linda Parelli und einige ihrer Instruktoren wie z. B. Silke Vallentin. Außerdem zählen wir dazu Mark Rashid, Heinz Welz, Alfonso und Arien Aguilar, Ian Benson, Karen Rohlf, in den letzten Jahren auch Jeff Sanders, Bent Branderup, Marius Schneider, Kristin und Wolfgang Krischke und natürlich unser großes Vorbild Jean-François Pignon.
Es macht uns Spaß, ständig weiterzulernen und unser eigenes Tun und Handeln immer wieder zu überdenken, zu überarbeiten und mit neuen Einflüssen zu verknüpfen.
Das ist auch unser Appell an Sie. Halten Sie Ausschau nach guten Lehrern und suchen Sie den gemeinsamen Nenner ihres Erfolgs mit Pferden. Bleiben Sie dabei jedoch autark. Lernen Sie nicht einfach nur etwas auswendig und versteifen Sie sich nicht unbedingt auf eine einzige Methode, sondern gestalten Sie Ihren eigenen Weg. Hören Sie auf Ihr Herz und vor allem auf Ihr Pferd. Dieses wird Ihnen immer ehrlich sagen, was sinnvoll und hilfreich ist und was nicht.

MOTIVATION BEIM REITEN

Reiten macht Spaß! Jedenfalls dem Reiter, der dabei leider oft übersieht, dass sein Pferd das häufig ganz anders empfindet. Überhöhte Forderungen, ständiger Druck und das Fehlen sinnvoller Lösungsansätze frustrieren manche Pferde so sehr, dass sie sich wehren oder versuchen, zu flüchten. Schließlich wird es immer demotivierender und gefährlicher für beide Seiten, bis es am Ende selbst dem Reiter keinen Spaß mehr macht. Achten Sie daher immer auf Zeichen von fehlender Motivation. Erkennen Sie diese früh genug, kommt es erst gar nicht so weit.
Vergessen Sie bitte nicht, Ihrem Pferd für die unzähligen Leistungen, die es für Sie vollbringt, sehr viel Wertschätzung zu schenken. Sinnvolle Pausen, Lob, und wenn möglich auch mal ein Leckerli, halten Ihr Pferd bei Laune. Kurze Einheiten, kleine Schritte, Eigenverantwortung und Mitbestimmung werden aus ihm langfristig einen motivierten Partner machen.

GESUNDE PFERDE UND NATÜRLICHE GRENZEN

Wir gehen davon aus, dass Sie die Übungen aus unserem Buch nur umsetzen, wenn Ihr Pferd gesund ist. Bitte nehmen Sie außerdem Rücksicht auf die ganz persönlichen Talente sowie die körperlichen und mentalen Fähigkeiten und Grenzen Ihres Pferdes, aber auch auf Ihre eigenen! Machen Sie also keine Experimente, nur weil wir es so in unserem Buch geschrieben haben.

Die Hilfsmittel

— zur Verständigung

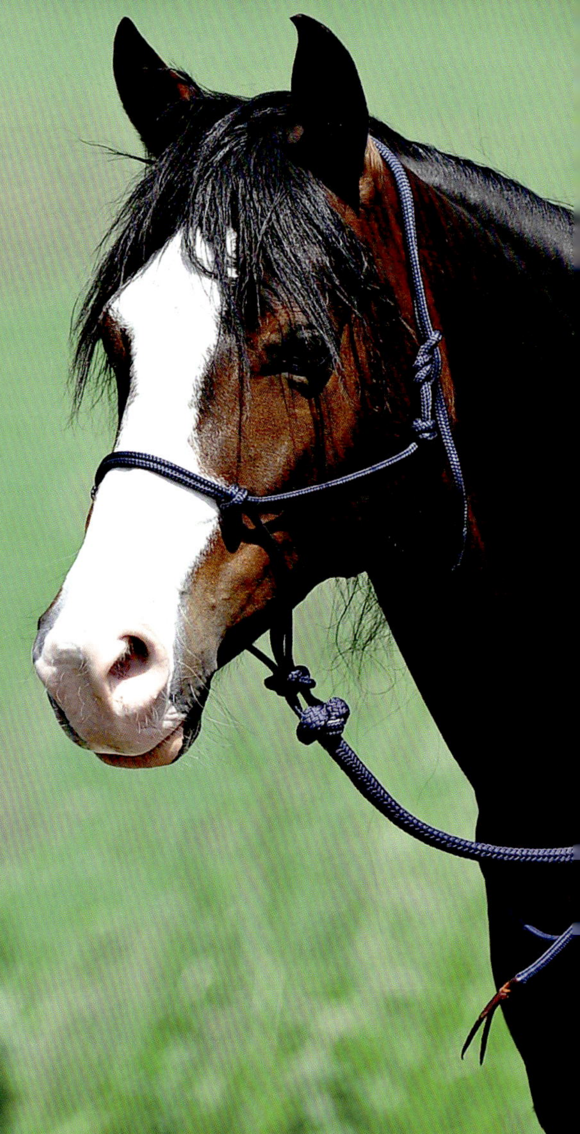

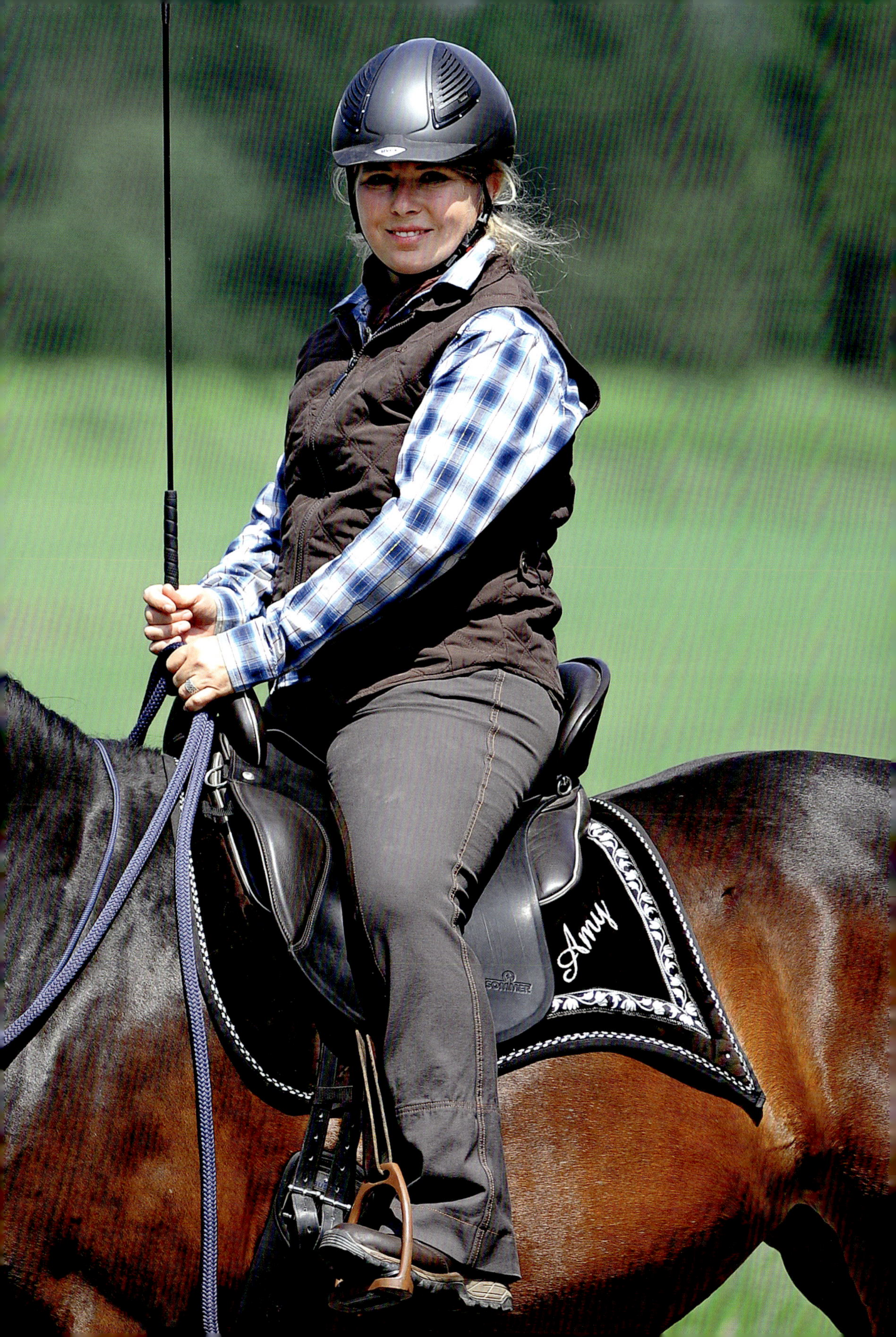
Amy
SOMMER

Die Ausrüstung

Eine natürliche Ausrüstung beginnt beim Equipment. Auf den folgenden Seiten erfahren Sie einiges über sinnvolle Ausrüstung und deren Anwendung.

WOZU BESONDERE HILFSMITTEL?

Eine erfolgreiche Zusammenarbeit und Kommunikation zwischen zwei so unterschiedlichen Lebewesen wie Pferd und Mensch entsteht nicht einfach aus dem Nichts. Wir benötigen dazu Hilfsmittel, die uns sicherer machen und den Pferden das Verstehen erleichtern. Welche Art von Ausrüstung man verwendet und welche nicht, ist dabei mitentscheidend für das Ergebnis. Deswegen schadet es nicht, sich mit dem Equipment auseinanderzusetzen. Auch mit solchem, das wir hier nicht aufgeführt haben, das aber in den richtigen Händen und mit der richtigen Absicht durchaus auch für andere Ziele hilfreich sein kann. Der große Pluspunkt der Hilfsmittel im Natural Horsemanship ist die Energieübertragung. Wie wichtig die Energie für die Kommunikation ist, werden Sie noch lernen. Entscheidend ist, dass sie genauso beim Pferd ankommt, wie wir sie losschicken. Speziell zu diesem Zweck sind die „natürlichen" Ausrüstungsgegenstände konzipiert: die Energie 1:1 zu übermitteln.

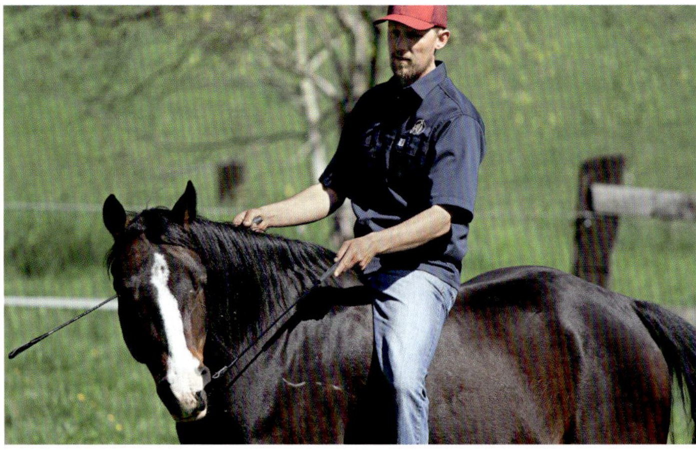

Alle Hilfsmittel, die wir benutzen, darf das Pferd ausgiebig kennen lernen, denn schließlich soll es nicht aus Furcht reagieren, sondern uns antworten, weil es die Frage verstanden hat.

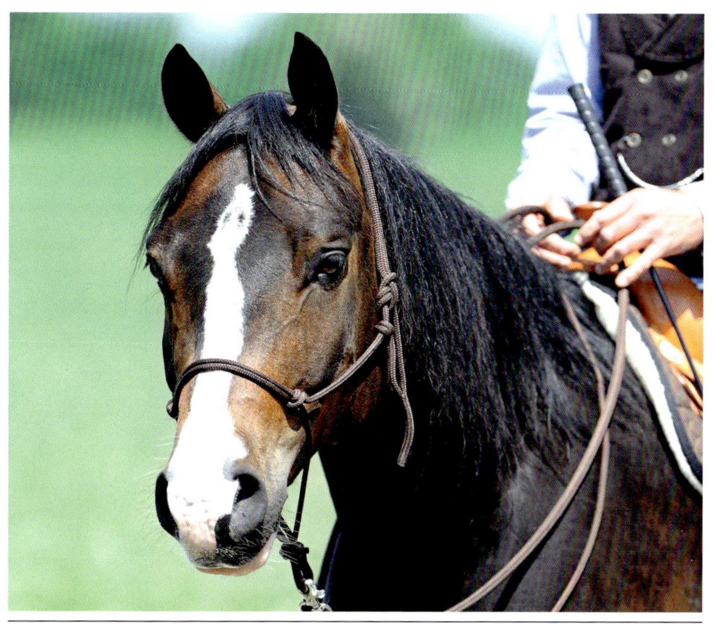

01

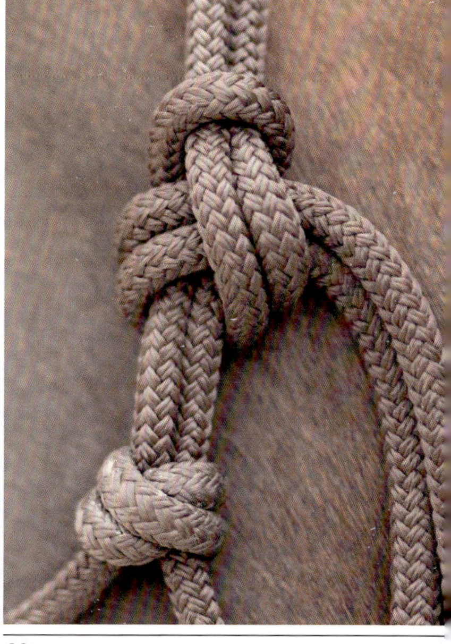

02

01 – 02 *Das Knotenhalfter und der Verschlussknoten. Die Qualität der Hilfsmittel ist entscheidend, doch noch wichtiger ist, wie und zu welchem Zweck man sie verwendet. Sie helfen uns z. B. beim Lehren, sollten jedoch nicht zum Strafen benutzt werden, oder um Unsicherheit zu kaschieren."*

DIE VIER KATEGORIEN DES REITEQUIPMENTS

Es gibt vier Arten von Hilfsmitteln, die uns das Lernen und Lehren erleichtern:

1. AM KOPF

Alles, was wir am Pferdekopf befestigen, dient auf die eine oder andere Art der Sicherheit oder der Kommunikation. Pferde sind schneller und stärker als wir und haben noch dazu ihren eigenen Kopf. Da ist es verständlich, dass vielen Menschen die Vorstellung schwerfällt, ohne direkte Kontrolle über eben diesen Kopf zu reiten. Leider nehmen sie dann allzu oft mechanische Kontrollmittel zu Hilfe, die weder die Einstellung der Pferde noch die Verbindung und die Verständigung mit dem Menschen verbessern. Ja, die im Endeffekt sogar das Gegenteil von dem bewirken, wozu sie eigentlich eingesetzt werden. Man kann es nicht oft genug betonen: Nicht Kraft, Hebelwirkung und kleinliche Kontrollen machen uns sicher, sondern die Verständigung und eine wirkliche Verbindung zum Pferd können Gefahren wirksam minimieren. Ein Pferd, das mitdenkt, sich sicher fühlt und sich entspannen kann, ist eine viel effektivere Lebensversicherung als ein scharfes Gebiss und Kontrolle durch Schmerz.

Gebisse deswegen generell zu verteufeln, ist sicher nicht die einzig logische Konsequenz. Auch mit einem Gebiss kann man sicher und fein reiten. Trotzdem haben wir uns entschieden, unsere Pferde gebisslos zu reiten, und benutzen dafür hauptsächlich das Knotenhalfter aus 6 mm

starkem, geschmeidigem Seilmaterial. Es ist unserer Erfahrung nach für das Thema dieses Buchs am besten geeignet. Man kann sich davon schnell unabhängig machen und die gute Energieübertragung des Materials ist bei der Kommunikation eine große Hilfe.
Das Knotenhalfter wirkt beim Reiten etwas anders ein als vom Boden aus, daher darf bzw. sollte es ein bisschen enger um die Nase sein, da sich die Zügel sonst gegen den Hals oder den Kehlkopf drücken können. Das ist unangenehm und verfälscht die Zügelhilfen.

2. IN DER HAND

Die Zügel Neben unserem Sitz ist die Verbindung von der Reiterhand zum Pferdekopf, durch die Zügel, die zweite entscheidende Schnittstelle zwischen Reiter und Pferd – und die am meisten missverstandene und missbrauchte. Sie wird gleichzeitig unterschätzt (was ihr Potenzial für feine Kommunikation angeht) und überschätzt (im Hinblick auf Sicherheit und Kontrolle).
Um diese wichtige Verbindung optimal zu nutzen, bevorzugen wir auch bei den Zügeln das gleiche Material wie beim Führseil. Meist in einer Stärke von 13 mm, später oder bei ohnehin schon feinen Pferden in 10 mm Seilstärke und irgendwann auch in Halfterstärke.
Die Zügel können unten am Diamantknoten oder an den Seiten oft in dafür vorgesehene Ringe am Halfter eingehakt werden. Wir bevorzugen die erste Variante. So besteht kaum ein Unterschied der Hilfen vom Boden und vom Sattel aus.

Das Führseil Am Anfang der Ausbildung reicht jedoch auch das Bodenarbeitsseil, das doppelt über dem Widerrist liegt oder sich in Ihrer Hand befindet. Bei den ersten Sicherheitsübungen ist es sogar einem herkömmlichen Zügel vorzuziehen. Das macht es Ihnen leichter, mit alten Gewohnheiten und Automatismen zu brechen, die den Zielen eines natürlicheren Umgangs im Wege stehen. Ist ein Zügel sinnvoller oder das Führseil nicht mehr nötig, werden wir ausdrücklich darauf hinweisen.

Der String Das Seilchen, das normalerweise am Stick befestigt ist, ist unglaublich vielseitig einsetzbar. Wir haben ständig eins bei uns. Mit diesem Seilchen haben wir schon ausgebüchste Pferde und Esel wieder nach Hause gebracht, wir simulieren damit Übungen auf unseren Kursen und auch außerhalb der Pferdewelt kam es schon oft zum Einsatz: zum Schlittenziehen, Betten reparieren und sogar, um landwirtschaftliche Geräte am Traktor zu stabilisieren.
Beim fortgeschrittenen Reiten leistet es, um den Pferdehals gebunden, gute Dienste (s. Foto). Es wird zunächst noch unterstützt vom Zügel, bevor es unabhängig davon benutzt werden kann. Ähnlich wie ein Halsring bietet es die Möglichkeit, freier zu reiten und trotzdem noch über die Reiterhand Einfluss zu nehmen.

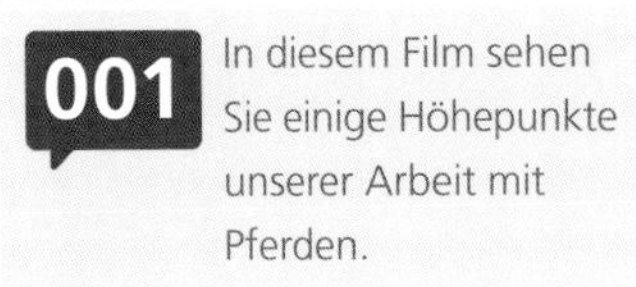

In diesem Film sehen Sie einige Höhepunkte unserer Arbeit mit Pferden.

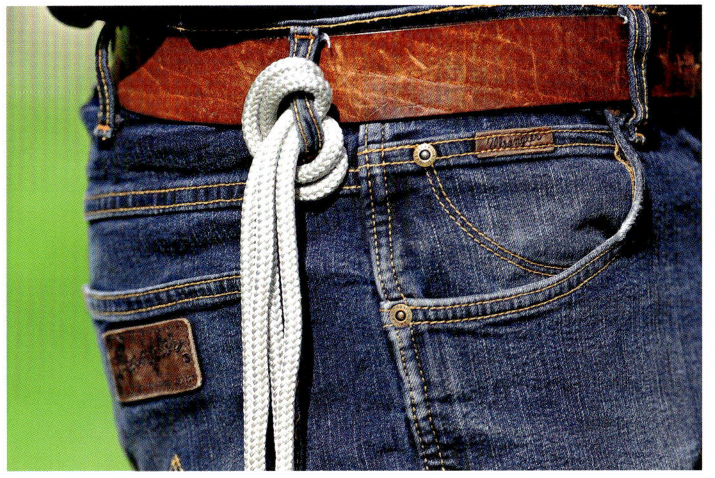

01

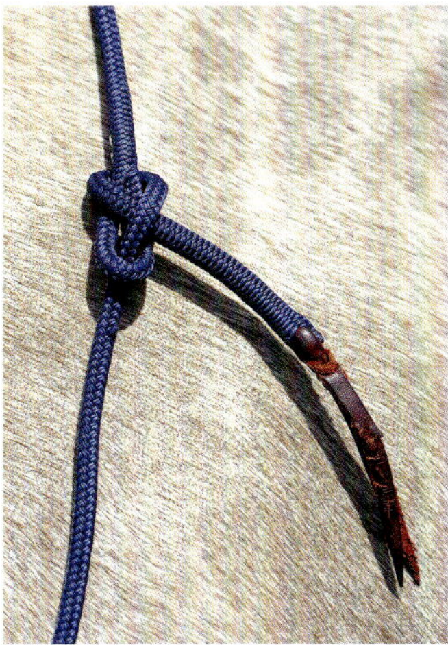

02

3. UNTERM HINTERN

Die beste Methode, harmonische Bewegungen mit dem Pferd zu erreichen, ist natürlich das Reiten ohne alles, also auf dem blanken Pferderücken. Alle Signale vom Pferd oder vom Sitz und Gewicht des Reiters werden unverfälscht übermittelt. Diese Methode ist jedoch nicht uneingeschränkt für jeden Reiter und für jedes Pferd von Anfang an zu empfehlen. Sie erfordert schon ein gewisses Maß an Balance – nicht nur um nicht runtezufallen, sondern auch, um dem Pferd nicht permanent unklare Signale zu übermitteln. Außerdem sind unsere Sitzbeinhöcker auf Dauer unangenehm bis schmerzhaft für Pferde, was zu Verspannungen oder Widersetzlichkeit führen kann. Wenn Sie also vorhaben, länger als nur ein paar Minuten zu reiten, oder gar einen Ausritt planen, dann ist ein Sattel dem sogenannten „Bareback"- Reiten

01 „Wir haben jederzeit einen „String" bei uns, der uns schon oft aus der Patsche geholfen hat.

02 So knoten Sie ihn um den Pferdehals herum fest, wenn er als eine Art Halsring dienen soll."

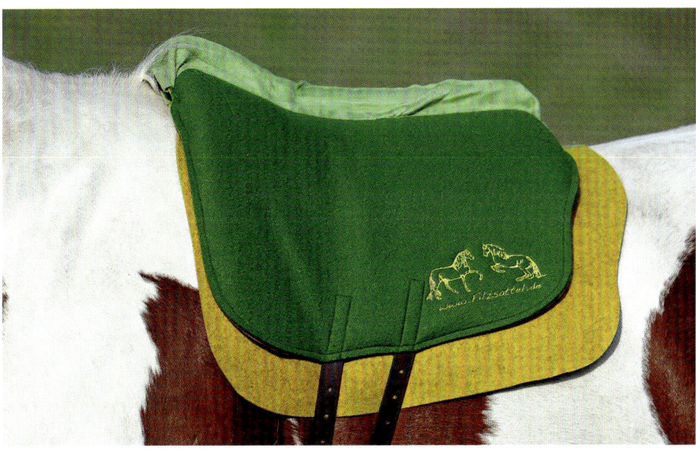

Der Filzsattel schont den Pferderücken und erlaubt ein feines Gefühl zwischen Reiter und Pferd.

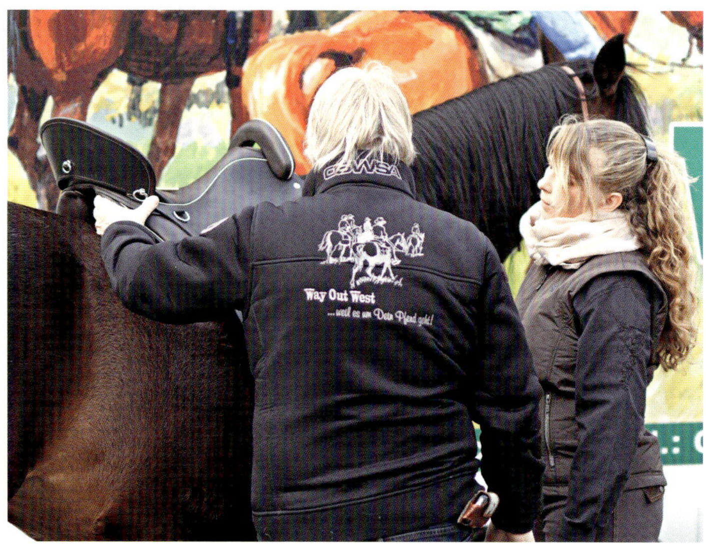

Der Sattel bietet nur Vorteile, wenn er auch passt. Das können Sie nur durch kompetente, fachliche Beratung sicherstellen.

doch vorzuziehen. Für welche Art von Sattel Sie sich entscheiden, bleibt Ihnen überlassen – nur passen sollte er unbedingt, da sonst nicht nur das Pferd, sondern ebenso Ihre Verständigung darunter leidet. Lassen Sie daher den Sattel immer vom Fachmann anpassen.
Eine gute Zwischenlösung ist ein Filzsattel oder ein Reitpad, auch Bareback-Pad genannt. Diese Alternativen kommen dem Reiten auf dem blanken Pferderücken am nächsten. Sie werden mit einem Gurt am Pferd befestigt, entlasten den Pferderücken, und bieten dabei besseren Halt als das Fell. Dennoch erlauben sie noch ein besseres Gefühl füreinander als ein Sattel.

4. UNTERSTÜTZENDE HILFSMITTEL

In diese Sparte fallen diejenigen Hilfsmittel, die unsere Frage unterstützen sollen. Dazu gehört einmal der Stick (einzeln oder als Paar), den wir beim Reiten in der kurzen Version verwenden (ca. 80 – 90 cm). Eine Gerte tut es notfalls auch, doch hat der Stick den Vorteil, dass er Ihre Energie besser überträgt und Sie mit Ihrem Timing genauer sein können. Bei manchen Übungen ist der String eine leichtere und weniger störende Lösung. Sie können ihn in der Hand halten oder am Handgelenk befestigen. Und auch das Lederende des Seils kann u. U. als überzeugende Hilfe dienen.
Was Sie jeweils benutzen, hängt von der Übung, der Situation, dem Ausbildungsstand und von Ihren persönlichen Vorlieben ab. Es gibt Unterschiede in der Qualität und der Ausführung. Sticks gibt es in lang oder kurz, Seile bekommen Sie mit oder ohne Haken und Zügel kann man in dickerer oder dünnerer Seilstärke kaufen. Alles hat seine Berechtigung sowie seine sinnvollen Einsatzgebiete.

DIE HANDHABUNG DER HILFSMITTEL

Hilfsmittel sind immer gerade so fein, so grob oder so fair, wie man sie benutzt. Auch machen sie uns nicht automatisch freier. Freies und sicheres Reiten kann nur dann gelingen, wenn Sie die Hilfsmittel immer so verwenden, dass Sie von ihnen unabhängig werden. Benutzen Sie Ihr Equipment zum Lehren, nicht zum Strafen. Ihr Pferd soll schließlich keine Marionette sein, sondern ein mitdenkender Partner mit Verantwortung. Pat Parelli hat es unserer Meinung nach am besten ausgedrückt: „The more you use your reins the less they use their brains" (Je mehr Sie die Zügel benutzen, umso weniger benutzen die Pferde ihr Gehirn). Damit sie ihren Kopf wieder einschalten, setzen Sie, wann immer es möglich ist, Ihre Körpersprache als erstes Signal ein, bevor Sie Zügel, Sticks oder das Seilchen benutzen. Noch besser ist es, wenn auch Hände und Beine erst zum Einsatz kommen, nachdem Ihre Körperhaltung ausgedrückt hat, was Sie möchten.
Um sicher im Sattel zu sein, müssen Sie jederzeit in der Lage sein, Ihre Hilfsmittel entweder sehr fein zu benutzen oder sehr effektiv. Sind sie nicht fein, stumpfen Sie Ihr Pferd ab und es geht z.B. gegen den Zügel. Schaffen Sie es am anderen Ende der Skala nicht, in Notsituationen effektiv zu sein, kann das genauso ins Auge gehen.

01 – 02 Diese beiden Möglichkeiten empfehlen wir als neutrale Position beim Reiten mit zwei Sticks. Mit einem Stick sieht es ähnlich aus. Diesen können Sie dann auch auf der rechten und der linken Pferdeseite einsetzen, ohne die Hand zu wechseln.

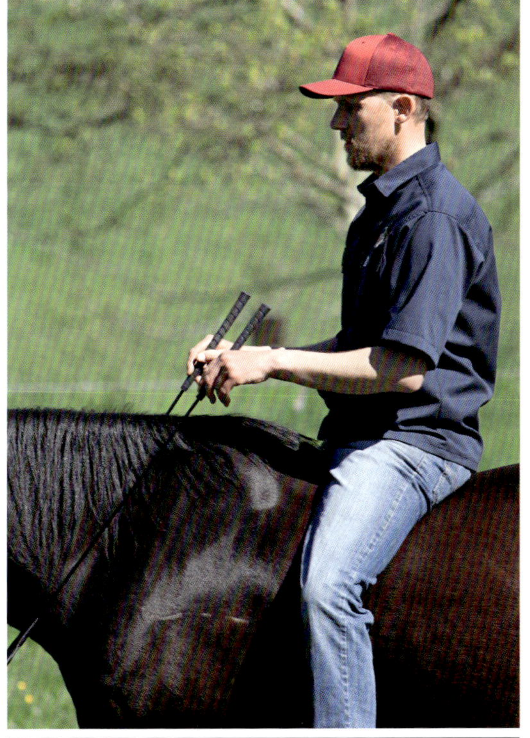

01

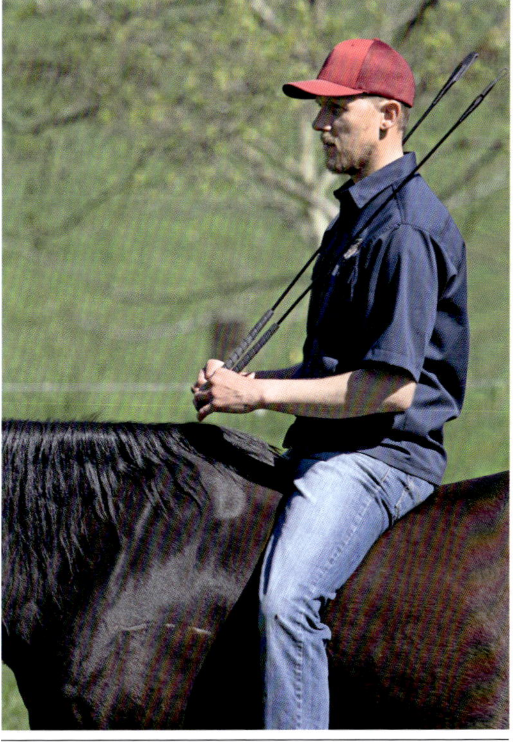

02

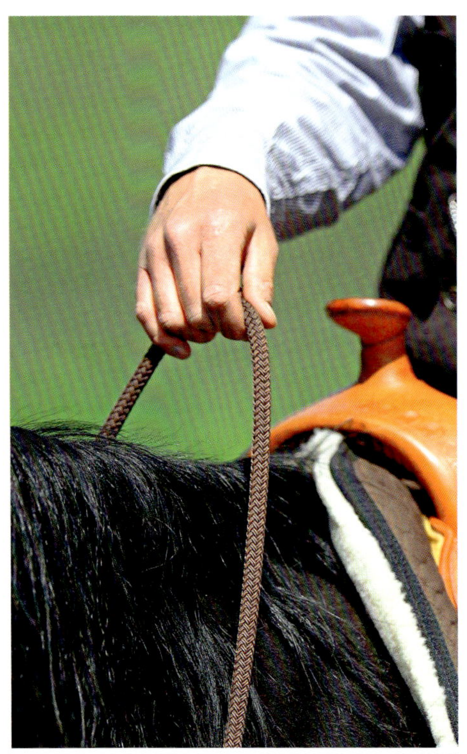

01

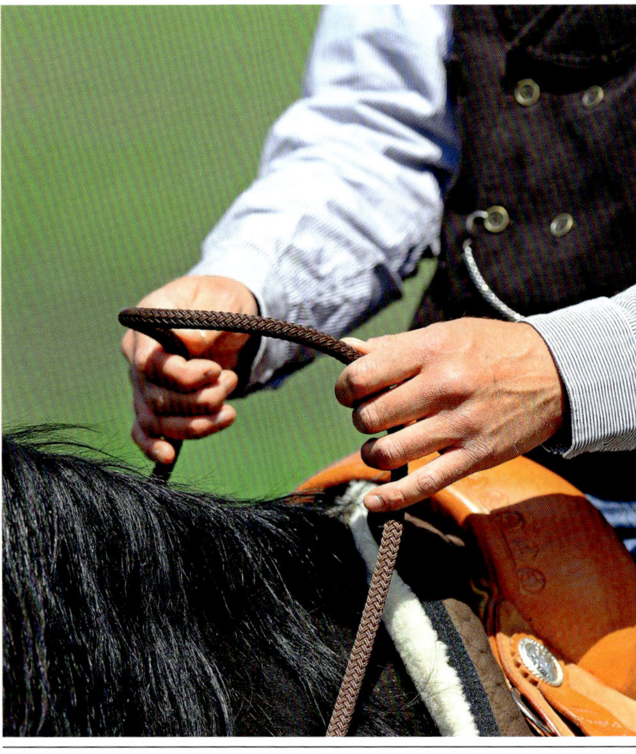

02

01 – 04 Alle Hilfsmittel sind mit Gefühl, aber auch souverän zu handhaben. Egal, ob Stick oder Gerte, Zügel oder String, einhändig oder zweihändig.

Ihr Normalzustand sollte entspannt sein. Die Hände sind offen, die Zügel liegen locker darin. Sie können die Hände (oder nur eine Hand) mit den Zügeln am Widerrist oder am Sattel ablegen, oder Sie „streicheln" die Zügel mit Ihren Händen, um eine verkrampfte Haltung zu vermeiden.

Benutzen Sie Ihre Hände nur, wenn es nötig ist, dann aber auch, bis das Pferd nachgibt.

Auch wenn die Kommunikation eigentlich schon ohne Zügel eingespielt ist, lassen Sie sie für den Notfall lieber noch für eine Übergangszeit am Pferd.

Für eine neutrale Position der Sticks liegen diese entweder links und rechts am Hals des Pferdes direkt vor der Schulter (Sie halten sie wie einen Bleistift oder manchmal wie Tennisschläger), oder Sie nehmen sie nach oben und legen sie auf Ihren eigenen Schultern ab. Die Hände sind im zweiten Fall aufrecht, so als hätten Sie Zügel in der Hand. Bei Übungen mit einem einzelnen Stick halten Sie diesen aufrecht vor sich hin mit Ihrer Hand etwa auf Bauchhöhe oder legen ihn ebenfalls auf Ihrer Schulter ab. Manchmal kann man ihn auch wie eine Gerte nehmen.

Der String als Halsring sollte locker genug sein, um das Pferd nicht einzuengen, solange Sie ihn nicht benutzen. Er ist locker um den Halsansatz geknotet. Sie können den Knoten mit dem Ende nach unten hängen lassen (wenn Sie beide Hände benutzen) oder nach oben, wo

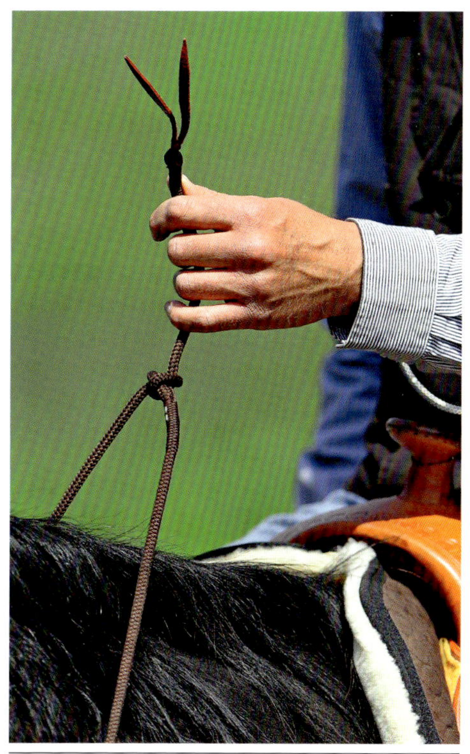

03

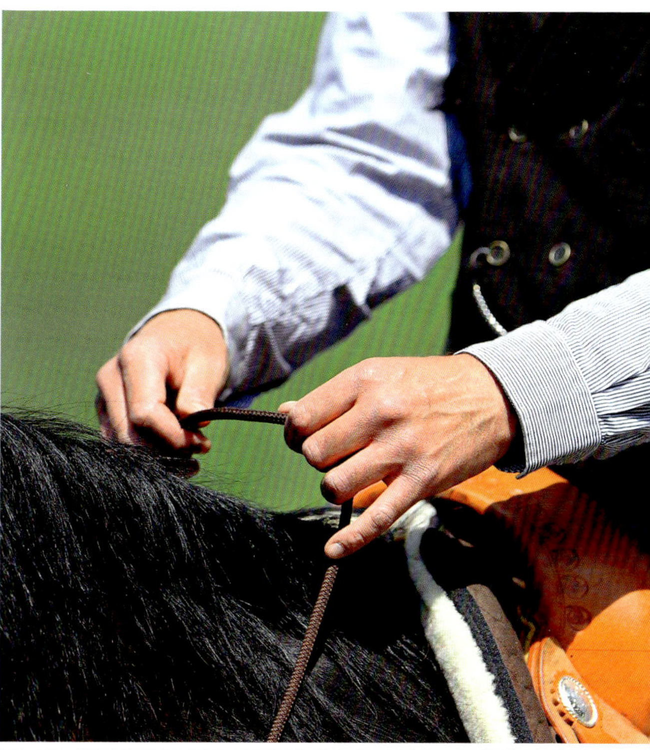

04

Sie das Ende gut mit einer Hand führen können. Möchten Sie Ihr Pferd grasen lassen, müssen Sie den String mit einem Zöpfchen in der Mähne befestigen, damit er nicht herunterrutscht und das Pferd sich mit den Vorderbeinen darin verfängt.

Ob Sie dem Stick oder dem String den Vorrang geben, um sich beim Reiten freier, also unabhängig, von den Zügeln zu machen, können Sie weitestgehend selbst entscheiden. Am besten probieren Sie verschiedene Konstellationen aus Zügel, Sticks und String aus. Es gibt immer welche, die je nach Reiter, Pferd und Ausbildungsstufe besser funktionieren, und welche, die weniger gut geeignet sind. Manche Pferde sprechen auf das stetige, ruhige Gefühl des Strings gut an, während andere eher dagegen drücken. Viele werden bei den Sticks schnell nervös, andere wachen bei den Sticks überhaupt erst einmal auf. Jenny zum Beispiel bevorzugt den String beim freien Reiten. Sie nutzt ihn sogar, um den Zügel zu unterstützen (und nicht umgekehrt, wie es üblich ist), weil ihr Pferd Amy Druck auf der Nase als viel störender als andere Pferde empfindet. Peer mag wiederum lieber die Sticks, weil er wildere Sachen macht und Effektivität als Ass im Ärmel haben möchte. Außerdem ist die Gefahr des Dauerdrucks und damit des Abstumpfens nicht so groß wie beim Seilchen um den Hals.Finden Sie heraus, was am ehesten zu Ihnen, Ihrem Pferd und Ihren Zielen passt.

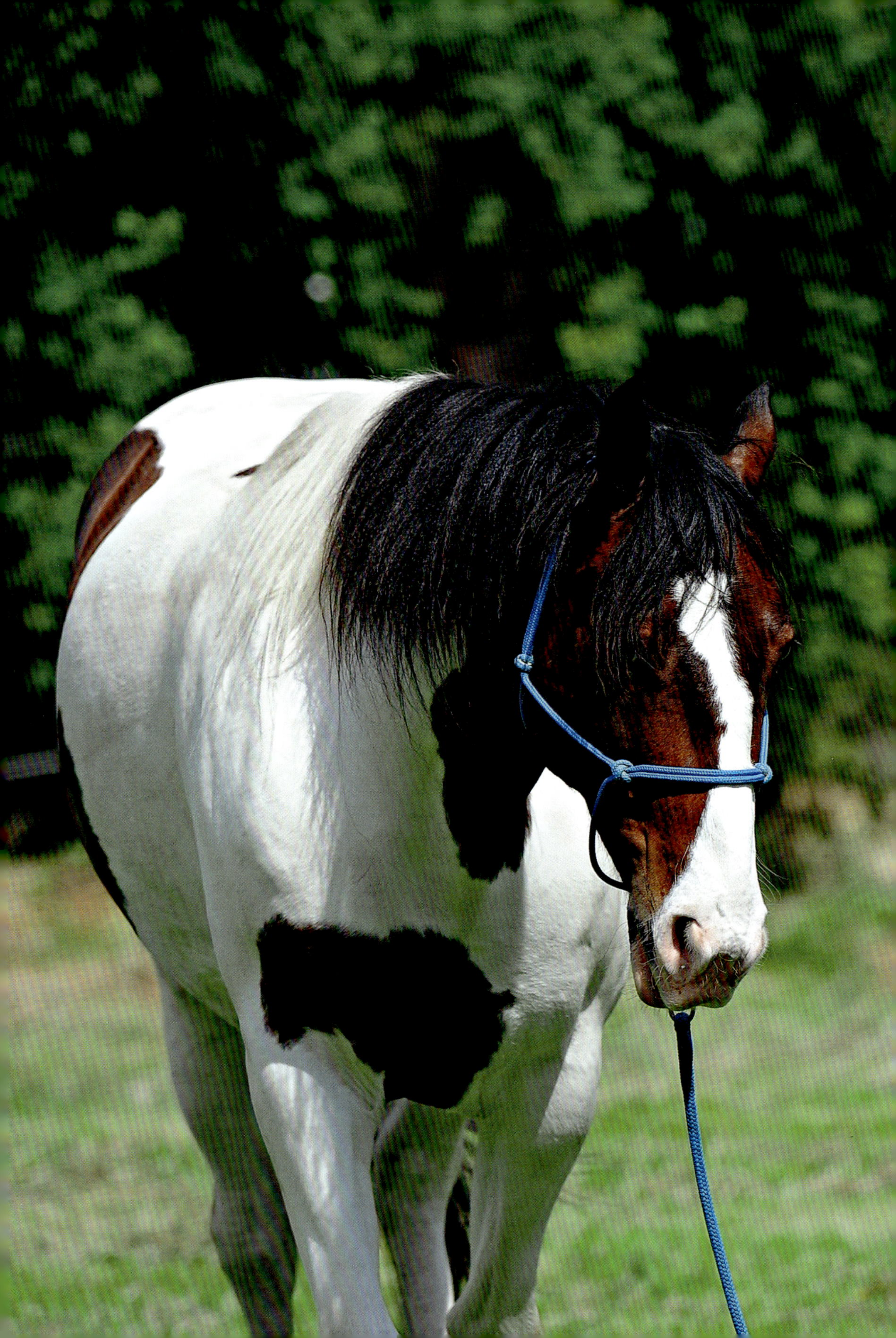

Vorbereitung — am Boden

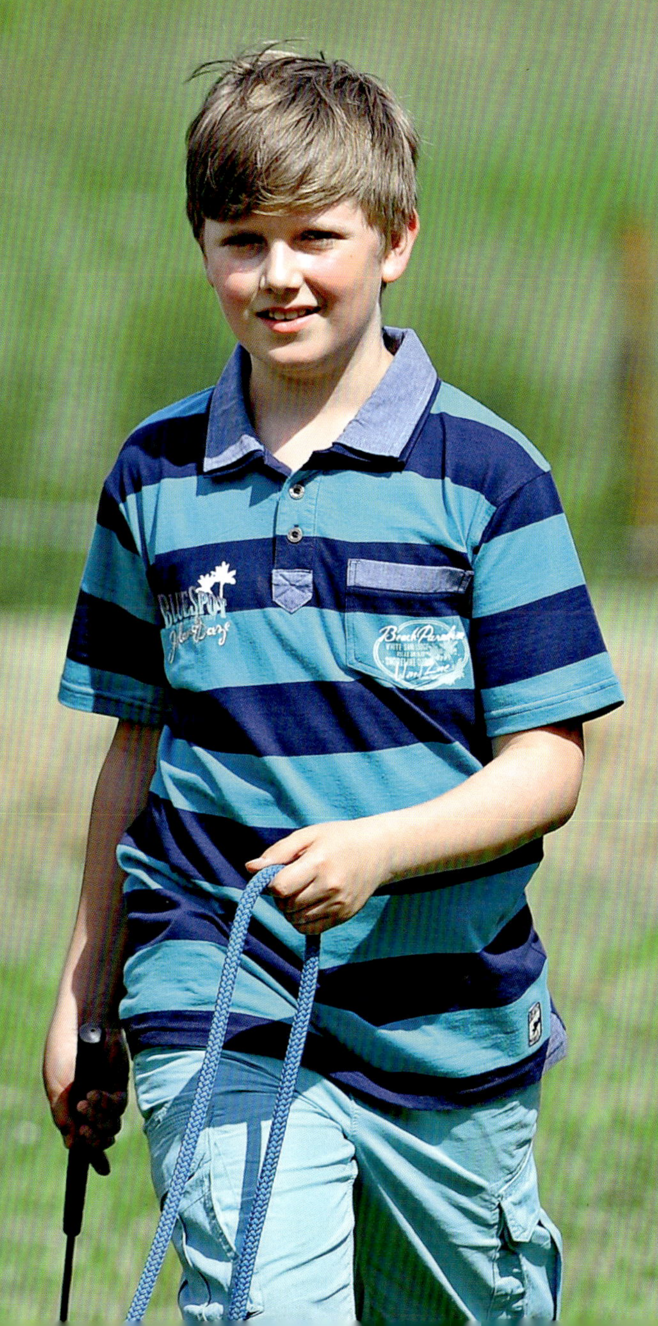

Das Pferde-ABC

In der Einführung haben wir schon darauf hingewiesen, dass alles, was man auf dem Pferd macht, sich nicht grundsätzlich davon unterscheidet, was man am Boden tut. Da liegt es nahe, sich das zu Nutze zu machen, was man schon kennt, um seine Erfolgschancen beim Reiten zu erhöhen.

In den folgenden drei Kapiteln wiederholen wir daher noch einmal das sogenannte Pferde – ABC, also das Fundament für erfolgreiche Kommunikation. Alles, was Sie mit Pferden erreichen möchten, können Sie auf den Prinzipien des Pferde – ABCs aufbauen, und daher werden Sie es auch in all unseren Übungen wiederfinden. Es besteht aus den drei Grundbausteinen:

— Dem Prinzip: „Du bist nicht gemeint"
— Dem Bewegen mit direktem Gefühl
— Dem Bewegen mit indirektem Gefühl

Vielleicht kennen Sie die Übungen schon aus unserem „Übungsbuch Natural- Horsemanship". An dieser Stelle werden wir noch einmal die wichtigen Eckpfeiler benennen und einige wenige Übungen dieser drei Grundbausteine vorstellen, die speziell auf die Vorbereitung zum Reiten und auf das Reiten selbst zugeschnitten sind. Im Grunde sind für alle drei Bausteine nur eine Hand voll Faktoren wichtig:

01 – 02 „Jetzt will ich nichts von dir!" und „Jetzt will ich etwas von dir!" Dieser oft nur minimale Unterschied in Körpersprache, Energie und Fokus hat große Auswirkungen auf die Kommunikation. Er ist die Grundvokabel des Pferde-ABC's.

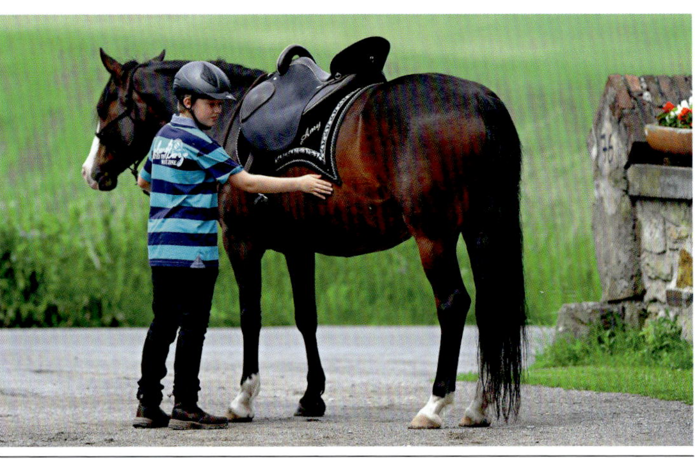

01

— Energie,
— Fokus,
— Gefühl,
— mit der feinsten Energie (der nettesten Frage) beginnen,
— die Energie schrittweise steigern,
— Fragen zu Ende stellen,
— Timing.

Wenn man sich auf diese Kernthemen konzentriert, hat man einen großen Vorteil. Sie gelten universell, d. h. egal, was man welchem Pferd beibringen möchte, man kann sie immer als Ausgangspunkt benutzen. Es ist nicht nötig, bei jeder Übung, ja nicht einmal bei jeder Disziplin alles neu zu erlernen, man muss einfach nur seine Fähigkeiten an die neuen Anforderungen anpassen.
Die beiden ersten Begriffe der Liste sind dabei die wichtigsten, denn sie sind es, die Horsemanship „Natural" machen. Pferde beurteilen alles um sie herum unter dem Blickwinkel der Energie und des Fokus: was ihre Artgenossen tun, was ihre Fressfeinde vorhaben und auch, ob man sich vor unbelebten Objekten fürchten muss oder nicht. Letzteres allerdings nur mit mäßigem Erfolg...
Mit Energie und Fokus können wir den Pferden sagen, was wir von ihnen möchten. Schalten wir uns ein, sollen sie aktiv werden, sind Fokus und Energie ausgeschaltet, müssen sie nicht auf uns reagieren und haben Pause. Sollen sie dagegen selbstständig mit etwas fortfahren, bleiben wir in einem Standby Modus, den wir „neutral" nennen.
Wer von Ihnen das Pferde- ABC schon kennt, der kann direkt bei den konkreten Übungen einsteigen, doch um sich auf das Thema einzustimmen, schadet eine kleine Wiederholung nicht. Es gibt sogar ein oder zwei neue Kleinigkeiten zu entdecken, die im ersten Übungsbuch keinen Platz mehr gefunden haben. Na, neugierig geworden?

HINWEIS
Bei der Beschreibung der praktischen Übungen gehen wir immer davon aus, dass Sie auf der linken Seite des Pferdes agieren oder auf der linken Hand reiten. Auf Abweichungen davon werden wir im Einzelfall explizit hinweisen.

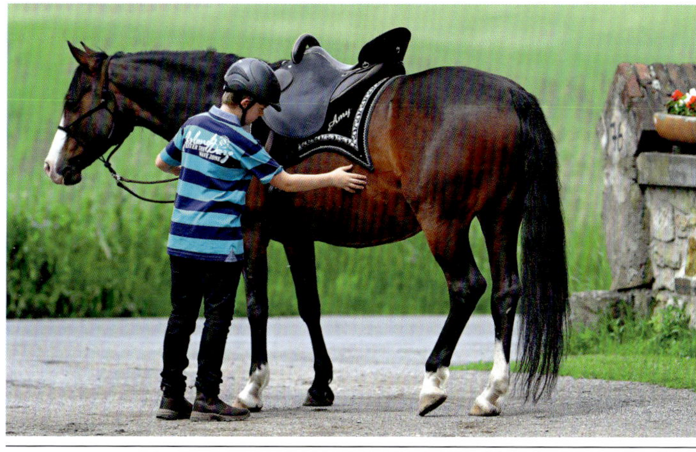

02

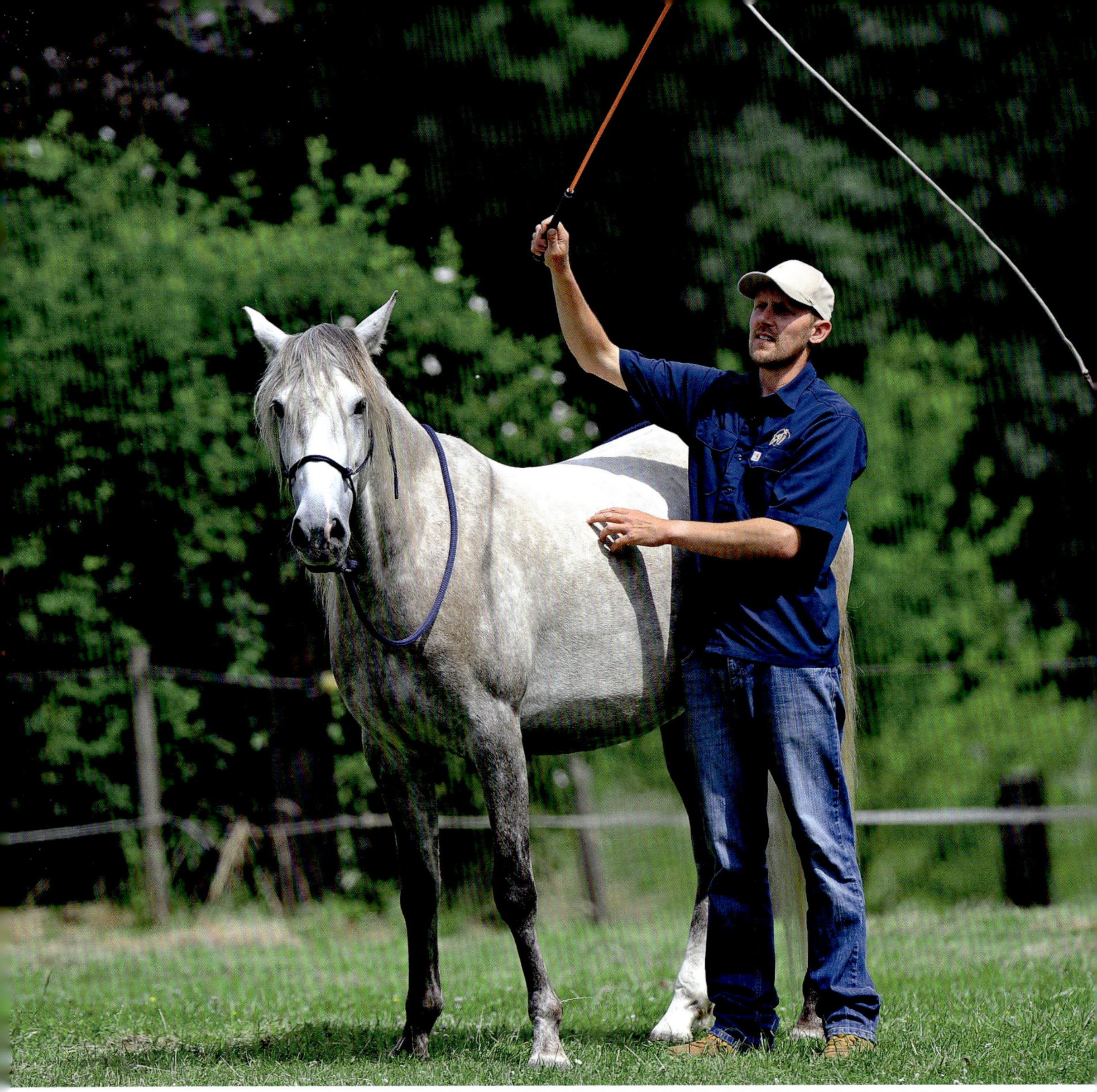

Pferde, die wissen, wann sie gemeint sind und vor allem wann nicht, sind entspannter und aufmerksamer.

DAS PRINZIP „DU BIST NICHT GEMEINT"

SENSIBILISIEREN UND DESENSIBILISIEREN

Was ist die Grundlage guten Reitens? Pferde, die nachgiebig sind, die also auf feine Hilfen reagieren, leicht in der Hand sind und weich am Schenkel? Ja und nein! Selbstverständlich ist es auch unser Ziel, die Hilfen immer weiter zu verfeinern. Aber es gibt eine entscheidende Zutat, die noch grundlegender und noch wertvoller ist. Bevor Pferde nämlich fein werden können, müssen sie entspannt sein. Jeder Pferdemensch weiß, dass es unzählige Situationen oder Auslöser gibt, die Pferde unsicher und angespannt machen. An manchen dieser Faktoren

können wir wenig ändern, an anderen dagegen sehr viel. Und ein ganz großer sind sogar wir selbst! Allein schon auf Grund unserer permanenten Erwartungshaltung und unseren (An)Forderungen an die Pferde. Kommunikationsprobleme (das Pferd weiß nicht WAS ich will) sind oft relativ leicht zu beheben. Schwieriger wird es, wenn Pferde nicht merken, dass bzw. wann wir eigentlich NICHTS von ihnen wollen. Dieses Missverständnis spielt auch im Sattel eine Rolle, denn viele Reiter können tatsächlich nicht nichts wollen, wenn sie auf dem Pferd sitzen: Es muss ja schließlich gearbeitet werden. Durch das Prinzip „Du bist nicht gemeint!" werden solche Hindernisse in Zukunft schon von vornherein deutlich reduziert. Es erleichtert also das Leben mit einem Fluchttier und erhöht die Lebensqualität für ein Fluchttier ganz enorm, wenn es weiß, worum es sich nicht zu kümmern braucht.
Ziel ist es, dass das Pferd auf Reize, die nichts mit ihm zu tun haben, auch nicht reagiert. Wenn es gerade steht, soll es also stehen bleiben, wenn es gerade eine Aufgabe hat, soll es sie weiter ausführen, und wenn es eigene Interessen verfolgt, kann es denen auch (entspannt) weiter nachgehen. Ein weiterer Vorteil dieses Prinzips ist, dass Pferde unsere Fragen besser erkennen und verstehen können. Man könnte es so ausdrücken: Erst durch Desensibilisierung werden Pferde sensibel für die wichtigen Informationen. Darüber hinaus lernen sie nicht aus Versehen etwas, was gar nicht beabsichtigt ist.
Beim Reiten ist es oft nicht leicht, Desensibilisierung und Sensibilisierung klar zu trennen. Pferde müssen gleichzeitig auf bestimmte Reize reagieren und andere ignorieren. Das beginnt mit der simplen Tatsache, dass das Gewicht unseres Körpers keine Aussage hat, Gewichtsverlagerungen aber schon. Es geht weiter über das Wechseln der Gerte von einer Seite auf die andere, während man weiter seine Bahnfiguren reitet, und endet beim wilden Lassoschwingen, bei dem das Pferd trotzdem noch auf unsere feinen Schenkelhilfen hören soll.
Damit Reiten nicht im Chaos endet, braucht es also schon eine klare Vorstellung davon, wie man Pferden sagt, womit sie gemeint sind und womit nicht.

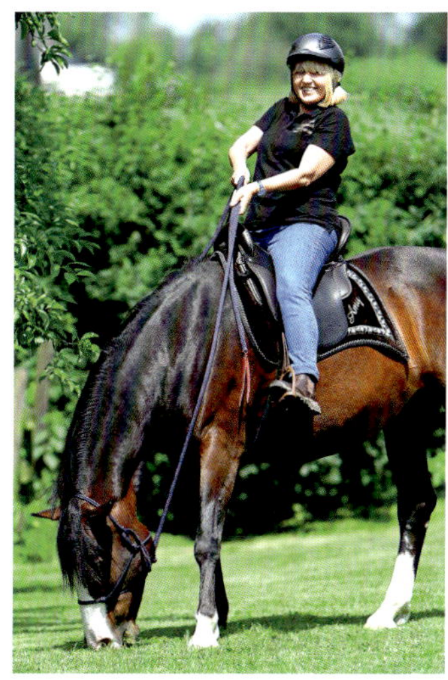

Mit allem, was Sie tun, werden Sie Ihr Pferd immer entweder sensibilisieren oder desensibilisieren – auch ohne es zu wissen und ohne es zu wollen! Ziehen Sie zum Beispiel wie hier an den Zügeln, ohne eine Wirkung zu erzielen, stumpft das Pferd ab.

DIE DESENSIBILISIERUNG

Es sind nicht besonders viele Komponenten, die Sie zum Desensibilisieren benötigen – diese müssen dann aber in der richtigen Dosis, fein aufeinander abgestimmt, zusammenkommen. Folgendes ist dabei zu beachten:

Energie und Fokus Bleiben Sie unbedingt entspannt, schalten Sie Ihre Energie aus und versuchen Sie, Ihren Fokus nicht mehr als nötig auf das Pferd zu richten, auch in etwas wilderen Situationen. Das ist eine unmissverständliche Botschaft für das Pferd: Was immer ich tue, richtet sich nicht an dich. Das Ausschalten hat darüber hinaus aber noch eine oft vernachlässigte Funktion: dem Pferd „Danke" zu sagen.

Lockerheit statt übertriebene Vorsicht Ihre Bewegungen beim Desensibilisieren sollten zwar nicht hektisch und bedrohlich wirken, jedoch ebenso wenig dürfen sie zaghaft sein. Alles muss sich locker und flüssig bewegen, auch und gerade, wenn das Pferd aufgeregt ist. Werden Sie angespannt, ist es übrigens nicht nur erlaubt, sondern tatsächlich empfohlen, abzusteigen und dem Pferd vom Boden aus zu helfen. Denn helfen sollten Sie ihm auf jeden Fall und mit eigener Anspannung und Unsicherheit ist das besonders vom Sattel aus schwer.

Grenzen erkennen und respektieren Probleme entstehen meist, wenn Menschen beginnende Unsicherheit beim Pferd übersehen und übergehen. Werden Sie gut darin, kleine Zeichen der Pferde rechtzeitig zu bemerken. Darunter fallen unter anderem steigende Muskelspannung, angelegte Ohren, erhöhter Kopf, Meideverhalten, Fokussieren von unheimlichen Gegenständen, schneller werden oder zögern und stehen bleiben usw. Diese Achtsamkeit sollten Sie sich auch dann noch bewahren, wenn Ihr Pferd schon „fertig ausgebildet" ist; es muss Ihnen zur zweiten Natur werden und gilt immer und überall.

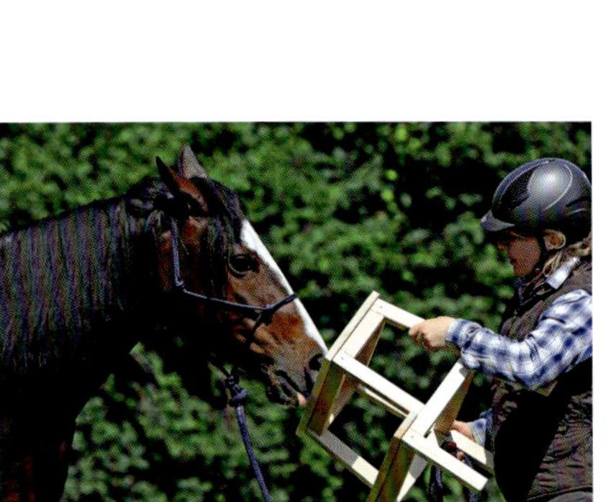

Sie können Ihrem Pferd nicht helfen, wenn Sie Dinge vermeiden. Nur indem Sie ihm ermöglichen, sich auseinanderzusetzen, wird es sich am Ende sicher fühlen.

Helfen statt vermeiden Jedoch ist keinem Pferd damit geholfen, wenn Sie Orte oder Dinge, die ihm Angst machen, einfach meiden. Die Grenzen sind viel mehr eine Orientierungshilfe, um zu wissen, an welchem Punkt Sie sich gerade um welches Problem kümmern müssen.

Annäherung, Rückzug und dranbleiben Wenn Ihr Pferd also beispielsweise stoppt, weil es etwa eine gefährliche Plastiktüte entdeckt, lassen Sie es gewähren. Treiben Sie es nicht weiter, kehren Sie aber auch nicht sofort um und reiten wieder nach Hause. Stattdessen warten Sie an dieser ersten Grenze, bis es von sich aus etwas entspannen kann. Erst dann reiten Sie ein kleines Stück zurück oder auch nur einige Schritte rückwärts (Rückzug), um sich dann erneut in Richtung der Tüte zu bewegen (Annäherung) – wieder nur so weit, wie sich das Pferd traut. In der Regel helfen einige Wiederholungen schon, bis es sich von alleine immer weiter an die Tüte heranwagt, sie untersuchen möchte oder sogar daran vorbeigehen kann. So tun das Pferde in der Natur auch.

Hat das Pferd ein Problem, das nicht von außen, sondern von Ihnen oder Gegenständen, die Sie benutzen, verursacht wird, verfahren Sie ähnlich. Ist es vielleicht unsicher wegen der Bewegungen des Sticks, dann finden Sie zuerst heraus, bei welcher Bewegung, Berührung oder bei welchem Abstand die Anspannung beginnt. Diese Schwelle überschreiten Sie nicht, hören aber auch nicht mit dem auf, was Sie gerade tun. Bewegungen, Berührungen, Geräusche und Ihre Position zum Pferd bleiben also in etwa auf dem gleichen Niveau. Erst wenn Sie (kleine oder deutliche) Zeichen von Entspannung bemerken, stellen Sie Ihre Aktion mit dem Stick ein (Rückzug).

Den Rückzug können Sie groß gestalten oder klein. Je heftiger die Reaktionen, je größer die Sorge des Pferdes, umso mehr Rückzug können Sie ihm für kleine Fortschritte anbieten. Ein bisschen Rückzug ist ein kleines „Dankeschön", ein großer Rückzug ein großes.

Timing Last but not least ist Ihr Timing ausschlaggebend dafür, was Ihr Pferd lernt. Beenden Sie den entsprechenden Reiz (Bewegung, Berührung oder Geräusch) erst, wenn das Pferd nicht mehr flüchten will oder im besten Fall entspannt(er) geworden ist. Das führt dazu, dass es immer weniger sensibel auf vermeintlich bedrohliche oder unangenehme Reize reagieren wird. Es hat eine bessere Lösung als flüchten gefunden, und merkt, dass der Reiz eigentlich harmlos ist und es keinen Grund zur Sorge gibt.
Es gibt allerdings auch Ausnahmen zu dieser Regel. In einigen Fällen erzielt man schneller bessere Ergebnisse, wenn der Reiz nicht zeitgleich mit der Reaktion des Pferdes endet, sondern einfach ständig vorhanden ist. Somit wird er als normales Hintergrundrauschen vom Pferd zuerst akzeptiert und dann ignoriert (Gewöhnung). Dieser Ansatz eignet sich eher, um bewusst eine Abstumpfung zu fördern, und weniger, um die Einstellung des Pferdes zu ändern. Trifft das auf Teile bestimmter Übungen im Buch zu, werden wir dort gesondert darauf hinweisen, andernfalls ist und bleibt Timing immer eines Ihrer mächtigsten Lehrmittel.

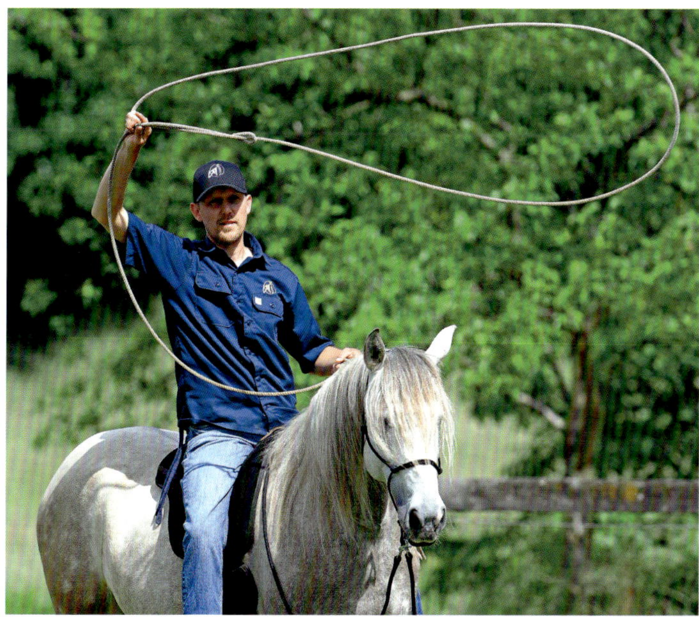

Energie und Fokus: Obwohl das Lasso über ihren Kopf saust und Peer dazu viel Bewegungsenergie einsetzt, weiß Sally, dass sie nicht gemeint ist. Denn Peers Fokus ist beim Rope und bei der imaginären Kuh.

PRAKTISCHE ÜBUNGEN

SO VIELE GELEGENHEITEN

Gerade vor dem Reiten gibt es viele Möglichkeiten zu üben: angefangen beim Halftern, Putzen, Hufe auskratzen, über das Satteln bis hin zum Aufsteigen und Auf-dem-Pferd-Sitzen. Je nach Disziplin bieten sich dann auch beim Reiten selbst viele Gelegenheiten, dem Pferd zu zeigen, womit es nicht gemeint ist: etwa mit einer Garrocha, mit einer Regenjacke oder mit der schon erwähnten Gerte, die die Seite wechselt. Nehmen Sie jede Chance wahr.

Es gibt folgende vier Bereiche beim Desensibilisieren:

DESENSIBILISIEREN MIT UNS SELBST

Hüpfen und bewegen Sie sich neben dem Pferd, berühren Sie es dabei auch immer wieder, um es auf das Aufsteigen und Draufsitzen vorzubereiten.

Laufen Sie mit dem Pferd mit und stützen Sie sich dabei an ihm ab. Lassen Sie sich regelrecht mittragen oder mitziehen. Das zeigt ihm, dass Ihre Ungeschicklichkeit nicht seine Angelegenheit ist.

Dann tun Sie das Gleiche auf dem Pferderücken: Bewegen Sie Ihre Arme, Beine, den Hintern und Oberkörper nach vorne, hinten und zur Seite. Legen Sie sich auf Ihr Pferd oder streicheln Sie es von der Mähne über den Hals bis zum Schweif.

Wenn man auf Nummer sicher gehen möchte, kann man sein Pferd auch gerne auf den schlimmsten Fall, nämlich einen Sturz vom Pferd, vorbereiten. Um das zu simulieren, kann man einen Sandsack oder eine selbstgebastelte Puppe vom Pferd herunterfallen lassen. Zunächst im Stand und, falls das Pferd damit gut klarkommt, auch im Schritt. Hält man sein Pferd immer direkt an, nachdem der „Reiter" heruntergefallen ist, so lernt es, bei einem echten Sturz aus dem Sattel ruhig stehen zu bleiben.

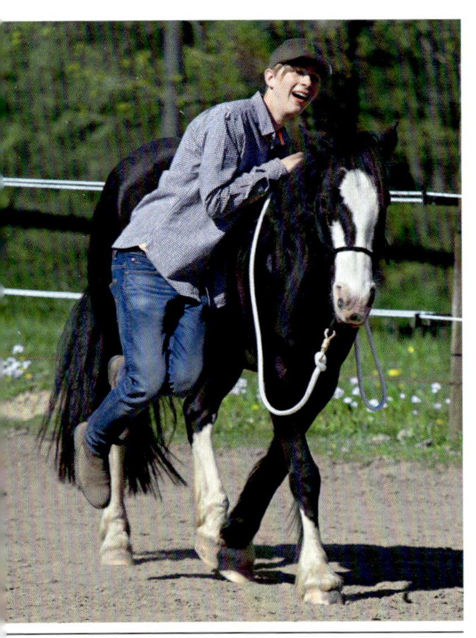

Übertriebene Bewegungen und Berührungen machen Ihr Pferd fit für unvorhergesehene Situationen im Sattel.

DESENSIBILISIEREN MIT TRAININGSEQUIPMENT

Bereiten Sie Ihr Pferd auf alles, was Sie als dynamische Hilfsmittel am Pferd benutzen (Zügel, Gerte, Stick, Seil und String), gut vor. Das Equipment darf aus Sicht des Pferdes kein Eigenleben haben, d. h. es verdeutlicht lediglich Ihre Körpersprache und das Pferd darf bzw. braucht nur dann darauf zu reagieren, wenn es auch gemeint ist. Macht der Reiter das seinem Pferd nicht klar, kann es zu Missverständnissen oder Problemen kommen.

Gewöhnen Sie Ihr Pferd an Bewegungen und Berührungen mit dem Seil und den Zügeln, indem Sie es damit streicheln, die Zügel verlängern oder verkürzen, das Seil von der einen auf die andere Seite werfen oder schwingen – wenn Ihr Pferd schon geübt ist, auch vorne über den Kopf. Dann probieren Sie es mit einem Stick. Beginnen Sie auch hier mit Streicheln und langsamen Bewegungen, bis Sie ihn hochwerfen und

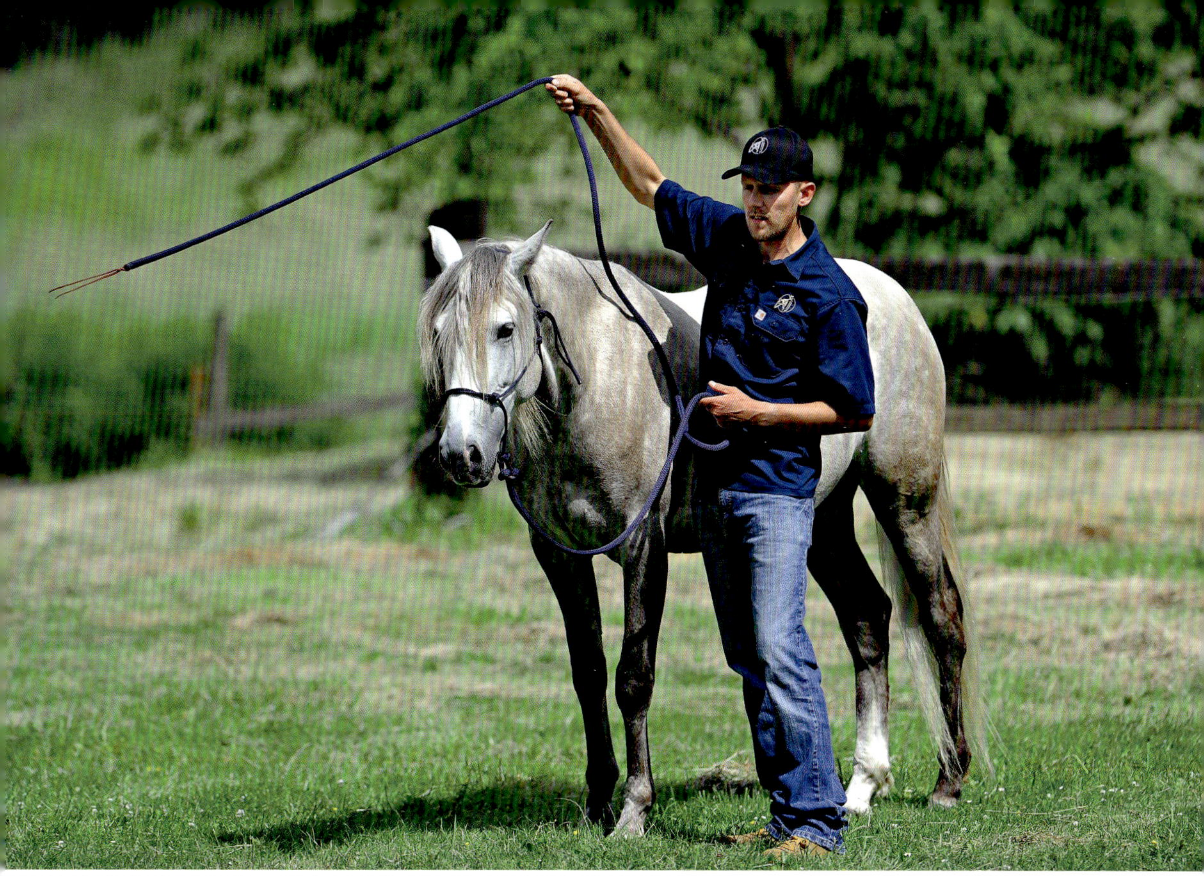

Ganz besonders mit Hilfsmitteln, die dazu gedacht sind, dem Pferd gezielt Energie zu übermitteln, wie dem Seil oder einem Stick, sollten Sie Gewöhnungstraining machen. Andernfalls wird es auf deren Energie eventuell immer mehr oder weniger aus Unsicherheit reagieren.

wieder auffangen können. Haben Sie ein Seilchen am Stick, nutzen Sie es, um damit nach und nach lautere und schnellere Geräusche bis hin zum Peitschenknallen zu erzeugen. Richten Sie sich dabei nach den oben beschriebenen Eckpfeilern der Desensibilisierung, vor allem was die Grenzen Ihres Pferdes betrifft.

DESENSIBILISIEREN MIT WEITEREM EQUIPMENT

Damit meinen wir diejenigen Ausrüstungsgegenstände, die in der Regel statisch am Pferd und nicht direkt an der Kommunikation beteiligt sind. In der Hauptsache sind das die Satteldecke oder das Sattelpad, der Sattel selbst und seine Bestandteile (Gurte und Steigbügel) oder das Reitpad. Aber auch etwa Hufschuhe oder Bandagen könnte man dazuzählen.

Die Herangehensweise ist selbstverständlich wieder die Gleiche wie zuvor: Streicheln, wackeln und lärmen Sie bei jeder Gelegenheit. Immer aber in Abstimmung mit den jeweiligen Angstschwellen des Pferdes und vergessen Sie das richtige Timing nicht. Eine ausführlichere beispielhafte Beschreibung finden Sie im Kapitel über das Satteln. Wenn möglich, gewöhnen Sie Ihr Pferd am besten schon lange vor dem ersten Aufsteigen daran, dass es ganz normal ist, etwas auf dem

Rücken zu haben. Bauen Sie das immer wieder nebenbei mit ein, damit es für das Pferd nicht unbedingt einen Bezug zum Satteln, Aufsteigen und Reiten hat. Nutzen Sie Jacken, Decken, Planen und was Ihnen sonst noch in die Hände fällt, um das Prinzip: „Ich lege etwas auf dich drauf, aber es hat nichts mit dir zu tun" zu festigen. Viele Pferde fühlen sich durch den Sattel bzw. den Sattelgurt so eingeengt, dass sie klaustrophobisch reagieren. Zur Vermeidung oder Behebung von Gurtzwang gibt es eine ganz simple Simulations-Übung mit dem Seil. Dazu stellen Sie sich auf die linke Seite des Pferdes und werfen oder legen das Seil über die Sattellage – so weit, dass Sie sich

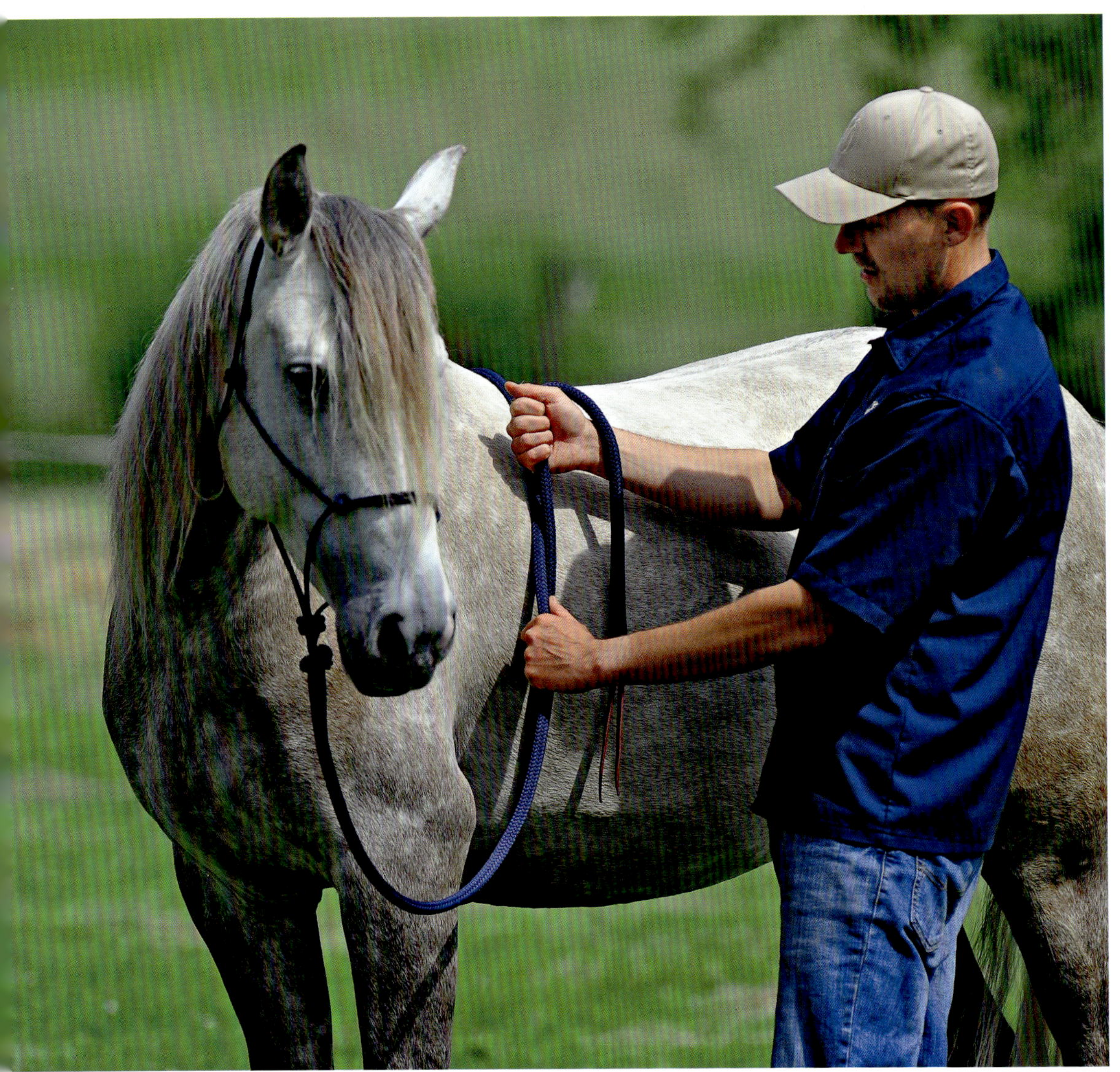

Ein Beispiel für gute Vorbereitung: Das Seil nutzen, um das Gurten zu simulieren.

das Ende unter dem Pferdebauch wieder auf Ihre Seite holen können. Benutzen Sie dafür Ihren linken Arm und drehen Sie den Kopf vom Pferd weg, um ihn bei heftigen Reaktionen außerhalb der Reichweite der Hufe zu haben. Liegt das Seil nun locker einmal um den Pferdebauch herum, beginnen Sie, mit Gefühl das Gurten nachzuahmen. Ziehen Sie also langsam das Seil schrittweise fester zu. Reagiert Ihr Pferd darauf (z. B. Ohren anlegen, weggehen etc.) warten Sie, bis es sich wieder entspannt, bevor Sie das Seil wieder lockern. Zeigt es keine Reaktion, liegen etwaige spätere Probleme beim Satteln vermutlich nicht am Gurtzwang.

ACHTUNG

Selbst mit professioneller Vorbereitung lassen sich Überreaktionen der Pferde nicht ausschließen und Gefahrensituationen nicht immer vermeiden. Wagen Sie sich nicht zu weit aus Ihrer Komfortzone heraus.

DESENSIBILISIERUNG GEGENÜBER UMWELT-EINFLÜSSEN

Hierunter fallen Dinge oder Situationen, die weder mit uns noch mit dem Pferd direkt etwas zu tun haben. Meist haben wir auf sie keinen Einfluss: Sie können plötzlich auftreten, sich unvorhersehbar verhalten oder einfach „da sein" und uns beim Ausritt den Heimweg versperren. Ein Ball, ein Kinderwagen, ein umgefallener Baumstamm am Wegesrand oder auch nur ein Blatt im Wind.

Für alles, was fest an einem Ort steht oder liegt, gibt es das Spiel mit Annäherung und Rückzug, wie wir es bereits im Beispiel mit der Plastiktüte auf S. 28 kurz erläutert haben.

Um Ihrem Pferd schon im Vorfeld eine Lösungsstrategie für bewegliche Objekte näherzubringen, können Sie einen Helfer dazubitten. Dieser nähert sich mit einem furchteinflößenden Objekt, z. B. einem Gymnastikball, den Unsicherheitsschwellen des Pferdes, ohne sie zu überschreiten. Sobald sich Ihr Pferd entspannt, entfernt sich der Helfer mit dem Objekt wieder. Im weiteren Verlauf steigern Sie die Anforderungen. Das kann bedeuten: mehr Nähe, mehr Aktion, Berührungen und vor allem echte Entspannung beim Pferd. Eine weitere bewährte Taktik besteht darin, dass der Helfer sich mit dem Objekt von Ihnen wegbewegt und Sie hinterherreiten. Selbst zum Verfolger zu werden, ist eine sichere Methode, Pferde mutiger zu machen, und funktioniert auch gut bei der Angst vor Fahrzeugen.

Nutzen Sie alles, was sich bietet, um Ihr Pferd stressfest und schussfest zu machen. Diese Investition zahlt sich schon bald aus. Es wird immer besser mit ungewohnten und erschreckenden Situationen umgehen können, und Sie immer besser mit einem unsicheren Pferd. Irgendwann freuen Sie sich bestimmt sogar über Dinge, vor denen sich Ihr Pferd erschreckt.

Und selbst wenn Ihr Pferd kein Problem hat, schaffen Sie Herausforderungen: Binden Sie Luftballons an den Sattel, steigen Sie von der anderen Seite auf, etc. Gehen Sie aber bitte mit Bedacht und in angemessenen Schritten vor, um böse Überraschungen zu vermeiden, und gehen Sie Herausforderungen erst an, wenn Sie eine solide Basis bei den jeweiligen Übungen erarbeitet haben.

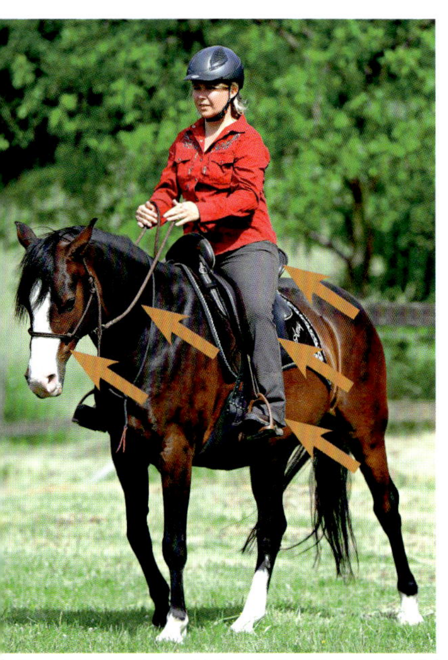

Das direkte Gefühl ist beim Reiten Verständigungsmittel Nummer eins. Es wird durch Zügel, Halfter, Sitz und Beine übermittelt.

DAS DIREKTE GEFÜHL

Das direkte Gefühl, also die Verständigung durch den unmittelbaren Kontakt zum Pferd, ist DAS Hauptkommunikationsmittel beim Reiten. Denn der direkte Draht zum Pferd steht uns durch unsere Zügel, unsere Schenkel und den Sitz permanent zur Verfügung. Viel mehr noch als am Boden dient es hier als Zweibahnstraße: Wichtiger als dem Pferd ein Gefühl, also eine Botschaft, zu übermitteln, ist es, ein Gefühl vom und für das Pferd zu bekommen. Die Hände und unser Sitz werden dabei zu feinen Sensoren, mit denen wir Weichheit, Nachgiebigkeit ebenso wie Spannung, Unsicherheiten, Blockaden, etc. erfühlen können.

FOKUS

Beim Reiten bezeichnen wir mit dem Begriff Fokus vor allem das innere Bild, das Sie von einer Übung haben. Wie sieht die Übung aus, welchen Weg werden Sie entlangreiten, welche Bewegungen soll das Pferd bzw. die einzelnen Körperteile des Pferdes machen? Ein klares inneres Bild verhilft Ihnen intuitiver zu den richtigen Bewegungsmustern, ohne über deren Einzelteile bewusst nachdenken zu müssen. Zusätzlich fällt es Ihnen leichter, eine „richtige" Antwort des Pferdes zu erkennen und zu bestärken. Kurz gesagt, Sie sind in der Lage, Bilder in Bewegung umzusetzen. Ein guter Fokus will gefördert werden. Schauen Sie sich möglichst viele Fotos, Videos und Vorführungen an, um eine Vorstellung von Ihrem ganz eigenen inneren Wunschbild des Reitens zu entwickeln.
Abgesehen vom inneren Bild macht das Anpeilen der Richtung oder eines Zielpunktes einen großen Teil des Fokus aus. Es unterstützt die Reitdynamik und fördert die Konzentration in Bezug auf die Richtung oder die Linie, die Sie reiten möchten. Es entwickelt sich eine regelrechte Sogwirkung für Pferd und Reiter.

GEFÜHL FÜR ENERGIE

Unsere Hilfengebung ist, oberflächlich betrachtet, eine mechanische Einwirkung auf das Pferd. Wir ziehen und drücken an verschiedenen Körperteilen oder verlagern unser Gewicht. Doch wie Sie bereits wissen, kommt es eben nicht nur darauf an, was wir tun, sondern wie. Man kann physischen Druck (Energie) durchaus effektiv und gefühlvoll zugleich einsetzen. Unser Ziel ist es, weich zu fragen und eine weiche Antwort zu bekommen. Eine gute Technik und ein gutes Timing können ein Pferd sehr fein machen, und das ist durchaus ein erstrebenswertes Ziel. Doch nur wenn Sensibilität und Entspannung im Pferd zusammenkommen, entsteht echte Weichheit. Das Angebot zu Weichheit muss immer von uns kommen. Sie ist eine mentale und emotionale Qualität, ein Gefühl für Energie, die sich zuerst im Menschen entwickeln muss.

DIE NETTESTE FRAGE

Mit der nettesten Frage, mit der leichtesten Hilfe zu beginnen, bedeutet beim direkten Gefühl, sich vorzustellen, nur das Fell zu berühren. Das ist beim Reiten freilich nicht immer einfach, denn der direkte Kontakt durch Sitz, Beine, Halfter und Zügel ist ja häufig schon vorhanden. Doch mit diesem Bild im Hinterkopf werden Sie sicher für jede Gelegenheit die passende nette Frage finden.

DIE ENERGIE SCHRITTWEISE STEIGERN UND FRAGEN ZU ENDE STELLEN

Reicht die nette Frage nicht aus, steigern Sie danach schrittweise die Intensität. Bleiben Sie so lange am Ball, bis das Pferd die Idee hat, zu weichen. Fokus und Gefühl müssen Sie währenddessen aufrechterhalten.

TIMING

Wann Sie die Frage (den Druck, den Fokus, die Energie) beenden, entscheidet darüber, was das Pferd lernt. Hören Sie genau in dem Moment auf, wenn das Pferd Ihre Frage verstanden hat (also weicht). Egal ob schon bei der nettesten oder erst bei einer deutlicheren Frage: Die Kunst besteht darin, schon den kleinsten Versuch, den ersten Schritt zu bemerken und zu bestätigen, um hinterher darauf aufzubauen. Jedes Pferd erkennt darin die unmissverständliche Botschaft: „Das, was du jetzt gerade gemacht hast, war richtig." Viele Menschen hören aus Unsicherheit zu früh auf („Das klappt ja eh nicht") oder warten zu lange („Reicht das schon?", „War das schon richtig?"). Bleibt das ein Dauerzustand, kommt keine gelungene Verständigung zustande und Probleme sind vorprogrammiert.

WIRKLICH GUT „AUSSCHALTEN" UND PAUSE MACHEN

Auch die Energie nur halb auszuschalten, sendet unklare Signale. Gerade wenn Sie auf dem Pferd sitzen, spürt das Pferd diese Restanspannung deutlich. Entweder wird es nach einiger Zeit nichts mehr anbie-

01 – 02 Bei Zügeln ist das Loslassen im richtigen Moment genauso entscheidend wie bei einer direkten Berührung.

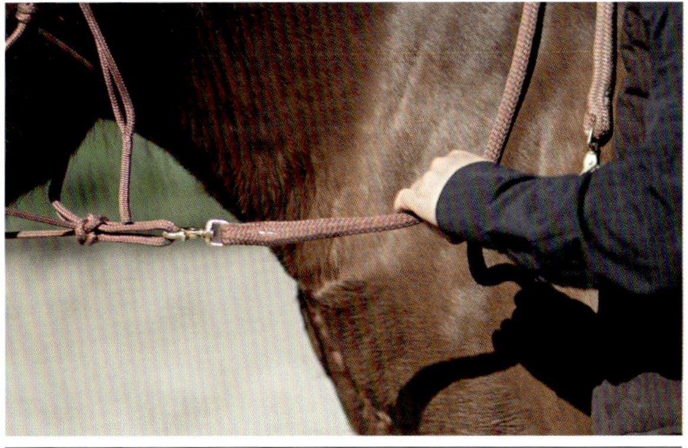

01

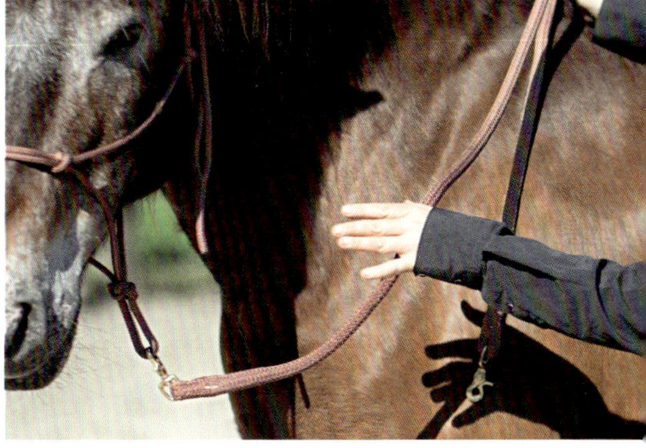

02

ten, oder es ist dadurch verunsichert und bietet alles auf einmal an, ganz nach der Devise: „Was soll ich denn noch alles probieren, damit du dich ‚ausschaltest'?"
Seien Sie also achtsam auf sich selbst, schalten Sie sich ganz aus, atmen Sie tief aus, halten Sie beide Arme wirklich locker, öffnen Sie Ihre Hände, lassen Sie die Zügel los. Die Qualität Ihres Ausschaltens bestimmt, wie schnell und wie gut Ihr Pferd lernt. Und außerdem fühlt es sich doch auch für uns Menschen viel besser an, entspannt mit den Pferden zu sein.
Ausschalten heißt Pause. In der Pause kann das Pferd (in gewissen Grenzen) auch mal tun, was es möchte. Stehen bleiben oder sich bewegen, an der Mistkarre riechen oder fressen usw. Und auch Ihnen bleibt es überlassen, ob Sie vom Pferd absteigen oder sitzen bleiben, ob Sie gemeinsam eine Pause machen oder jeder für sich.

PRAKTISCHE ÜBUNGEN

WIEDERHOLUNGEN

Weil bzw. wenn wir am Boden gleiche Hilfsmittel einsetzen und gleiche Körperstellen ansprechen wie vom Pferderücken aus, können wir den Übergang vom Boden in den Sattel für das Pferd logisch und nachvollziehbar gestalten. Lassen Sie immer wieder zwischendurch kleine Nachgiebigkeitsübungen in den Alltag am Boden mit einfließen. Das ist wirkungsvoller als blockweise Trainingseinheiten zu veranstalten, bei denen Ihr Pferd bald die Motivation verliert.
So können Sie dem Pferd zum Beispiel schon am Boden beibringen, fein dem Gefühl am Halfter zu weichen bzw. zu folgen – mit und ohne Zügel. Auch das Nachgeben auf den String um den Hals lässt

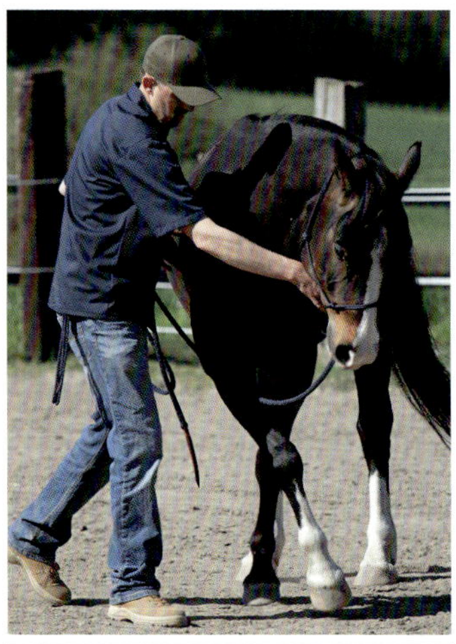

01

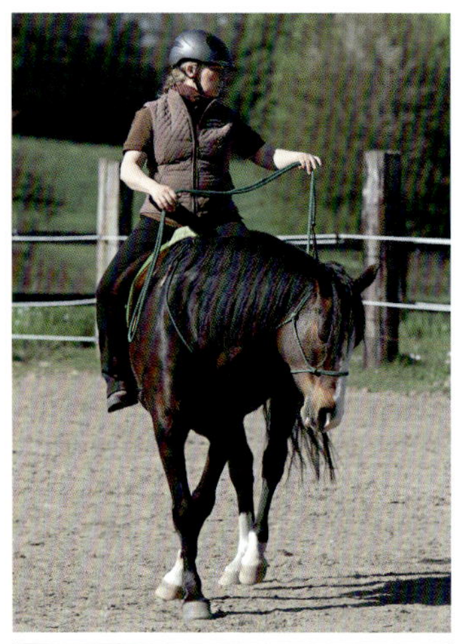

02

sich schon vor dem Reiten üben. Können Sie Ihr Pferd damit gut nach rechts, links oder nach hinten dirigieren, wird es vom Sattel aus einfacher und simuliert gleichzeitig den Einfluss des Zügels auf den Hals. Ebenso können Sie mit Ihrer Hand das Pferd für spätere Fragen mit dem Schenkel sensibilisieren, indem Sie es an den Stellen, an denen Ihr Bein später tatsächlich anliegen wird, weichen lassen.

DIE DREHUNG NACH AUSSEN

Dies ist eine einfache Übung, die Sie auf dem Pferd sicherer machen wird, da Sie Kopf und Hinterhand gleichzeitig beeinflussen und damit bei Ihrem Pferd Weichheit und Nachgiebigkeit fördern.
Sie stehen auf Halshöhe neben dem Pferd und bringen das Führseil auf die andere Seite des Pferdes (es wird sozusagen zu einem äußeren Zügel). Nun nehmen Sie das Seil in die rechte Hand und streicheln sich damit bis zur Hinterhand. Dort legen Sie es um das Hinterteil Ihres Pferdes. Achten Sie auf die Seillänge, denn Ihr Pferd sollte nicht auf das Seil treten. Checken Sie auch vorher schon ab, ob es vielleicht etwas dagegen hat, von Seilen oder Gegenständen an den Hinterbeinen berührt zu werden. Daraufhin gehen Sie rückwärts im rechten Winkel von der Hinterhand weg und lassen das Seil durch die Hände gleiten. Schließen Sie dabei Ihre Hände immer mehr, je weiter Sie sich entfernen, bis das Pferd dem Gefühl nachgibt. Sie gehen dabei kontinuierlich rückwärts und verkürzen weiterhin das Seil. Schließlich wird das Pferd nach einer fließenden Bewegung um seine eigene Achse zu Ihnen kommen.
Optional kann man aus dieser Bewegung heraus auch noch die Vorhand weiter in Drehrichtung des Pferdes auf den Zirkel schicken (in unserem Beispiel nach links). Das Kapitel „Tests vor dem Losreiten" beinhaltet eine Beschreibung dieser Übung vom Sattel aus.

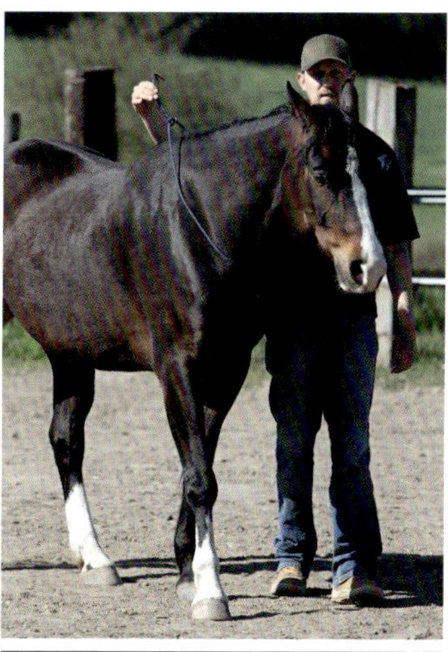

03

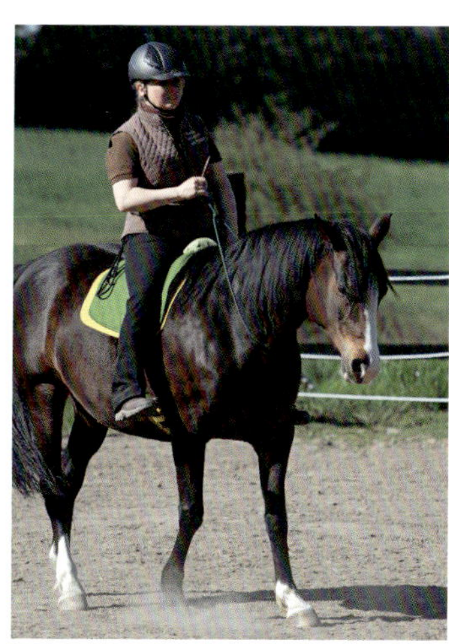

04

01 – 04 Am Boden kann man dem Pferd schon sehr viele direkte Hilfen erklären, die man später im Sattel braucht, etwa für das Bewegen der Vorhand oder das Rückwärtsrichten.

DAS INDIREKTE GEFÜHL

Das indirekte Gefühl, also die Kommunikation „ohne anfassen", etwa nur durch einen Blick oder durch Zeigen, spielt beim Reiten an sich eine untergeordnete Rolle. Doch es ist sehr nützlich, um das direkte Gefühl zu unterstützen und Fragen effektiv zu Ende zu stellen. Dabei helfen uns unsere unterstützenden Hilfsmittel.

VORBEREITUNG

Gehen Sie nicht davon aus, dass Ihr Pferd kein Problem mit Hilfsmitteln beim Reiten hat, nur weil es am Boden vielleicht nicht mit Unsicherheit reagiert. Vermitteln Sie ihm zunächst, dass die Hilfsmittel keine Bedrohung darstellen. Auch zwischendrin und bei Bedarf ist es ratsam, dies immer wieder zu prüfen bzw. zu bestätigen.

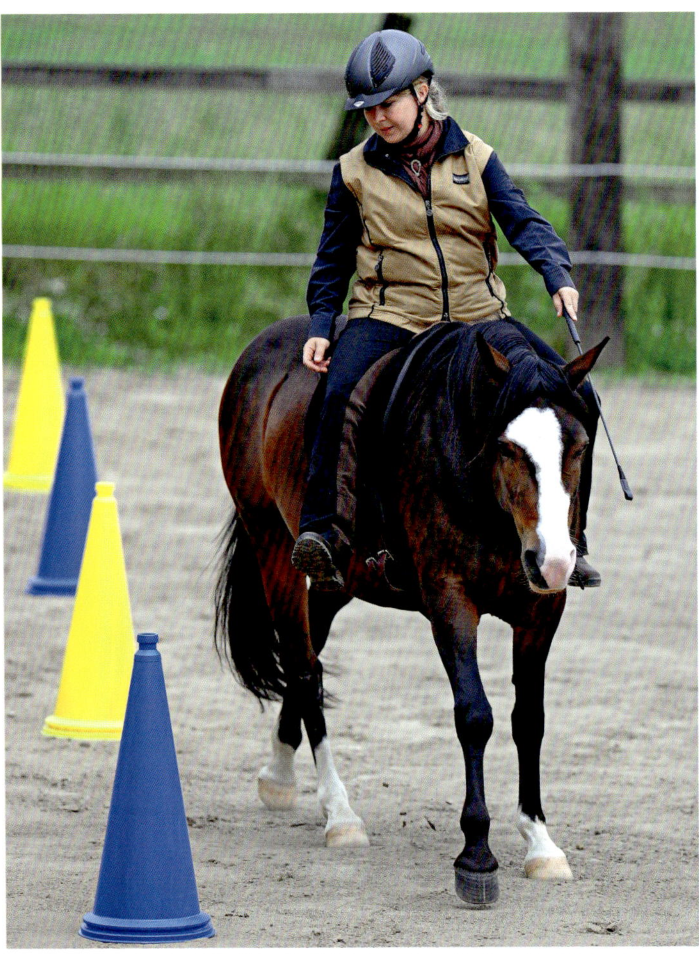

Beim Reiten selten, aber dennoch von Vorteil: das indirekte Gefühl zum Beispiel mit Hilfe des Sticks

DIE NETTESTE FRAGE

Obwohl der Stick, die Hand, das Seilchen etc. dazu dienen, das direkte Gefühl zu verstärken, müssen Sie Ihre Verstärkung doch immer mit einem feinen, netten Gefühl beginnen; zumindest, wenn Sie mit Ihrem Pferd weiterhin immer feiner kommunizieren möchten.

RHYTHMUS

Das direkte Gefühl ist in der Regel ein stetiges, wohingegen das indirekte Gefühl meist Rhythmus beinhaltet. Die rhythmische Energie hat den Vorteil, überzeugender zu sein als ein stetiger Druck. Gegen ein konstantes Gefühl kann das Pferd sich lehnen, drücken oder ziehen, gegen Impulse funktioniert das weniger gut. Bevor es dagegen ziehen kann, ist der Impuls schon wieder vorbei. Das können wir uns auch beim Reiten zu Nutze machen, wo wir Reiter keinen festen Stand haben und Pferde uns besser aus dem Gleichgewicht bringen können. Die netteste Frage stelle ich, indem ich rhythmisch mit einem Impuls in der Luft beginne. Also zum Beispiel den Stick in Richtung Hinterhand kreise oder schwinge, um ihn dann kontinuierlich dem Pferd zu nähern und es schließlich damit zu tapsen.

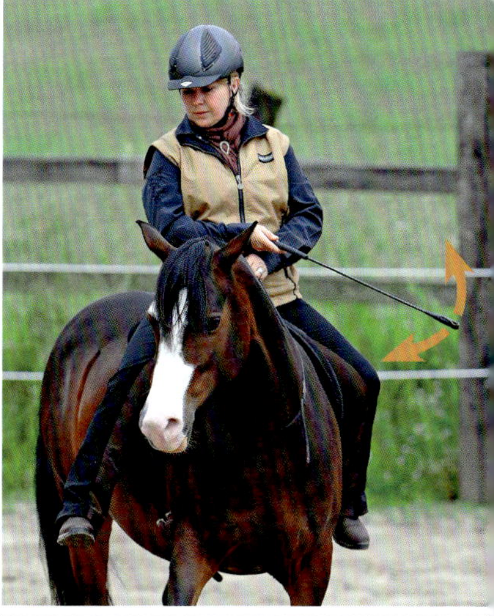

Der Rhythmus des indirekten Gefühls kann z. B. den stetigen Druck des Schenkels gut unterstützen.

DIE ENERGIE STEIGERN, DIE FRAGE ZU ENDE STELLEN UND TIMING

Es kostet oft Überwindung, vom Pferderücken aus konsequent und effektiv zu sein. Und das nicht ohne Grund, denn eine heftige Reaktion am Boden zu riskieren, ist eine Sache, dieselbe Reaktion im Sattel ausbaden zu müssen, eine ganz andere. Trotzdem ist es notwendig. Das Steigern der Energie und die Effektivität erfordern eben in bestimmten Situationen ein hohes Maß an Fingerspitzengefühl, gepaart mit einem guten Timing. Hören Sie aus Unsicherheit zu früh auf, dann werden Sie unglaubwürdig, machen Sie dagegen zu schnell zu viel, bringen Sie sich und das Pferd eventuell in Schwierigkeiten.

VORBEREITENDE ÜBUNGEN

Im Folgenden haben wir einige Anregungen für Sie, wie Sie sich und Ihr Pferd vom Boden aus auf das indirekte Gefühl beim Reiten vorbereiten können.

DAS ZIRKELSPIEL

Ein Pferd, das in der Gangart bleibt, ohne dass es der Mensch permanent daran erinnern muss, ist selbst zufriedener und macht auch uns das Leben leichter. Das Zirkelspiel hat genau das zum Ziel. Es ist eine ausgezeichnete Vorbereitung dafür, auch vom Sattel aus bald von den Vorteilen des Prinzips „Bleib bitte in deiner Gangart" profitieren zu können. Und so funktioniert es:

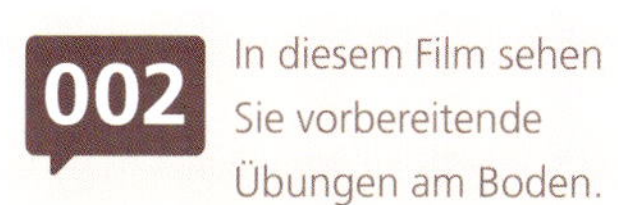

In diesem Film sehen Sie vorbereitende Übungen am Boden.

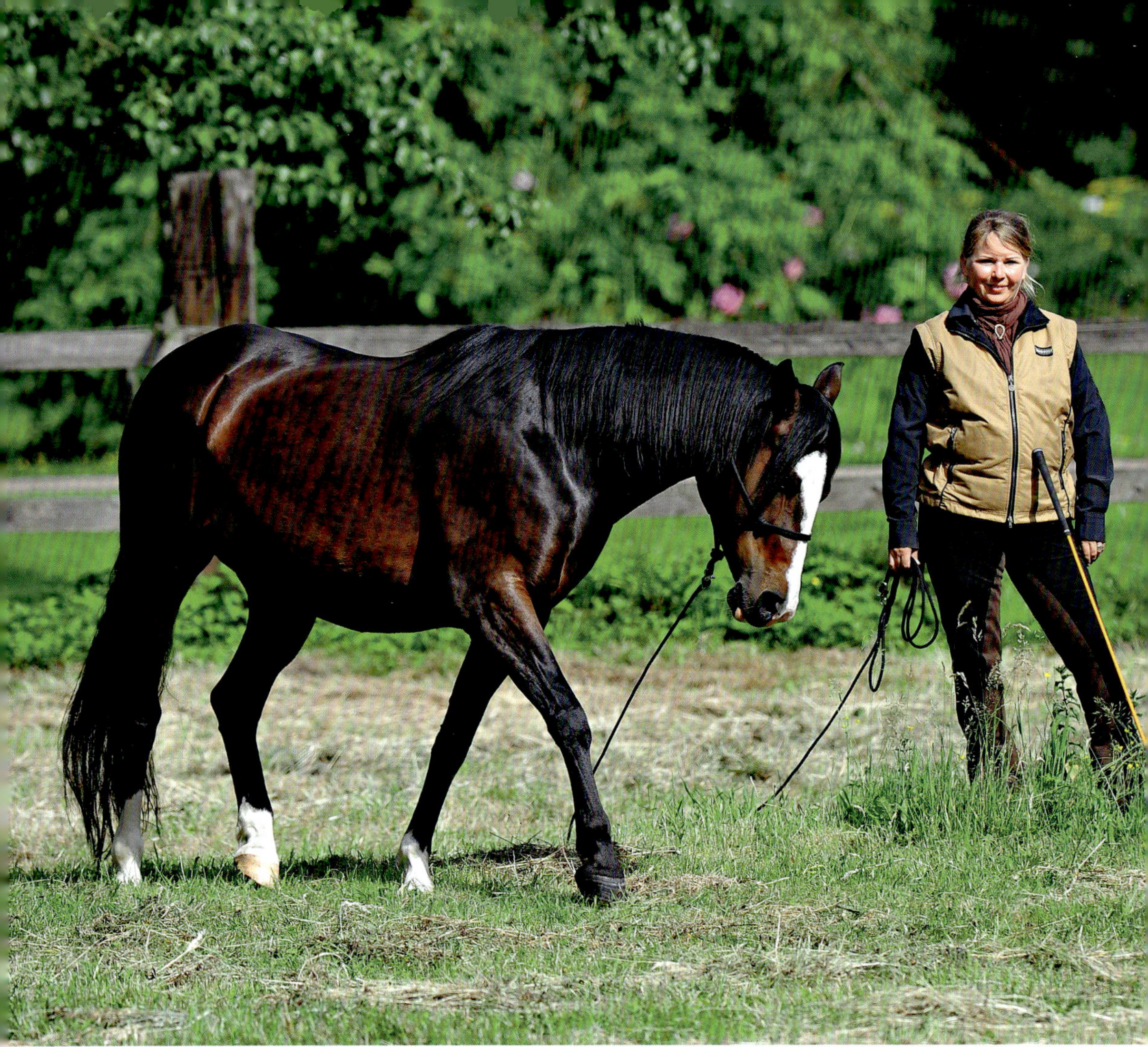

Pferde verstehen vor allem komplexe Zusammenhänge, wie das Beibehalten der Gangart im Sattel, viel leichter, wenn diese prinzipiell schon am Boden etabliert sind.

Schicken Sie Ihr Pferd auf den Zirkel. Sobald es auf der Kreislinie läuft, werden Sie neutral: die Arme hängen locker herunter, Sie stehen entspannt, bleiben in der Mitte des Zirkels stehen und drehen sich auch nicht mit. Jedoch sind Sie nicht komplett heruntergefahren, denn Sie konzentrieren sich weiterhin auf die Aufgabe: „Behalte die Gangart bei!" Solange Ihr Pferd auf dem Zirkel weiterläuft, bleiben Sie genau so stehen, hält es von sich aus an, schicken Sie es (nett aber konsequent) erneut los. Das wiederholen Sie so lange und so oft, bis es von sich aus etwas weiter läuft als zuvor. Dann schalten Sie sich aus, und Ihr Pferd darf eine Pause machen. So lernt Ihr Pferd: „Mache ich es mir bequem, wird es am Ende anstrengender als gedacht; strenge ich mich aber an, so habe ich es schneller wieder bequem." Haben Sie dieses Konzept verinnerlicht, wird Ihr Pferd auch bald für mehrere Runden die Verantwortung für die Gangart übernehmen.

DAS VORHANDWEICHEN

Das Weichen mit der Vorhand ist kein besonders beliebtes Manöver bei Pferden. Seien Sie daher auf Widerstand gefasst. Die Herdenhierarchie wird unter anderem durch die Frage bestimmt, wer dem anderen ausweicht. Da das meist über die Vorhand geregelt wird, fühlen sich Pferde schnell „dominiert" oder zum Spielen animiert, wenn sie mit der Vorhand weichen sollen. Letzteres kann man besonders gut bei dem hauptsächlich von männlichen Pferden praktizierten Nasenbeißspiel beobachten. Dabei verliert derjenige die Runde, der mit der Vorhand ausweicht. Doch auch Unsicherheit blockiert die Beweglichkeit der Vorderbeine, weil Pferde im Fluchttiermodus eigentlich nur vorwärts denken können.

Machen Sie es sich und dem Pferd also möglichst einfach, indem Sie sich von einer einfachen zu der schwereren Position auf Höhe der Sattellage hinarbeiten. Dazu stellen Sie sich zum Beispiel für die ersten Übungseinheiten auf Halshöhe neben Ihr Pferd und wenden sich ihm zu. Dann beginnen Sie mit rhythmischen Bewegungen Ihrer Hände in Richtung Kopf, Hals bzw. Schulter. Steigern Sie die Energie und verringern Sie den Abstand, bis Sie es tatsächlich mit Ihren Fingern anstupsen. Stellen Sie sich dabei vor, Sie möchten den Platz einnehmen, auf dem sich die Vorderbeine befinden. Weicht das Pferd zu irgendeinem Zeitpunkt mit der Vorhand, hören Sie sofort auf.

Als nächsten Schritt können Sie einen Stick in beide Hände nehmen (wie den Lenker eines Fahrrads), um dann nach und nach den Rhythmus der Hände durch den des Sticks zu ersetzen. Klappt auch das gut, stellen Sie sich auf Höhe der Sattellage in die gleiche Blickrichtung wie das Pferd und bewegen die Vorhand mit dem Stick in der äußeren Hand. Das Stöckchen macht jetzt aus der Sicht des Pferdes das Gleiche wie vorher, nur Ihre Position hat sich geändert. Danach probieren Sie es auch von der anderen Seite.

01 – 03 So können Sie das Pferd vom Boden aus an die Stick-Hilfe für das Vorhandweichen heranführen.

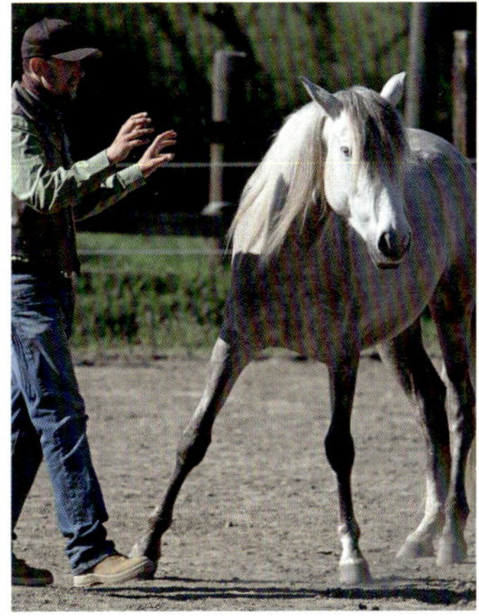

01

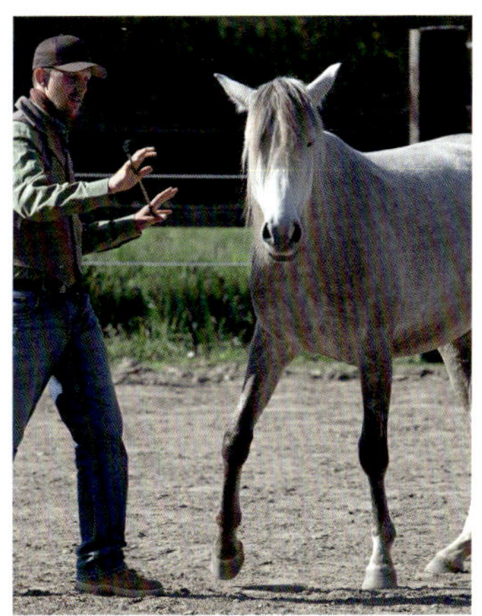

02

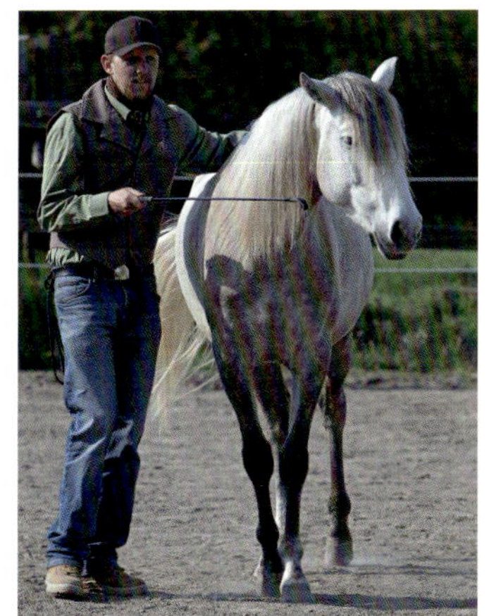

03

FÜHREN AUS DER SATTELLAGE

Das Führen aus der Sattellage beruht auf dem gleichen Konzept wie das Zirkelspiel. Allerdings dürfen Sie sich diesmal mitbewegen und sind dadurch flexibler. Sie schicken also wie zuvor das Pferd auf den Zirkel und werden neutral. Sobald es Ihre Schulter passiert hat, drehen Sie sich in Bewegungsrichtung des Pferdes und laufen auf Höhe der Sattellage parallel mit ihm mit. Bleiben Sie dabei unbedingt neutral. Obwohl Sie mitlaufen, sind Arme, Hände und Bewegungen also locker und der Stick schleift auf dem Boden. Bleibt das Pferd von sich aus stehen, tun Sie das auch. Lassen Sie es aus der Sattellagen- Position heraus wieder antreten. Warten Sie, bis es den ersten Schritt macht, bevor Sie sich mit ihm in Bewegung setzen.

Eine Spielart, die gut aufs Reiten vorbereitet, besteht darin, dass Sie sich nah am Pferd befinden und den Stick auf dem Pferderücken ablegen können. Dieser schafft eine direktere Verbindung und dient wahlweise zum Lenken oder zum Desensibilisieren. Vielleicht dürfen Sie sogar den Arm über die Sattellage legen und sich so quasi von Ihrem Pferd mittragen oder mitnehmen lassen. Gerade bei jungen Pferden leistet das gute Dienste in puncto Reitvorbereitung. Man kann sie dadurch nicht nur an Gewicht und Bewegungen gewöhnen, sondern es hilft auch der Synchronisation – das heißt Pferd und Mensch passen sich in ihren Bewegungen aneinander an.

Sie können Ihr Pferd sowohl aus der Nähe als auch aus der Distanz mit Hilfe des Sticks, des Seils und selbstverständlich Ihrer Körpersprache lenken, indem Sie die Vorhand von sich weg oder zu sich her bewegen.

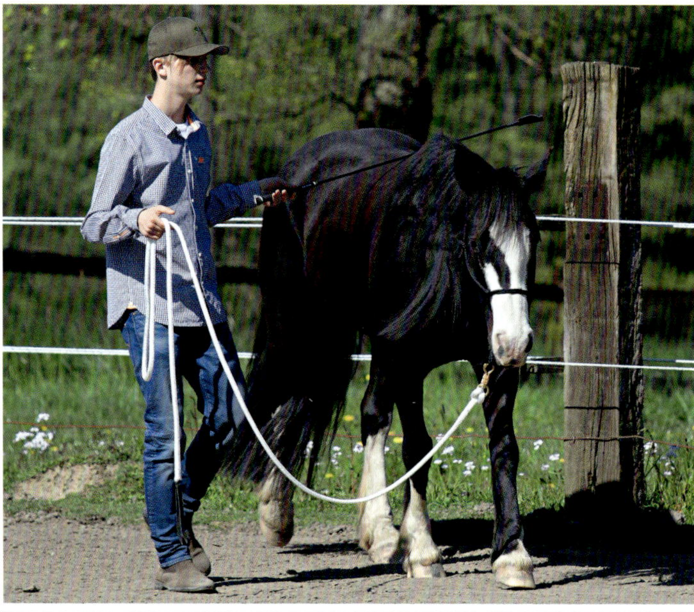

Diese Version des „Führens aus der Sattellage" kommt dem Reiten sehr nah.

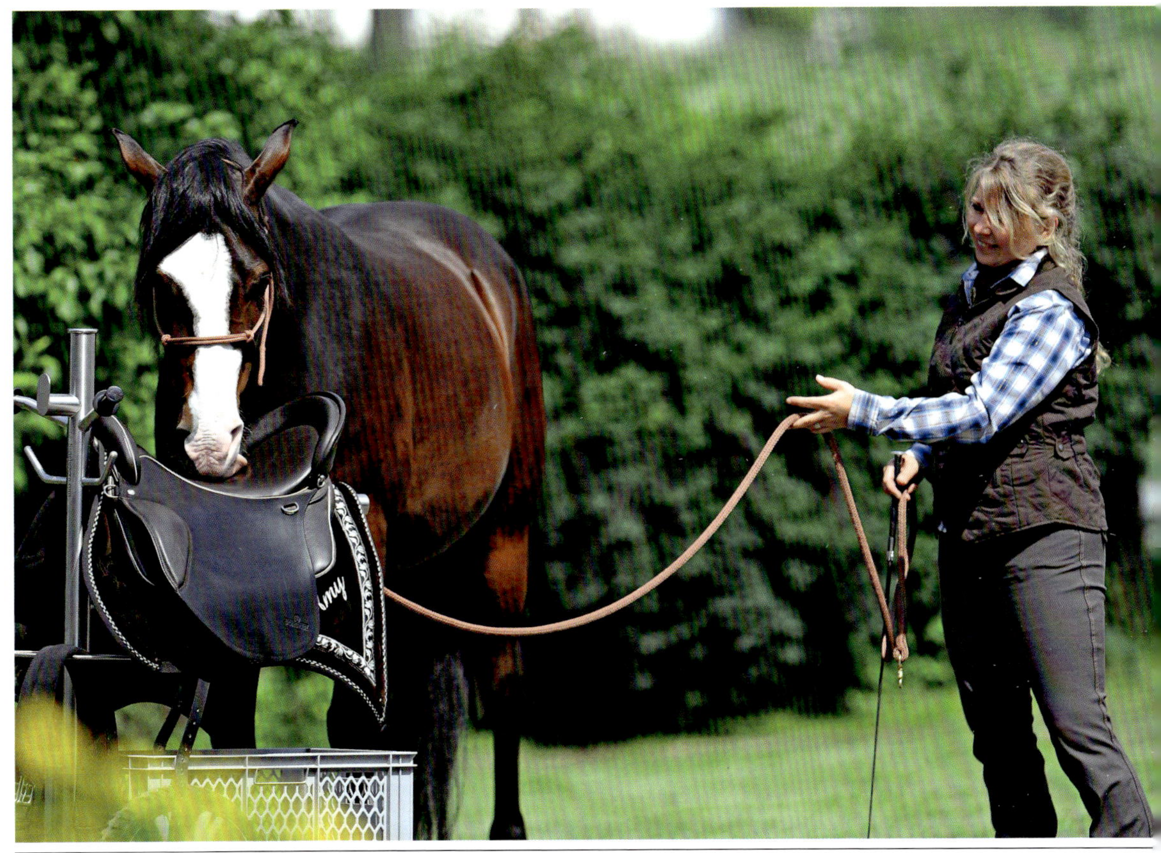

Um etwas zu be-„greifen", haben wir Menschen unsere Hände. Die Pferde nehmen dazu ihre Nase.

DAS ZIELSPIEL

Das Zielspiel eignet sich hervorragend dazu, Interesse zu fördern und Pferde sicherer zu machen – sowohl prophylaktisch als auch in akuten Stresssituationen und sogar als Lösung für schon bestehende Probleme. Zusätzlich ist es ein essentieller Bestandteil einiger fortgeschrittener Übungen im Buch.

In einer Variante dieser Übung können Sie Ihrem Pferd den Sattel schmackhaft machen und gleichzeitig das Führen aus der Sattellage und das Vorhandweichen zusammen üben. Sie stellen den Sattel dazu in die Reitbahn und spielen in einiger Entfernung davon das Zirkelspiel. Dann verlassen Sie den Zirkel und schicken das Pferd zum Sattel hin (Führen aus der Sattellage). Sorgen Sie dafür, dass es genau am Sattel landet. Wenn es ihn untersucht und sich für ihn interessiert (beschnuppert o. Ä.), lassen Sie es in Ruhe. So wird der Sattel zur angenehmen Pausenstation.

Die Nase spielt dabei eine große Rolle, denn sie ist für Pferde ähnlich wichtig, um Dinge zu begreifen, wie für uns die Hände.

Nun sind Sie gut vorbereitet und können sich in den nächsten Kapiteln dranmachen, vom Boden in den Sattel zu kommen.

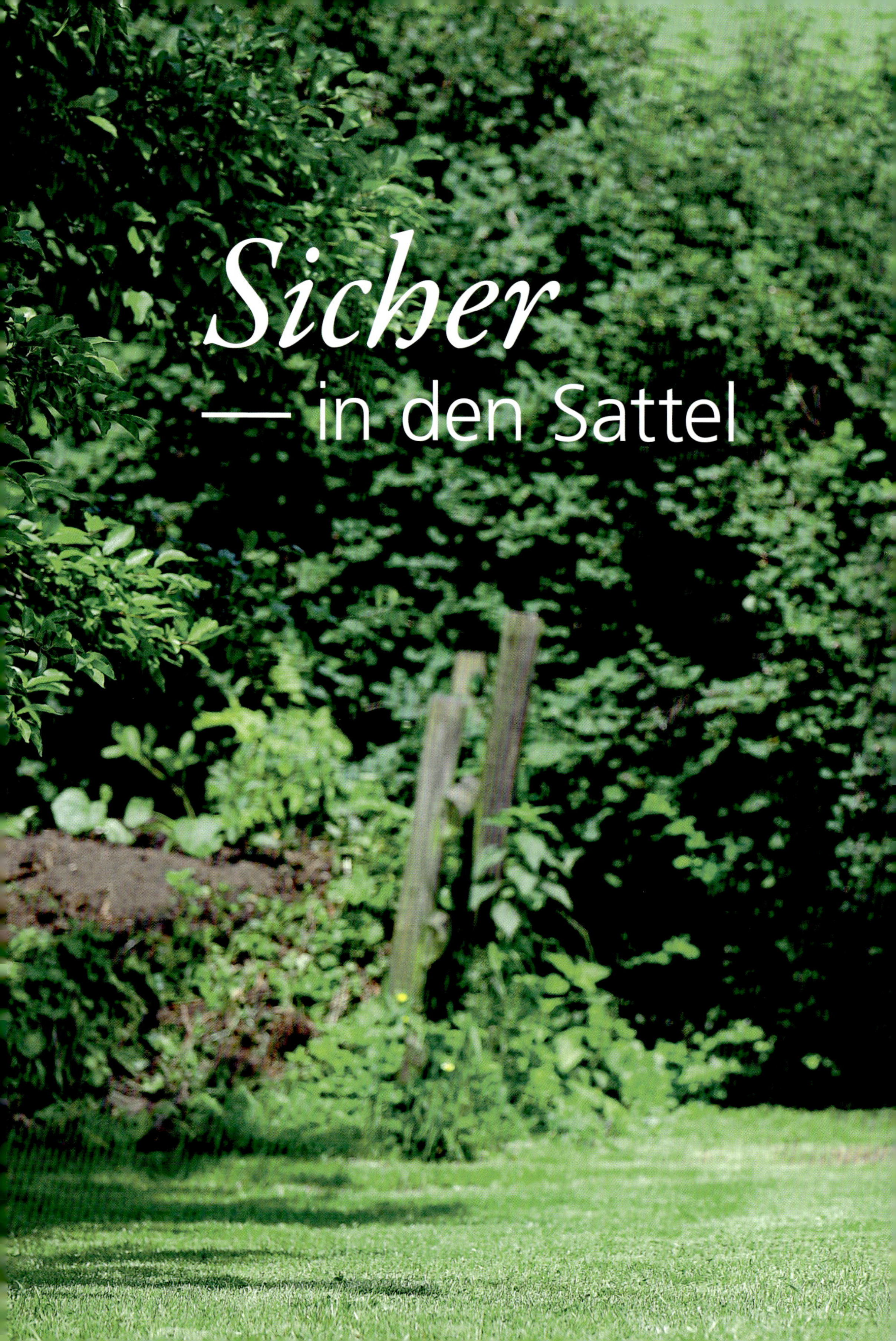
Sicher
— in den Sattel

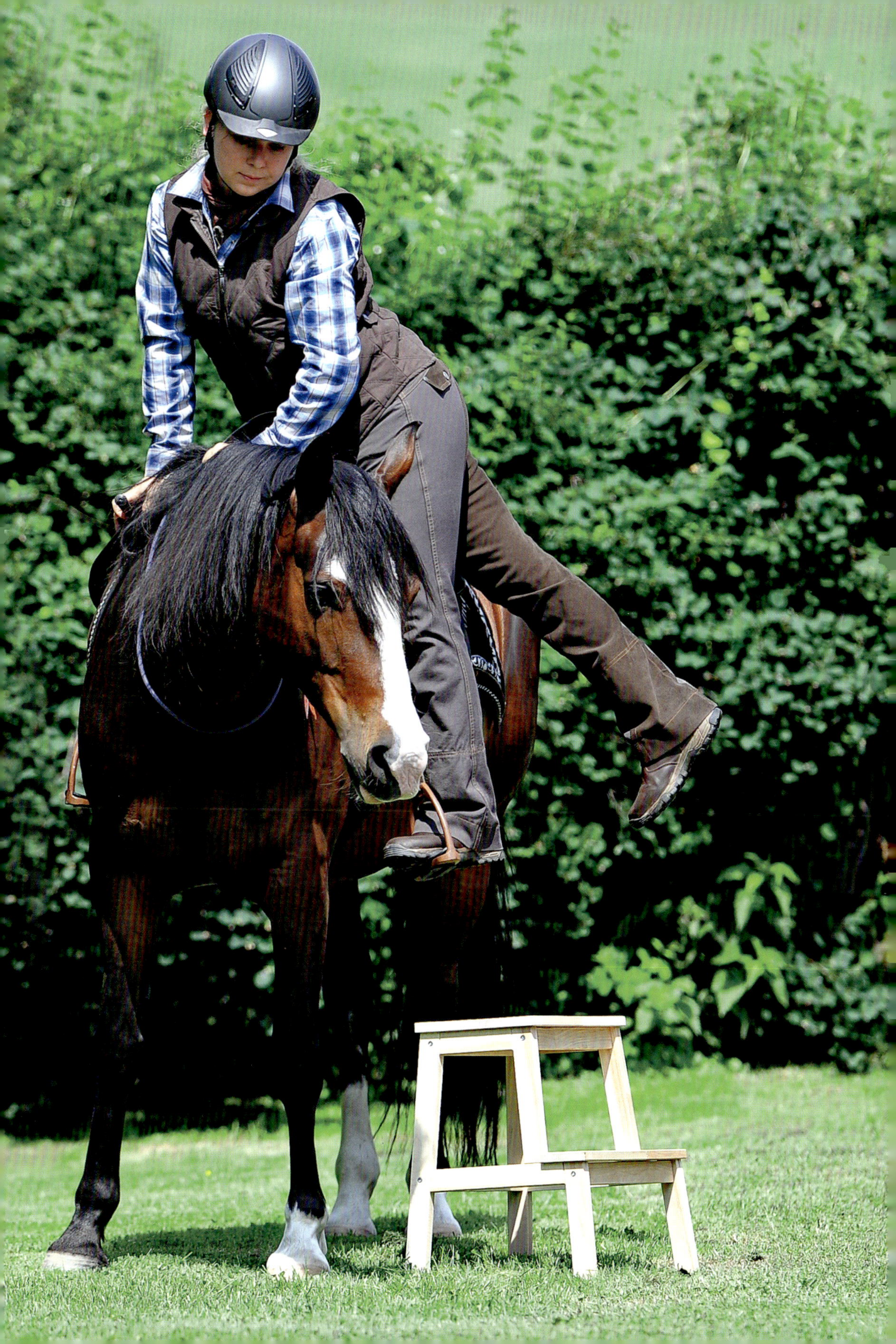

Grundregeln

„Horse – activities are dangerous!" So steht es als Warnung auf vielen englischsprachigen Videos und Büchern zum Thema Pferdetraining. Und das zu Recht. Pferdemenschen leben in der Tat gefährlich.

SICHERHEIT FÜR DEN REITER

Pferde sind um einiges größer, stärker, schneller und schwerer als wir und noch dazu sehr viel schreckhafter, panischer und reaktionsschneller. Um trotz dieses ungleichen Kräfteverhältnisses Gefahren beim Reiten zu minimieren, gibt es ein paar wenige Grundregeln, die man wiederum in ein paar wenigen Grundübungen lernen kann.

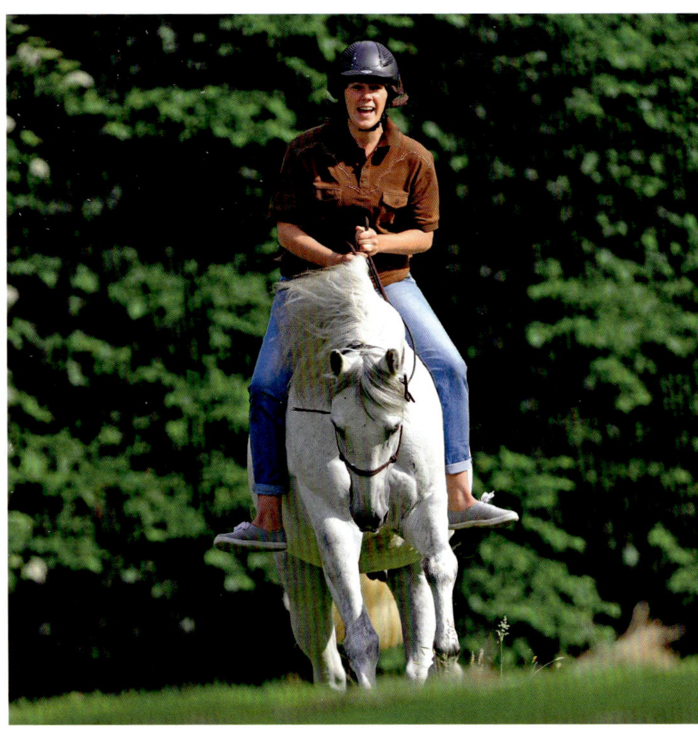

Auf diesem gestellten Foto sieht man deutlich: Weil Svenja an zwei Zügeln zieht, rollt sich Hidalgo ein und kann trotzdem bzw. gerade deswegen seine Kraft gegen Svenja benutzen. In den folgenden Kapiteln lernen Sie effektivere Methoden kennen, um im Sattel sicher zu bleiben.

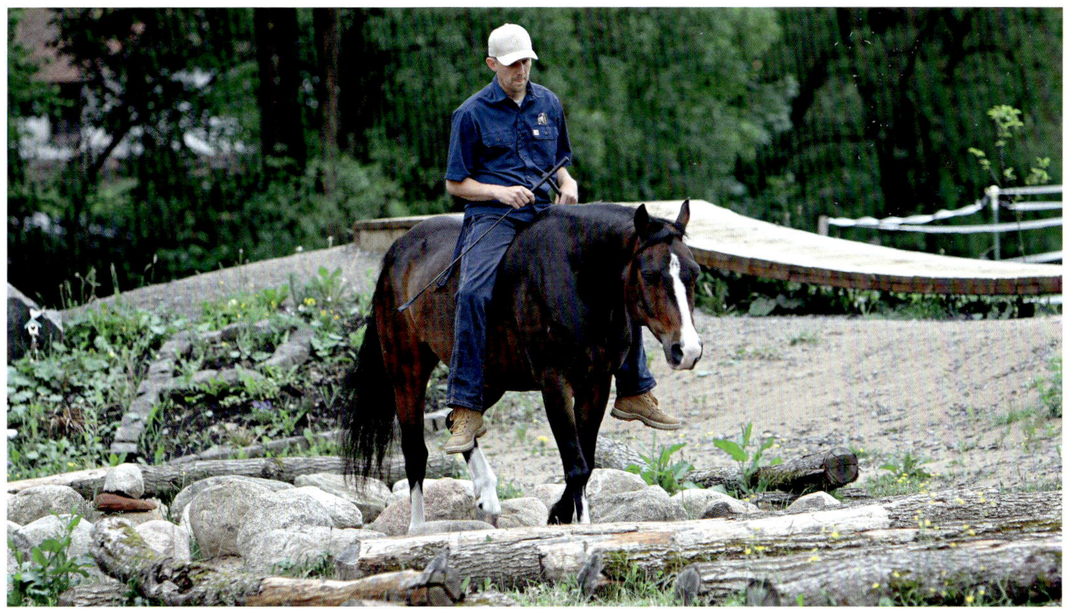

Sicher fühlt sich ein Pferd unter anderem dann, wenn man ihm Verantwortung überträgt. So wie hier Lex, der gleichzeitig auf Peer und auf die Hindernisse vor seinen Füßen achten muss.

Unser größter Risikofaktor sind unsere instinktiven Reaktionen. Wie sehen diese Reaktionen aus, wenn es ums Reiten geht? Was ist immer unser erster Impuls bei Gefahr? Festhalten! Mit den Händen und mit den Beinen. Und wie findet das das Fluchttier Pferd? Sehr beunruhigend. Der erste Schritt in Richtung Sicherheit liegt also darin, unsere Automatismen in Stresssituationen umzuprogrammieren. Aber auch durch schlechte Erfahrung provozierte Angst hemmt viele Reiter und verhindert ein sicheres Miteinander. Wir legen in unseren Übungen deshalb großen Wert darauf, die eigenen Grenzen zu erkennen, zu respektieren und an ihnen zu arbeiten.

SICHERHEIT FÜR DAS PFERD

Die beste Voraussetzung für ein sicheres Pferd ist ein souveräner Mensch. Es ist freilich nicht garantiert, dass sich ein Pferd automatisch bei einem sicheren Menschen entspannt – das tut es bei einem souveränen und entspannten Pferd auch nicht unbedingt. Doch eins steht fest: bei einem Angsthasen wird es kaum nach Hilfe suchen.
Darüber hinaus werden unsere Sicherheitsübungen gerade dem Pferd dabei helfen, nach und nach auch seine automatischen Reaktionen in bewusste Antworten zu verwandeln. Es wird seine Einstellung ändern und viel seltener zum Fluchttier werden. Und das ist gut so, denn die beste Voraussetzung für einen sicheren Menschen ist natürlich auch ein sicheres Pferd!

Seitliche Halsbiegung vom Boden aus

Die seitliche Halsbiegung (auch als laterale Biegung bekannt) dient in erster Linie Ihrer Sicherheit. Nicht nur, weil es eine effektive Technik ist, sondern weil Sie sich dabei einige der Dinge abgewöhnen, die Mensch und Pferd immer wieder in Schwierigkeiten bringen.

SINN UND ZIEL

Mit der seitlichen Halsbiegung lernen Sie, sich in brenzligen Situationen zu entspannen. Dadurch bleiben Sie handlungsfähig und gießen nicht noch Öl ins Feuer. Der automatische Schutzmechanismus des Pferdes in vermeintlichen Gefahrensituationen besteht nämlich darin, sich gerade zu machen. Wenn die Längsachse dann erst einmal fest ist, hat man kaum noch Einfluss auf das Pferd. Es kann aus dieser (körperlich und geistig) starren Haltung heraus ausgezeichnet bocken, losrennen, steigen oder sich auf das Gebiss legen und flüchten. Ziehen Sie beide Zügel nach hinten, kann das Pferd mit seiner ganzen Körperkraft dagegenhalten, ja Sie verstärken dadurch die Power und den Fluchttrieb sogar noch. Das erste und wichtigste Hilfsmittel, um dem entgegenzuwirken, ist die weiche seitliche Halsbiegung. Sie gleicht das Kräfteverhältnis ein klein wenig aus und verhindert das Festmachen der Längsachse.

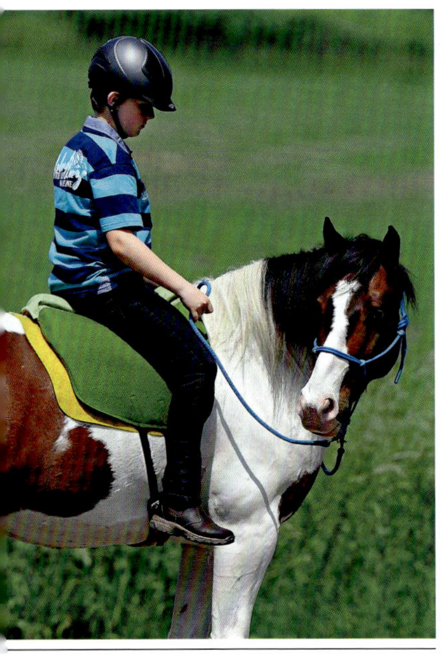

Besonders vom Pferderücken aus werden Sie den unschätzbaren Wert der weichen Biegung und eines mitdenkenden Pferdes spüren.

Kopf einschalten Der größte Vorteil liegt jedoch nicht darin, dem Pferd kräftemäßig überlegen zu sein – das sind wir auch mit der Biegung der Längsachse nicht. Das Schöne ist vielmehr, dass sich beinahe unmittelbar mit der körperlichen auch die mentale Starre auflöst und ihr Pferd Ihnen zuhören kann.

Gymnastizierung fördern Der Ausdruck „Biegung" ist hier keinesfalls im klassischen Sinne gemeint. Die seitliche Biegung im Natural Horsemanship hat ja sogar in erster Linie das gegenteilige Ziel von Versammlung. Trotzdem dient sie nebenbei auch als Vorbereitung für die klassische Variante, weil sie die Nachgiebigkeit im Hals und am Kopf etabliert und die Aufmerksamkeit des Pferdes auf differenzierte Signale am Halfter (oder anderen Zäumungen) fördert.

Weiches Anhalten und Durchparieren Neben der Minimierung von Risiken ist die laterale Biegung ein entscheidender Baustein für weiches, entspanntes Anhalten und weiche Gangartübergänge nach unten. (Siehe S. 102 und S. 142)

Willst du etwas oder willst du nichts? Die seitliche Halsbiegung hält eine Herausforderung für Sie bereit. Sie müssen es schaffen, gleichzeitig etwas von Ihrem Pferd zu wollen und nichts zu wollen. Mit dem Kopf soll es nachgeben und weichen, mit dem Rest des Körpers aber passiv bleiben. Dafür müssen Ihre Energie und Ihr Fokus das ebenfalls gleichzeitig ausdrücken. Diese Fähigkeit ist ein Grundbaustein guten Reitens, denn ein Teil von Ihnen wird immer aktiv sein und beeinflussen, während ein anderer neutral bleibt, um nicht zu stören.

Überlebenstraining Wenn es ums Reiten geht, ist die seitliche Halsbiegung wohl die überlebenswichtigste Methode, die Sie lernen können. Tun Sie sie nicht bloß als eine weitere Technik ab, sondern machen sie zu einer Angewohnheit für Pferd und Mensch, die beide aus dem Effeff beherrschen müssen. Nehmen Sie sie ernst und machen Sie sie immer wieder vor dem Reiten und zwischendurch. Auch dann noch, wenn sie schon gut funktioniert. Spätestens aber, wenn Sie merken, dass Sie oder Ihr Pferd unsicher werden.

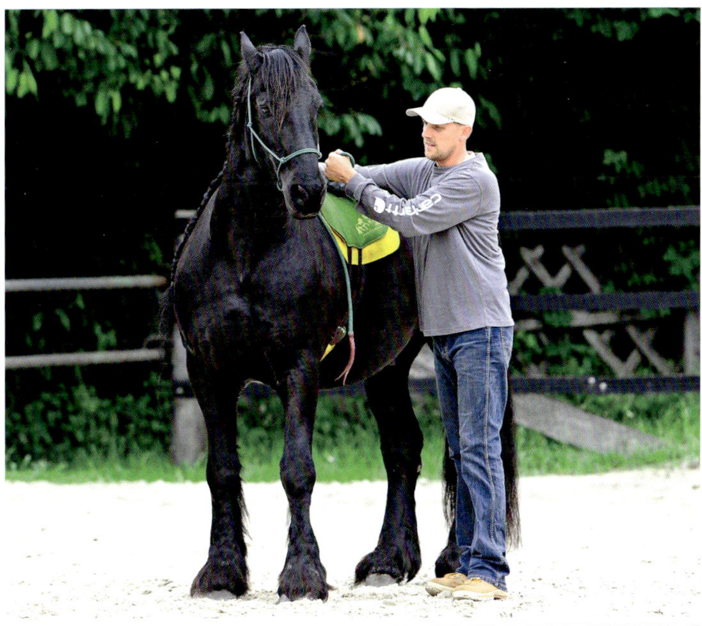

Pferd und Mensch müssen gleichzeitig passiv und aktiv sein. Das ist ein Grundpfeiler guten Reitens. Der Kopf des Pferdes wird aktiv, die Beine bewegen sich aber nicht. Beim Menschen übernehmen Arm und Hand den aktiven Part, während der Rest des Körpers passiv bleibt.

VORAUSSETZUNGEN

Nachgiebigkeit am Halfter und Nachgiebigkeit in der Hand (eine „weiche" Hand) sind wichtig für Effektivität und Feinheit zugleich. Unterscheiden Sie mit Ihrer Energie und Ihrem Fokus klar zwischen einschalten („Jetzt will ich etwas von dir.") ausschalten („Jetzt will ich nichts von dir.") und neutral („Mach' nicht mehr und nicht weniger, als du gerade tust").
Es schadet nicht, wenn Ihr Pferd schon ruhig stehen bleiben kann, während um es herum etwas passiert (Das ist die Übung „Du bist nicht gemeint.", die Sie in unserem Übungsbuch Natural Horsemanship ausführlich erklärt nachlesen können).

VORBEREITUNG

Nehmen Sie das Führseil doppelt und legen Sie es dem Pferd über den Widerrist – so kurz, dass es nicht runterrutscht, aber lang genug, dass es noch keinen Einfluss auf das Halfter hat. Stellen Sie sich neben Ihr Pferd auf Höhe der Sattellage. Ihre Blickrichtung ist die des Pferdes. Legen Sie dabei Ihren rechten Arm auf den Pferderücken, wobei Sie das Seil in die rechte Hand nehmen und diese auf dem Widerrist liegen lassen. Energie und Fokus sind dabei neutral („Ich will noch nichts von dir, aber du hast auch keine Pause.").

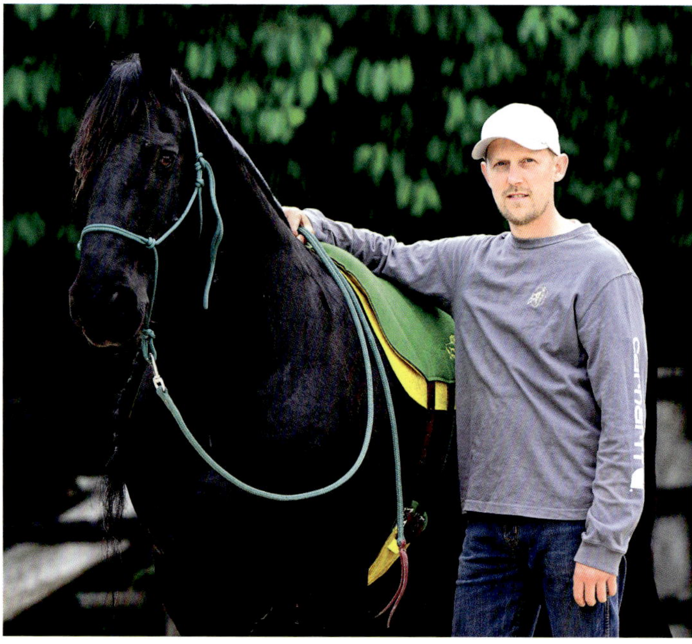

Die Ausgangsposition

DURCHFÜHRUNG

Schritt 1 Atmen Sie aus und heben Sie Ihre rechte Hand mit Seil senkrecht nach oben, und zwar so weit, dass ein leichtes Gefühl am Halfter ankommt. Ziehen Sie das Seil bzw. den Zügel dabei nicht nach hinten und achten Sie auch darauf, dass jetzt noch kein echter Zug auf dem Seil zu spüren ist. Es darf allerdings auch nicht zu sehr durchhängen. Ggf. passen Sie die Länge nachträglich an, indem Sie Seil nachgeben oder nachfassen.
Dieser Schritt ist für die Sicherheit noch nicht besonders relevant, wird aber später das Anhalten erleichtern und verfeinern.

Schritt 2 Die offene linke Hand streift nun mit Gefühl am Seil entlang nach unten (in Richtung Halfter). Das Seil liegt zwischen Daumen und Zeigefinger, der Daumen zeigt zum Pferd.

Schritt 3 Etwa 20 cm vor dem Haken halten Sie das Seil mit dem Daumen fest und legen gleichzeitig die rechte Hand wieder auf dem Widerrist ab.

Schritt 4 Die Finger der linken Hand schließen sich nun um das Seil – langsam und kontinuierlich einer nach dem anderen, angefangen beim Zeigefinger bis hin zum kleinen Finger. Mit jedem Finger wird das Gefühl am Halfter für das Pferd deutlicher. Wenn Ihre Hand geschlossen ist, sollten Sie jetzt über das Seil einen direkten Kontakt zum Pferdekopf haben.

Schritt 5 Üben Sie nun mit der geschlossenen Hand und dem (linken) Arm einen Zug (mit Gefühl) auf das Halfter aus, indem Sie den Arm zur Seite hin nach außen bewegen. So deutlich, dass es beim Pferd ankommt, jedoch ohne den Kopf mit bloßer Kraft herumzuziehen. Gibt das Pferd hierauf schon nach, öffnen Sie Ihre Finger und beginnen wieder mit Schritt 4.

Schritt 6 Falls Ihr Pferd auf dieses stetige Gefühl noch nicht nachgibt, dann zupfen Sie mit den Fingern weich und gefühlvoll am Seil, so als würden Sie auf einem Instrument spielen. Rucken Sie dabei nicht am Halfter, d. h. die Grundspannung auf dem Seil bleibt bestehen.

Schritt 7 Gibt Ihr Pferd mit etwas Übung besser nach, dann führen Sie die Hand mit dem Seil flüssig in einem Bogen zunächst weiter nach außen und dann entweder zum eigenen Bauch oder zum Widerrist. Die erste Position hilft, Ihr inneres Bild zu trainieren, die zweite hilft dem Pferd, das Gefühl für die Biegung vom Sattel aus kennenzulernen. Wiederholen Sie alles auf der rechten Seite und üben Sie unbedingt beide Seiten gleich gut.

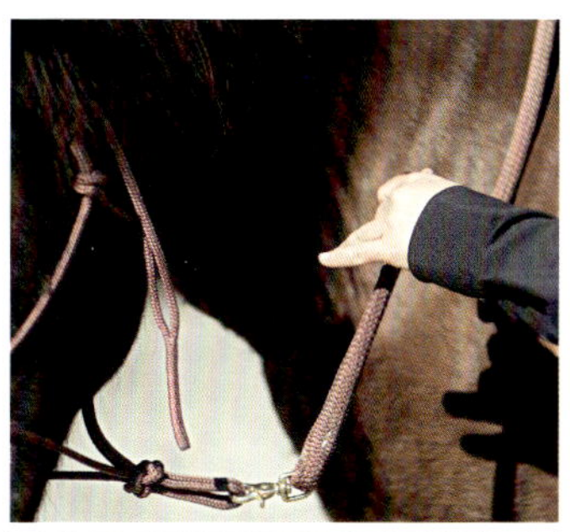

Obwohl es sich bei der seitlichen Biegung um eine effektive Sicherheitstechnik handelt, ist sie trotzdem nur sinnvoll, wenn Sie weich fragen und nachgeben.

☞ DURCHFÜHRUNG

Schritt 1 *Das Seil anheben*

Schritt 2 *Die andere Hand gleitet am Seil herunter.*

Schritt 3 *Das Seil festhalten und die andere Hand auf dem Widerrist ablegen*

Schritt 4 *Die Hand langsam schließen*

Schritt 5 *Am Seil „ziehen"*

Schritt 6 *Ggf. am Seil zupfen*

Schritt 7 *Gibt das Pferd gut nach, fragen Sie den Kopf des Pferdes flüssig herum.*

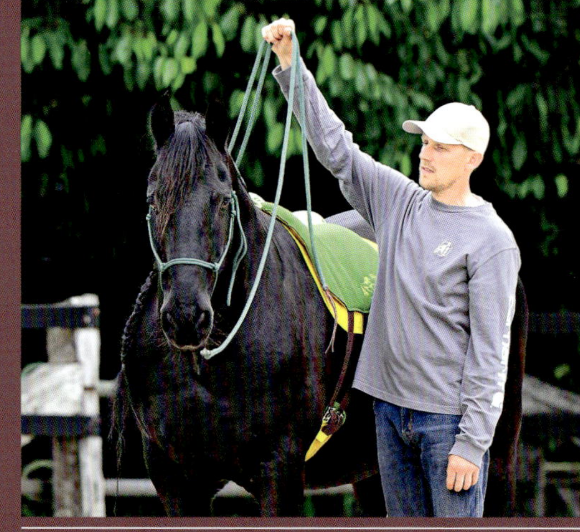

01

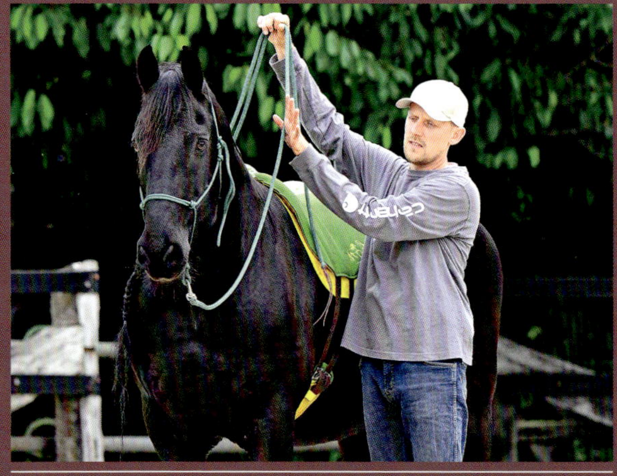

02

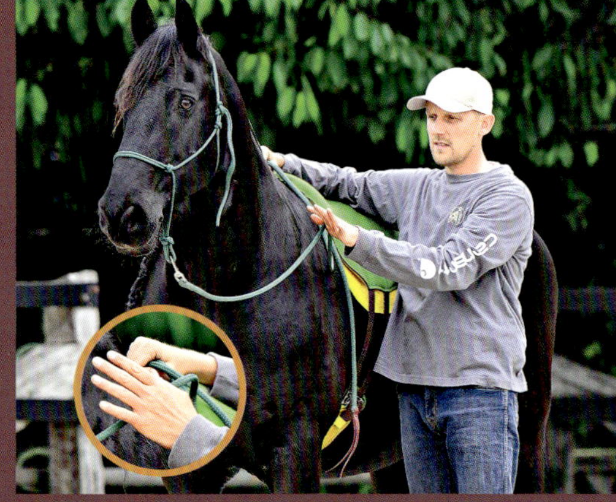

03

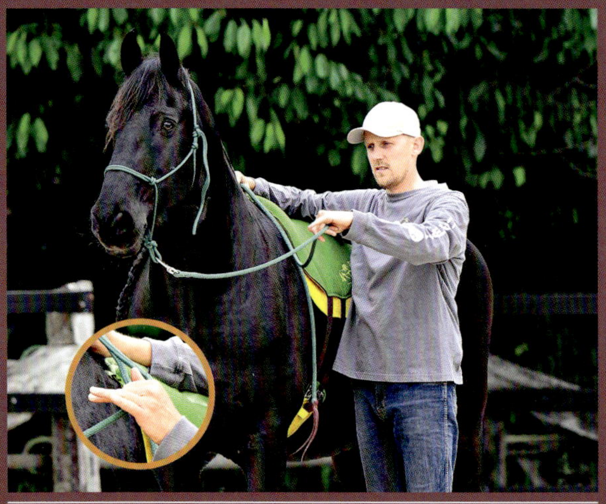

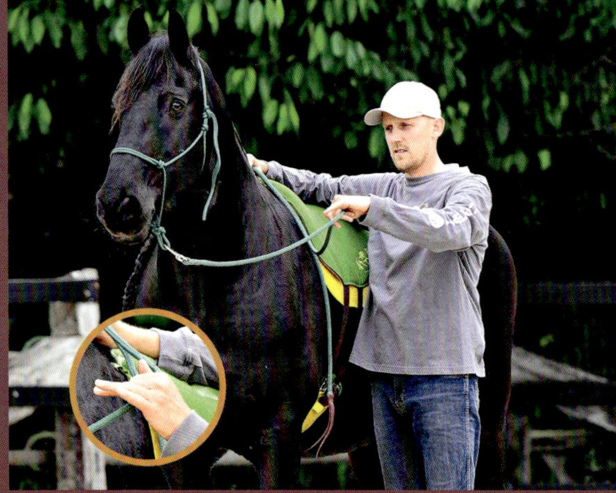

04

05

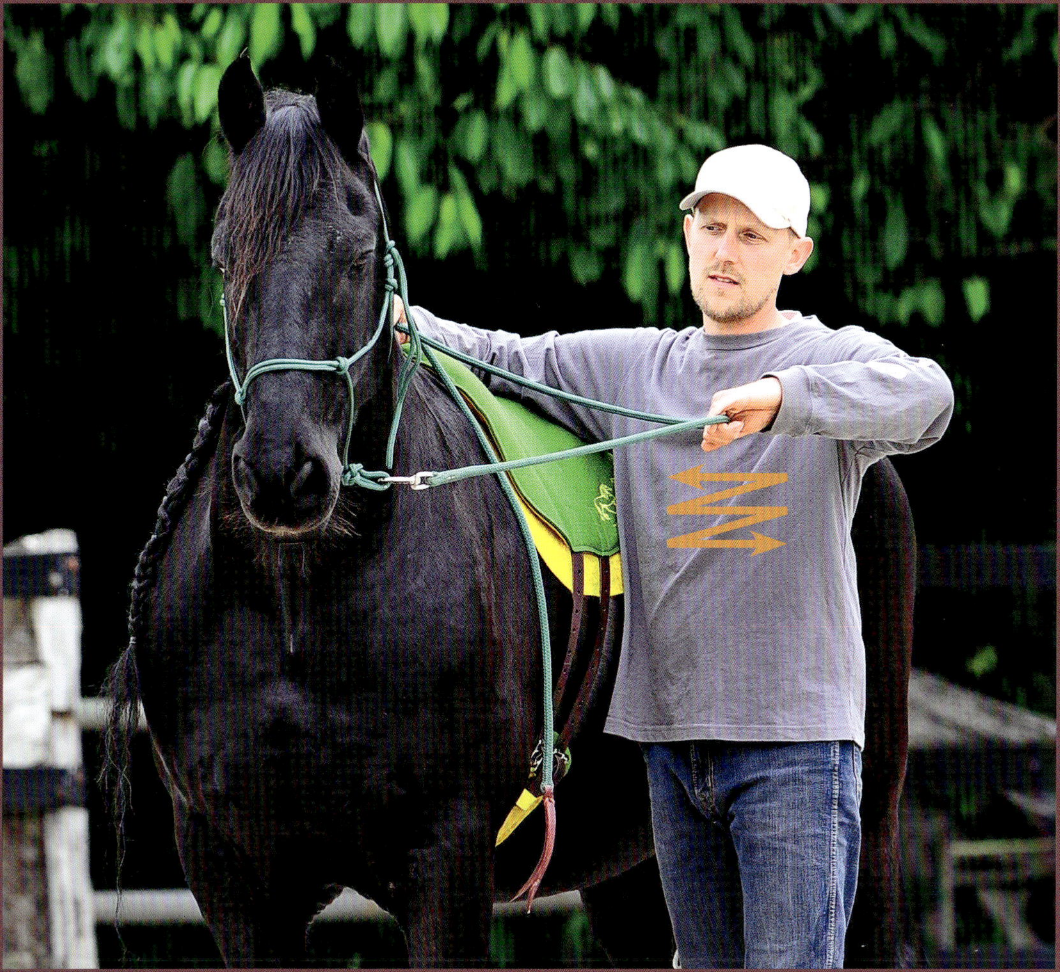

06

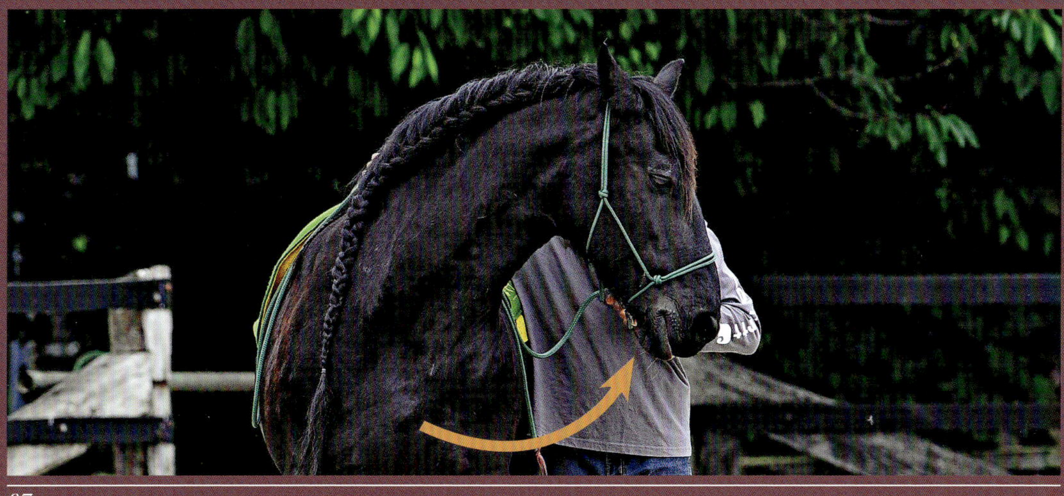

07

NOCH EINIGE HINWEISE

Viele Pferde fühlen sich zuerst unsicher, wenn sie ihre bewährten und angeborenen Schutzmechanismen aufgeben sollen. Deswegen müssen wir sie fleißig für jeden kleinen Schritt bestätigen. Im Ernstfall liegt der Schwerpunkt zwar auf Effektivität, erstes Teilziel ist jedoch immer die Nachgiebigkeit. Ein Zentimeter weiches Nachgeben ist hier wertvoller, als zehn Zentimeter den Kopf herumzuziehen. Das Pferd soll die Erfahrung machen: Kampf und Flucht bringen ihm nicht das, wonach es sucht – Weichwerden, Nachdenken und Nachgeben schon.
Für die komplette und korrekte Übung trainieren Sie nicht nur, den Hals in einer flüssigen Bewegung zu biegen, sondern ihn auch dort zu halten – beides natürlich ohne Widerstand seitens des Pferdes.
Seien Sie geduldig! Es kann dauern, bis Pferde auf diese Frage hin nachgeben, oder bis sie sich auf die Übung überhaupt gut einlassen. Manchmal dauert es nur ein paar Wiederholungen, doch es kann ebenso gut Tage oder Wochen brauchen, bis die Übung auch unter Stress Wirkung zeigt. Doch irgendwann schaffen es auch schwierige Fälle, sich nach und nach dem Menschen anzuvertrauen und wissen dann das Angebot zur Entspannung zu schätzen.

ACHTUNG

Die seitliche Biegung bleibt ohne Effekt, wenn sie mit Leckerchen beigebracht wird. Auch wenn man auf diese Weise die Beweglichkeit des Halses und des Pferdes fördert, sorgt sie in Stresssituationen nicht für Sicherheit. Das tut nur respektvolles und vertrauensvolles Nachgeben.

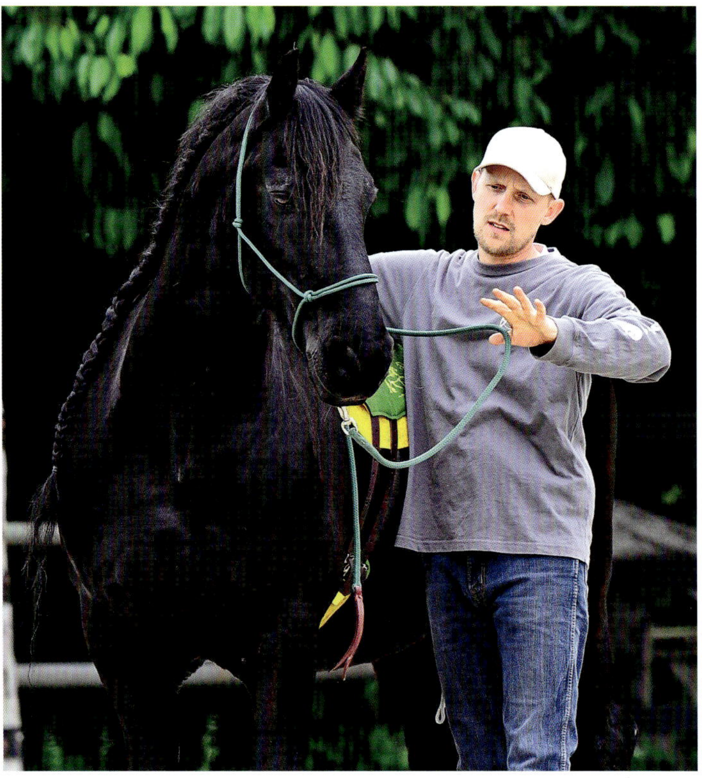

Nachgeben, nachgeben, nachgeben lautet die Devise.

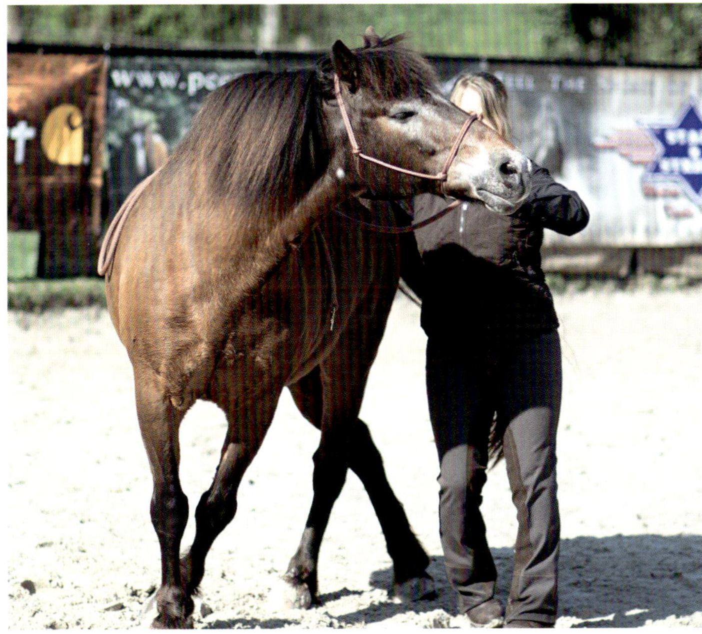

Weicht das Pferd mit der Hinterhand aus, bewegen Sie sich neutral mit und öffnen Sie Ihre Hand erst, wenn es wieder stehen bleibt.

HÄUFIGE PROBLEME UND LÖSUNGEN

DIE HINTERHAND WEICHT AUS

Das kommt sehr häufig vor. Entweder biegt das Pferd den Hals dabei trotzdem oder es lässt ihn von vornherein steif. Ursachen gibt es dafür viele, grob gesehen liegt es oft ganz banal an fehlender Balance, an mangelnder Verständigung oder an Unsicherheit. Meist ist es eine Kombination aus diesen Faktoren. Überwiegt die Unsicherheit, reduzieren Sie den Druck und lassen Sie dem Pferd mehr Zeit. Liegt es eher an fehlender Balance oder Verständnis, versuchen Sie es mit kleineren Lernschritten und legen Sie mehr Wert auf das Nachgeben als auf das Biegen. Auf jeden Fall aber bewegen Sie sich mit und bleiben so lange in Ihrer Position neben dem Pferd, bis alle Beine stillstehen. Lassen Sie bei jeder richtigen Idee das Seil komplett los. Überprüfen Sie parallel dazu Ihre Energie und den Fokus. Sind Sie tatsächlich neutral oder treiben Sie die Hinterhand unbemerkt durch Ihre Bewegungen? Atmen Sie aus und lassen Sie sich nur vom Pferd und dessen Bewegungen mitnehmen.

DER KOPF KOMMT ZWAR HERUM, ABER ZU HEFTIG UND BETTELT, SCHNAPPT UND BEDRÄNGT DABEI

Obwohl das Pferd ja eigentlich leicht nachgibt, folgt es nicht dem Gefühl, sondern es überreagiert, entzieht sich oder befindet sich in einer Abwehrhaltung. Auf keinen Fall sollten Sie Leckerlis einsetzen.

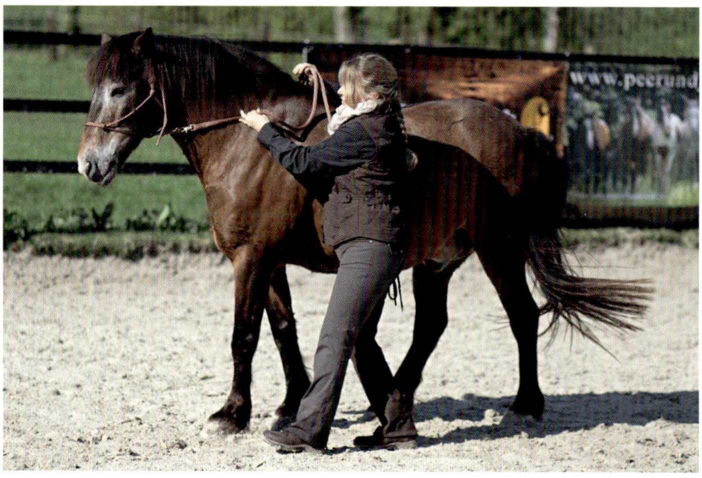

Fragen Sie den Kopf wirklich zur Seite oder ziehen Sie das Pferd nach hinten?

Hier ist vielmehr das Einhalten einer (Mini-) Privatzone angebracht. Beanspruchen Sie mit Ihrer Hand oder bei energischen Pferden auch mit einem Stick Ihren Raum. Ob Sie zugleich freundlich und bestimmt sein können, werden Sie spätestens jetzt herausfinden. Ihren Privatbereich müssen Sie nämlich sehr effektiv aber nicht aggressiv verteidigen – der Kopf soll ja trotzdem gebogen bleiben. Sind Sie dagegen zu lasch, wird das Pferd Sie weiter bedrängen. Mit kleinen Schritten können Sie es daran gewöhnen, wieder dem Gefühl zu folgen, statt nur zu reagieren.

DAS PFERD GEHT RÜCKWÄRTS

Auch das ist keine Seltenheit. Bleibt der Hals zu Beginn noch gerade und fest, kommt der Hauptdruck ja tatsächlich von vorne, was das Rückwärtsgehen zu einer logischen Alternative macht.
Nehmen Sie das Seil kürzer und fragen Sie den Kopf deutlicher zur Seite. Versuchen Sie es zusätzlich mit dem auf S. 51 in Schritt 6 beschriebenen Rhythmus am Seil. Lassen Sie sich jedoch nicht aus Ihrer Position bringen, bleiben Sie mit Ihrem Fokus „auf der Stelle".

DAS PFERD VERWIRFT SICH UND/ODER NIMMT DEN KOPF HERUNTER

Das kann nach hinten losgehen, denn diese Position erlaubt dem Pferd (vor allem dem sicheren) noch einiges von dem, was wir eigentlich verhindern wollen. Sie kann sich schnell zu einer Power- Position wandeln, aus der heraus Ihr Pferd mit gesenktem Kopf bocken oder losrennen könnte. Eigentlich kann das erst beim Reiten ein Problem werden, aber Sie können es jetzt schon gefahrloser klären. Fragen Sie den Kopf deutlich zur Seite und bringen ihn durch gezielte Aufwärtsimpulse wieder in eine weichere, seitlicher gebogene Stellung. Experimentieren Sie mit der Seilführung und belohnen Sie kleine, korrekte Schritte. Sind Sie unsicher, holen Sie sich Rat von einem Fachmann.

Bewusst Satteln

Das Satteln ist jedes Mal wieder eine gute Gelegenheit, um dem Reiten einen vertrauensvollen und freundlichen Start zu ermöglichen.

SINN UND ZIEL

Mit dem Satteln ist es oft wie zuvor mit dem Halftern oder später beim Aufsteigen: Es wird als eine Notwendigkeit ohne tieferen Nutzen angesehen. Dadurch verschenkt man aber unter Umständen gute Gelegenheiten, um dem Reiten einen guten Start zu geben, oder man stellt sogar schon die Weichen für spätere Probleme. Wir hoffen, dass Sie nach diesem Kapitel nicht mehr einfach gedankenlos satteln, sondern es mit anderen Augen sehen.

Ziel Das Satteln soll für Sie und Ihr Pferd leicht und angenehm werden. Sie brauchen das Pferd dabei weder festzuhalten noch anzubinden, und es entzieht oder wehrt sich auch nicht.

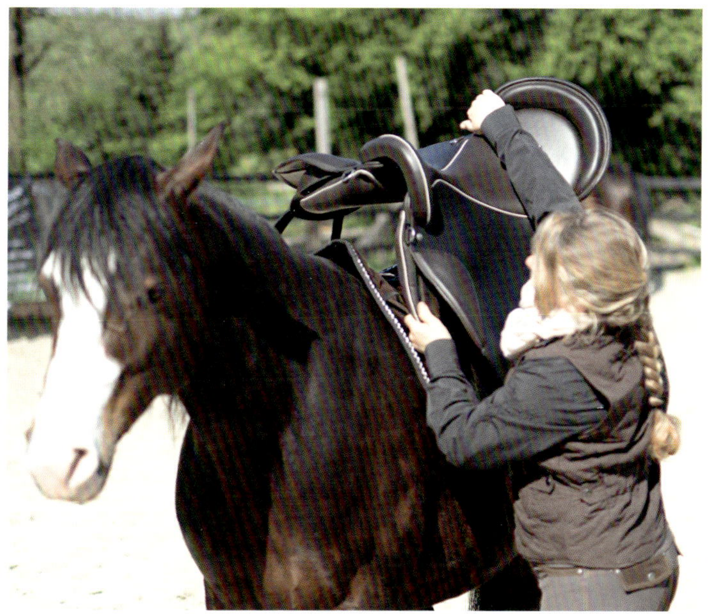

Das Satteln ist keine lästige Notwendigkeit, sondern beeinflusst die Beziehung positiv oder negativ.

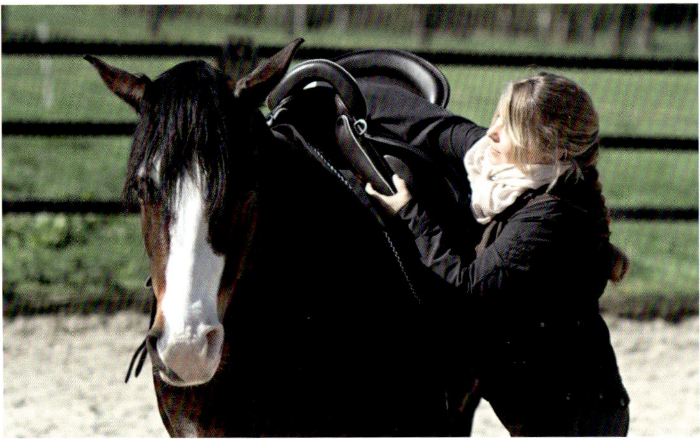

Egal, ob „grün" oder erfahren: Sinnvolles Satteln hilft jedem Pferd. Es sollte dem Sattel(n) gegenüber neutral eingestellt sein: „Du bist nicht gemeint!"

Vorbereitung auf das Reiten Mit der Einstellung, die Ihr Pferd zum Satteln hat, müssen Sie auch später beim Reiten rechnen. Kümmern Sie sich also am besten sofort um Probleme, wenn sie auftauchen, sonst nehmen Sie sie sozusagen mit in den Sattel. Sieht Ihr Pferd im Satteln etwas Positives und Verbindendes, wird die Einstellung zum Reiten auch nicht von vornherein getrübt.

SATTELN, WIE BEIM ERSTEN MAL

Wir erklären hier den Prozess des Sattelns so, als würde man das Pferd zum ersten Mal satteln, also es ihm beibringen. Manche Schritte sind sicher nicht jedes Mal notwendig, doch auch bei erfahrenen Pferden oder solchen, die „eigentlich" kein Problem damit haben, lohnt es sich, noch mal genauer hinzuschauen und nicht voreingenommen zu sein. Sie haben erst Gewissheit, wenn Sie das Pferd selbst nach seiner ehrlichen Meinung fragen können und es diese auch sagen darf. So haben z. B. selbst viele erfahrene Pferde noch nie einen Sattel tatsächlich gesehen – er wird einfach draufgelegt und sie sind dabei festgebunden. Sie können sich also nicht immer frei dazu äußern.

VORAUSSETZUNGEN

Sie werden sich sicher schon gedacht haben, dass es bei dieser Übung darum geht, dem Pferd zu sagen: „Du bist nicht gemeint!" Besonders das Konzept Annäherung und Rückzug spielt eine entscheidende Rolle. Sie brauchen ein gutes Timing und ein Gefühl dafür, bei der Aufgabe zu bleiben, ohne den Druck zu erhöhen. Ein geschultes Auge für die Körpersprache und ein eigenes Körperbewusstsein sind dabei unabdingbar.

VORBEREITUNG

Am besten üben Sie auf dem Reitplatz oder in der Halle, auf jeden Fall aber ohne das Pferd anzubinden. Es soll nämlich möglichst viel mit einbezogen werden, seine Meinung sagen dürfen und selbst herausfinden können, dass der Sattel etwas ganz Normales ist. Wieder trägt hier die Verantwortung, die Pferd und Mensch übernehmen, dazu bei, dass beide langfristig von den Übungen profitieren.

Alles, was Sie benötigen, legen Sie sich auf dem Platz zurecht, auf einen Sattelwagen, eine Aufsteighilfe oder auf die Bande. Je nachdem, was Sie beim Reiten bevorzugen, sind das z. B. Sattel, Reitpad, Satteldecke, Schabracke oder ein Sattelpad. Das hat den Vorteil, dass das Pferd von Anfang an alles mitbekommt, sich die Reitutensilien schon anschauen und sich mit ihnen auseinandersetzen kann, bevor Sie sie überhaupt in die Hand nehmen.

Das kann man auch bewusst fördern, indem man zum Aufwärmen beim Zirkelspiel das Pferd für die Pause immer wieder zum vorbereiteten Equipment in die Mitte hereinholt. Gerade für unerfahrene Pferde macht das den Sattel und alles, was damit zusammenhängt, attraktiver.

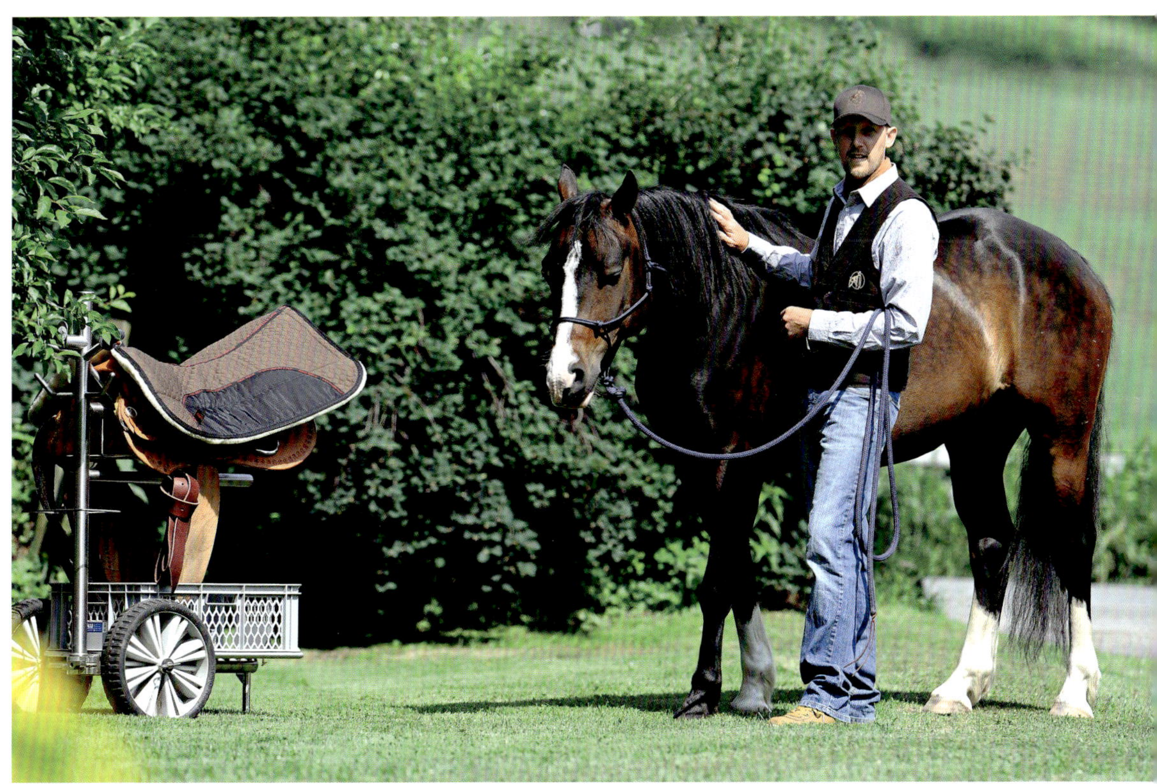

So haben Sie Ihr Equipment gut vorbereitet.

DIE CHECKLISTE

Über die Vorteile von Annäherung und Rückzug für die Desensibilisierung haben Sie vielleicht schon einiges gelesen. Um trotzdem systematisch an dieses oft schwammige Thema heranzugehen, gibt es ein wertvolles Hilfsmittel: die Checkliste.
Besonders wenn Sie, wie etwa beim Satteln, dem Pferd etwas näherbringen möchten, das mehr oder weniger jedes Mal in der gleichen Art und Weise geschieht, kann man die Checkliste ausgezeichnet nutzen. Darauf stehen alle kleinen und großen Schritte, die nötig sind, um an ein Ziel zu gelangen – in diesem Fall also, das Pferd zu satteln. Und so funktioniert unsere Checkliste:
Bei jedem Schritt zum Ziel haben Sie die Frage „Darf ich ...?" oder „Ist es okay, wenn ich ...?" im Hinterkopf. Das Pferd antwortet darauf gewissermaßen mit seinem Verhalten. Reagiert es nicht, sagt es damit: „JA, alles in Ordnung, das macht mir nichts aus." Registrieren Sie dagegen Abwehr, Anspannung, Unsicherheit, etc. oder geht es einfach weg, dann gibt es Ihnen zu verstehen: „NEIN, damit habe ich ein Problem."
Bei einem „Ja" können Sie den nächsten Schritt machen. Kommt ein „Nein", kümmern Sie sich darum, wie Sie es im Kapitel „Du bist nicht gemeint." gelernt haben.
Als Beispiel nehmen wir einmal an, Ihr Pferd hat nichts dagegen, dass Sie den Sattel auf seinen Rücken legen („Ja"). Sie können sich sogar den Sattelgurt unter dem Pferdebauch holen („Ja"), doch sobald Sie anfangen, ihn leicht festzuziehen, läuft es los („Nein"). Jetzt gehen Sie auf einem kleinen Kreis und mit etwa dem gleichen Zug auf dem Gurt mit dem Pferd mit. Sobald es stehen bleibt („Okay, so schlimm ist es doch nicht"), lassen Sie den Gurt los und warten kurz, bevor Sie es noch einmal versuchen.
Energie und Fokus müssen währenddessen immer neutral bleiben. Je mehr Sie unbedingt wollen, dass das Pferd stehen bleibt, umso weniger wird es sich entspannen können. Doch je offener Sie selbst bleiben, umso besser können Sie konzentriert agieren. Denken Sie nicht an den übernächsten Punkt auf der Liste oder gar an das letztendliche Ziel, sondern nur an den momentanen Schritt.
Die Checkliste können Sie nicht nur beim Desensibilisieren, sondern ebenso für Aufgaben, bei denen das Pferd etwas tun soll, gut gebrauchen. Die Fragen auf Ihrer Liste beginnen dann mit „Könntest du ...?", „Würdest du ...?" oder ganz allgemein „Was sagst du dazu, wenn ich ...?"

WIE KANN DAS PFERD NEIN SAGEN?

Mit großen Zielen vor Augen übersieht man gerne kleine (Vor-) Zeichen, die einem großen Ärger ersparen könnten. Man registriert meist erst deutliche Einwände des Pferdes, etwa wenn es tritt, beißt, steigt, bockt oder durchgeht. Doch solche lauten Neins kommen nur in Ausnahmefällen aus heiterem Himmel. Eigentlich sagt Ihnen jedes Pferd schon

CHECKLISTE

AUFGABE: Satteln

Fragen: („Darf ich.../ Kannst du...?")	J	N
Können wir zum Sattel gehen?	✓	
Kannst du am Sattel riechen?	✓	
Darf ich das Sattelpad in die Hand nehmen?	✓	
Darf ich mit dem Sattelpad zu dir kommen?	✓	
Darf ich es neben dir bewegen?	✓	
Darf ich dich damit streicheln?	✓	
Darf ich es auf deinen Rücken legen?		

Die Checkliste bietet eine äußerst wertvolle Hilfestellung – nicht nur beim Satteln oder Aufsteigen, sondern bei jedem kleineren und größeren Projekt, das Sie angehen möchten. Am besten ist es, wenn sie nicht nur in Ihrem Kopf, sondern auch auf dem Papier existiert!

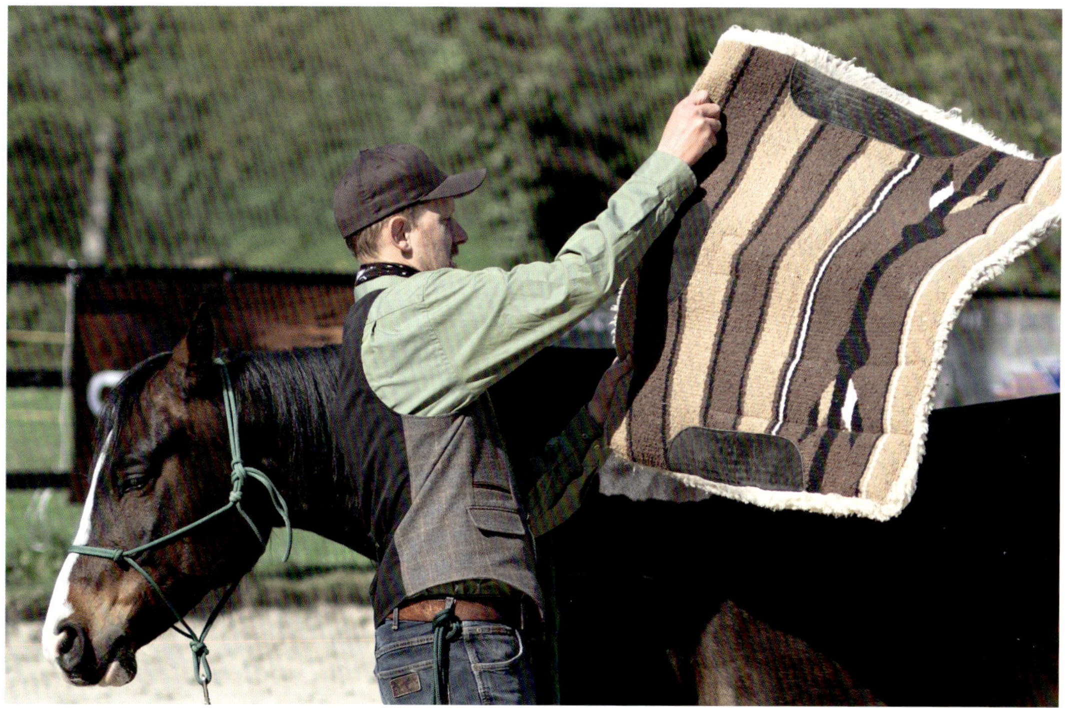

Ein leises Nein ist leicht zu übersehen und unter Umständen schwer zu erkennen: Döst Lex nur vor sich hin, oder sagt er: „Nein" und flüchtet nach innen?

sehr lange vor einem Tritt oder dem Bocken mit kleinen Signalen, dass etwas nicht in Ordnung ist. Gewöhnen Sie sich an, die kleinen Hinweise ernst zu nehmen. Ein leises Nein ist z. B. ein angelegtes Ohr, eine hochgezogene Nüster, ein Auge, das größer wird, ein angespannter Hals, Unruhe oder auch Erstarren. Etwas deutlicher wird es schon, wenn das Pferd den Kopf hochnimmt, weggeht, drängelt, mit dem Schweif schlägt oder mit einem Bein aufstampft. Jedes Pferd hat darüber hinaus noch sein ganz persönliches Repertoire an Ausdrucksmöglichkeiten. Sie müssen längst nicht bei jedem kleinen Nein reagieren, aber Sie müssen unbedingt jedes Nein bemerken. Je nach Pferd, Zielsetzung und eigener Kompetenz können Sie das Nein Ihres Pferdes ein bisschen größer werden lassen oder kleiner halten. Beides hat seine Berechtigung.

DURCHFÜHRUNG

DER RICHTIGE SCHWUNG

In der Checkliste für das Satteln taucht eine bestimmte Technik auf, die Ihnen hilft, den Sattel mit Schwung, ohne viel Kraft, souverän aber sanft auf den Pferderücken zu schwingen. Diesen speziellen Schwung erklären wir schon vorab Schritt für Schritt und nicht erst in der Liste, weil sie sonst allzu umfangreich werden würde.

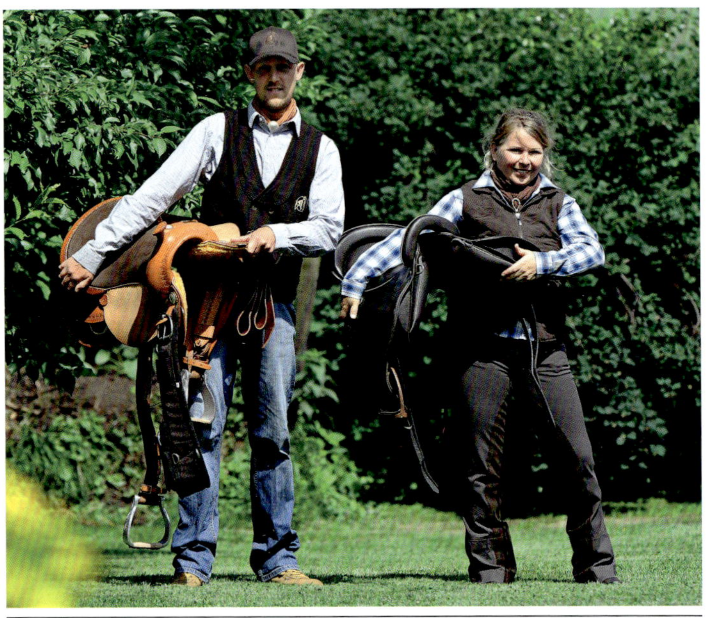

So halten Sie sowohl den Western- als auch den Dressursattel für den richtigen Schwung.

Schritt 1 Legen Sie sich das Führseil doppelt in die linke Armbeuge. Nehmen Sie den rechten Arm über das Cantle bzw. den Hinterzwiesel hinweg auf die rechte Seite des Sattels und halten ihn dort fest. Mit der linken Hand halten Sie die linke Seite der Sattelkammer. Man könnte auch sagen, Sie nehmen ihn mit der rechten Hand hinten rechts und mit der linken Hand vorne links. Dadurch wird die Sattelkammer weitmöglichst geöffnet. Die Sattelunterseite zeigt dabei zu Ihrem Körper.

Schritt 2 Stellen Sie sich mit dem Sattel neben Ihr Pferd mit entgegengesetzter Blickrichtung. Streicheln Sie Ihr Pferd ruhig noch einmal an Flanke oder Kruppe, um das Satteln entspannt zu gestalten.

Schritt 3 Wenden Sie sich nach rechts um die eigene Achse, und zwar gerade so weit, bis der Sattel sich in der Nähe des Pferdekopfes befindet. Dort kann Ihr Pferd sich den Sattel anschauen oder untersuchen, wenn es das möchte.

Schritt 4 Nun drehen Sie sich wieder mit so viel Schwung in die andere Richtung zurück, dass sich der Sattel dadurch fast ohne Ihr Zutun auf den Pferderücken schwingt. Sie lassen Ihn durch die Fliehkraft einfach auf den Rücken „fliegen“. Stellen Sie sich dabei vor, Sie wollten den Sattel über das Pferd rüberwerfen – aber bitte nur vorstellen! Er sollte unbedingt sanft auf dem Rücken landen. Wenn möglich, üben Sie das Satteln zunächst an einem erfahrenen, abgeklärten Pferd oder Sie benutzen die Bande als Pferdeersatz.

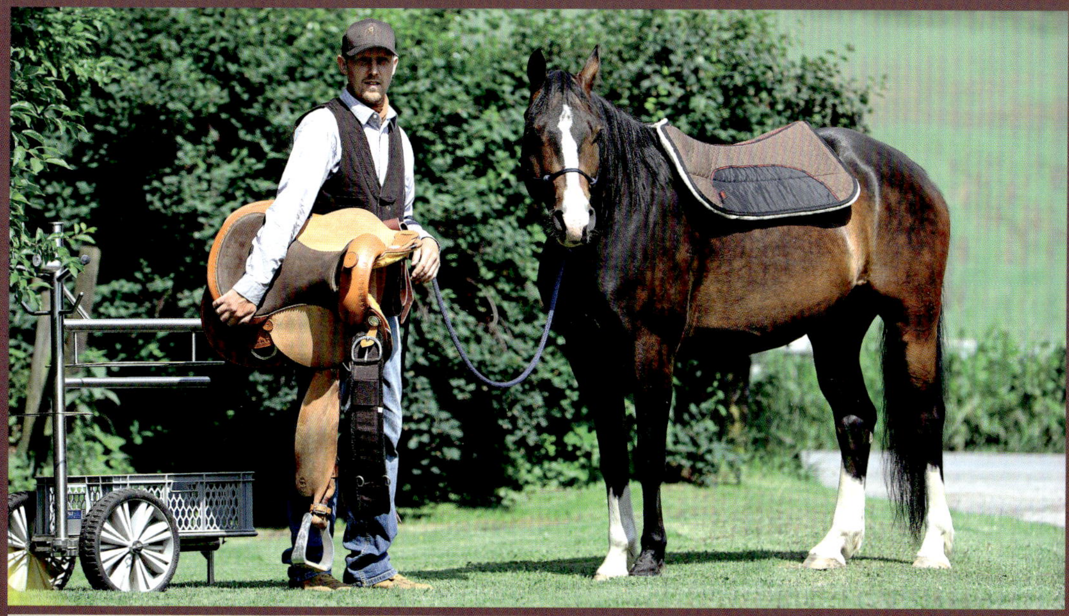

01

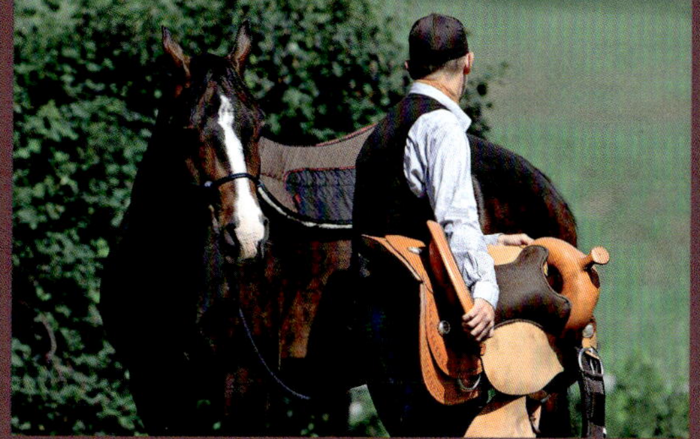

02

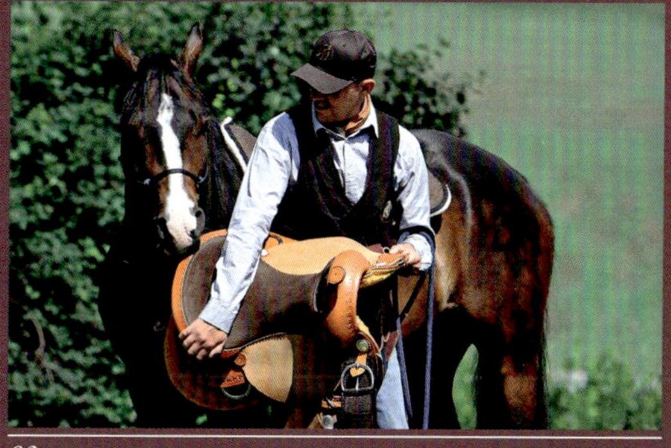

03

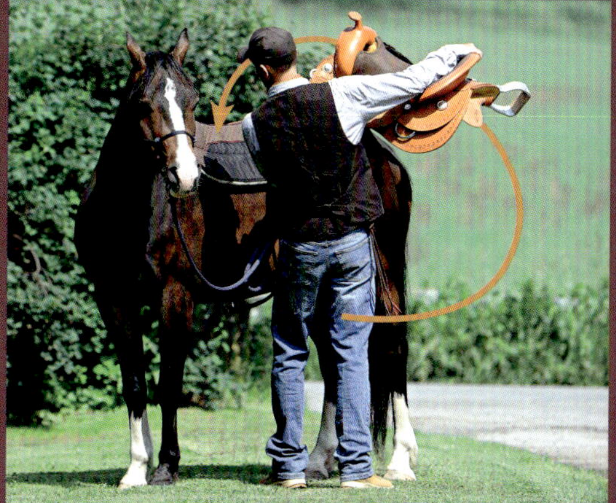

04

☞ DURCHFÜHRUNG

Schritt 1	*Die Ausgangsposition*
Schritt 2	*Stellen Sie sich neben Ihr Pferd mit entgegengesetzter Blickrichtung.*
Schritt 3	*Drehen Sie sich nach rechts zum Pferdekopf hin. Lassen Sie das Pferd den Sattel wahrnehmen.*
Schritt 4	*Drehen Sie sich mit Schwung wieder nach links und lassen den Sattel auf das Pferd „fliegen".*

☞ *Checkliste beim Satteln*

Zum Satteln gehören aber wie gesagt natürlich weit mehr Schritte, als nur diese vier. Die Standard-Checkliste könnte ungefähr folgendermaßen aussehen:

J N
- ☐ ☐ Können wir zum Sattel hingehen und uns daneben stellen?
- ☐ ☐ Kannst du am Sattel / an der Satteldecke riechen?
- ☐ ☐ Darf ich zur Satteldecke hingehen?
- ☐ ☐ Darf ich die Satteldecke in die Hand nehmen
- ☐ ☐ Darf ich sie bewegen?
- ☐ ☐ Darf ich mit der Satteldecke zu dir kommen?
- ☐ ☐ Darf ich sie neben dir bewegen?
- ☐ ☐ Darf ich dich streicheln, während ich die Satteldecke in der anderen Hand habe?
- ☐ ☐ Darf ich dich mit der Satteldecke berühren – an der Schulter, Flanke, Sattellage, Kruppe, Hals usw.?
- ☐ ☐ Darf ich sie auf deinen Rücken legen und sie liegen lassen?
- ☐ ☐ Darf ich zum Sattel hingehen?
- ☐ ☐ Darf ich ihn hochheben?
- ☐ ☐ Darf ich ihn auf den Arm nehmen?
- ☐ ☐ Darf ich mit ihm zu dir kommen?
- ☐ ☐ Darf ich mit ihm auf deine Seite gehen?
- ☐ ☐ Darf ich ihn auch neben dir bewegen (inkl. Geräusche)?
- ☐ ☐ Darf ich dich streicheln, während ich den Sattel dabei habe?
- ☐ ☐ Darf ich dich streicheln, während ich den Sattel bewege?
- ☐ ☐ Darf ich ihn neben dir hochhalten?
- ☐ ☐ Darf ich dich mit dem Sattel berühren (Schulter, Flanke)?
- ☐ ☐ Möchtest du dir den Sattel anschauen und darf ich ihn auf dich draufschwingen (siehe Beschreibung S. 62)?
- ☐ ☐ Darf ich ihn zurechtrücken bzw. die Satteldecke zurechtziehen?
- ☐ ☐ Darf ich auf die andere Seite gehen und da auch mit dem Sattel Bewegungen machen bzw. den Sattelgurt lösen oder herunternehmen?
- ☐ ☐ Darf ich wieder zurück auf die linke Seite?
- ☐ ☐ Darf ich dich unterm Bauch streicheln?
- ☐ ☐ Darf ich meinen Arm unter deinem Bauch zum Sattelgurt strecken? (Dabei weggucken, wie bei der Simulation mit dem Seil auf S. 32 und auf Abb. 12, S. 67 beschrieben)
- ☐ ☐ Darf ich den Sattelgurt in die Hand nehmen?
- ☐ ☐ Darf ich mit dem Gurt deinen Bauch berühren?
- ☐ ☐ Darf ich mit dem Gurt leichten Druck am Bauch machen?
- ☐ ☐ Darf ich etwas fester am Gurt ziehen?
- ☐ ☐ Darf ich die Schnalle durchfädeln?
- ☐ ☐ Darf ich ihn (schrittweise) festschnallen?

Auch eine einzige Tätigkeit wie das Satteln besteht bei näherem Hinsehen aus vielen kleinen Schritten. Hier nur einige wenige Beispiele aus der langen Sattel-Checkliste: „Können wir zum Sattel gehen? Darf ich zum Sattelwagen hingehen, das Pad in die Hand nehmen, damit an deine Seite gehen, dich damit berühren, es auf deinen Rücken legen, den Sattel holen, ihn neben dir bewegen, ihn auf deinen Rücken schwingen, den Gurt auf der anderen Seite lösen, wieder die Seite wechseln, und ihn mir unter deinem Bauch holen?

Wenn man solch eine Liste im Hinterkopf hat, macht man eigentlich genau das Gleiche, was man sonst auch tut, nur eben achtsamer. Indem man es als Frage formuliert, behält man außerdem eine offene und höfliche Einstellung zum Pferd. Man achtet mit jedem Schritt bewusster auf das, was das Pferd dazu zu sagen hat. So kann man sich viel flexibler um ein Thema kümmern, bevor es zum Problem wird.

Stellen Sie sich zum Üben wenn möglich auch mal ungeschickt an. Das bedeutet, seien Sie nicht übervorsichtig, weil Sie Reaktionen des Pferdes vermeiden wollen. Gewöhnen Sie das Pferd lieber in sinnvollen Schritten an Dinge, die später so wild nicht passieren werden. Davon ausgenommen ist natürlich das Auflegen des Sattels oder das Gurten. Hier sollten Sie immer mit Gefühl vorgehen.

Falls Ihr Pferd große Probleme hat, und Sie wissen, dass Sie viele Wiederholungen brauchen werden, dann lassen Sie wenn möglich den Sattel erst einmal weg und benutzen nur ein Pad, eine Schabracke oder Ähnliches. Das schont Ihre Arme und gewöhnt das Pferd trotzdem an das Gefühl, dass überhaupt etwas auf seinem Rücken liegt.

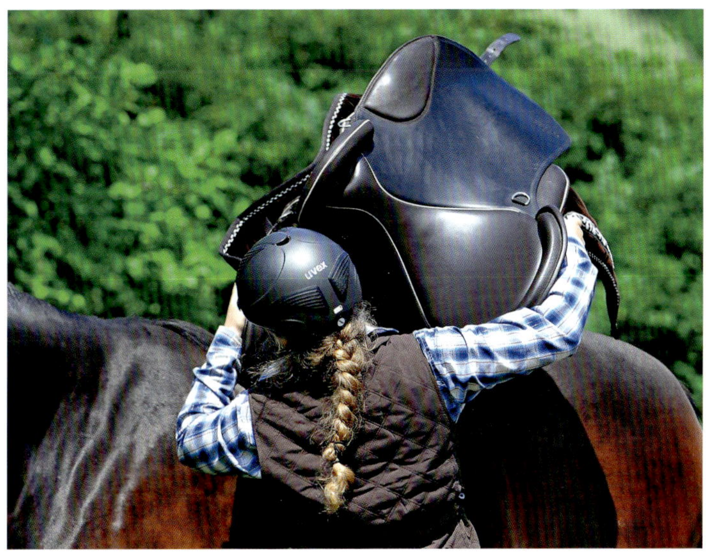

Absichtlich ungeschickt satteln ist ein gutes Abhärtungstraining. Fallen Sie aber nicht mit der Tür ins Haus, sondern gewöhnen Sie Ihr Pferd schrittweise daran.

☞ EINIGE PUNKTE AUS DER SATTEL-CHECKLISTE

01 „Können wir zum Sattel gehen?“

02 „Darf ich zum Sattelwagen hingehen?“

03 „Darf ich das Pad in die Hand nehmen?“

04 „Darf ich es bewegen?“

05 „Darf ich damit an deine Seite gehen?“

06 „Darf ich dich damit berühren?“

07 „Darf ich es auf deinen Rücken legen?“

08 „Darf ich den Sattel holen?“

09 „Darf ich ihn neben dir bewegen?“

10 „Darf ich ihn auf deinen Rücken schwingen?“

11 „Darf ich den Gurt auf der anderen Seite lösen?“

12 „Darf ich wieder die Seite wechseln und ihn mir unter deinem Bauch holen?“

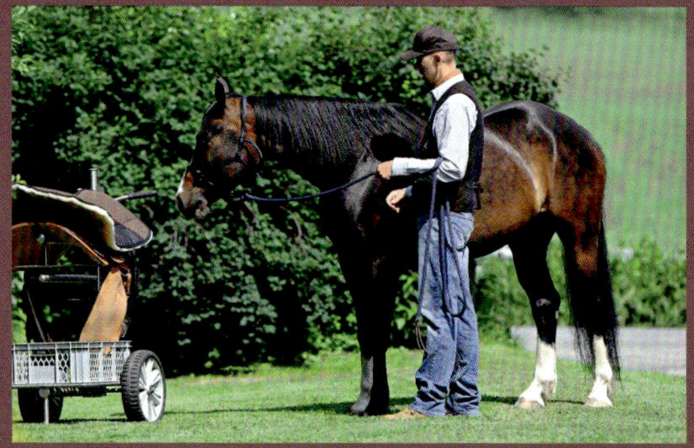

01

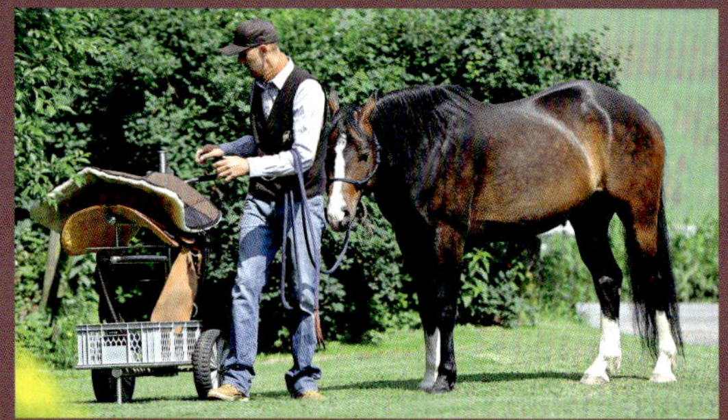

02

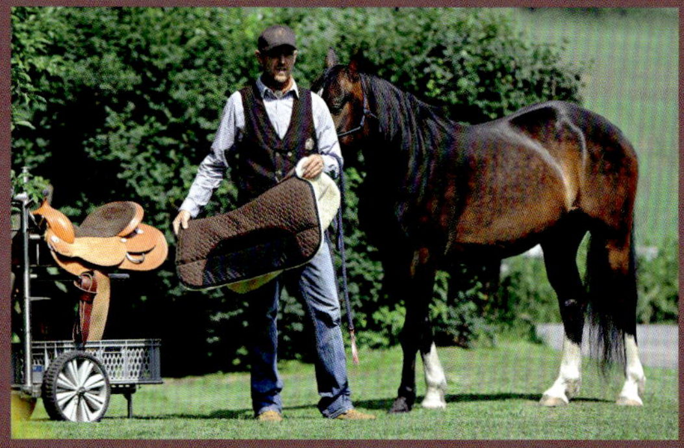

03

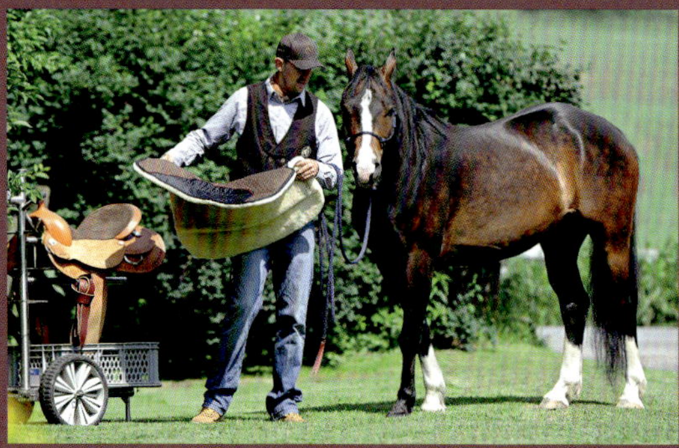

04

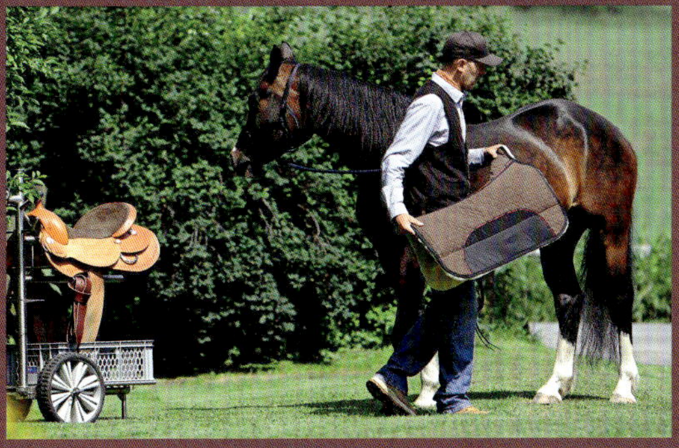

05

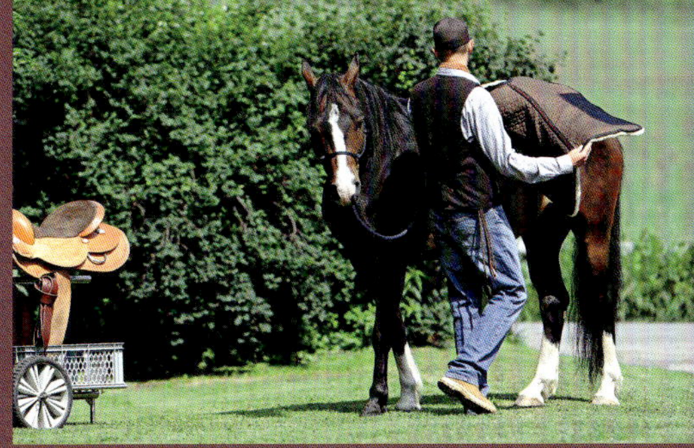

06

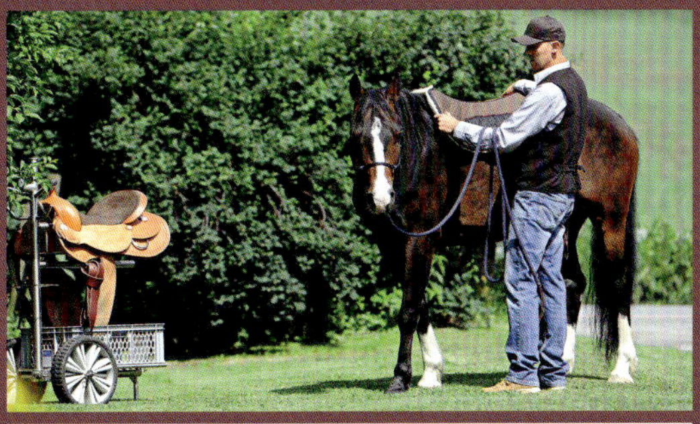

07

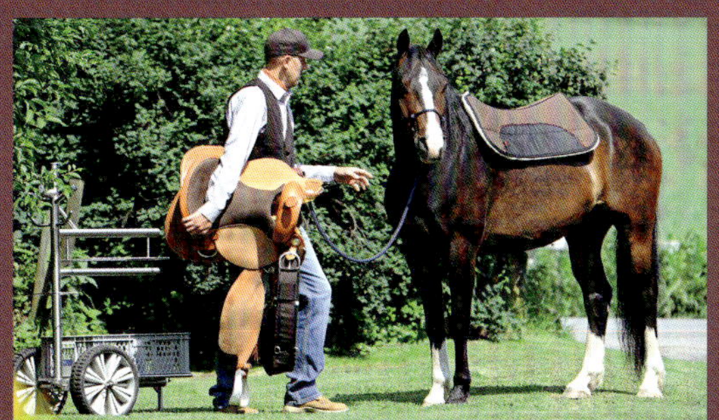

08

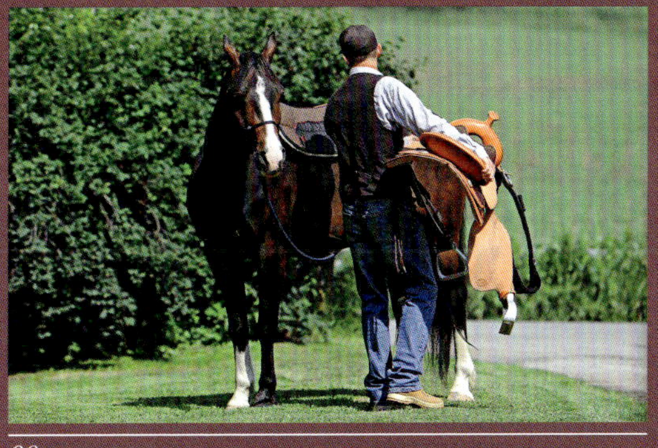

09

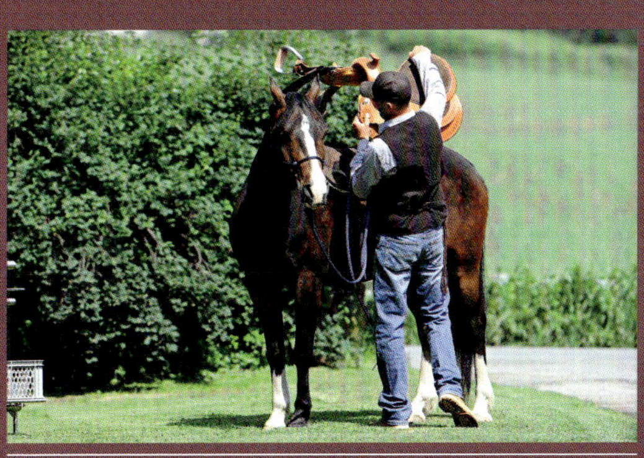

10

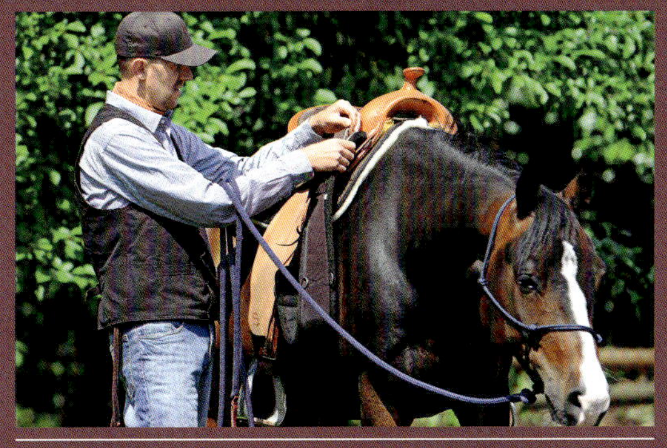

11

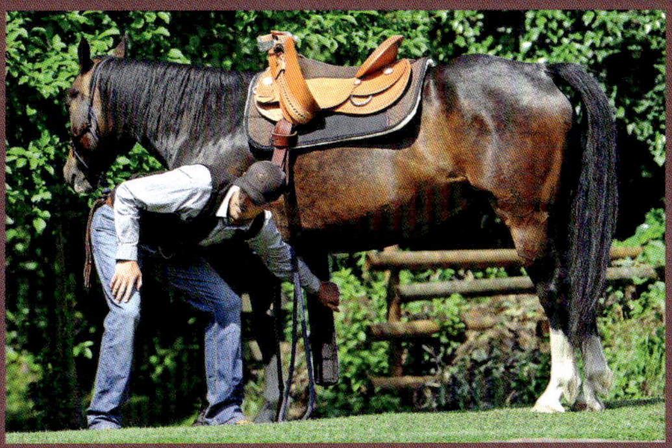

12

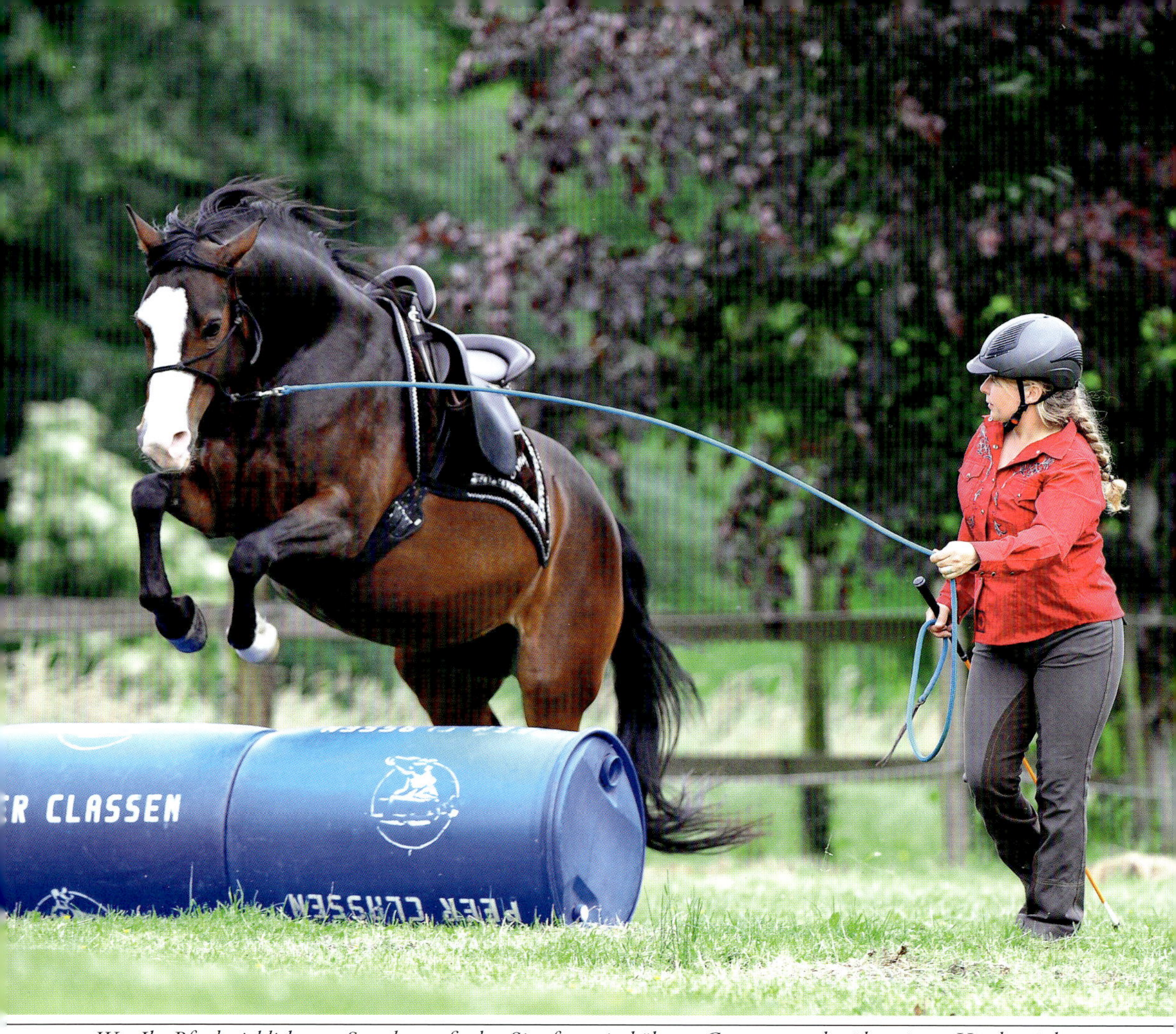

„Was Ihr Pferd wirklich zum Sattel sagt, finden Sie oft erst in höheren Gangarten oder über einem Hindernis heraus. Fragen Sie es daher besser noch vor dem Reiten nach seiner Meinung, um böse Überraschungen zu vermeiden."

NACH DEM SATTELN

Es ist sinnvoll, das Pferd nach dem Satteln oder zwischen dem Nachgurten, wo es ohnehin nötig ist, vom Boden aus zu bewegen. Am besten in allen drei Gangarten und sogar über ein kleines Hindernis. Denn in Bewegung entwickelt sich eine ganz andere Dynamik zwischen Pferd und Sattel, und die Anspannung und Energie steigt in der Regel. Falls Ihr Pferd damit generell, oder gerade heute, ein Problem hat, dann ist es besser, Sie finden das heraus, bevor Sie im Galopp auf ihm sitzen. Fängt es an zu bocken, dann lassen Sie es so lange weiterlaufen, bis es sich wieder beruhigt und machen dann eine Pause. Das dauert selten länger als ein paar Runden. Tasten Sie sich auch hier anhand einer Checkliste an mögliche Probleme heran, indem Sie im Kopf Fragen formulieren wie: „Kann ich dich mit Sattel auf den Zirkel schicken? – Kannst du im Schritt mit dem Sattel entspannt auf dem Zirkel weiterlaufen? – Kannst du mit Sattel antraben? – Kannst du mit Sattel entspannt weitertraben?" und so weiter.

HÄUFIGE PROBLEME UND LÖSUNGEN

DAS PFERD GEWÖHNT SICH NICHT AN DEN SATTEL

Klären Sie zuerst ab, ob eventuell körperliche Ursachen vorhanden sind und ob der Sattel passt.

Falls Ihre Energie und Ihr Timing nicht zu 100 % stimmen, kann es gut sein, dass Sie das Problem unbeabsichtigt verlängern oder es sogar noch verschlechtern. Verbessern Sie sich in diesen Bereichen also ständig und machen Sie die Schritte kleiner.

Zeigt das Pferd trotzdem nach vielen Wiederholungen immer noch Zeichen von Abwehr oder zumindest Unwohlsein, ist das Problem manchmal nicht bloß eine akute Unsicherheit, sondern hat tiefer sitzende Ursachen. Wenn Pferde dauerhaft schlechte Erfahrungen gemacht haben, dann verselbstständigt sich die Abwehrreaktion. Sie erfolgt nur aus einem Vorurteil heraus, selbst wenn das Satteln oder Gurten aktuell überhaupt nicht mehr mit tatsächlichem Unbehagen verbunden ist (Stichwort: Schmerzgedächtnis). Das hat den Nachteil, dass man nicht direkt am ursprünglichen, eigentlichen Problem ansetzen kann, da die Reaktion gewissermaßen von diesem entkoppelt ist. Versuchen Sie, das Muster zu unterbrechen oder die Erwartungshaltung des Pferdes zu ändern. Satteln Sie, ohne danach zu reiten, satteln Sie an unterschiedlichen Orten und sorgen Sie für Ablenkung, indem Sie Ihr Pferd grasen oder Heu fressen lassen.

ACHTUNG

Heftige Reaktionen beim Satteln kommen schon mal vor, besonders bei Jungpferden. Als Mensch laufen wir dabei auf Grund der Nähe zum Pferd Gefahr, verletzt zu werden. Sind Sie sich unsicher, ob Sie mit den Reaktionen Ihres Pferdes klarkommen, holen Sie sich Hilfe vom Profi.

DAS PFERD HÜPFT ODER RENNT WEG

Respektieren Sie schon kleinere Grenzen Ihres Pferdes und gehen Sie nicht zu schnell vor. Doch achten Sie trotzdem darauf, den Sattel fest genug zu ziehen, sodass er auf keinen Fall unter den Bauch des Pferdes rutschen kann. Ist das sichergestellt, brauchen Sie Reaktionen auch nicht zu fürchten, sondern können dem Pferd die Chance geben, sich auch physisch mit dem beengenden Gefühl des Sattels auseinanderzusetzen. Mit Hilfe dieser Vorgehensweise verschwinden Probleme schneller, als wenn man sie verhindern möchte. Trauen Sie sich und dem Pferd nicht zu, den Sattel fest genug zu gurten, nehmen Sie vorerst ein Pad oder einen Longiergurt.

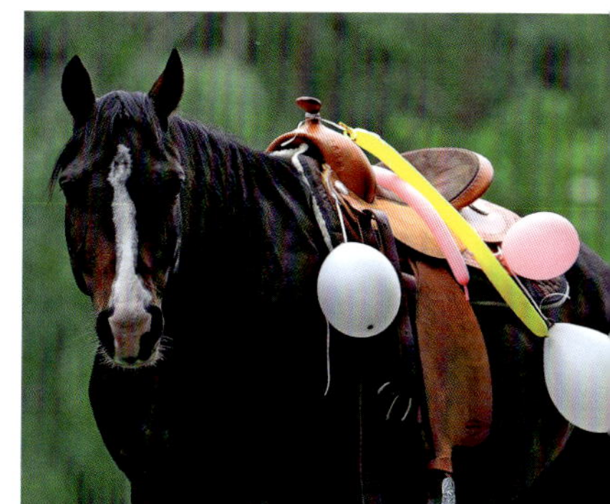

Wenn auch zusätzliche Reize oder Objekte am Sattel Ihr Pferd nicht mehr aus der Ruhe bringen, haben Sie das Ziel des sinnvollen Sattelns mit Bravour erreicht.

HERAUSFORDERUNGEN

Die Herausforderungen bei diesem Thema bestehen im Grunde alle darin, die Reizschwelle zu erhöhen. Einfacher ausgedrückt: Gewöhnen Sie Ihr Pferd an größere oder schnellere Bewegungen, festere Berührungen, lautere Geräusche. Lassen Sie das Sattelpad auf der anderen Seite herunterfallen, befestigen Sie Luftballons, Flatterband, Plastiktüten und dergleichen am Sattel. Satteln Sie ungeschickt und auch mal von der anderen Seite.

„Darf ich aufsteigen?"

Eine wichtige Frage ... Die Antwort Ihres Pferdes auf diese Frage hat sehr großen Einfluss auf alles, was danach passiert: z. B. ob die Reitstunde erfolgreich oder der Ausritt entspannt verläuft.

Gewöhnen Sie sich an, diese Frage immer zu stellen, bevor Sie sich auf Ihr Pferd setzen, und nehmen Sie die Antwort des Pferdes darauf auch immer ernst. Ist das Pferd mit dem Aufsteigen nicht einverstanden, wird es von allem, was darauf folgt, in der Regel auch nicht begeistert sein. Wie Sie eine Antwort auf Ihre Frage bekommen, erfahren Sie auf den folgenden Seiten.

SINN UND ZIEL

Ziel Sie können in verschiedenen Situationen auf Ihr Pferd steigen und haben dafür verschiedene Variationen zur Verfügung. Das Pferd ist damit auch einverstanden, reagiert also weder unsicher noch widersetzlich, sondern bleibt dabei ruhig stehen.

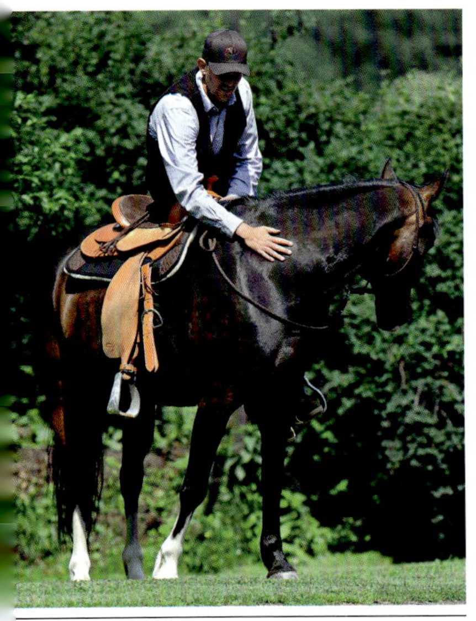

In diesem Kapitel lernen Sie, wie Sie Ihr Pferd um Erlaubnis fragen, ob Sie aufsteigen dürfen.

Um Erlaubnis fragen und Pferde verstehen Sie werden lernen, wie man mit Hilfe der Checkliste, die Sie beim Satteln kennengelernt haben, das Pferd um Erlaubnis fragen kann, aufsteigen zu dürfen. Das fördert Respekt auf beiden Seiten und lässt Sie die Einwände des Pferdes besser erkennen und verstehen.

Sicherheit Von einem Pferd, das Ihnen erlaubt aufzusteigen, ohne dass es festgehalten oder sonst irgendwie dazu genötigt wird, haben Sie keine heftigen Reaktionen zu befürchten.

VORAUSSETZUNGEN

Das Prinzip „Du bist nicht gemeint", Einfallsreichtum und Flexibilität gepaart mit gutem Timing, die Hinterhand und die Vorhand vom Boden aus präzise positionieren zu können, und natürlich die seitliche Biegung bereiten Sie optimal auf das Aufsteigen vor. Was Ihr Pferd betrifft, so sollte es schon grundsätzlich alleine stehen bleiben können, während Sie sich um es herum bewegen.

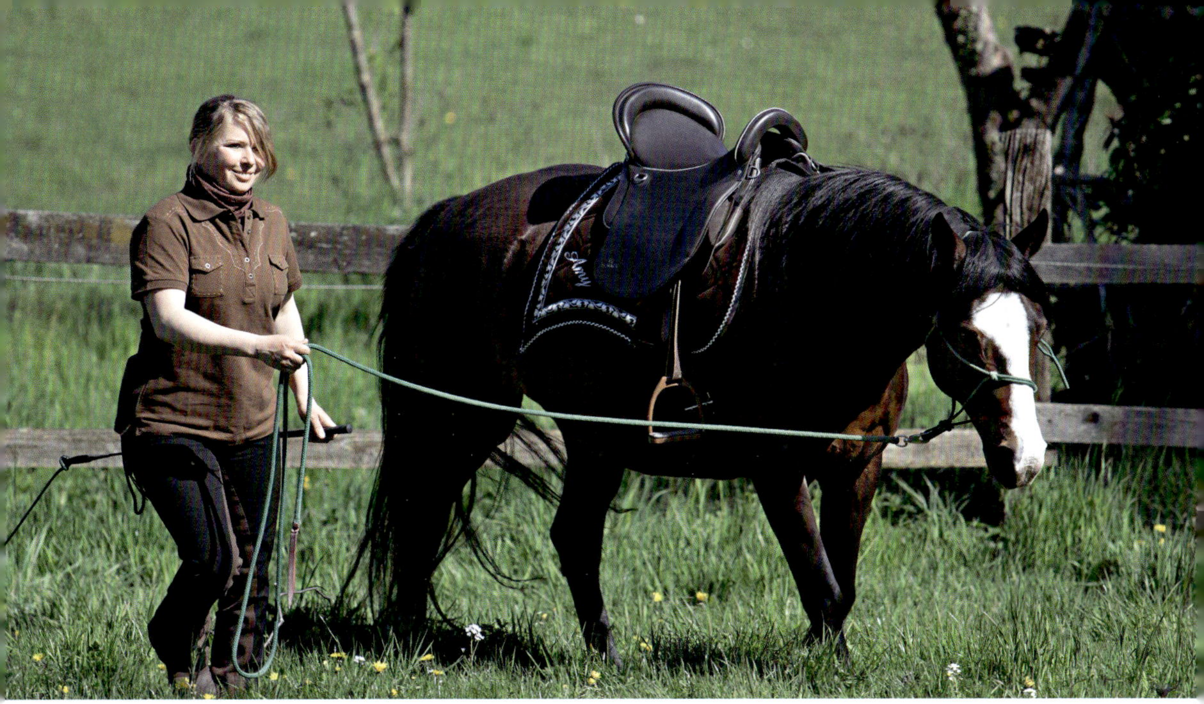

Mentales und körperliches Aufwärmtraining liefert beiden Seiten viele wichtige Informationen und schafft eine gute Basis für das Aufsteigen und alle weiteren Unternehmungen im Sattel.

VORBEREITUNG

Spielen Sie sich und Ihr Pferd ein bisschen warm. Damit meinen wir nicht eine körperliche Aufwärmphase vor dem Reiten, sondern dass Sie sich aufeinander einspielen sollen. So finden Sie heraus, wie gut die Verbindung ist, wie Sie und Ihr Pferd drauf sind, wie es um die Kommunikation bestellt ist, wie gut Ihr Pferd nachgibt und bei der Sache ist, wie es heute auf Berührungen, Bewegungen und Geräusche reagiert. Vielleicht wiederholen Sie Desensibilisierungsübungen mit Hilfsmitteln, die Sie mit aufs Pferd nehmen möchten. All diese Informationen entscheiden mit darüber, wie Sie beim Aufsteigen vorgehen: schneller oder langsamer, in größeren oder kleineren Schritten.

MIT ODER OHNE SATTEL?

Abhängig von Vorlieben oder Ausbildungsstand können Sie Ihr Pferd satteln, ein Reitpad benutzen, oder auch auf alles auf dem Pferderücken verzichten. Manche Pferde fühlen sich wohler, wenn etwas zwischen ihnen und dem Hinterteil des Menschen ist, andere können den direkten Kontakt von Mensch zu Pferd besser einschätzen. Beim Anreiten zum Beispiel verzichten wir persönlich lieber auf einen Sattel, ganz einfach deswegen, weil man schneller wieder absteigen kann, wenn es nötig sein sollte. Andere Trainer fühlen sich dagegen mit Sattel sicherer, weil er besseren Halt bietet. Es gibt also kein Muss und auch kein Verbot. Bei allen weiteren Übungen auf dem Pferd können Sie selbst entscheiden, was Sie benutzen.

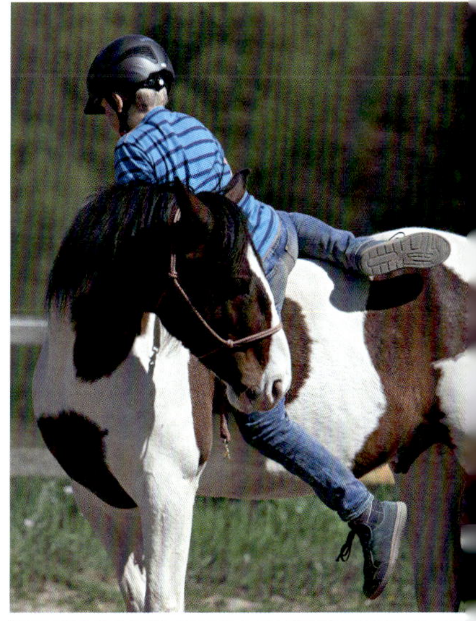

Ohne Sattel ist man, wenn nötig, schneller wieder unten, z. B. beim Anreiten oder bei Problempferden.

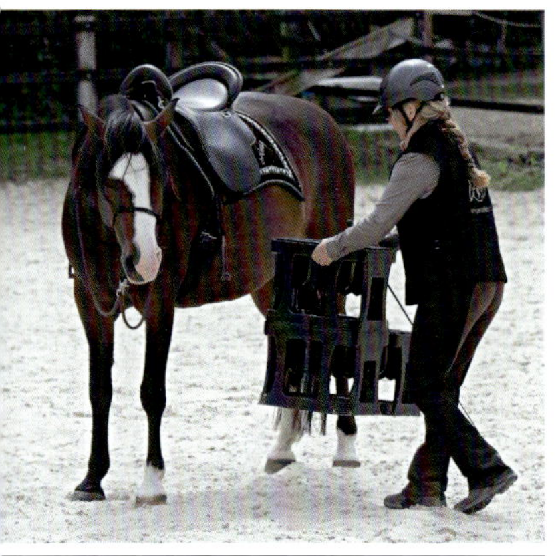

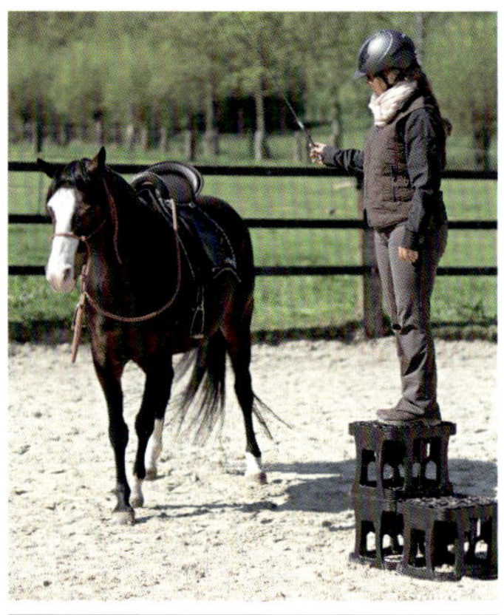

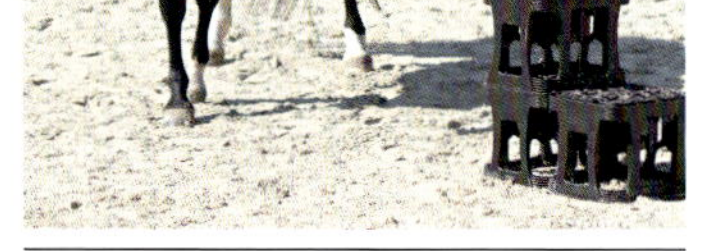

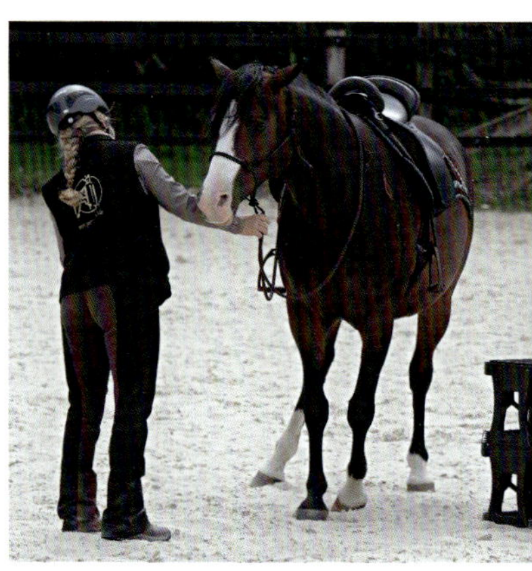

01

02

03

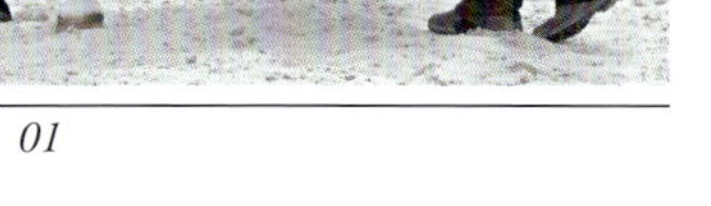

01 – 03 Diese drei Möglichkeiten haben Sie: die Aufsteighilfe an das Pferd zu stellen, das Pferd zur Aufsteighilfe heranzuholen oder das Pferd an die Aufsteighilfe heranzuführen.

MIT ODER OHNE AUFSTEIGHILFE?

Sie können (müssen aber nicht) eine Aufsteighilfe benutzen. Die Variante mit Aufsteighilfe ist rückenschonender für das Pferd, aber eine solche Hilfe ist vielleicht nicht immer zur Hand. Und gerade bei den Vorbereitungen zum Aufsteigen schadet ein bisschen mehr Action, z. B. in Form von Bewegungen, nicht. Ebenso wie beim Satteln bereiten Sie Ihr Pferd damit sicherheitshalber auf Dinge vor, die „in echt“ viel harmloser sein werden.
Wenn Sie sich für eine Aufsteighilfe entscheiden, haben Sie drei Möglichkeiten, sie zu verwenden:

1. Sie stellen die Aufsteighilfe an das Pferd.
2. Sie positionieren das Pferd vom Boden aus an die Aufsteighilfe.
3. Sie holen das Pferd von der Aufsteighilfe aus zu sich heran. Das können Sie schon im Vorfeld üben. Dazu stellen Sie Ihr Pferd parallel an die Bande. Sie stehen dabei auf Höhe der Schulter. Heben Sie nun zunächst den Stick über die Kruppe und senken ihn daraufhin mit kreisenden Bewegungen langsam in Richtung der anderen Seite des Pferdes. Dort tapsen Sie es schließlich an der Hinterhand. Sobald diese sich in Ihre Richtung bewegt, hören Sie auf. Versteht Ihr Pferd die Übung, versuchen Sie es ohne Bande oder aus größerer Distanz und schließlich auch von der Aufsteighilfe aus.

MIT ODER OHNE HALSBIEGUNG?

Ob Sie das Aufsteigen mit einer seitlichen Halsbiegung kombinieren oder nicht, hängt maßgeblich davon ab, wie entspannt oder angespannt das Pferd ist.
Die Biegung macht Sie sicherer und das Pferd kontrollierbarer, denn im Falle einer Flucht- oder Abwehrreaktion kann es sich nur von Ihnen weg bewegen. Haben Sie jedoch das Gefühl, sie sind auf die Biegung angewiesen, um überhaupt aufsteigen zu können, dann sind sie beide

wohl noch nicht bereit zum Aufsteigen. Die Biegung wäre dann keine Sicherheitsmaßnahme sondern Zwangmittel, und Sie erhalten auch kein verlässliches Feedback von Ihrem Pferd.
Können Sie dagegen ohne Biegung mit durchhängendem Zügel aufsteigen, dann ist das ein gutes Zeichen dafür, dass Ihr Pferd kein Problem damit hat. Allerdings birgt auch das Risiken. Falls es sich doch einmal erschreckt, verschenken Sie unter Umständen wertvolle Sekundenbruchteile, während Sie die Zügel und Ihre Hände sortieren. Andererseits ist man mit guter Vorbereitung auch für einen solchen Notfall gewappnet. Am Ende bleibt es also Ihrem Urteil überlassen, ob jeweils die Sicherheit oder die Freiheit und die Verantwortung des Pferdes im Vordergrund stehen.
Ganz wichtig ist dabei jedoch, dass Sie es entweder tun oder lassen: entweder die Biegung oder der lockere Zügel. Ein straffer Zügel ohne Biegung bringt dem Pferd nur einmal mehr bei: „Ich muss nicht unbedingt nachgeben."

DURCHFÜHRUNG

Das Aufsteigen ist eine weitere Variante des Prinzips „Du bist nicht gemeint".
Besonders Bewegungen und Berührungen, nicht zuletzt durch unser Gewicht, spielen bei dieser Desensibilisierung eine große Rolle. Auch wenn man das Aufsteigen nicht immer ganz so systematisch gestalten kann wie das Satteln, wird Ihnen die Checkliste hier trotzdem einen großen Dienst erweisen.

01 – 02 Sicherheit oder Freiheit? Mit der Biegung sind Sie sicherer, ohne die Biegung ist es aber leichter, das Pferd einzuschätzen und mit einbeziehen.

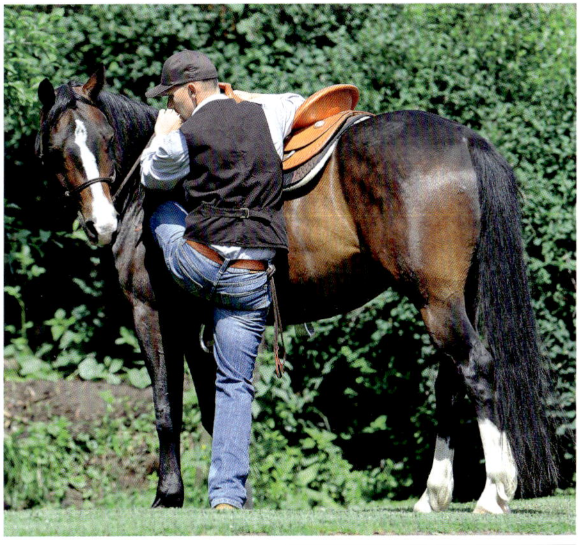

01

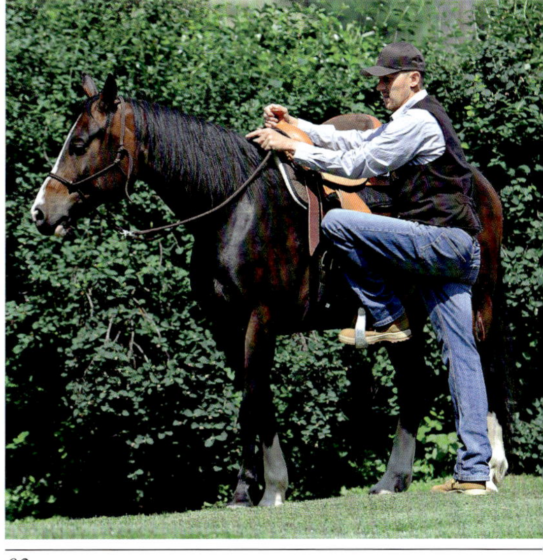

02

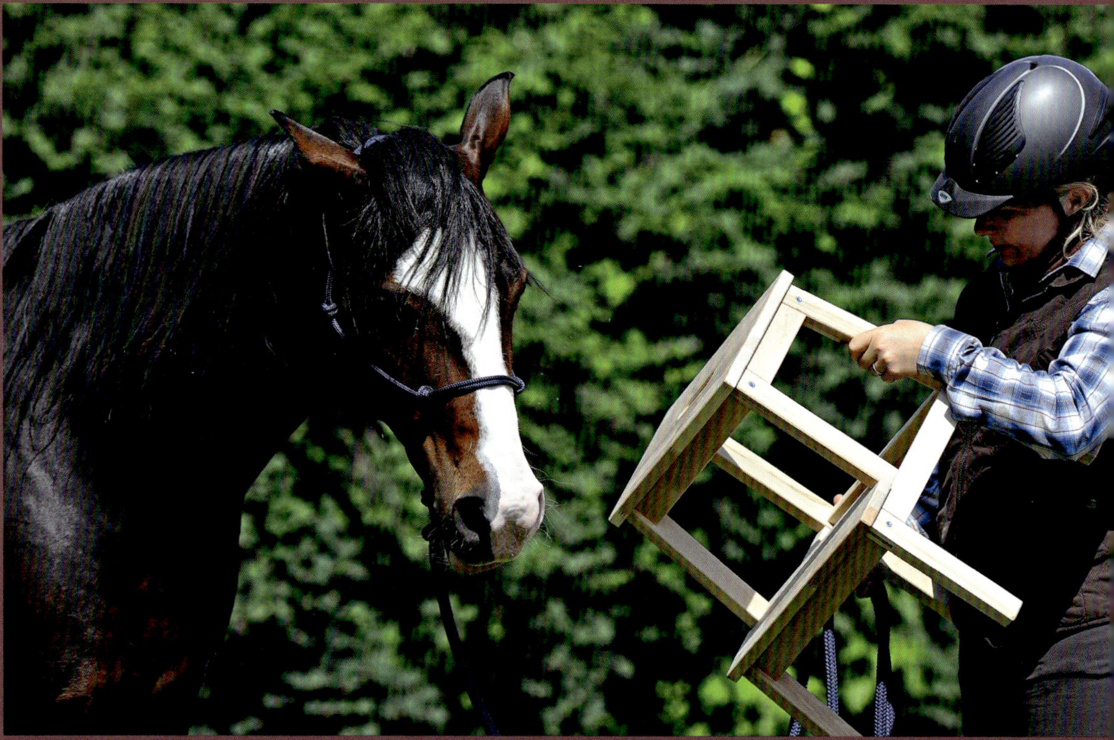

01

☞ EINIGE ECKPUNKTE DER AUFSTEIGE-CHECKLISTE

01 *„Darf ich mit dem Hocker an deine Seite gehen?“*

02 *„Darf ich ihn neben dich stellen und mich dann auf ihn stellen?“*

03 *„Darf ich dir das Seil über den Hals legen?“*

04 *„Darf ich mein Bein in den Steigbügel stellen?“*

05 *„Darf ich dich auf der anderen Seite streicheln?“*

06 *„Darf ich mich ganz in den Steigbügel stellen?“*

07 *„Darf ich mein Bein über dich schwingen?“*

08 *„Darf ich mich in den Sattel setzen?“*

09 *„Darf ich auch mein rechtes Bein in den Steigbügel stellen?“*

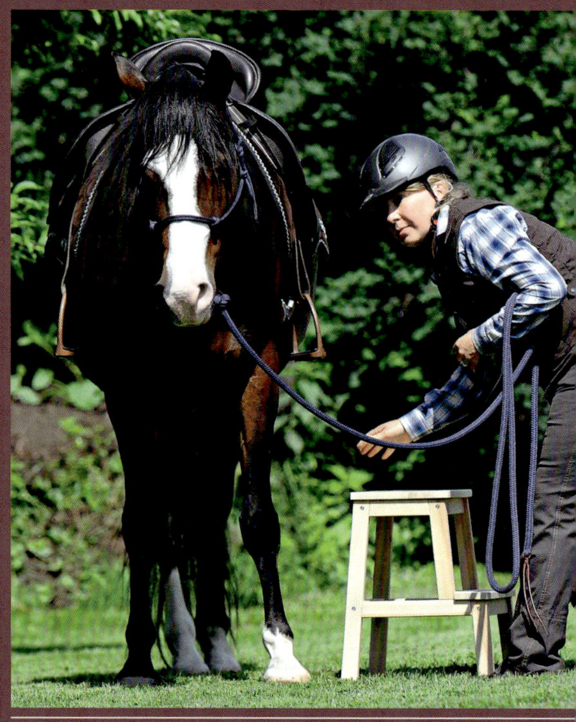

02

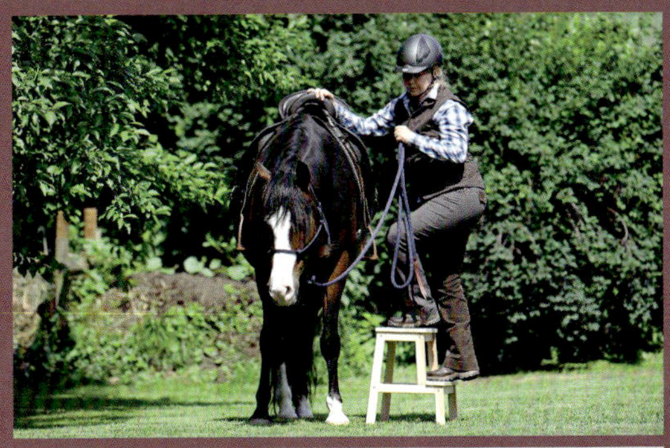

03

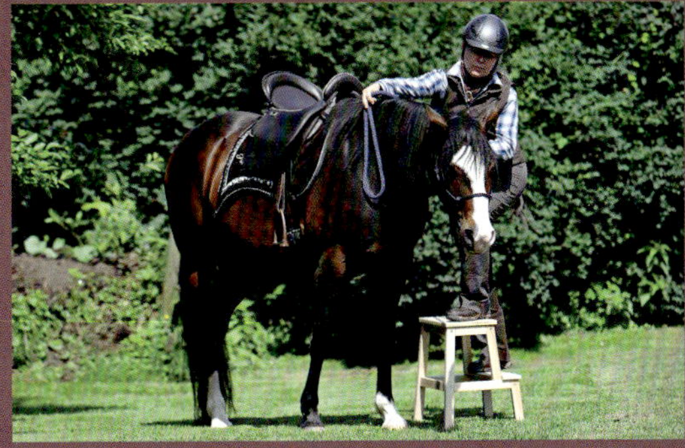

04

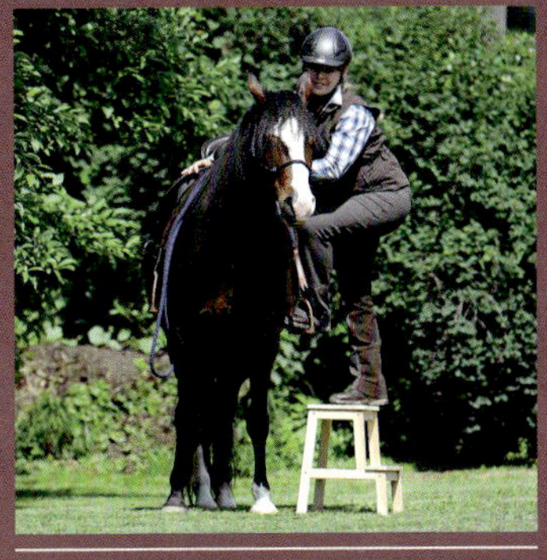

05

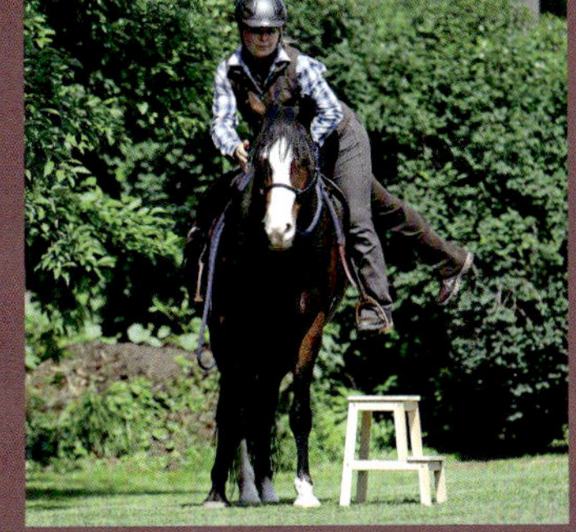

06

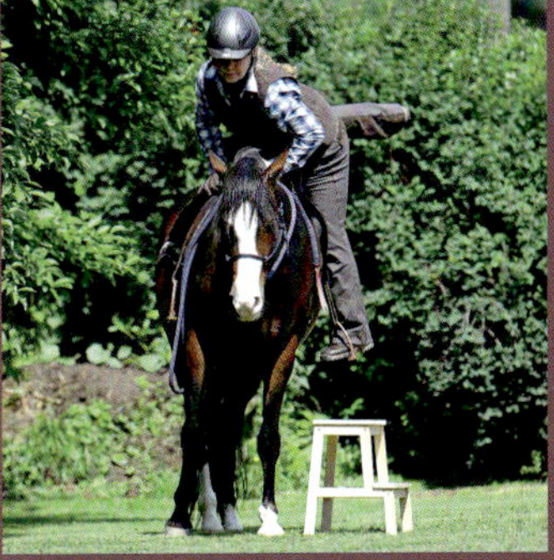

07

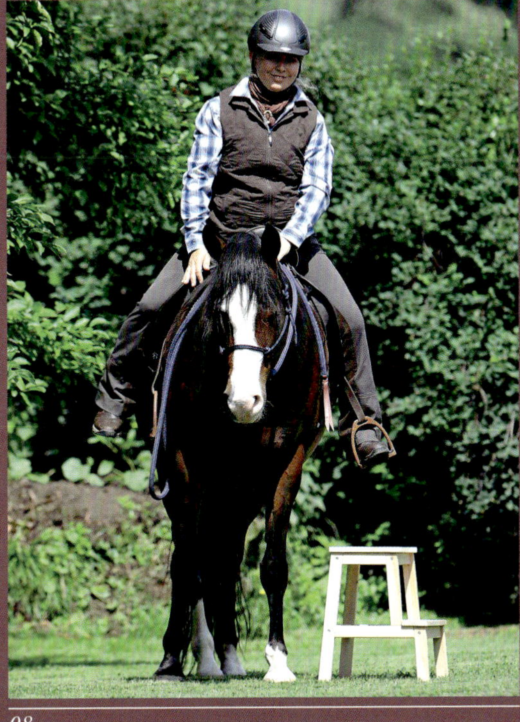

08

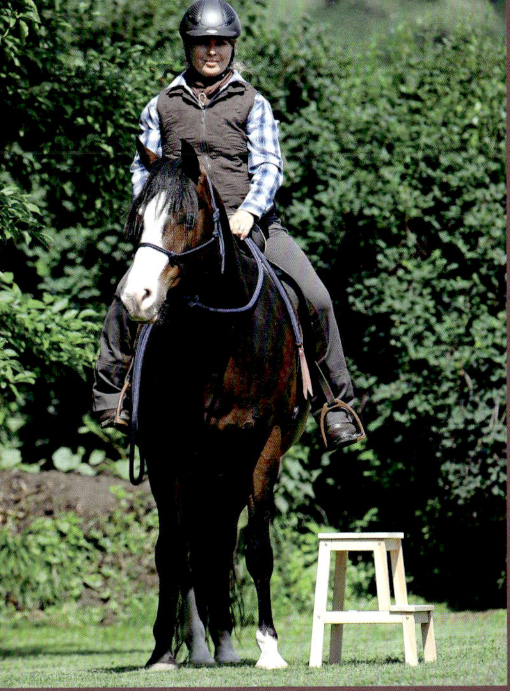

09

☞ *Die Basis-Checkliste für das Aufsteigen*

Exemplarisch haben wir uns für die Variante mit Sattel und Aufsteighilfe entschieden. Mögliche Fragen, die Sie als Leitfaden im Kopf haben sollten, sind:

J	N	
☐	☐	Darf ich mit der Aufsteighilfe an deine Seite gehen?
☐	☐	Darf ich neben dir stehen bleiben?
☐	☐	Darf ich die Aufsteighilfe neben dich stellen?
☐	☐	Darf ich ein Bein auf die Aufsteighilfe stellen?
☐	☐	Darf ich mich ganz auf die Aufsteighilfe stellen?
☐	☐	Darf ich dir das Seil über den Widerrist werfen/legen?
☐	☐	Kannst du deinen Hals zu mir biegen (optional, siehe oben)?
☐	☐	Darf ich mich mit der linken Hand an der Mähne und mit der rechten Hand vorne am Sattel festhalten?
☐	☐	Darf ich meinen Fuß in den Steigbügel stellen?
☐	☐	Darf ich leicht auf der Aufsteighilfe hopsen?
☐	☐	Darf ich kurz mein ganzes Gewicht in den Steigbügel verlagern?
☐	☐	Darf ich mich in den Bügel stellen und mich mit dem Schwerpunkt über den Sattel lehnen?
☐	☐	Darf ich dich auf der Kruppe streicheln (weil da gleich mein Bein drüberstreift)?
☐	☐	Darf ich dich auf der anderen Seite streicheln (weil da gleich mein Bein auftaucht)?
☐	☐	Darf ich mein rechtes Bein auf die andere Seite schwingen?
☐	☐	Darf ich mich in den Sattel setzen?
☐	☐	Darf ich meinen rechten Fuß in den Bügel stellen?
☐	☐	Darf ich neutral und entspannt sitzen bleiben?

01–02 Diese sportliche Variante eignet sich, um Jungpferde an Bewegungen und Berührungen rund ums Aufsteigen zu gewöhnen. Die Fotoreihe zeigt einige wenige Checklistenpunkte: Darf ich mich neben dir bewegen? Darf ich an dir hochhüpfen?

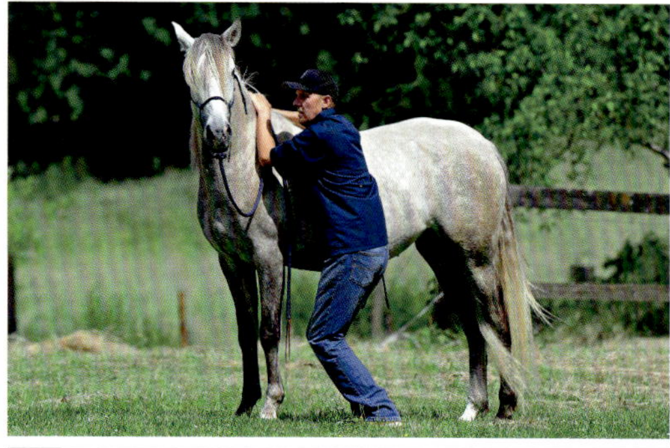

01

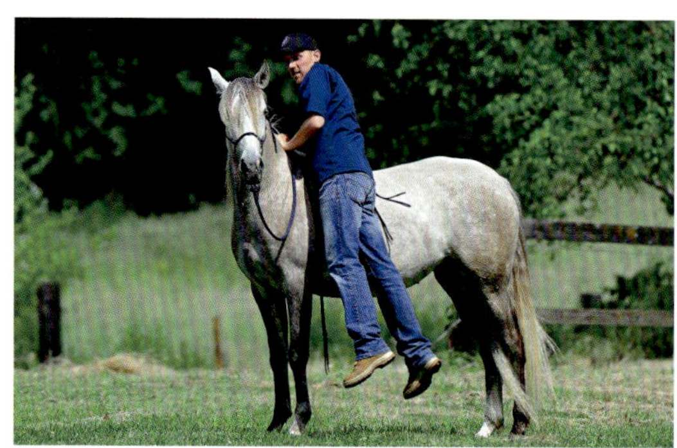

02

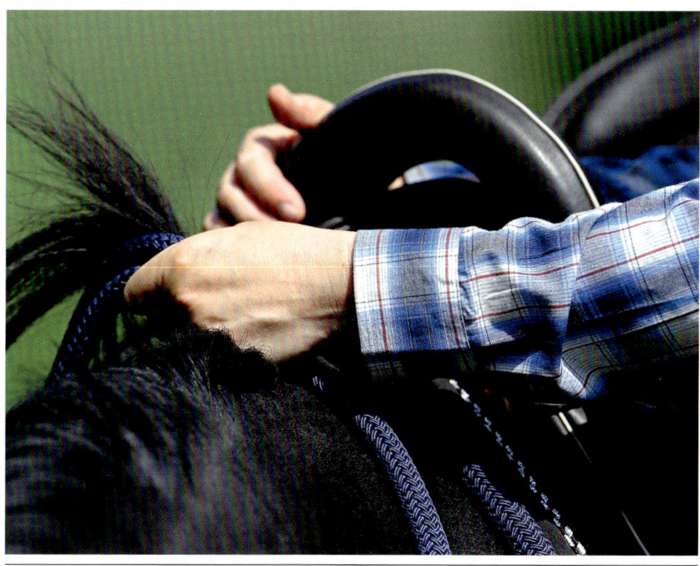

Wenn Sie sich beim Aufsteigen mit einer Hand am Sattel und der anderen am Mähnenkamm festhalten, verteilen Sie Ihr Gewicht beim Aufsteigen auf Sattel und Pferd. Der Sattel wird nicht so stark verrutschen, als würden Sie sich nur an ihm festhalten.

Diese Liste ist nur beispielhaft und selbstverständlich nicht bindend. Sie können also auch Ihre ganz persönliche Checkliste erstellen. Das sollen und müssen Sie sogar. Sie kann detaillierter sein oder größere Schritte beinhalten, Sie können Schritte weglassen oder hinzufügen. Doch Sie müssen immer wissen, wieso Sie das in einem bestimmten Fall tun und flexibel genug sein, um die Liste bei Bedarf zu erweitern. Nur so finden Sie verlässlich heraus, wenn und wo ein Problem auftaucht. Ist das der Fall, beachten Sie die Checklisten-Regeln, wie wir sie im Kapitel über das Satteln erläutert haben.
Bei unerfahrenen Pferden lassen Sie sich viel Zeit und planen Sie häufige und große Pausen (Rückzug) mit ein und holen Sie sich ggf. rechtzeitig Hilfe.

03 – 04 Darf ich mich über die Sattellage legen? Darf ich mich längs auf dich drauflegen? In Wahrheit gibt es natürlich wieder sehr viel mehr kleine Zwischenschritte.

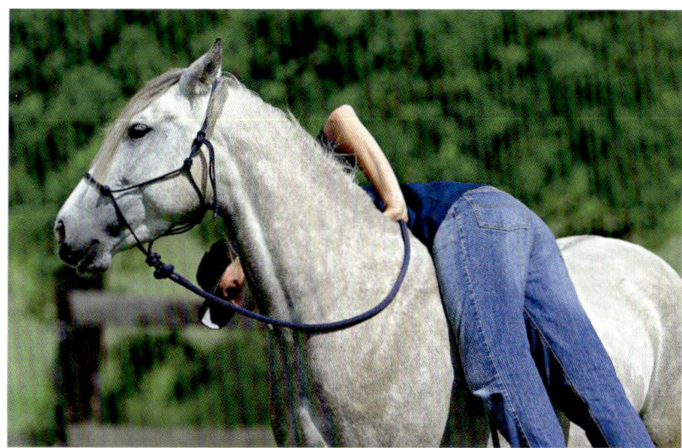

03

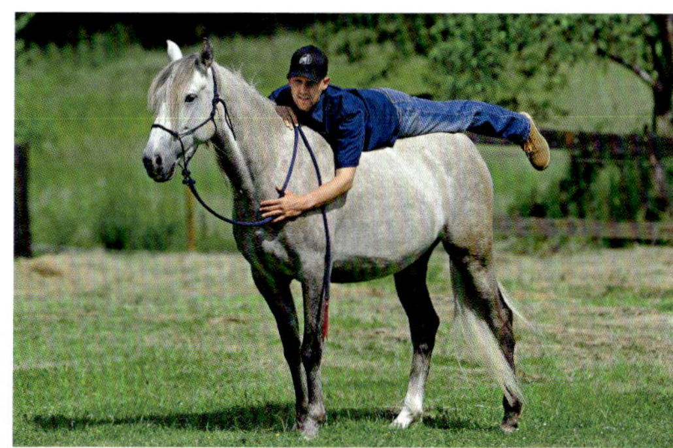

04

Einige Eckpunkte der Aufsteige-Checkliste: Darf ich mit dem Hocker an deine Seite gehen? Darf ich ihn neben dich stellen und mich dann auf ihn stellen? Darf ich dir das Seil über den Hals legen? Darf ich mein Bein in den Steigbügel stellen, dich auf der anderen Seite streicheln, mich ganz in den Steigbügel stellen und mein Bein über dich schwingen? Darf ich mich in den Sattel setzen und auch mein rechtes Bein in den Steigbügel stellen?

HÄUFIGE PROBLEME UND LÖSUNGEN

Bei Problemen halten Sie sich wie gehabt an die Regel für die Checkliste. Ein paar Extra-Tipps erhalten Sie in diesem Abschnitt aber dennoch.

DAS PFERD GEHT LOS

Auch wenn sich nur ein Bein bewegt, kann das bald zum Problem werden. Ignorieren Sie das also nicht. Stimmen Ihr Fokus und Ihre Energie? Sind Sie wirklich ausgeschaltet oder denken Sie etwa schon an den bevorstehenden Ritt? Bleiben Sie dran: Verlassen Sie die Aufsteighilfe wenn möglich, oder verzichten Sie zunächst auf sie. Dadurch können Sie bei jedem Checklisten-Punkt besser dranbleiben. Ggf. biegen Sie, während Sie mitlaufen, den Hals des Pferdes und helfen Ihrem Pferd, auf einem kleinen Kreis wieder zum Stehen zu kommen.

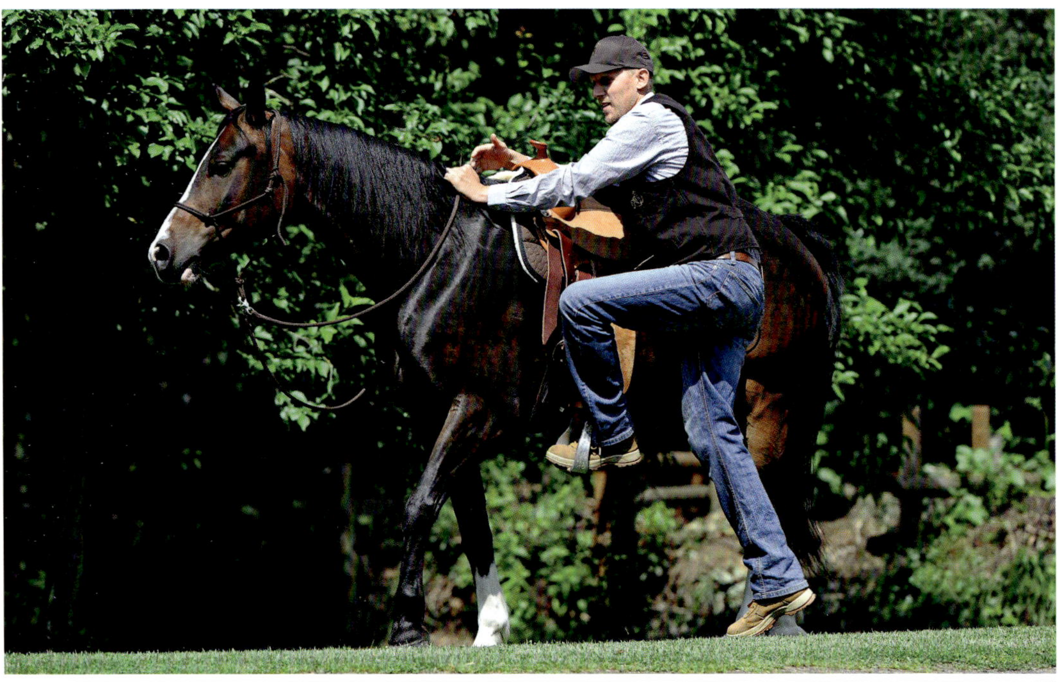

Bewegt sich das Pferd, gilt die Devise: Immer schön dranbleiben, bis es wieder stillsteht.

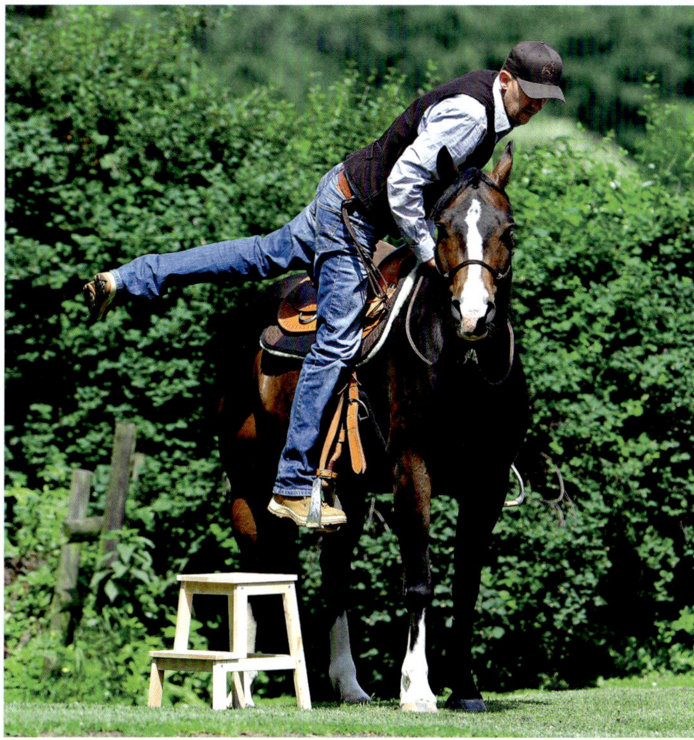

Eine Herausforderung und eine Angewohnheit, die Sicherheit schafft: auch mal von der anderen Seite aufsteigen.

DAS PFERD WEHRT SICH

Nimmt es immer wieder den Kopf hoch, schlägt mit dem Schweif, stampft auf oder Ähnliches, klären Sie als Erstes körperliche Ursachen ab. Auch beim Aufsteigen können sich Abwehrreaktionen schnell verselbstständigen. Ist das bei Ihrem Pferd der Fall, kann es sehr lange dauern, ihm diese abzugewöhnen, und bedarf auch weiterer Maßnahmen, die allerdings den Rahmen dieses Kapitels sprengen würden. Wenn es aktiv gegen Sie geht (zwicken, schnappen) sorgen Sie zusätzlich für eine Miniprivatzone mit dem Arm, dem Bein oder wenn nötig auch mit dem Stick. Nicht provokativ oder als Strafe, aber dennoch effektiv: „Lass deine Nase doch bitte bei dir da vorne."

HERAUSFORDERUNGEN – SO GEHT ES WEITER

Üben Sie das Aufsteigen an unterschiedlichen Orten und in verschiedenen Situationen. Sie können von der Bande oder von einem Baumstumpf im Wald aus das Pferd heranholen, um aufzusteigen. Arbeiten Sie darauf hin, dass Ihr Pferd immer besser entspannt stehen bleiben kann, während Sie vielleicht auch mal etwas tollpatschig aufsteigen.

In diesem Film sehen Sie die seitliche Halsbiegung am Boden, das Satteln und Aufsteigen.

Seitliche Halsbiegung

Mittlerweile hat die laterale Biegung hoffentlich schon einen festen Platz in Ihrem Repertoire. Jetzt werden Sie sie mit auf den Pferderücken nehmen!

SINN UND ZIEL

Siehe „Die seitliche Halsbiegung vom Boden aus“.

VORAUSSETZUNGEN

Die laterale Biegung vom Boden aus sollte unbedingt gut funktionieren und entspanntes Auf- und Absteigen auf beiden Seiten ist eine wichtige Grundvoraussetzung.

VORBEREITUNG

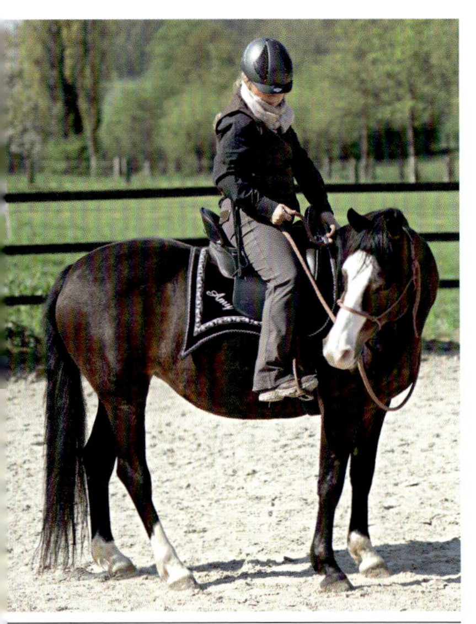

Vom Gegeneinander zum Miteinander. Eine gute seitliche Biegung basiert auf Vertrauen und nicht auf Kraft. Sie entspannt Pferd und Reiter gemeinsam.

Die Grundposition: Falls nicht anders beschrieben, sieht die Ausgangsposition für diese und auch für alle folgenden Übungen so aus: Steigen Sie auf und sitzen Sie neutral, also ohne etwas zu wollen, entspannt auf dem Pferd. Ihr Fokus ist „nirgendwo“. Genau wie am Boden liegt das Seil doppelt über dem Widerrist. Es sollte deutlich durchhängen, damit es noch kein Gefühl am Halfter auslöst, aber auch nicht zu lang sein, damit Sie es schnellstens benutzen können, wenn es nötig wird. Ihre Hand mit dem Seil liegt entspannt auf dem Sattel oder dem Widerrist.

DURCHFÜHRUNG

Die Durchführung ähnelt derjenigen vom Boden aus sehr, jedoch gibt es einige Besonderheiten zu beachten. Das Seil haben Sie auf der linken Seite des Pferdes, Sie halten es in der rechten Hand.

Schritt 1 Halten Sie beim Ausatmen Ihren Fokus „auf der Stelle“. Helfen Sie sich selbst, indem Sie einfach nach unten schauen. Heben Sie nun das Seil etwa bis auf Brusthöhe so weit senkrecht über dem Widerrist an, dass hierbei gerade eben kein Zug am Halfter entsteht.

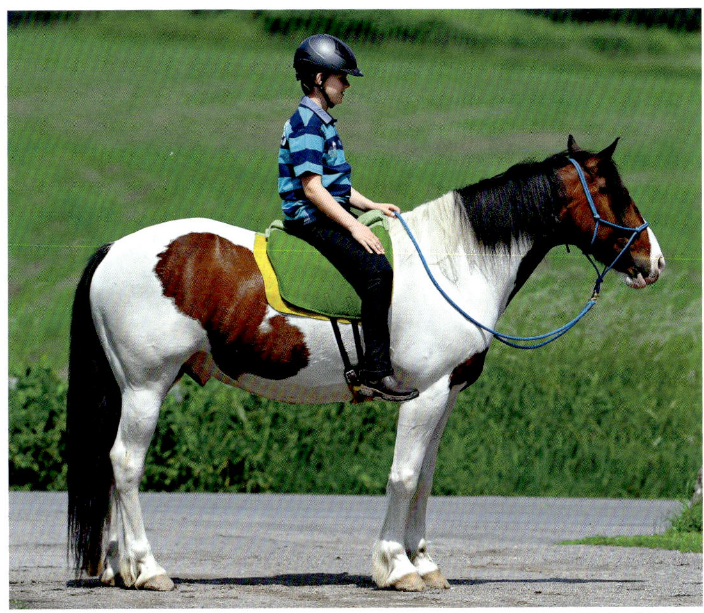

So sieht bis auf Weiteres Ihre Grundposition aus.

Justieren Sie ggf. ein zu langes Seil und später die Zügel nach. Wenn Sie merken, dass Sie Ihren Arm zu weit nach oben heben müssen, ist Ihr Seil zu lang.

Schritt 2 Gleiten Sie danach mit der „offenen" Hand am Seil herunter, bis Ihr Arm gestreckt ist. Häufig macht es sogar mehr Sinn, sich noch etwas herunterzubeugen, um im Notfall effektiver sein zu können, allerdings nur so weit, dass Sie Ihr Gleichgewicht nicht verlieren (sitzen bleiben!).

Schritt 3 Halten Sie nun das Seil zwischen Daumen und Zeigefinger der linken Hand fest und legen Sie die rechte Hand wieder am Widerrist ab. Diese hilft Ihnen später ggf. beim angespannten Pferd gegenzuhalten, ohne sich selbst zu sehr anspannen zu müssen.

Schritt 4 Schließen Sie nach und nach die Finger Ihrer linken Hand, wie Sie es bereits am Boden gelernt haben. Sie sollten nun einen direkten Kontakt zur Pferdenase haben.

Schritt 5–7 Jetzt bewegen Sie Ihren linken Arm zuerst nach außen und dann nach hinten oben, sodass Ihre Hand letztendlich einen Bogen in Richtung Oberschenkel beschreibt, bis Ihre Faust in Höhe Ihrer Hosentasche landet und hier so lange festgenagelt verweilt, bis das Pferd tatsächlich nachgibt. Zunächst ist es aber natürlich wichtig, dass Sie jedes kleine Nachgeben mit dem Öffnen Ihrer Finger belohnen, wenn nötig mit Hilfe der Ihnen schon bekannten „Zupftechnik".

Schritt 8 Werfen Sie das Seil nach vorne über den Pferdekopf auf die andere Seite, indem Sie sich vorstellen, Sie werfen es jemandem, der vor Ihrem Pferd steht, zu. Behalten Sie es in der rechten Hand und lassen Sie die linke beim Werfen los. Dann sortieren Sie es auf dieser Seite in die Ausgangsposition und üben die Biegung zur rechten Seite.

Üben Sie die laterale Biegung, bis Sie Ihnen zu den Ohren herauskommt, und zwar immer und überall, bis Sie diese wirklich weich abrufen können. Ihr Endziel sollte es sein, dass Sie die Nase, auch in Gefahrensituationen, jederzeit leicht zu sich herumfragen können.

DAS NOTFALLABSTEIGEN

Jetzt wird's ernst! Das hoffen wir zwar nicht, aber genau dafür haben Sie die seitliche Halsbiegung so gut vorbereitet. Es gibt nämlich Situationen, in denen es sinnvoll und nötig ist, möglichst schnell und trotzdem noch sicher abzusteigen. Für dieses Szenario können Sie sich mit der Notfallübung fit machen. Es ist eigentlich nichts anderes, als ein schnelles Absteigen in Verbindung mit einer effektiven Biegung. Halten Sie dabei bitte folgende Sicherheitsregeln ein: Üben Sie zunächst mit einem stehenden Pferd. Steigen Sie immer nur zur gebogenen Seite des Pferdes ab, da sich sonst der Körper oder die Hinterhand des Pferdes auf Sie zu bewegt. Üben Sie den Notfallabstieg auf beiden Seiten gleich gut, denn nicht immer kann man sich noch eben schnell für seine Schokoladenseite entscheiden. Halten Sie sich mit der Hand, die das Seil (und damit die Biegung) hält, in der Mähne oder am Sattel fest, und lassen Sie dort erst los, wenn Ihre Beine Kontakt zum Boden haben. Selbst wenn Sie unfreiwillig und unkontrolliert absteigen, werden Sie dann immer noch auf Ihren Füßen landen.
Zu Ihrer eigenen Sicherheit raten wir Ihnen, später das Notfallabsteigen auch in Bewegung und sogar in höheren Gangarten zu üben. Es wird Ihnen viele Ängste nehmen, wenn Sie wissen, dass Sie auch im Schritt, Trab oder Galopp sicher vom Pferd kommen.

01 – 03 Das Absteigen im Notfall

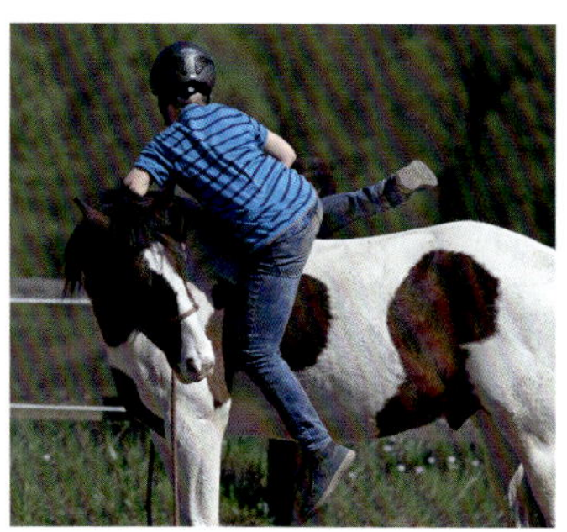

01

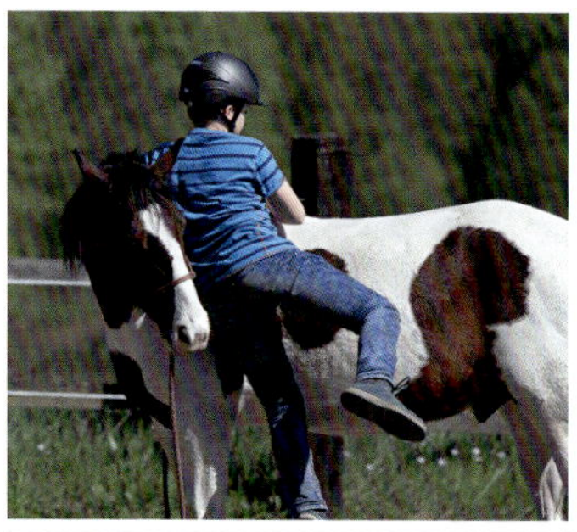

02

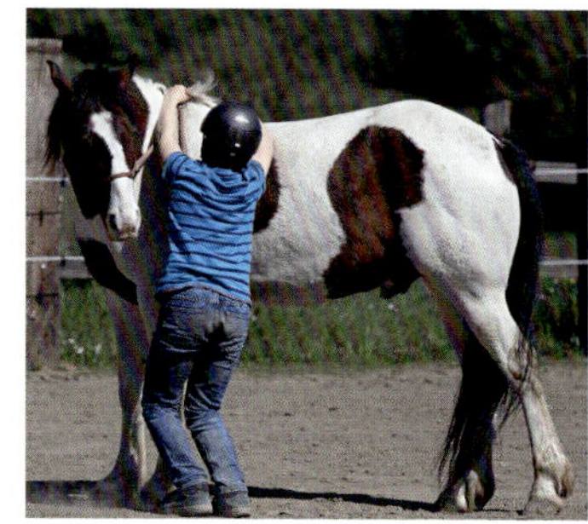

03

HÄUFIGE PROBLEME UND LÖSUNGEN

DIE HINTERHAND DREHT SICH WEG

Sind Sie wirklich neutral? Ist Ihr Sitz ausbalanciert und locker, Ihre Energie tendenziell eher ausgeschaltet? Bleiben Sie mit dem Fokus auf der Stelle. Auf jeden Fall warten Sie ab und lassen das Pferd so lange drehen, bis es nach einer anderen Lösung suchen muss. Sobald es stehen bleibt, geben Sie unmittelbar den gesamten Zügel nach. In der Regel haben Sie zu schnell zu viel gefragt, und das Pferd kann noch nicht gut genug unterscheiden, ob es sich tatsächlich nur biegen oder auch mit der Hinterhand weichen soll. Auch kann es sein, dass der Hals zu weit gebogen wurde und das Pferd aus der Balance geraten ist. Seien Sie beim nächsten Mal wieder mit weniger zufrieden.
Steckt noch zu viel Fluchttiergedanke in Ihrem Pferd, kann es durch eine zu starke Biegung klaustrophobisch werden und versuchen, sich wieder gerade zu machen. Je entspannter Sie an die Sache herangehen, umso weniger Sorgen muss sich Ihr Pferd machen, und es lernt schneller, wonach Sie es gefragt haben.

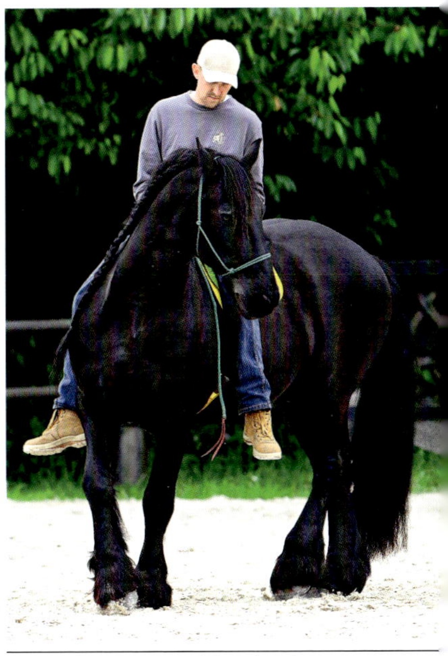

Meist dauert es eine Zeit, bis die Beine wirklich still stehen können.

DAS PFERD ZIEHT MIT DEM KOPF GEGEN DEN ZÜGEL, NACH UNTEN ODER ZUR ANDEREN SEITE

Versuchen Sie, sich nicht aus dem Gleichgewicht bringen zu lassen. Dranbleiben heißt die Devise. Halten Sie sich mit der freien Hand an Widerrist oder Sattel fest, um nicht Ihre neutrale Position aufzugeben. Sobald das Pferd etwas nachgibt, tun Sie das auch.
Wahrscheinlich ist das Pferd bisher immer gut damit durchgekommen, auf Druck mit Gegendruck zu reagieren. Lassen Sie daher nicht zu früh los, um das Verhaltensmuster nicht erneut zu bestärken. Zupfen Sie ein bisschen am Seil, dies bringt das Pferd schneller aus seiner Abwehrhaltung heraus.

DAS PFERD GEHT RÜCKWÄRTS

Es ist vom Sattel aus schwerer als am Boden, den Kopf deutlich zur Seite zu fragen. Versuchen Sie trotzdem das Seil in einem Bogen bis zu Ihrem Oberschenkel zu führen. Ggf. fassen Sie das Seil kürzer. Ansonsten warten Sie ab. Spätestens in einer Ecke wird das Pferd stehen bleiben und nach einer anderen Lösung suchen. Auch hier gilt natürlich wieder: sofort belohnen, wenn die richtige Idee kommt.

DER KOPF GEHT NICHT MEHR NACH VORNE

Manche Pferde geben gut nach, lassen den Hals aber aus Anspannung gebogen. Fragen Sie den Kopf mit Zügeln oder mit der Hand wieder nach vorne, bis das Pferd verstanden hat, dass es nach der Biegung wieder entspannen kann.
Versuchen Sie auch, abwechselnd rechts und links nur wenig zu biegen, bis das Nachgeben beim Wechsel weicher wird.

DURCHFÜHRUNG

Schritt 1 — *Ausatmen und das Seil etwa auf Brusthöhe anheben*

Schritt 2 — *Die andere Hand am Seil entlang nach unten gleiten lassen*

Schritt 3 — *Unten das Seil mit dem Daumen festhalten und die andere Hand wieder am Widerrist ablegen*

Schritt 4 — *Langsam die Hand schließen*

Schritt 5 – 7 — *Die Pferdenase in einem Boden herumfragen, bis Ihre Hand an Ihrem Oberschenkel liegt. Gibt die Pferdenase nach, tun Sie das sofort.*

Schritt 8 — *Werfen Sie das Seil so über den Pferdekopf, als wollten Sie es jemandem vor dem Pferd zuwerfen. Dadurch wechselt es automatisch die Seite.*

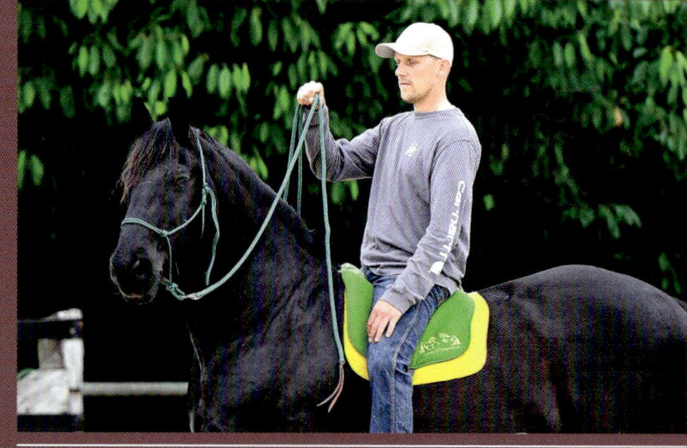

01

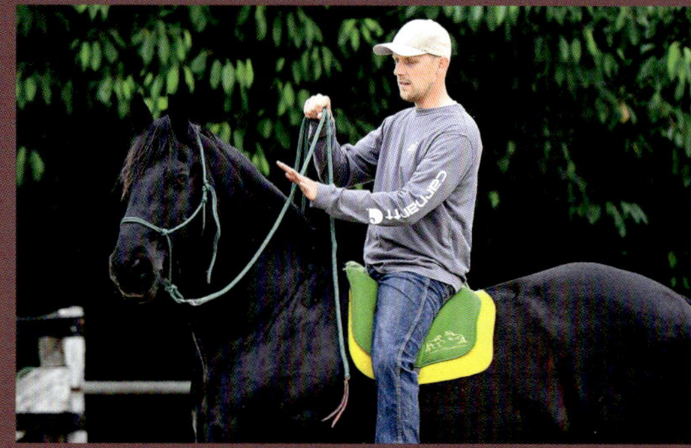

02

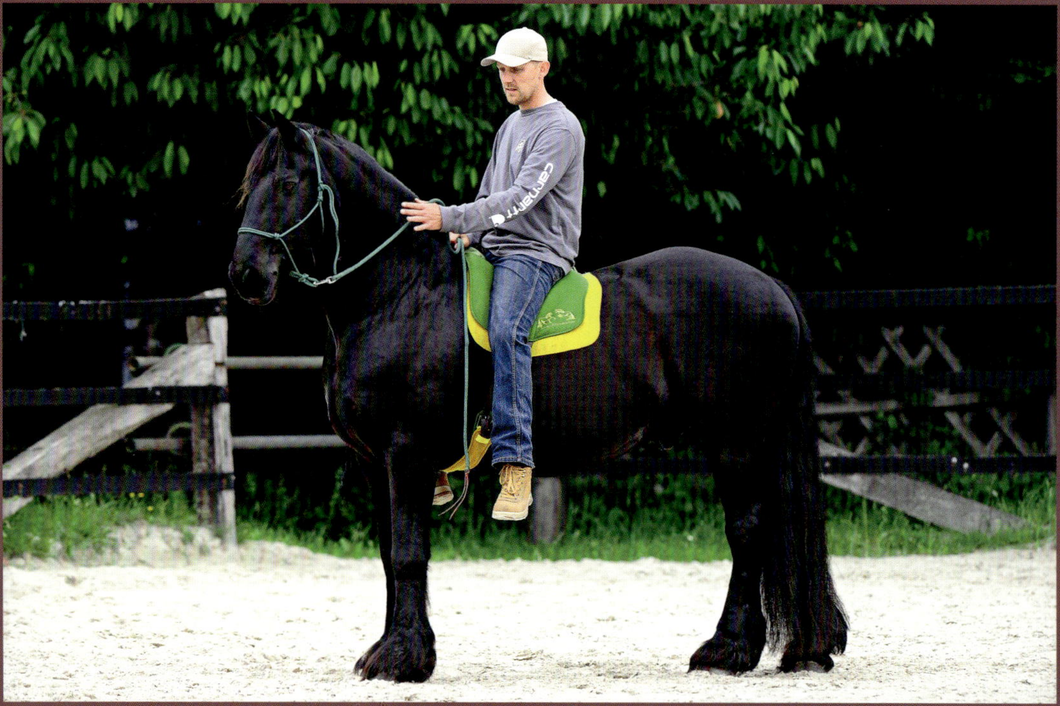

03

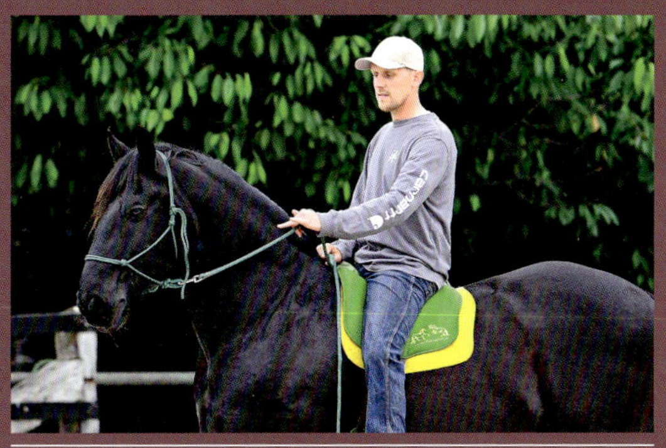

04

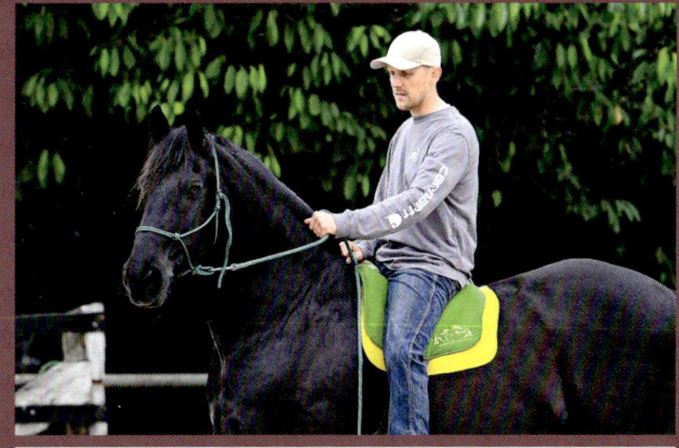

05

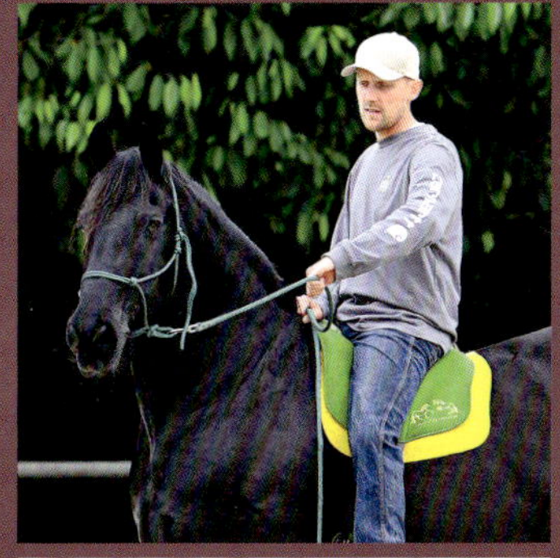

06

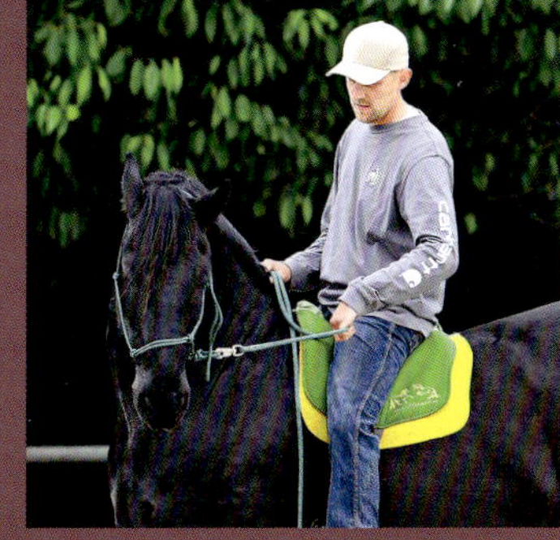

07

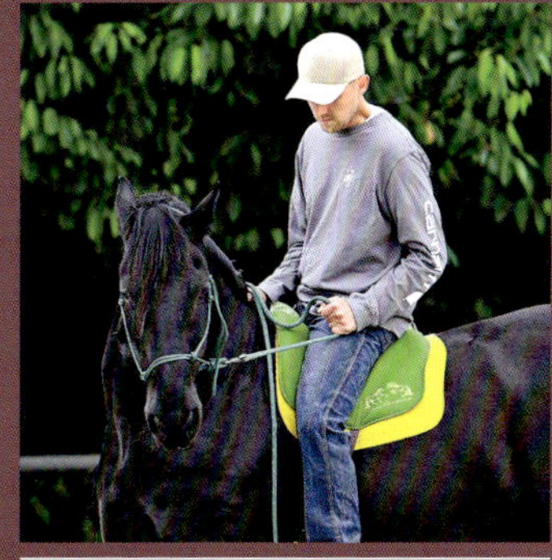

08

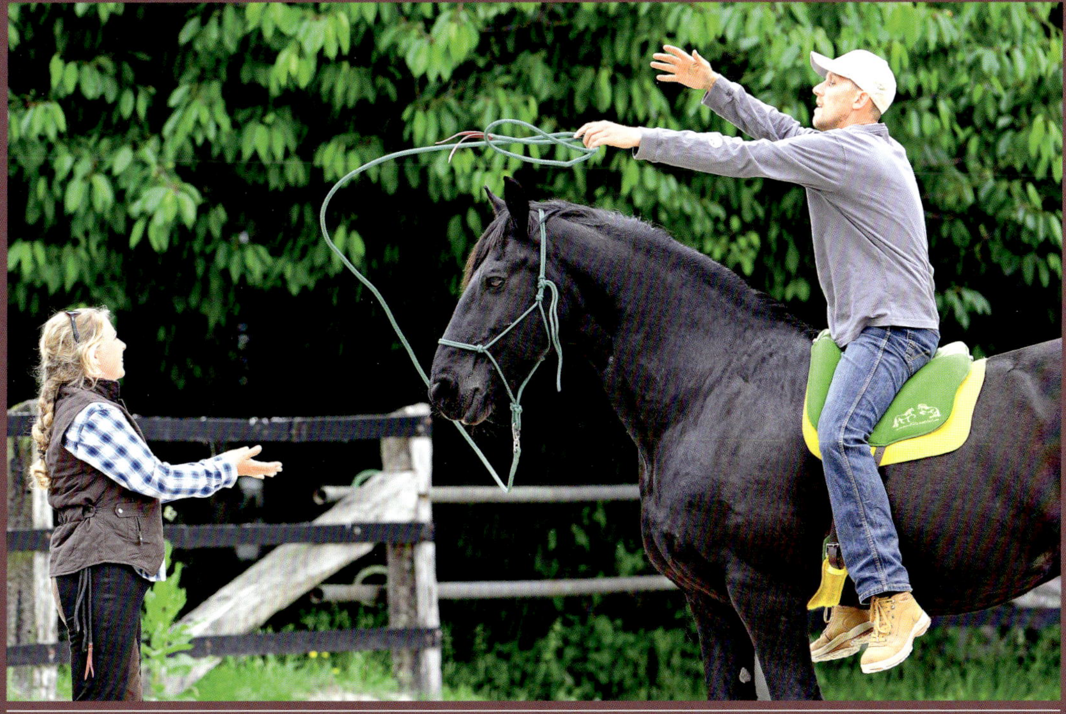

09

Die Hinterhand beeinflussen

Der Einfluss auf die Hinterhand ist unverzichtbar für Ihre Sicherheit. In Gefahrensituationen beim Reiten gibt es keine simplere und zugleich effektivere Methode als eine weiche Hinterhand in Kombination mit einem nachgiebigen Hals.

TECHNIK IST NICHT ALLES

Die „Techniken" der seitlichen Biegung und der Hinterhandkontrolle sind nur effektiv, wenn sie gut vorbereitet sind! Sie sind also kein Freifahrtschein für waghalsige Aktionen. Darüber hinaus gilt: Echte Sicherheit kommt nicht allein von einer gut einstudierten Technik, sondern vor allem von der Fähigkeit, sowohl das Pferd als auch seine eigenen Stärken und Schwächen in jeder Situation gut einschätzen zu können. Die Hinterhand ist in allen Reitweisen das vorherrschende Thema. Im Mittelpunkt des Interesses steht dabei die Aktivität der Hinterhand, also die Frage, wie wir ihre Kraft nutzen können. Beim Thema Sicherheit ist es umgekehrt. Auch hier muss man sich Gedanken um die Stärke des Pferdemotors machen, jedoch dreht sich diesmal alles darum, wie wir sie de-aktivieren können.

SINN UND ZIEL

Ziel Sie können, zunächst mit, später auch ohne die seitliche Biegung, nur durch Ihren Sitz oder Ihr Bein die Hinterhand des Pferdes weichen lassen.

Sicherheit Mit einer Hinterhand, die weicht und übertritt, ist es für ein Pferd viel schwieriger zu rennen, bocken, steigen etc., weil ihm die nötige Balance fehlt. Es soll seine Balance ja nicht verlieren, doch es soll eine neue finden. Und selbst wenn Sie auch damit nicht immer jede Situation zu hundert Prozent unter Kontrolle bringen, verschafft Ihnen das Sicherheitsduo Hinterhandweichen plus seitliche Biegung im Notfall die nötigen Sekundenbruchteile, um noch freiwillig abzusteigen.

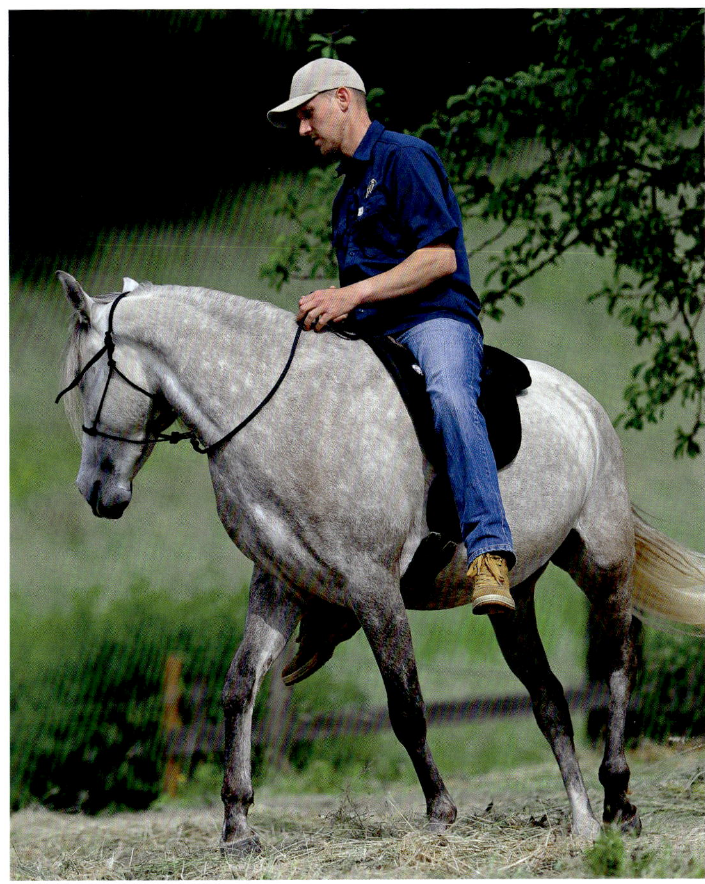

Weich und sicher durch das Sicherheitsduo Hinterhand und seitliche Halsbiegung. Die Energie staut sich nicht auf und explodiert dann, sondern bleibt für Pferd und Mensch händelbar.

Weichheit statt Anspannung In Stresssituationen wird die Fluchtenergie oder die Abwehrreaktion des Pferdes umgelenkt. Sie dreht sich im wahrsten Sinne des Wortes im Kreis, läuft ins Leere und staut sich nicht unnötig auf. Dadurch wird auch die mentale und emotionale Seite des Pferdes beeinflusst. So lösen sich Anspannungen leichter auf und das Pferd wird langfristig schneller herunterfahren und weicher werden.

Dem Pferd eine Lösung bieten „Auf-lösen" bedeutet auch, dass dem Pferd eine Lösung offensteht. Sie helfen ihm dabei, aus der Situation herauszufinden, statt es nur über Druck oder gar Schmerzen kontrollieren zu wollen.

Gymnastizierung und alltägliche Praxis Das Weichen der Hinterhand im fortgeschrittenen Training dient zunehmend dem präzisen Positionieren der Hinterbeine. Sowohl als Baustein für gymnastizierende und versammelnde Reitmanöver, als auch generell im Alltag.

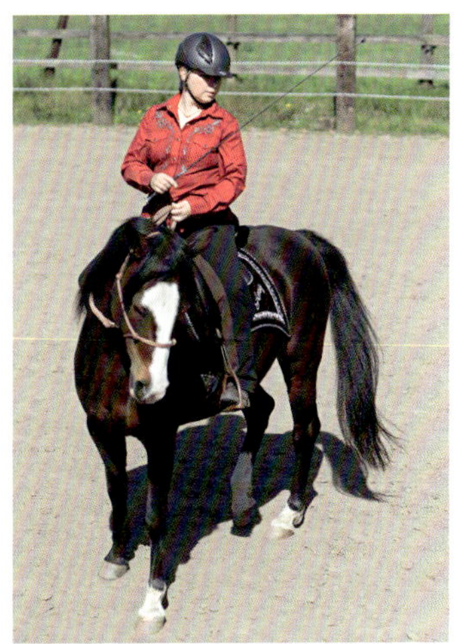

Auch für Gymnastizierung ist die Hinterhand wichtig.

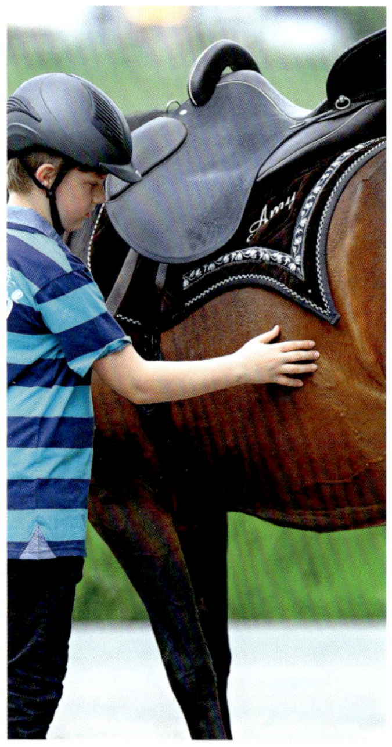

01

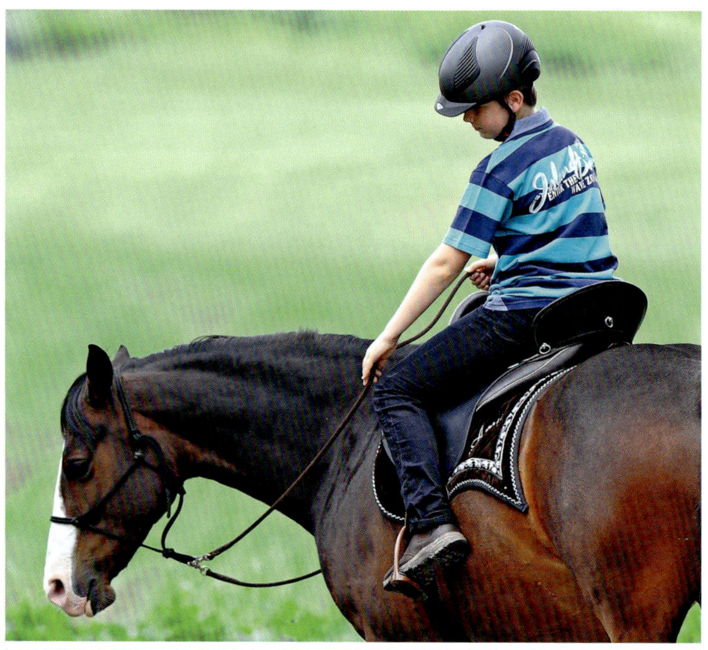

02

01–02 Die Vorbereitung am Boden erleichtert wieder einmal das Lernen im Sattel.

VORAUSSETZUNGEN

Die seitliche Biegung darf natürlich nicht fehlen, weil sie Bestandteil der Hinterhandübung ist. Falls nötig, wiederholen Sie vorher noch einmal am Boden das Weichen der Hinterhand auf das direkte Gefühl (besonders an der Flanke). Das Pferd sollte keine Sorge mehr haben, wenn Sie auf seinem Rücken eine Gerte oder einen Stick benutzen.

DURCHFÜHRUNG

Den Einfluss auf die Hinterhand haben wir zwar als Sicherheitsthema beschrieben, da darin seine erste große Aufgabe besteht. (Fast) alle Ausführungen beziehen sich aber genauso auf alle anderen Gelegenheiten, bei denen Sie die Hinterhand bewegen möchten. Benutzen Sie die Übung nicht als Strafe. Kommunikation, effektive Sicherheit und langfristige Weichheit stehen im Vordergrund.

Sie sitzen in der Grundposition auf Ihrem (stehenden) Pferd. Die Zügel oder das Seil haben Sie in Ihrer rechten Hand, in der Sie auch den Stick aufrecht vor sich halten.

Schritt 1 Fragen Sie Ihr Pferd in die seitliche Biegung. Der Stick in der rechten Hand bleibt dabei aufrecht vor Ihnen, die linke Hand ist auf Ihrem Oberschenkel fixiert.

Schritt 2 Beim zweiten Schritt tun Sie drei Dinge gleichzeitig: Erstens führen Sie die Zügelhand, ohne das Seil loszulassen, vom Oberschenkel leicht in Richtung Bauchnabel, sodass der kleine Finger am Bauch anliegt und die Finger nach oben zeigen. Zweitens beugen Sie sich auf der Innenseite der Biegung um die eigene Achse. Sie schauen dabei sozusagen „um die Ecke herum" auf die Hinterhand. Als Drittes belasten Sie nun Ihren inneren Sitzbeinhöcker und stellen sich vor, Sie wollen die Hinterhand damit zur Seite schieben. Ihre Hüfte sollte sich währenddessen ein wenig mitdrehen. Verlieren Sie aber dabei nicht Ihr Gleichgewicht, sondern bemühen Sie sich, trotzdem ausbalanciert zu sitzen.

Schritt 3 Nehmen Sie nun Ihr inneres Bein (im Sinne der Biegung) etwas nach hinten. Für den Anfang darf es ruhig ein gutes Stück weiter hinten positioniert sein, als es üblich ist. Das äußere Bein bleibt während der gesamten Übung neutral.

Schritt 4 Erhöhen Sie den Druck Ihres inneren Schenkels als direktes, stetiges Gefühl, das heißt also: nicht kicken!

Schritt 5 Nehmen Sie, wenn nötig, Ihr Stöckchen zur Hilfe. Führen Sie es, ähnlich wie vom Boden aus, zuerst von der Seite in Richtung Hinterhand, dann schwingen Sie es und schließlich tapsen Sie die Hinterhand des Pferdes von der Seite. Erst leicht und nach und nach deutlicher. Der Stick bleibt dabei in der rechten Hand und alle vorherigen Hilfen bleiben bestehen.

Schritt 6 Bei den ersten Versuchen beenden Sie alle Hilfen, sobald die Hinterhand weicht. Gleichzeitig setzen Sie sich wieder gerade in den Sattel und schalten Sie sich aus. Atmen Sie aus, sitzen Sie locker und ausbalanciert auf dem Pferd und lassen Sie auch das Seil los oder öffnen Sie zumindest Ihre Hände. Ihr Pferd lernt auf diese Weise schneller, dass es um die Hinterhand geht.

Schritt 7 Aus Sicherheits- und Kommunikationsgründen empfehlen wir auch folgenden Ansatz: In Schritt 6 beenden Sie ebenfalls die Hilfen für das Hinterhandweichen, jedoch lösen Sie die Halsbiegung noch nicht auf. Sie nehmen lediglich die Hand wieder zurück Richtung Oberschenkel. In dieser Haltung warten Sie, bis alle vier Beine des Pferdes stillstehen und der Hals trotzdem noch am lockeren Seil gebogen ist. Erst dann öffnen Sie die Hand und lassen das Pferd seinen Hals wieder gerade machen. Das ist wichtig, denn wenn der Hals gerade wird, während die Hinterhand weicht, macht sich das Pferd unter Umständen wieder in seiner Längsachse fest – genau das, was wir mit einer weichen Hinterhand ja vermeiden wollten – und der Sicherheitseffekt ist dahin.

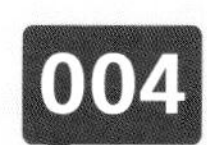

In diesem Film sehen Sie die seitliche Halsbiegung vom Pferd aus und das Hinterhandweichen.

DURCHFÜHRUNG

Schritt 1 — *Die seitliche Halsbiegung*

Schritt 2 — *Drei Dinge gleichzeitig: Ihre innere Hand bewegt sich zum Bauchnabel, Sie beugen sich um die Ecke und schauen auf die Hinterhand und Sie belasten dabei Ihren inneren Sitzbeinhöcker.*

Schritt 3 – 4 — *Nehmen Sie das innere Bein etwas zurück und erhöhen langsam das direkte Gefühl des Schenkels.*

Schritt 5 — *Nun kommt das Stöckchen zum Einsatz und unterstützt den Schenkel mit rhythmischer Energie.*

Schritt 6 — *Zum Lehren vorübergehend angebracht: Alle Hilfen lösen sich auf, sobald die Hinterbeine weichen.*

Schritt 7 — *Aus Sicherheitsgründen ist es allerdings sinnvoller, die Biegung erst aufzulösen, wenn alle vier Beine des Pferdes stillstehen.*

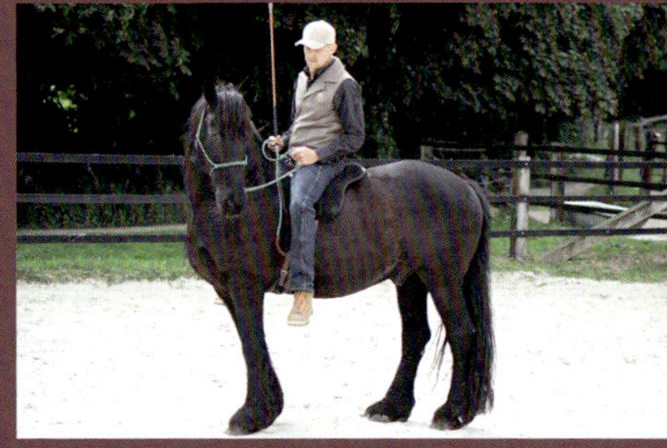

01

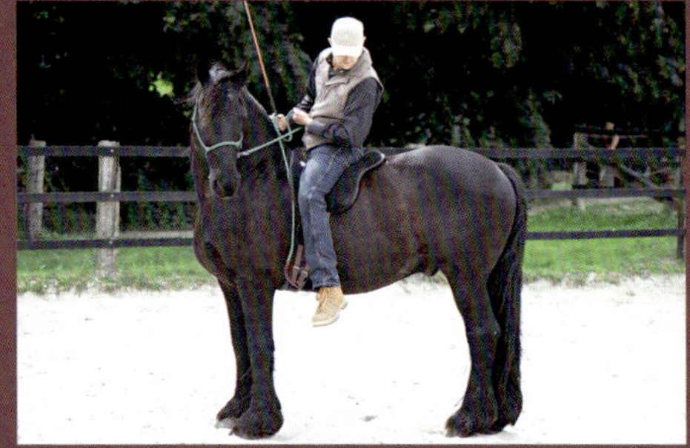

02

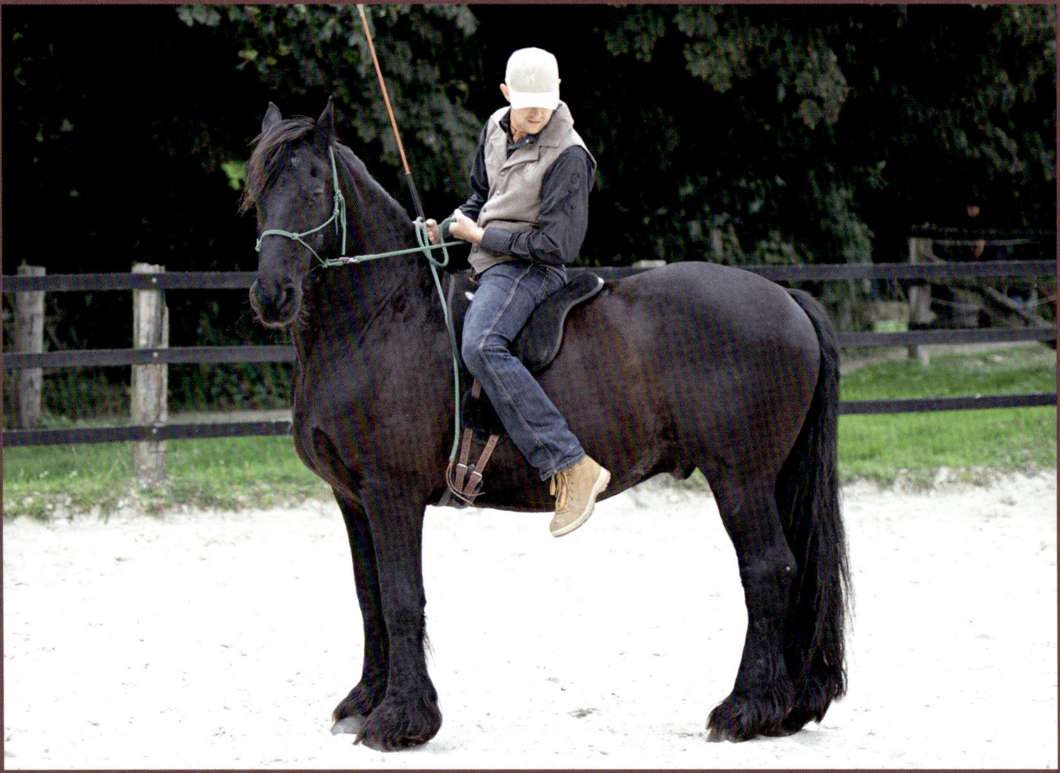

03

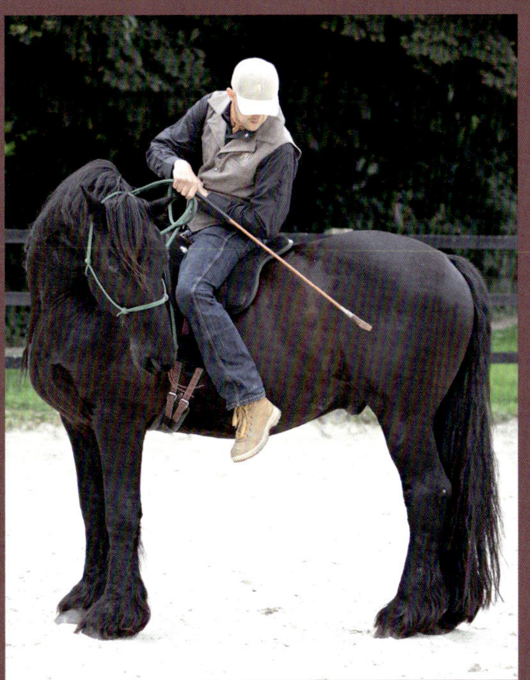

04

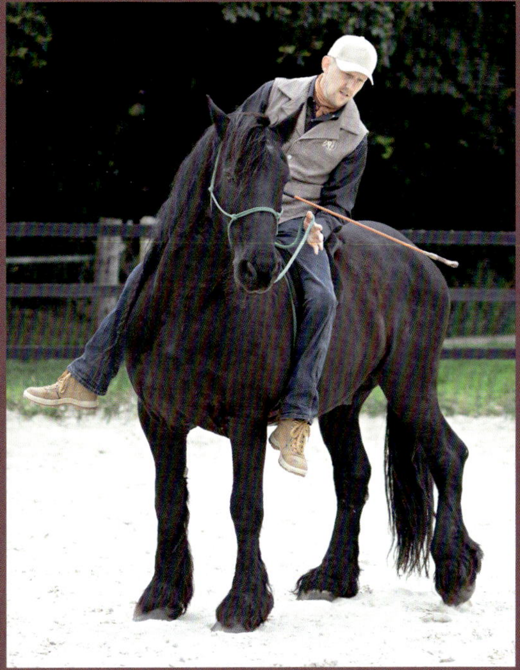

05

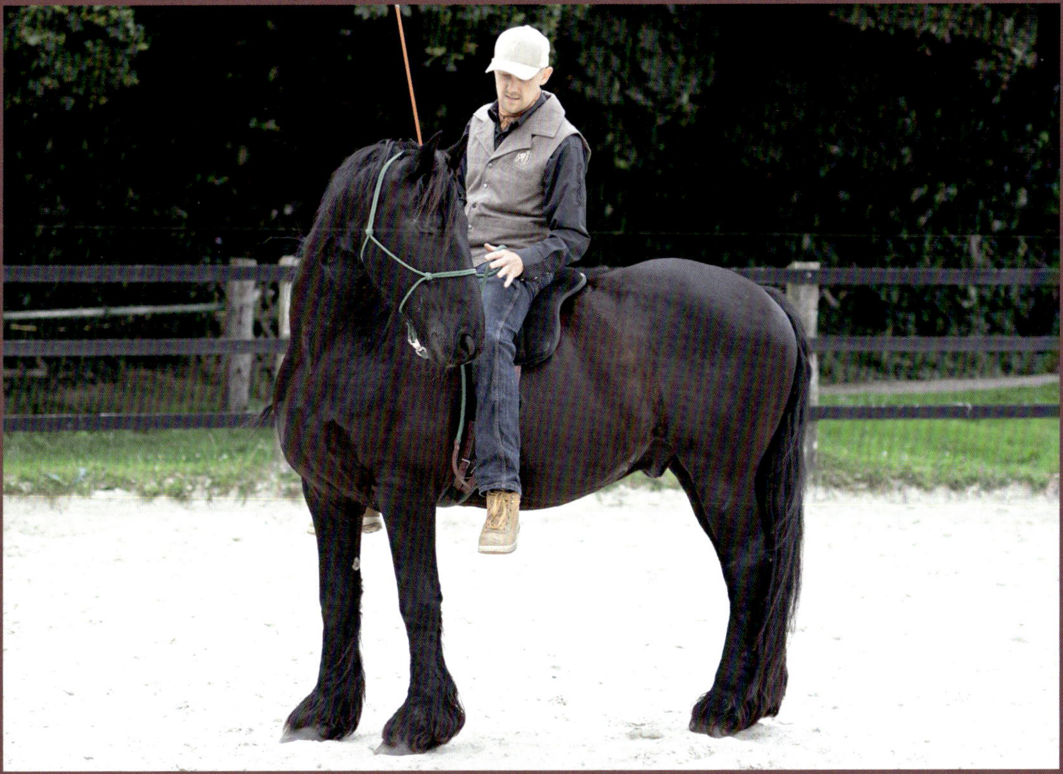

06

HÄUFIGE PROBLEME UND LÖSUNGEN

ALLGEMEIN

Es ist allgemein schwierig für Pferde, diese Übung korrekt auszuführen, da sie aus mehreren Teilen besteht. Wahrscheinlich wird sich die Biegung nicht so leicht anfühlen wie vorher, oder die Hinterhand kreuzt nicht so, wie sie es eigentlich könnte. Außerdem muss das Pferd hier einen Großteil seiner Bewegungsfreiheit, Kontrolle und Balance aufgeben. Geben Sie sich also mit wenig zufrieden und bauen Sie dann darauf auf. Das Pferd soll in erster Linie verstehen, worum es geht, und (noch) nicht auf Knopfdruck funktionieren.

DIE HINTERHAND BEWEGT SICH NICHT

Bereiten Sie alles am Boden gut vor und benutzen Sie Ihren Stick effektiv von oben. Wenn Sie unsicher sind, kann Sie ein Helfer von unten mit einem Stick unterstützen. Wenn das Pferd erst einmal begriffen hat, worum es geht, wird es schnell einfacher werden.

DAS PFERD DREHT SICH SCHNELL UND HEKTISCH IM KREIS

Fragen Sie erst vom Pferderücken aus, wenn alles vorher am Boden entspannt funktioniert. Und selbst dann nutzen Sie Ihre Energie und die des Sticks mit Gefühl und wohldosiert. Überprüfen Sie dabei auch, ob Sie sich wirklich ausschalten, sobald die Hinterhand weicht, und vor allem, ob Sie auch „ausgeschaltet" bleiben, selbst wenn die Hinterhand sich noch weiterbewegt!

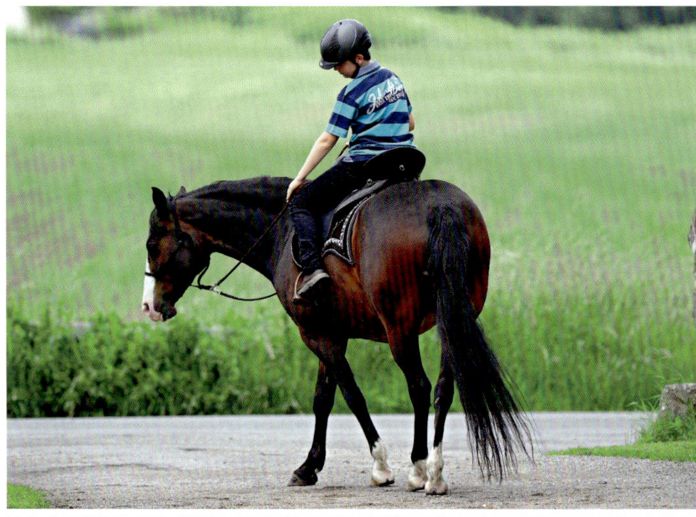

Wenn die Vorhand mit weicht, liegt es meist am falschem Zügeleinsatz oder Fokus.

DIE HINTERHAND WEICHT, ABER DAS PFERD MACHT DEN HALS DABEI GERADE

Ist die laterale Biegung wirklich fein und weich? Vielleicht haben Sie auch zu wenig Biegung im Pferdehals, dann ist es leichter für das Pferd, sich wieder gerade zu machen. Ihre Hand muss unbedingt auf Ihrem Oberschenkel bleiben, bis alle vier Beine stillstehen.

DAS PFERD WEICHT NACH HINTEN

Oft ist das ein Missverständnis in der Kommunikation, das schon während der Biegung auftritt. Bemühen Sie sich beim Biegen des Halses, noch keine Energie im restlichen Körper zu haben, und fragen Sie die Nase deutlich erst zur Seite, bevor Sie den Zügel zu sich her bewegen.

DAS PFERD BEWEGT DIE VORHAND BZW. DREHT UM DIE MITTELHAND

Wenn das nur ein wenig der Fall ist, brauchen Sie sich erst zu einem späteren Zeitpunkt darum zu kümmern. Achten Sie aber auf Ihre Zügelhand: Ist sie nicht an oder vor Ihrem Bauch, ziehen Sie vermutlich die Vorhand des Pferdes mit dem Zügel herum.
Und Ihr Fokus muss stimmen: Schauen Sie auch tatsächlich im Bogen auf die Seite der Hinterhand? Zusätzlich müssen Sie aufpassen, nicht Ihr äußeres Bein zu benutzen. Das passiert z. B., wenn man sich zu weit nach innen lehnt und sich dann mit dem anderen Bein festhält, oder wenn durch die Drehung in der Hüfte das äußere Bein nach vorne rutscht.

HERAUSFORDERUNGEN: SO GEHT ES WEITER

Machen Sie aus einem Schritt mehrere oder aus einem Schritt, der ganz in Ordnung ist, einen präziseren, dann können Sie bald eine Vorhandwendung vom Sattel aus machen. Schaffen Sie es, die Hinterbeine nur genau einen (zwei, drei) Schritt(e) zu bewegen? Oder kann Ihr Pferd die Hinterhand abwechselnd nach links und rechts bewegen? Beeinflussen Sie die Hinterhand später auch ohne die seitliche Biegung. Die Zügel benutzen Sie dann nur, um das Pferd beispielsweise mit einem kleinen, rhythmischen Impuls am Vorwärtsgehen zu hindern.

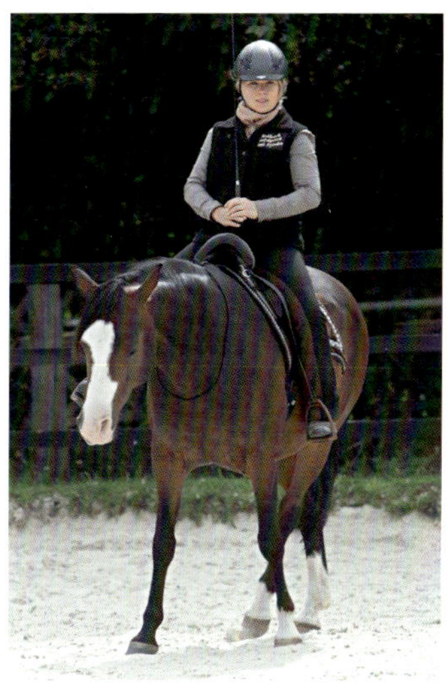

Können Sie es auch ohne Biegung und Zügel?

FÜR MEHR FREIHEIT

Sind Sie in der Lage, die Hinterhand unabhängig von der seitlichen Biegung weichen zu lassen, können Sie zusätzlich zu den Zügeln den String um den Hals des Pferdes befestigen, um damit den Vorwärtsdrang des Pferdes nötigenfalls zu bremsen. Reagiert das Pferd schlecht darauf, oder gar mit Gegenwehr, dann bereiten Sie das Weichen auf den String am Boden vor.

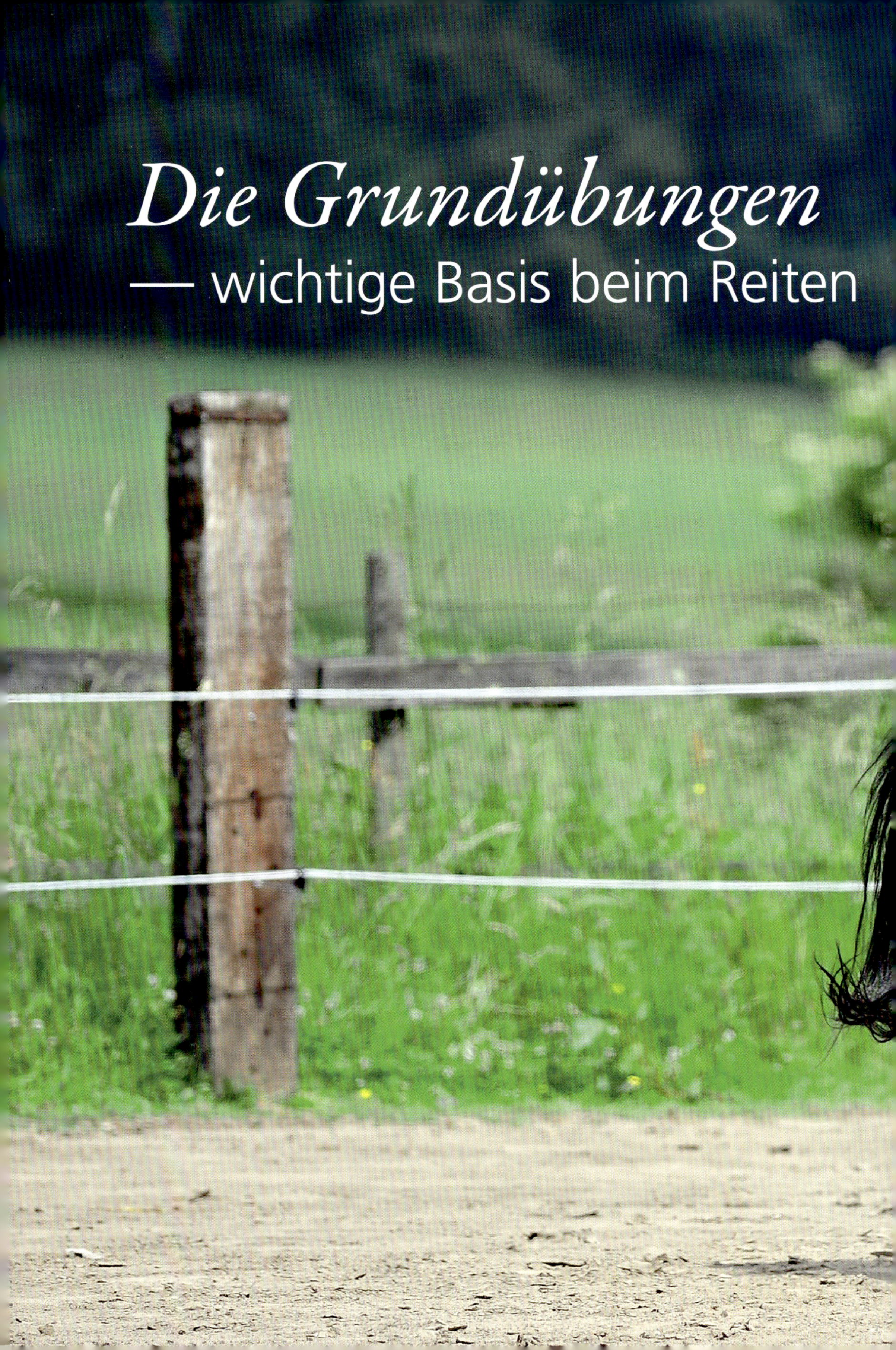

Die Grundübungen
— wichtige Basis beim Reiten

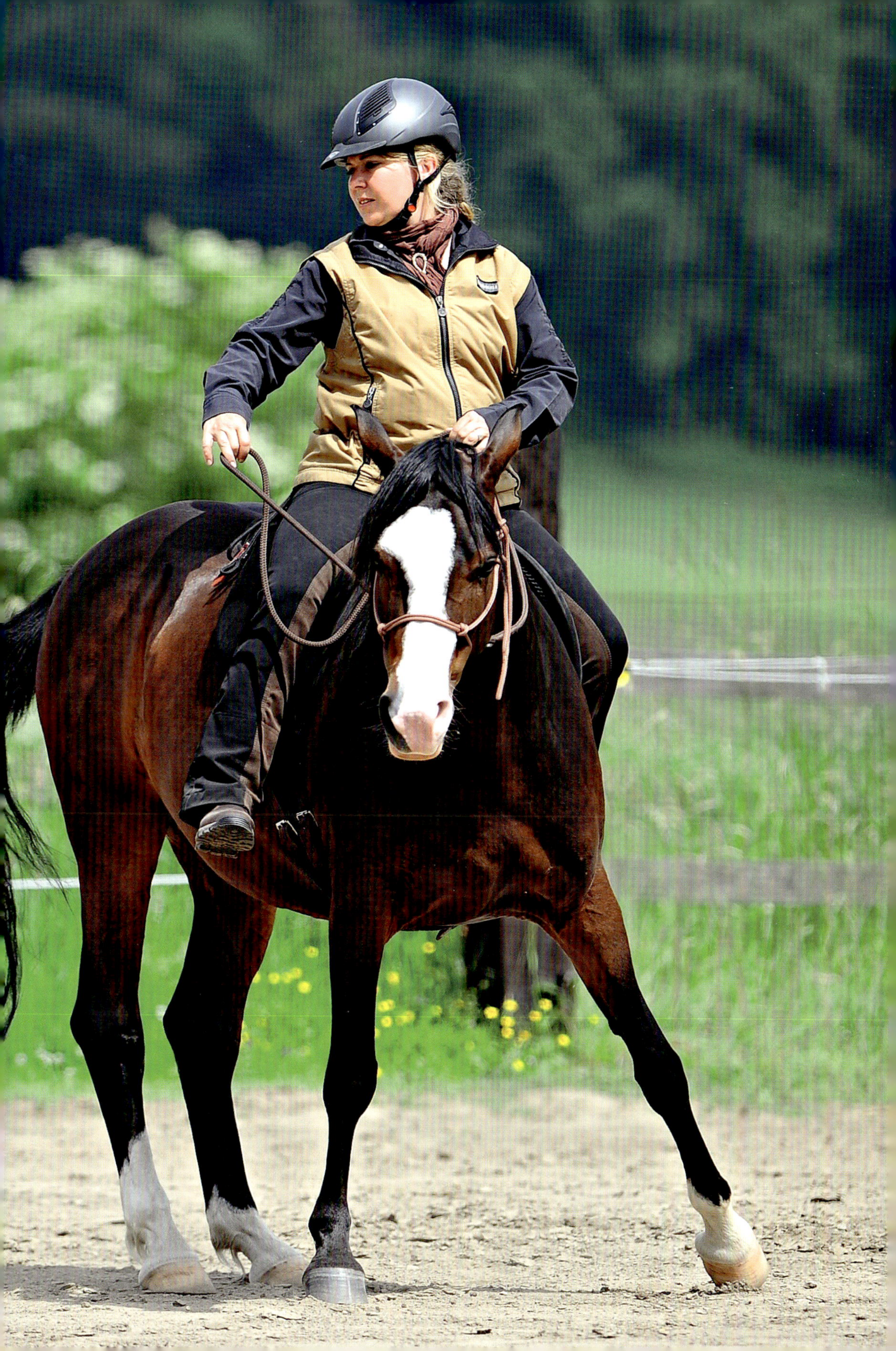

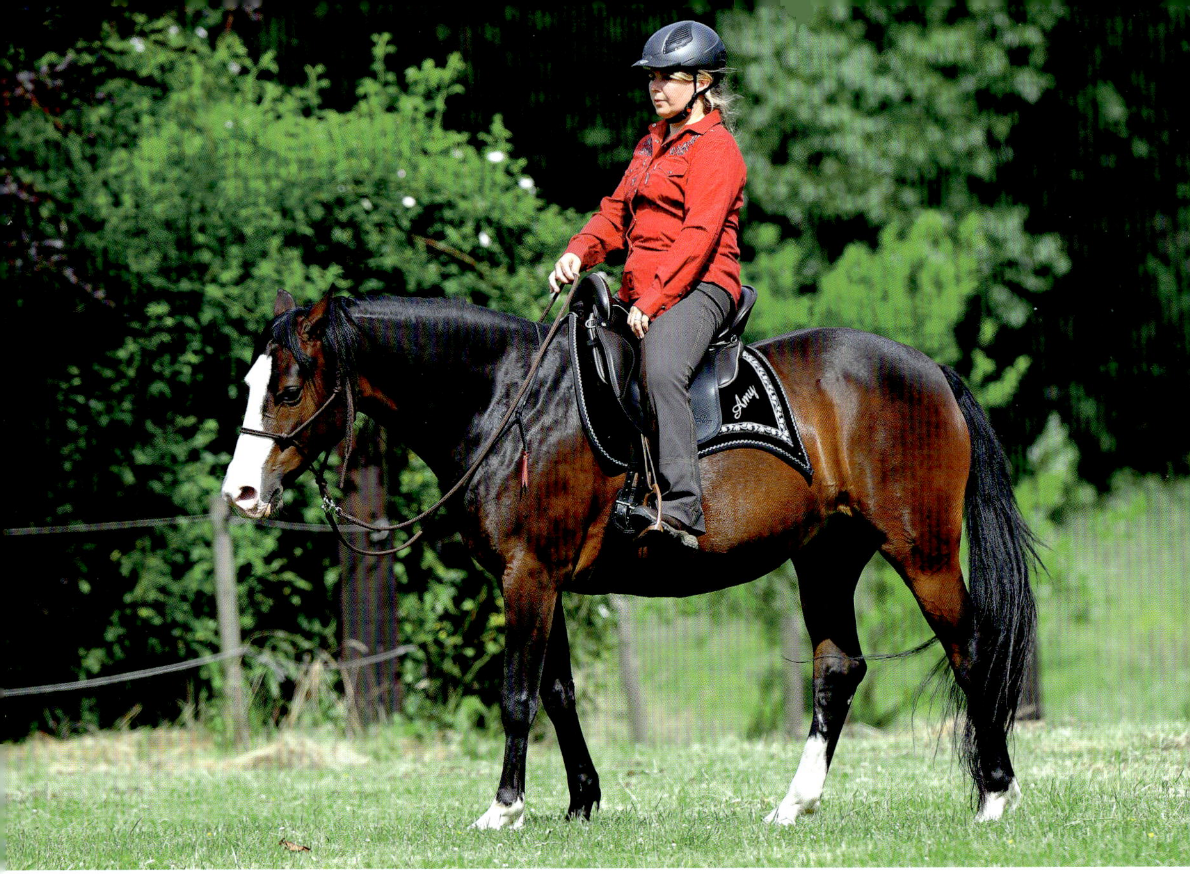

Synchrone Bewegungen sind das Ziel des Reitens, und das beginnt schon beim ersten gemeinsamen Schritt."

Elementare Bausteine

Wir sind nun bei dem Kapitel angekommen, auf das die meisten von Ihnen sicher schon sehnsüchtig gewartet haben. Endlich geht es wirklich ums Reiten!

Allerdings – ein bisschen Geduld müssen Sie doch noch haben. Reiten ist eine komplexe Angelegenheit. Deswegen ist man gut beraten, sich zuerst die einzelnen Zutaten separat zu erarbeiten, um sie im weiteren Verlauf sinnvoll zu immer anspruchsvolleren Übungen zusammenzusetzen. Darüber hinaus gibt es einen weiteren großen Vorteil, wenn man an Grundbausteinen, statt gleich an kompletten Reitmanövern oder Bahnfiguren arbeitet. Sie lassen sich später (fast) beliebig immer wieder neu kombinieren. So wie Sie als Kind aus immer den gleichen LEGO- Bausteinen mal ein Auto, mal ein Haus und mal ein Schiff bauen konnten, können Sie sich aus unseren Bausteinen später eine Dressurprüfung, eine Westernpattern, einen Springparcours oder einen Ausritt zusammenbauen.

Losreiten und Anhalten

Gefühlvolles Anreiten und ein sicherer Stop, so fein wie möglich, ist das Thema dieses Kapitels. Für Kontrolle, aber auch für Freiheit sind sie wichtige Prüfsteine.

SINN UND ZIEL

Ziel Das Pferd lernt, auf feinste Hilfen loszugehen bzw. anzuhalten. Sie müssen sich dafür fast nur noch einschalten bzw. ausschalten, und ganz nebenbei wird man durch kontinuierliche Verfeinerung der Hilfen künstliche Hilfsmittel wie Zügel oder Gerte los.

„Kontrolle" durch Verbindung Auch wenn es paradox erscheint, kann man durch das Aufgeben herkömmlicher Kontrollinstrumente tatsächlich mehr Sicherheit und mehr Kontrolle gewinnen. Wie kann das sein? Anstatt nur den Körper des Pferdes zu „beherrschen", konzentrieren wir uns lieber auf seine mentale Seite. Wir bringen es nicht einfach dazu, anzuhalten, sondern wir bringen ihm bei, anzuhalten. Wenn wir auf diesem Weg Einfluss auf seine Bewegungen erhalten, fördert das langfristig die gedankliche Verbindung zwischen Pferd und Reiter. Dazu kommt natürlich die Notwendigkeit, sich auch von oben auf das Pferd einzulassen und ihm genauer zuzuhören. So wird es bereitwilliger mitmachen, und der Reiter entwickelt ein besseres Gefühl für seine eigenen Grenzen und die des Pferdes. Man verlässt sich einfach nicht mehr darauf, dass „der Gaul schon irgendwann anhält, wenn man nur fest genug zieht".

Angenehmes Reiten Sowohl für den Reiter als auch für das Pferd sind ein leichter Start und ein weiches Anhalten viel bequemer als verbissene Konfrontation. Das leuchtet sicher jedem ein. Trotzdem arbeiten viele Reiter, oft aus Unwissenheit, nicht auf dieses erstrebenswerte Ziel hin. Daran können wir hoffentlich mit diesem Kapitel etwas ändern.

Weiche Übergänge Die Qualität des Antrabens und Angaloppierens sowie des Durchparierens hängen direkt mit der Qualität des Losreitens und Anhaltens zusammen.

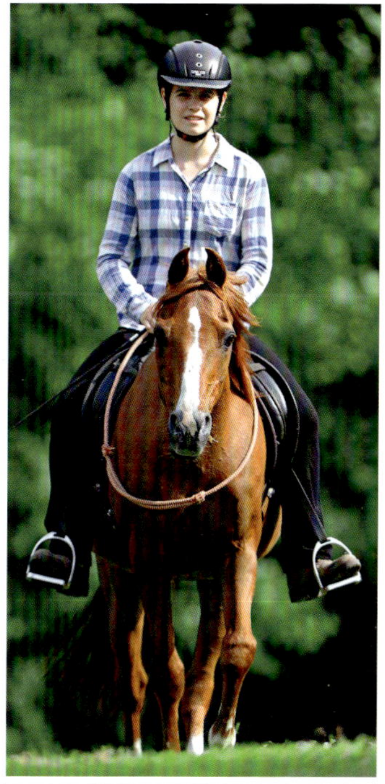

Nicht ziehen und nicht treiben – das sind Voraussetzungen für eine gemeinsame, harmonische Bewegung. Der Grundstein dafür liegt in weichen Übergängen.

Vorbereitung für reiten „ohne alles" Frei reiten bedeutet unter anderem, zügelunabhängig zu reiten. Unsere Körpersignale und der bewusste Einsatz von Fokus und Energie müssen also zum hauptsächlichen Verständigungsmittel werden.

Versammlung Bei herkömmlichen Trainingsmethoden wird in den meisten Fällen zu viel an der körperlichen Seite der Versammlung gearbeitet, das heißt allein die äußere Form wird beeinflusst. Leichtes Anreiten und wieder Anhalten sind ein erster Schritt hin zu einer Versammlung, die sich von innen heraus entfaltet.

VORAUSSETZUNGEN UND VORBEREITUNG

Falls Ihr Pferd all Ihre bisherigen Fragen mit „Ja" beantwortet hat, sind Sie bestens vorbereitet. Wieder einmal ist der Unterschied in Ihrer Energie und Ihrem Fokus ausschlaggebend und weniger, wie viel Energie Sie am Ende aufwenden. Nehmen Sie sich einen Stick oder auch einen String mit auf das Pferd. Die brauchen Sie eventuell, um Ihre Fragen zu Ende zu stellen.

LOSREITEN

Hierfür gibt es so viele Varianten wie Reitweisen, besonders bei den Gewichtshilfen. Aber einige Eckpunkte bleiben immer gleich, wenn man ein leichtes und weiches Losreiten anstrebt. Manche davon liegen in der Natur des Pferdes begründet, andere wiederum basieren eher auf Konditionierung. Daher bleibt Ihnen auch immer ein wenig Spielraum, um diese Übung Ihrem Reitstil bzw. dessen Anforderungen anzupassen.

01 – 02 Ein deutlicher Unterschied zwischen „Ausgeschaltet-" und „Eingeschaltet-Sein" ist beim Losreiten von großer Bedeutung.

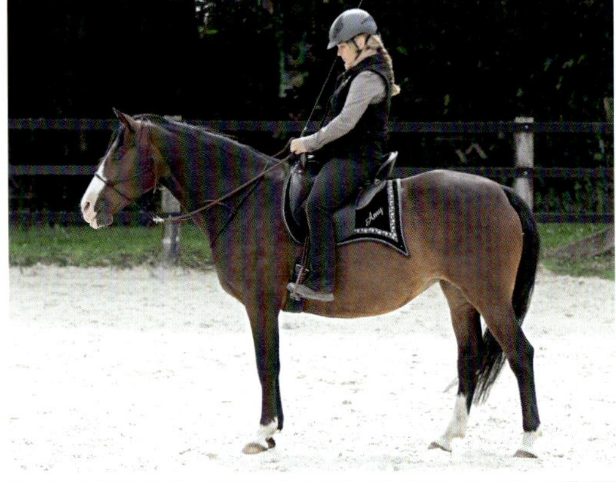

01

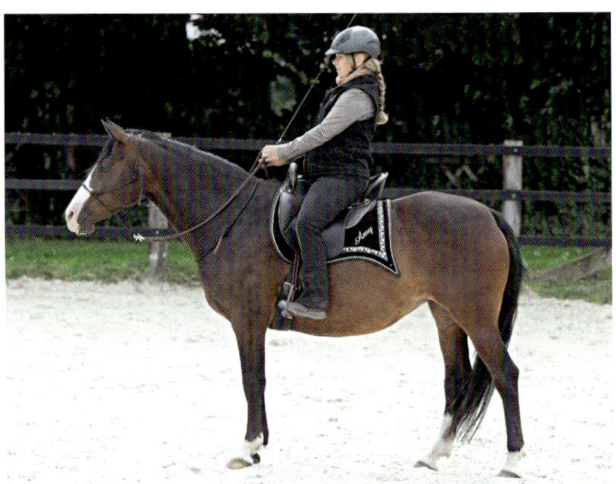

02

DURCHFÜHRUNG

Sie sitzen in der Grundposition auf dem Pferd.

Phase 1 Schalten Sie Ihre Energie und Ihren Fokus ein, indem Sie einatmen, sich aufrichten und geradeaus schauen (nicht auf das Pferd oder auf den Boden). Stellen Sie sich vor, wie Ihr Bauch sanft dahin gezogen wird, wo Sie hinschauen und wie das Pferd losläuft. Gleichzeitig spannen Sie Ihren „Sitz" an, was nichts anderes bedeutet, als die Pobacken zusammenzukneifen. So kommt die Energie auch an der wichtigsten Verbindung zwischen Pferd und Reiter an. Die Beine sind noch passiv. Die Arme können Sie in der Anfangsphase ein wenig nach vorne öffnen.

Phase 2 Jetzt werden Ihre Beine aktiv. Sie „umarmen" Ihr Pferd gewissermaßen damit: Drücken Sie zuerst leicht die Knie zusammen und führen Sie die gleiche Energie dann mit den Waden fort. Vermeiden Sie dabei rhythmischen Druck (kicken), sondern fragen Sie das Pferd mit stetiger Energie, so wie Sie es beim direkten Gefühl gelernt haben. Drücken Sie dabei nicht so fest, dass Sie sich verkrampfen, sonst wird es das Pferd auch tun. Außerdem sind Sie dem Pferd mit verkrampften Muskeln eher im Weg und blockieren es.

Phase 3 Erst jetzt kommt eine rhythmische Energie ins Spiel. Dafür können Sie entweder den Stick, das Seilchen, die Zügelenden oder auch die bloße Hand benutzen. Beginnen Sie leicht und langsam, entweder sich selbst oder den Sattel rhythmisch zu tapsen. Mit der Hand etwa den eigenen Oberschenkel, mit dem Seilende den hinteren Teil des Sattels oder mit dem Reitstick den eigenen Unterschenkel. Je nachdem, für welches Hilfsmittel Sie sich entscheiden, können Sie das entweder einseitig oder abwechselnd rechts und links tun. Ein bisschen hängt das auch von der Pferdepersönlichkeit ab: Bei sensiblen Pferden empfiehlt es sich, besser nur auf einer Seite zu tapsen, da man die Energie so besser dosieren kann.

Phase 4 In Phase 4 verlagert sich das rhythmische Tapsen immer ein bisschen weiter in Richtung der Hinterhand. Zuerst leicht, dann, wenn nötig, mit steigender Intensität, aber immer noch mit Gefühl! In der Lernphase oder bei unsicheren Pferden lassen Sie sich ruhig etwas mehr Zeit, bei sicheren oder bei abgestumpften Pferden können Sie bei Bedarf auch schneller deutlich werden. Sobald sich das Pferd zu irgendeinem Zeitpunkt vorwärtsbewegt, und sollte es auch nur ein kleiner Schritt oder eine Idee des Pferdes sein, hören Sie sofort auf, schalten sich aus und machen Sie eine Pause.
Was genau Sie zwischen dem Losreiten und dem Anhalten tun, das erfahren Sie auf den kommenden Seiten ab S. 105. Nur so viel sei schon

Ein Pferd, das Sie leicht anreiten und wieder anhalten können, ist tendenziell in jedem Moment in der Lage, entweder vorwärts- oder rückwärtszudenken. Diese geistige und körperliche Balance macht einen großen Teil dessen aus, was Versammlung eigentlich bedeutet.

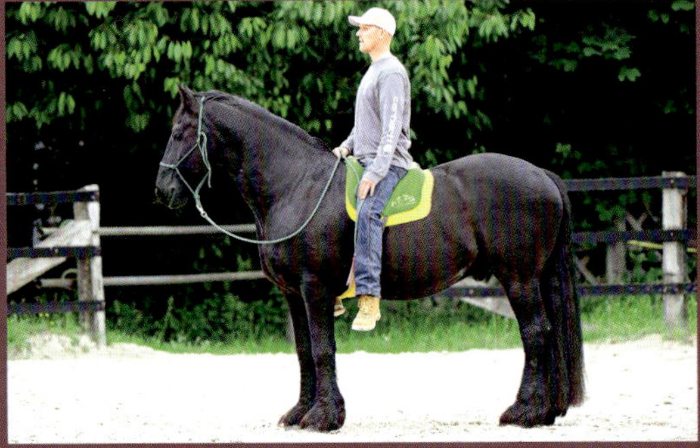

01

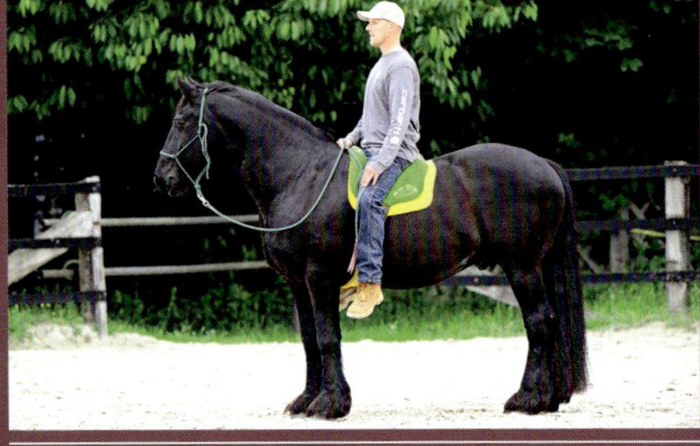

02

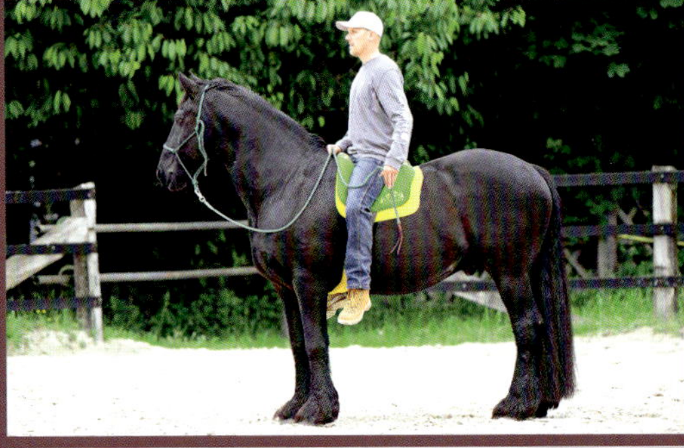

03

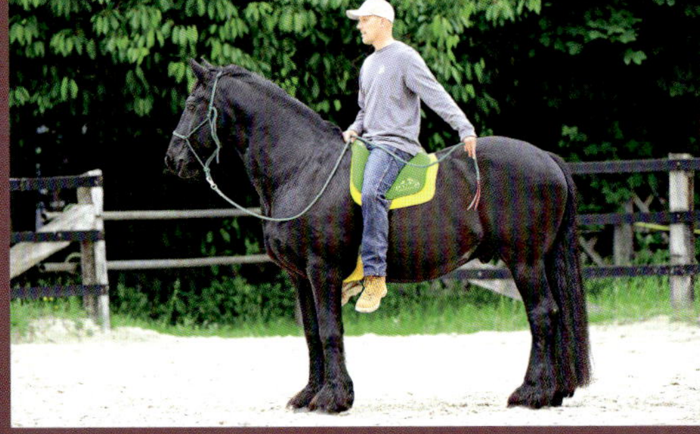

04a

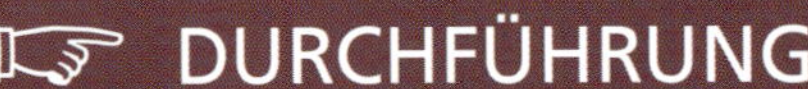

DURCHFÜHRUNG

Phase 1 *Fokus und Energie einschalten*

Phase 2 *Die Beine werden aktiv.*

Phase 3 *Rhythmus! Entweder beidseitig oder nur auf einer Seite. Sie können den Rhythmus mit der Hand, dem Seilende, dem Seilchen oder dem Stick machen.*

Phase 4 *Das Tapsen wandert Richtung Hinterhand. Sie werden neutral, sobald das Pferd losgeht.*

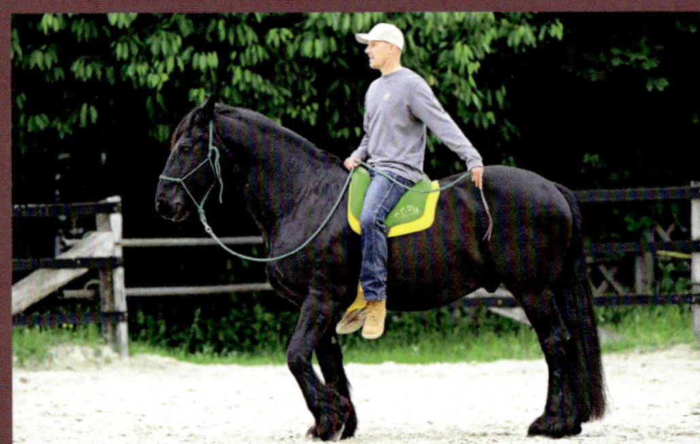

04b

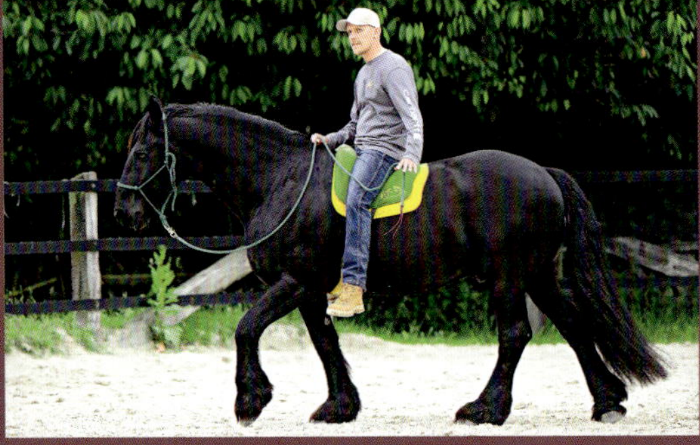

04c

verraten: Wenn sich Ihr Pferd in Bewegung setzt, treiben Sie es nicht weiter, sondern werden Sie neutral. Die Beine hängen locker herunter, Ihr Sitz entspannt sich wieder ein wenig und Sie gehen mit den Bewegungen des Pferdes mit.
Wenn Sie ein bewegungsfreudiges Pferd haben, dann lesen Sie gleich hier weiter, um zu erfahren, wie Sie es wieder anhalten. Falls es aber nach einem oder zwei Schritten von alleine anhält, können Sie schon mal beim nächsten Kapitel, der Passagierlektion, spicken. Dort erklären wir Ihnen, wie Sie es schaffen, Ihr Pferd zum Weiterlaufen zu animieren.

HÄUFIGE PROBLEME UND LÖSUNGEN

DAS PFERD SCHIESST LOS, NACHDEM ES FESTSTECKTE

Dieses Verhalten ist ein ziemlich sicheres Zeichen dafür, dass Sie ein unsicheres, eher introvertiertes Pferd unter sich haben. Der größte Fehler ist es, bei so einem Pferd den Druck ständig zu erhöhen. Es flüchtet immer mehr nach innen, bis es irgendwann nicht mehr kann und explodiert. Verhindern können Sie dies, indem Sie Ihre Energie noch langsamer steigern und schon mit der kleinsten Idee in die richtige Richtung zufrieden sind. Unsichere, introvertierte Pferde brauchen viel Zeit und großes Lob für kleine Erfolge!
Steckt Ihr Pferd allzu fest, haben Sie auch die Möglichkeit, es aus dem Hinterhandweichen heraus loszufragen. Das hilft ihm oft besser aus seiner Erstarrung heraus.

IHR PFERD HÄLT GLEICH WIEDER AN

Das ist (noch) überhaupt kein Problem, weil Sie so nach jedem Anhalten das Losreiten immer wieder üben und weiter verfeinern können. Die Passagierlektion auf S. 105 wird Ihnen in diesem Fall alle übrigen Antworten geben!

DAS PFERD KANN GAR NICHT ERST STEHENBLEIBEN

Dieses Problem zeigt sich meist schon lange vor dem Reiten. Doch auch wenn Sie sich beim Satteln, Aufsteigen und der Biegung schon darum gekümmert haben, kann es jetzt, wo es um Bewegung geht, wieder auftauchen. Die Lösung ist die seitliche Biegung. Bringen Sie das Pferd damit zum Halten, und warten Sie, bis es wieder ruhig und entspannt stehen kann, bevor Sie eventuell einen neuen Versuch starten. Vergessen Sie nicht, sich dabei auszuschalten.

DAS PFERD GEHT RÜCKWÄRTS

Bleiben Sie auf jeden Fall dran, bis das Pferd die erste Idee für einen Schritt vorwärts hat. Sollte der Knoten im Kopf zu groß sein, bitten Sie jemanden um Hilfe, der Ihre Energie von hinten unterstützen kann, allerdings nur so lange, bis das Pferd Sie besser versteht.

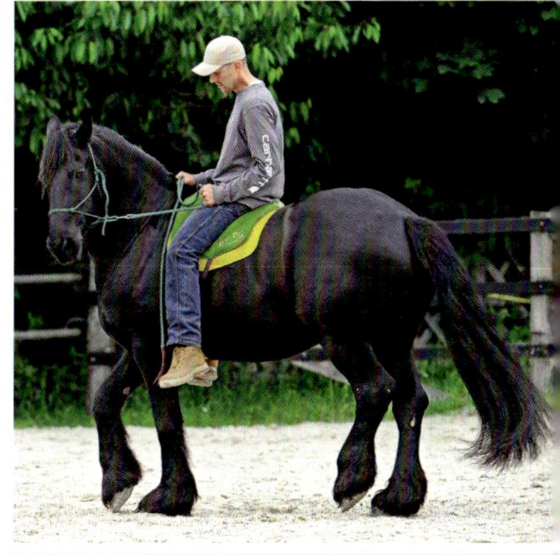

Kann das Pferd erst gar nicht stehen bleiben, helfen Sie ihm mit der lateralen Biegung.

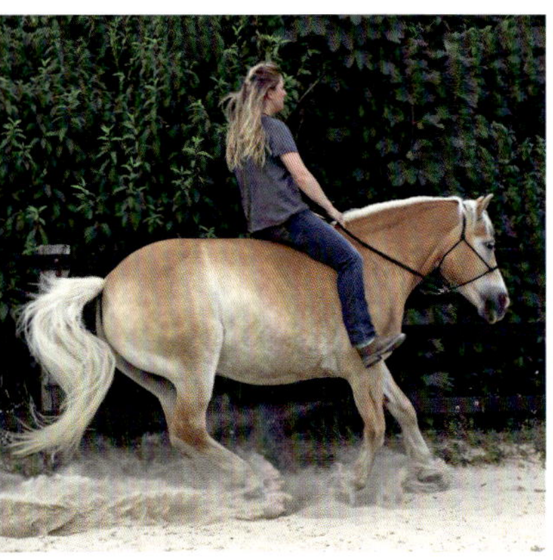

Ein gutes Anhalten ist der wichtigste Zwischenschritt von Sicherheit zu Freiheit.

ANHALTEN

Grundsätzlich funktioniert das Anhalten in der Sicherheitsphase des Reitens bis auf einige Ergänzungen genauso wie die laterale Biegung, nur aus dem Schritt heraus. Später werden Sie die Biegung nicht mehr zum Stoppen brauchen, doch bis auf Weiteres bleibt sie noch ein unverzichtbares Überlebenstraining.

Schritt 1 Hören Sie auf zu reiten, nehmen Sie jegliche Energie aus Ihrem Körper und denken Sie an Anhalten. Atmen Sie aus und wenn es Ihnen hilft, können Sie dabei sogar so etwas wie „Hoo" sagen. Hierdurch machen Sie sich selbst für das Pferd etwas unbequem, da die gemeinsame Harmonie der Bewegung gestört wird, welche das Pferd gerne wieder herstellen möchte.

Schritt 2 Falls Ihr Pferd weiterläuft, absolvieren Sie die Schritte der seitlichen Halsbiegung. Das Anheben des Seils zur Einleitung der Biegung wird schnell zum Signal für das Pferd, dass es jetzt ums Anhalten geht. Sie schaffen sich hiermit ein wichtiges Zeichen für ein aufmerksames Miteinander. Bald wird Ihr Pferd bereits bei diesem Signal stehen bleiben oder gar schon auf Schritt 1 achten.

Schritt 3 Es kann auch hier wieder passieren, dass das Pferd sich ein paar Schritte oder auch Runden auf der Stelle dreht. Das ist aber nicht schlimm. Warten Sie einfach, bis alle vier Beine stillstehen und das Pferd nachgibt.

Schritt 4 In diesem Moment geben Sie den Zügel sofort frei und lassen Ihr Pferd stehen. Bitte halten Sie es auf keinen Fall fest, das wäre kontraproduktiv. Denken Sie immer daran, das große Ziel dieser Übung ist Entspannung und Eigenverantwortung. Geht Ihr Pferd von alleine wieder los, beginnen Sie das Anhalten von Neuem.

HÄUFIGE PROBLEME UND LÖSUNGEN

DAS PFERD HÄLT NICHT AN ODER MACHT SICH IM HALS FEST

Sie sollten die laterale Biegung im Stehen noch viel besser vorbereiten, damit sie auch in Stresssituationen verlässlich funktioniert. In solch einem Fall sitzen Sie nämlich vermutlich auf einem „Fluchttier", das nicht mehr in der Lage ist, zu denken. Übertreiben Sie im Notfall die laterale Biegung, bis das Pferd nur noch auf einem ganz kleinen Kreis gehen kann. Das bringt es am ehesten dazu, eine andere Lösung zu suchen. Doch ausschlaggebend ist eigentlich immer die gleiche Frage: „Sind Sie wirklich ausgeschaltet?"

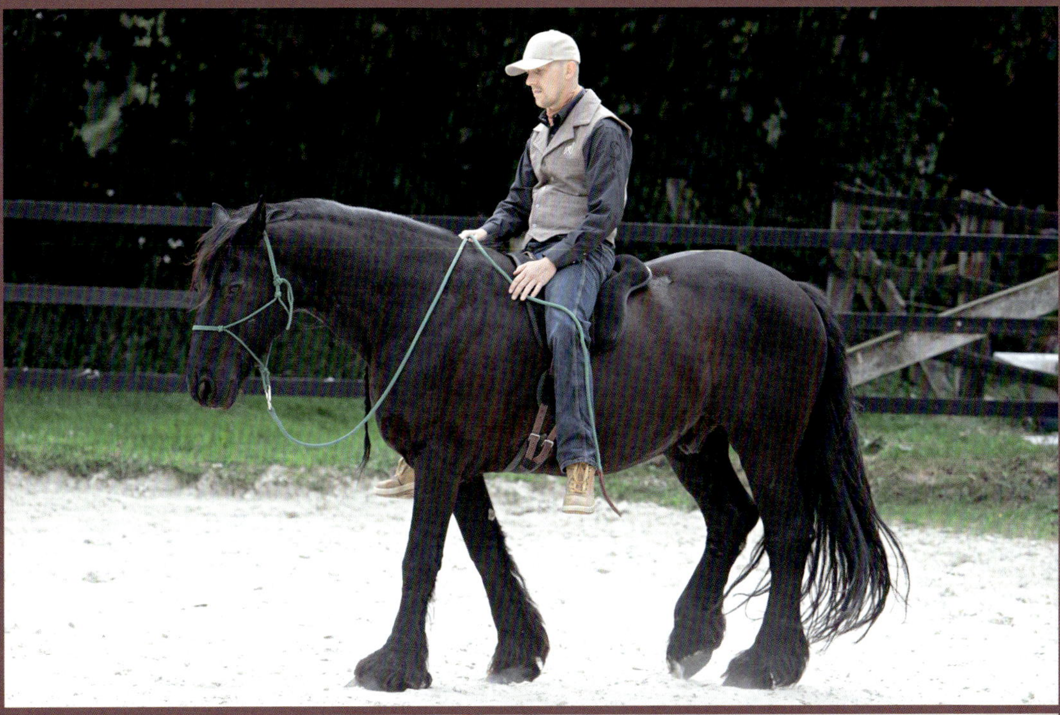

01

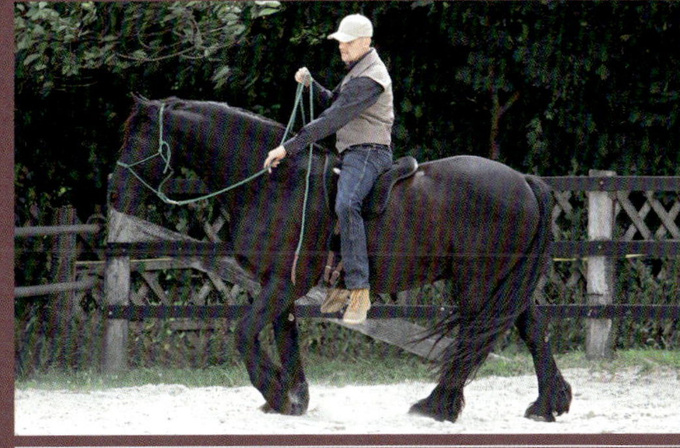

02

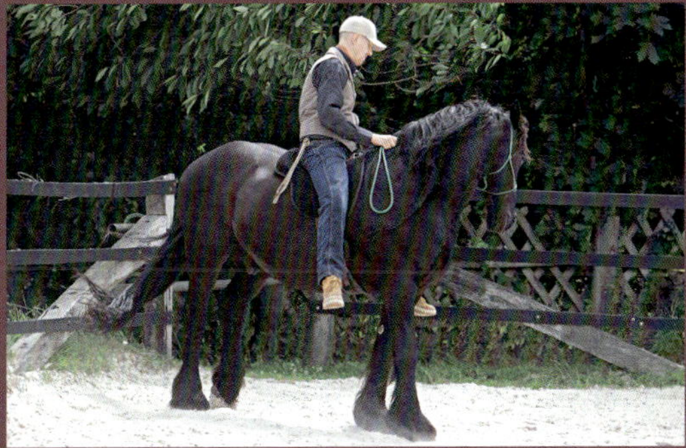

03

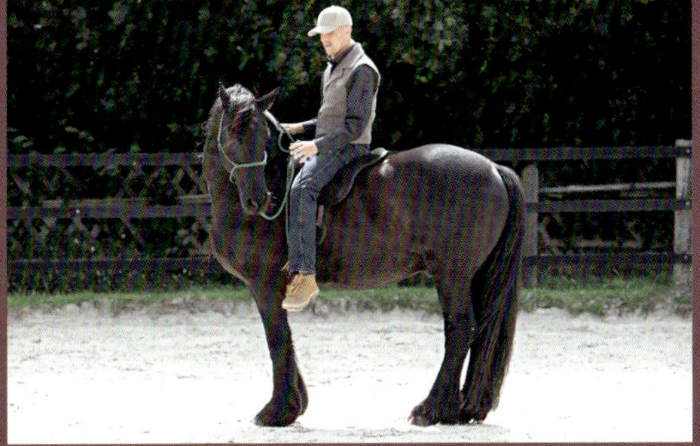

04

DURCHFÜHRUNG

Schritt 1 *Energie und Fokus ausschalten (nicht mehr neutral sein)*

Schritt 2 *Die seitliche Biegung hilft weiter, wenn Fokus und Energie noch nicht ausreichen.*

Schritt 3 *Warten, bis alle vier Beine stillstehen*

Schritt 4 *Das Seil oder die Zügel loslassen und dem Pferd erlauben, entspannt stehen zu bleiben*

DAS PFERD GEHT NUR EINEN SCHRITT UND SIE KOMMEN GAR NICHT ERST DAZU, ES ANZUHALTEN

Auch hier müssen Sie auf die Passagierlektion warten. Ihr Pferd muss erst lernen, selbstständig weiterzulaufen, bevor Sie das Anhalten üben!

HERAUSFORDERUNGEN – SO GEHT ES WEITER

Losreiten Grundsätzlich sollte es Ihr Ziel sein, die Phasen bei allen Übungen kontinuierlich weiter zu reduzieren. Sie können bei sich und Ihrem Pferd immer selbst überprüfen, ob eine Verbesserung stattfindet. Mit der Zeit werden Sie es schaffen, nur mit den Hilfen aus Phase 1 loszureiten oder gar direkt anzutraben oder anzugaloppieren.

Anhalten Üben Sie, bis Sie nicht mehr die komplette Biegung brauchen. Bald wird das Pferd bei Schritt 1 bereits anhalten. Die komplette Biegung brauchen Sie dann nur noch in wirklichen Stresssituationen.

FÜR MEHR FREIHEIT

Besonders die Techniken in diesem Kapitel sind explizit darauf zugeschnitten, den Gebrauch von Hilfsmitteln überflüssig zu machen. Um freier losreiten und anhalten zu können, brauchen Sie daher nicht unbedingt etwas zu ändern. Wenn Sie die oben beschriebenen Schritte richtig einhalten und das Pferd langsam beginnt, Ihre Körpersprache zu verstehen, werden Sie automatisch immer freier agieren können.

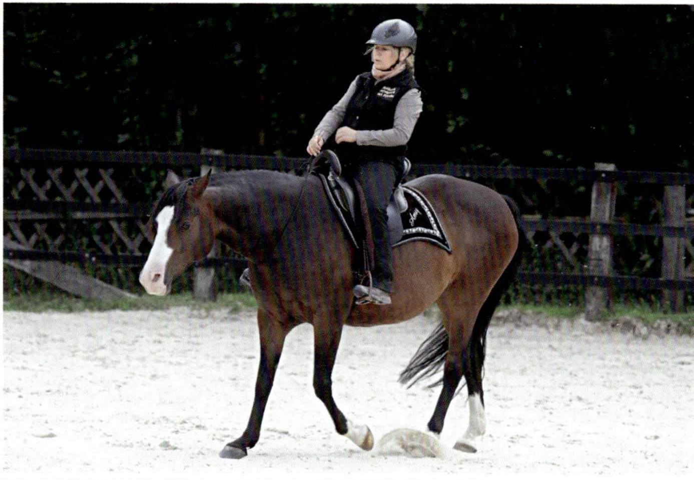

Bis Sie so wie Jenny nur mit einem Seilchen anhalten können, müssen Sie noch einige Seiten durchhalten, doch der Anfang ist gemacht!

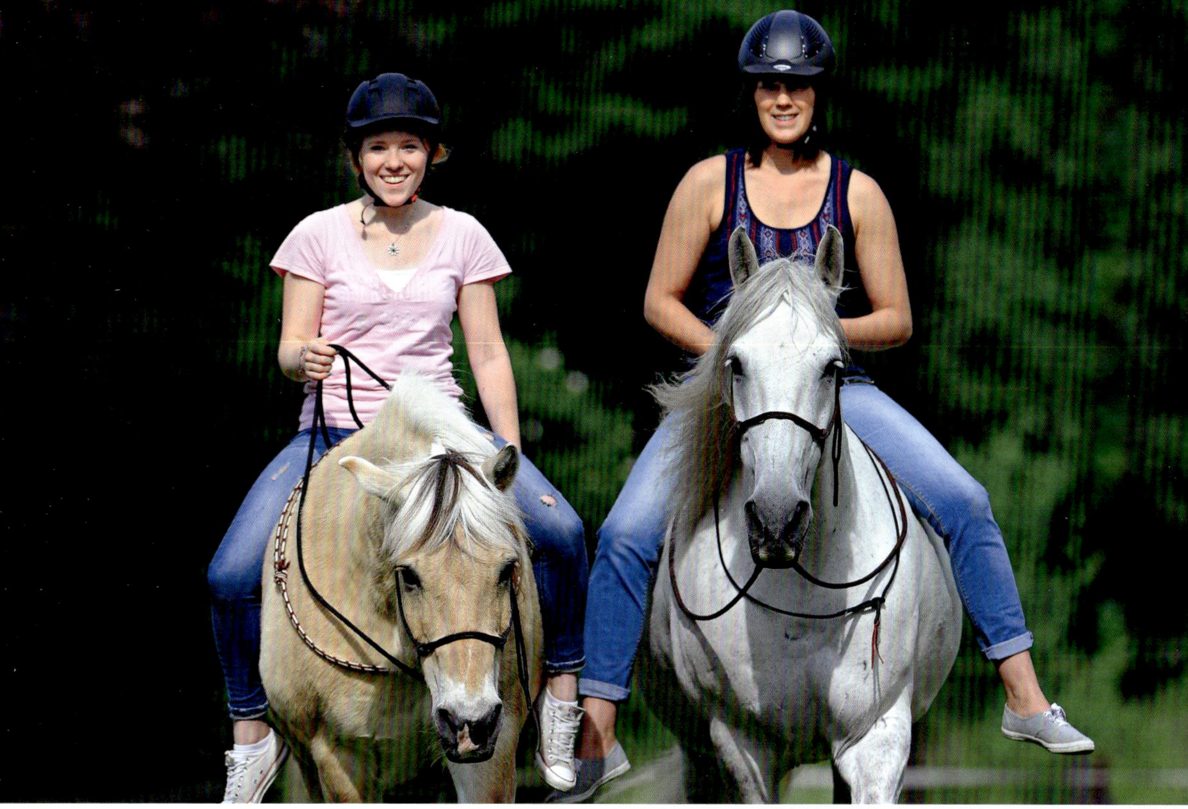

Freude am Reiten beginnt da, wo Menschen entspannter bleiben und Pferde sich freier bewegen können. Darum geht es bei der Passagierübung.

Die Passagierlektion

Die Passagierlektion ist eine unscheinbare Übung, doch zwei Aspekte machen sie in unseren Augen zur wichtigsten Reitübung überhaupt.

WICHTIGE ÜBUNG

Erstens erfordert die Passagierlektion vom Reiter einiges an Selbstdisziplin und Beherrschung. Wenn Sie sich an die Praxis machen, werden Sie sehen, warum. Doch noch wichtiger ist der zweite Aspekt: Sie ist DIE Übung, die Pferd und Mensch zu einer Einheit werden lässt. Wer nicht bereit ist, sich voll und ganz auf das Pferd einzulassen (und diesmal ausdrücklich auch auf der körperlichen Ebene), wird am Reiten wenig Freude haben.

Harmonie beim Reiten entwickelt sich nicht, indem ein Reitlehrer Ihnen sagt, was Sie tun sollen. Er kann Ihnen noch so viele Anweisungen geben, wie Sie sich hinsetzen müssen, was Sie mit den Armen, den Beinen und Ihrem Hintern machen sollen – es wird nur dann natürlich und richtig sein, wenn Sie es selbst erfahren.

SINN UND ZIEL

Ziel Die Passagierlektion ist, kurz gesagt, die Spiegelübung auf dem Pferd. Das bedeutet, dass Sie alles das nachahmen bzw. mitmachen, was das Pferd tut. Schaut es nach links, schauen Sie also ebenfalls nach links, atmet es entspannt tief durch, tun Sie es ihm gleich. Am Boden hat das Spiegeln einen eher aktiven Charakter, auf dem Pferd bleiben Sie hauptsächlich passiv, mit dem Ziel, das Pferd wahrzunehmen und sich besonders auf den Sitz einzufühlen. Sie werden also zuerst lernen, Ihrem Pferd nicht im Weg zu sein, bevor Sie Ihm weitere Fragen stellen.

Die Gangart beibehalten = Freiheit Die Aufgabe, die Gangart selbstständig beizubehalten, wird Ihr Pferd jetzt auch unter dem Reiter kennenlernen. Sie werden dadurch von treibenden Hilfen und natürlich vom Zügel unabhängig werden. Das bringt Sie dem freien Reiten einen weiteren großen Schritt näher, und befreit Arme und Beine für andere Aufgaben beim Reiten auf höherem Niveau (Seitengänge etc.).

Nachfühlen und vorgeben In dem Maße, in dem Sie harmonisch die Bewegungen des Pferdes nachfühlen und mitmachen können, werden Sie sie hinterher auch beeinflussen und vorgeben können.
Darüber hinaus bieten sich zahlreiche Gelegenheiten, etwas über Ihr Pferd herauszufinden: Wo geht es gerne hin, wo nicht, wie oft hält es an, was bietet es von sich aus an, wo wird es schneller, wo langsamer und vieles andere mehr.

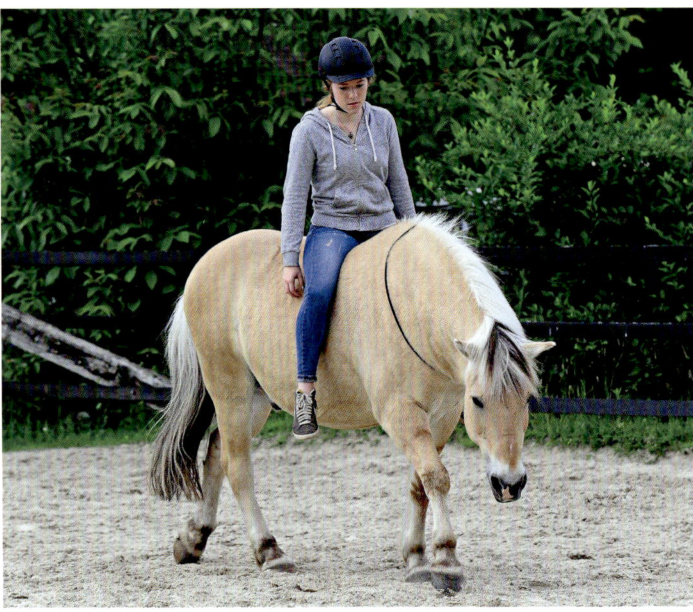

Spiegeln und ein gutes „Neutral" sind eine große Stütze bei dieser Lektion.

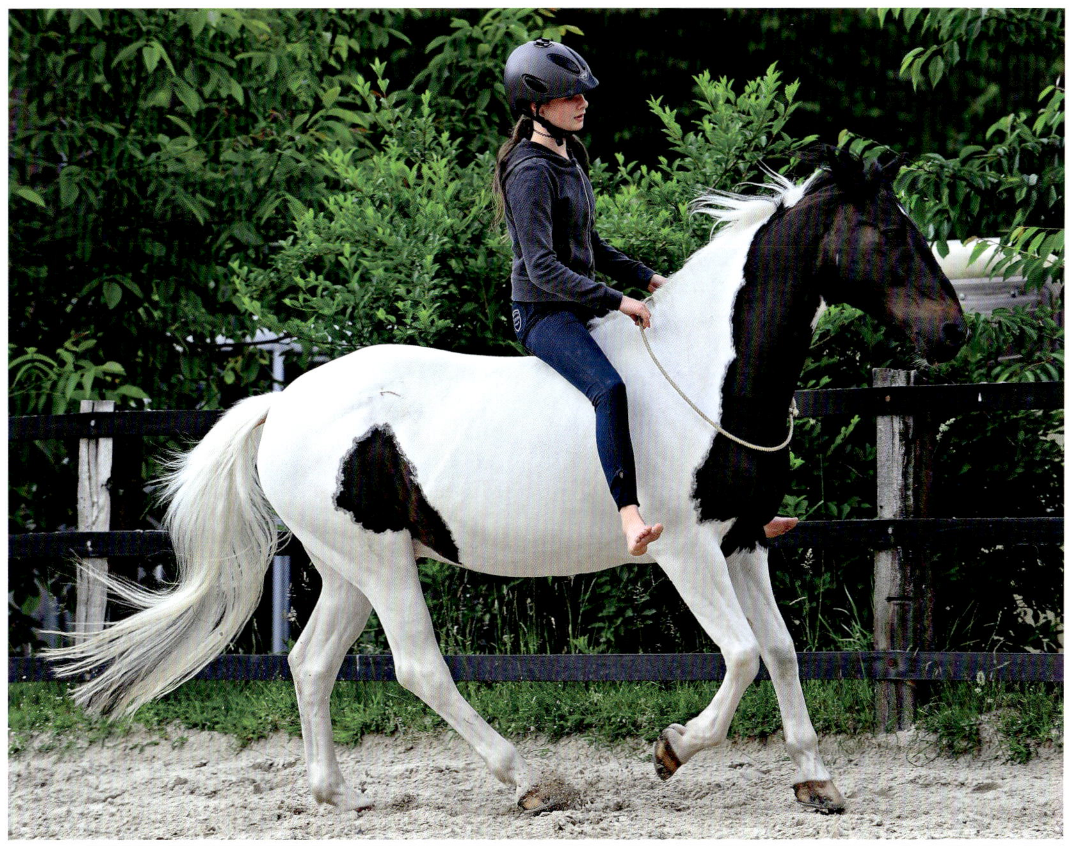

Sich harmonisch und synchron miteinander zu bewegen, ist das Ziel allen Reitens. Das lernen Sie am besten als Passagier.

Verantwortungen von Pferd und Mensch Synchron reiten, weich beeinflussen – das ist nur realisierbar, wenn man nicht ständig ziehen und treiben muss. Um das umzusetzen, müssen wir gegenseitig Verantwortung übernehmen: Wir lassen uns ein, haben Geduld, lernen hinzuhören, und das Pferd behält dafür seine Gangart bei. Es nimmt seinen Job wahr und bekommt dafür Mitsprache und Gehör. Und auch ein Stück seiner Freiheit erhält es wieder: Die Freiheit der Meinungsäußerung, die Freiheit der Bewegung (noch darf es ja gehen, wohin es möchte) und es ist befreit von unseren treibenden und zurückhaltenden Hilfen.

VORAUSSETZUNGEN

Neben allen bisherigen Übungen ist das Zirkelspielprinzip (S. 164 ff.) die wichtigste Vorbereitung. Ein gutes Gefühl für die eigene Energie (Einschalten – Ausschalten – Neutral) wird Sie schnell zum Erfolg bringen. Der neutralen Energie, dem Standby-Modus, kommt hier eine große Bedeutung zu. Nicht zuletzt brauchen Sie entweder eine freie Reitbahn oder zumindest gleichgesinnte oder verständnisvolle Mitreiter.

DURCHFÜHRUNG

Schritt 1 Reiten Sie los wie bei der vorherigen Übung beschrieben.

Schritt 2 Sobald sich das Pferd in Bewegung setzt, werden Sie neutral. Treiben Sie nicht weiter (auch nicht „nur ein bisschen"!), aber schalten Sie sich auch nicht ganz aus. Bewegen Sie sich gerade so viel mit, dass Sie dem Pferd so wenig wie möglich im Weg sind. Es soll das Gefühl haben, dass niemand auf ihm draufsitzt. Sie lassen sich vom Pferd bewegen und finden heraus, wie sich das anfühlt. Wie werden Ihre Beine, Ihre Hüfte, Ihr Oberkörper, Ihre Arme und der Rest Ihres Körpers dabei bewegt? Das Pferd entscheidet dabei frei, wo es gerne hinlaufen möchte. Auch das Tempo in der Gangart bestimmt das Pferd. Läuft es also im Schneckentempo auf einem kleinen Kreis, dann ist das in Ordnung so.

Schritt 3 Jedes Mal, wenn das Pferd anhält, halten Sie mit an. Das bedeutet: Lassen Sie es geschehen, bleiben Sie neutral, treiben Sie nicht nach und verhindern Sie das Anhalten nicht.

Schritt 4 Erst wenn Ihr Pferd steht, beginnen Sie wieder von vorne und reiten es an. Die Botschaft ist: Anhalten ist zwar nicht unbedingt falsch, es wird also nicht bestraft, aber es gibt dafür eben auch nicht die gewünschte Pause.

Alternative Schritte 3 und 4 Für den eher seltenen Fall, dass Sie auf einem Pferd sitzen, das die Tendenz hat, schneller zu werden, genauer gesagt anzutraben, verhindern Sie auch das nicht schon im Vorfeld. Sie lassen es ebenfalls kurz zu, um es dann aber im nächsten Moment durch die seitliche Biegung in den Schritt zurückzuholen. Denken Sie daran, zu entspannen und auszuatmen und sich nicht anzuspannen. Geht Ihr Pferd wieder Schritt, lösen Sie die Biegung auf und werden neutral. Wiederholen Sie die jeweiligen Schritte 3 und 4 geduldig so lange, bis Ihr Pferd ein paar Schritte länger selbstständig im Schritt bleiben kann. Erst dann fahren Sie mit Schritt 5 fort.

Schritt 5 Wenn das Pferd sich ein bisschen mehr Mühe gegeben hat, halten Sie es mit der seitlichen Biegung aus dem Schritt heraus an und machen eine echte Pause. Hier greift das „Zirkelspielprinzip": Ihr Pferd merkt, dass es sich am Ende mehr lohnt, die Verantwortung für die Gangart selbst zu tragen, anstatt sich die Pause einfach zu nehmen.

WIE VIEL IST GENUG?

Es gibt keine Regel, wie lange Ihr Pferd in der Gangart bleiben muss. Es sollte Ihnen einfach ein bisschen mehr anbieten als zu Beginn. Wenn es aus zwei Schritten fünf macht, kann das schon reichen. Wenn es aus einer halben Runde in der Bahn eine dreiviertel Runde macht,

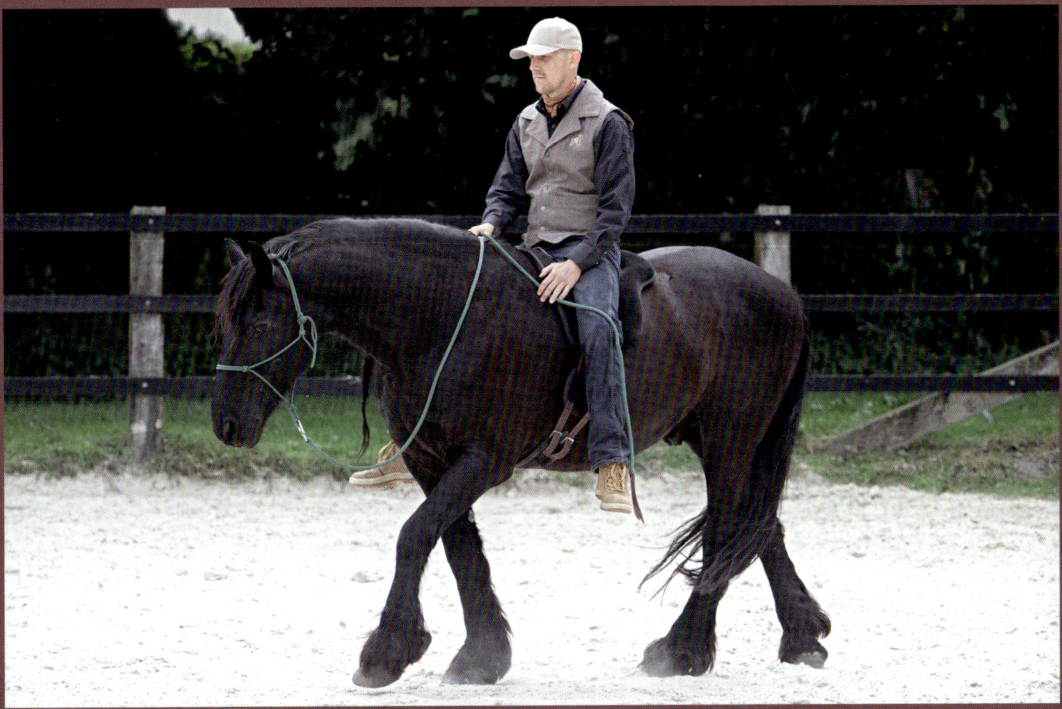

01

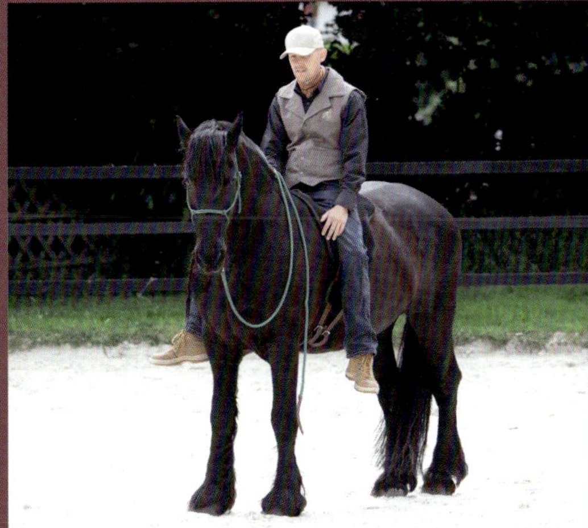

02

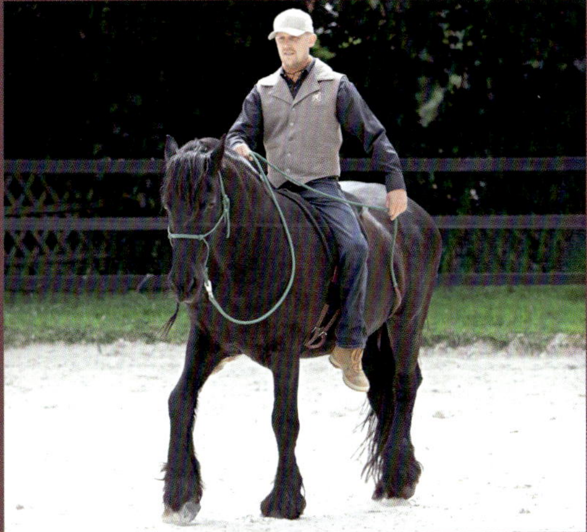

03

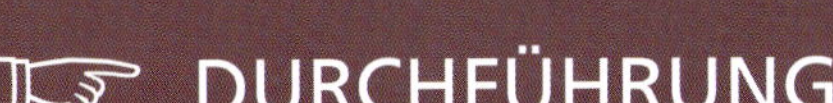

DURCHFÜHRUNG

Die Einzelschritte der Passagierlektion können Sie bereits. Entscheidend ist, wie Sie sie nun zusammensetzen. Besonders auf diese Eckpfeiler kommt es an:

01 *Bleiben Sie neutral, solange das Pferd in der gewünschten Gangart bleibt.*

02 *Verhindern Sie nicht, dass es anhält, treiben Sie es also nicht weiter.*

03 *Reiten Sie es dann aber auch direkt erneut wieder an.*

auch. Manche Pferde laufen von sich aus schon beim ersten Versuch eine oder zwei Runden über den Platz. Freuen Sie sich darüber, halten Sie an und belohnen Sie Ihr Pferd. Vielleicht versuchen Sie es danach einmal im Trab.

VORSCHLAG FÜR VOLLE REITPLÄTZE

Nicht jeder hat eine Halle für sich alleine oder Stallkollegen, denen man im Weg herumreiten darf. Um trotzdem nicht auf die Passagier-Erfahrung verzichten zu müssen, können Sie sich eine zweite Person als Pferdeführer dazunehmen. Diese dirigiert Ihr Pferd so, dass andere Reiter nicht gestört werden. Für die Gangart des Pferdes sind Sie jedoch noch selbst zuständig. So können Sie sich trotz mehrerer Reiter in der Bahn auf die Bewegungen und das Synchronisieren konzentrieren.

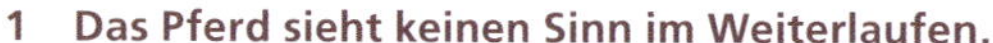

HÄUFIGE PROBLEME UND LÖSUNGEN

DAS PFERD GEHT NUR EIN ODER ZWEI SCHRITTE UND BLEIBT GLEICH WIEDER STEHEN

Das kann verschiedene Gründe haben, hier sind die häufigsten:

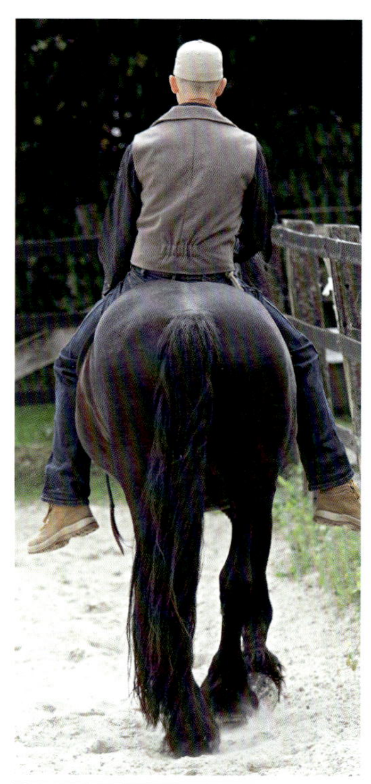

Auch wenn es schwerfällt: Bleiben die Beine weg vom Pferd solange es läuft, werden sich die meisten Probleme von selbst lösen.

1 **Das Pferd sieht keinen Sinn im Weiterlaufen.**
Bei einem Motivationsproblem ist es immer wichtig, auf die Frage „Was habe ich davon?“ eine gute Antwort zu finden. In diesem Fall hilft es beispielsweise, dem Pferd für wenige eigenverantwortliche Schritte eine große Pause zu geben. Es soll in erster Linie lernen, dass eine Pause, die von Ihnen kommt, eine echte Pause ist. Eine, die es sich selbst nimmt, dagegen nicht. Belohnen Sie es also, bevor es von alleine anhält, auch wenn es vielleicht nur drei Schritte geschafft hat.
In Härtefällen darf man etwas nachhelfen. Die Übung „von Punkt zu Punkt“ eignet sich in Verbindung mit zwei Tonnen und ein paar Leckerlis gut dafür. Genaueres finden Sie dort bei den Herausforderungen (S. 162).

2 **Das Pferd hat bisher die Erfahrung gemacht, nur dann seine Energie einsetzen zu müssen, wenn der Mensch das auch tut.**
Durch das allgegenwärtige Dauertreiben, das Fehlen von Pausen bzw. Nachgeben und schlechtes Timing stumpfen die meisten Pferde schnell ab. Solche Angewohnheiten sind schwer zu ändern, ganz zu schweigen davon, sie umzukehren. Hier kommt es auf Ihr Durchhaltevermögen an. Machen Sie nicht den Fehler, doch weiterzutreiben, das verstärkt nur das alte Muster (auch bei Ihnen selbst). Etablieren Sie das Zirkelspiel am Boden besser, ebenso wie das Führen aus der Sattellage, was Sie dann auf den Sattel übertragen können.

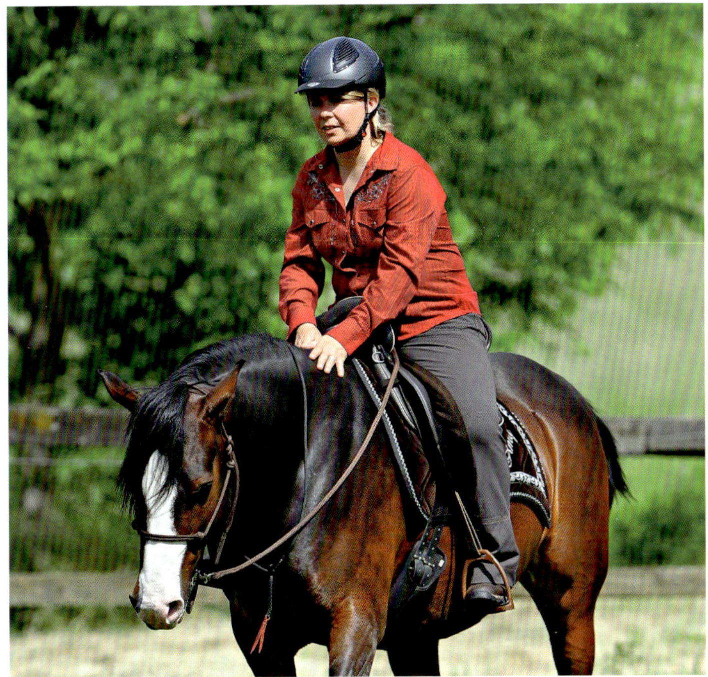

Ein Pferd, das ständig stehen bleibt, kann dafür verschiedene Gründe haben. In jedem Fall eine gute Idee: Freuen Sie sich und belohnen Sie ausgiebig für kleinste Bemühungen.

Zusätzlich könnten Sie das Pferd mit einem effektiveren Losreiten unterstützen. Dazu erhöhen und/oder verlängern Sie Ihre Phase 4 noch ein bisschen, bis sich das Pferd mit etwas mehr Elan bewegt. Dann erst werden Sie wieder neutral. Sie geben ihm damit den Hinweis: „Wenn du eine Pause willst, versuche es mit mehr Energie." Das darf allerdings nicht zum Dauerzustand werden.

3 **Der Mensch ist nicht neutral.**
Wenn Sie weitertreiben, und sei es auch nur wenig, dann wird das Pferd unselbstständig bleiben. Es wird nur seine Energie einsetzen, solange Sie es, im übertragenen Sinne, an die Hand nehmen. Aber auch, sich ganz auszuschalten, sendet die falschen Signale, denn das ist ja tatsächlich dazu gedacht, das Pferd anzuhalten.

4 **Das Pferd ist unsicher und introvertiert.**
Versuchen Sie in diesem schwierigen Fall nicht, die Anstrengung des Pferdes zu bestärken, sondern suchen Sie nach Entspannung. Belohnen Sie es, wenn es lockerer geht oder sich flüssiger bewegt. Achten Sie aber auch vor dem Reiten schon auf Zeichen für Anspannung und kümmern Sie sich darum. Das alles setzt natürlich voraus, dass Sie selbst immer möglichst ruhig, entspannt und unverkrampft bleiben, sowohl am Boden als auch im Sattel.

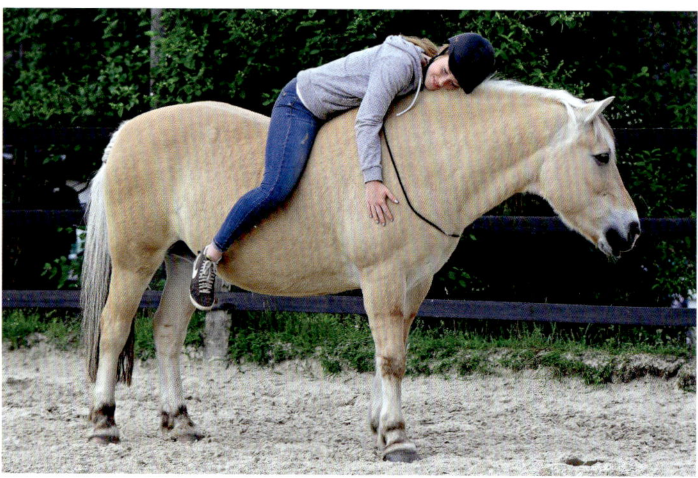

Egal welches Problem auftritt: Wer weniger erwartet, wird am Ende mehr bekommen.

DAS PFERD TRABT IMMER WIEDER NACH WENIGEN SCHRITTEN AN

Manchmal reicht es, eine kleine Volte zu reiten, da das anstrengend ist und Pferde dann doch lieber Schritt gehen. Wenn das aber nicht hilft, halten Sie Ihr Pferd ganz an, wenn es antrabt, und reiten erst wieder los, wenn es entspannt stehen kann. Eventuell verlegen Sie die Übung auch auf einen kleineren Bereich wie einen Roundpen. Auch hier gilt: Ihre Anspannung überträgt sich auf das Pferd, bleiben Sie also neutral.

DAS PFERD STELLT SICH VOR DIE BANDE, ANS TOR ODER IN DIE ECKE

Oft hat das Pferd einen bestimmten Ort, an dem es bevorzugt stehen bleibt. Vielleicht das Tor am Ausgang oder die Ecke, in der seine Freunde zu sehen sind. Verhindern Sie das nicht, und lenken Sie es auch nicht aktiv wieder heraus. Stattdessen bitten Sie es, wie gehabt, loszugehen – wie es aus der Ecke herauskommt, darf bzw. muss es selbst herausfinden.
Hier wäre auch eine Belohnung angebracht, wenn es einmal an der betreffenden Stelle oder Ecke vorbeigeht, ohne dort stehen zu bleiben.

DAS PFERD ZIEHT ES IMMER WIEDER ZU ANDEREN REITERN ODER MENSCHEN IN DER BAHN

Wenn Sie mit Gleichgesinnten die Passagierlektion reiten, kann es passieren, dass die Pferde immer wieder die Nähe der anderen Pferde suchen. In diesem Fall ist jeder Reiter für die Privatzone von sich und seinem Pferd verantwortlich, die er allen anderen gegenüber freundlich aber bestimmt beanspruchen sollte. So können alle Reiter im Standby-Modus bleiben und müssen sich nicht um das Ausweichen kümmern.

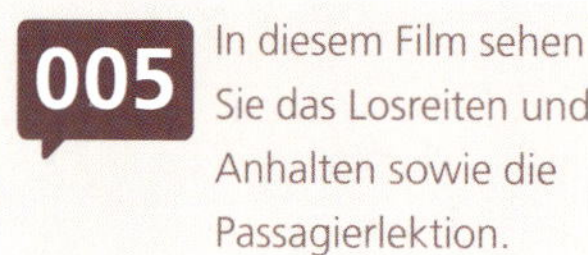

HERAUSFORDERUNGEN – SO GEHT ES WEITER

Probieren Sie ruhig die Passagierlektion auch im Trab oder Galopp, behalten Sie die Gangart ein wenig länger bei oder verlegen Sie die Übung auf einen größeren Bereich. Sie können hierbei noch viel über die Vorlieben und die Kondition Ihres Pferdes herausfinden. Versuchen Sie, immer genauer zu erfühlen, wie Sie selbst von Ihrem Pferd bewegt werden. Fragen Sie sich ganz konkret: „Was macht mein Becken, wie werden meine Beine, meine Schultern usw. bewegt?" Welche Bewegungen Ihres Pferdes können Sie daraus für höhere Lektionen jetzt schon erfühlen? Wann huft z. B. welches Hinterbein ab, wann schwingt das äußere Hinterbein im Trab nach vorne (Stichwort Leichttraben), galoppiert das Pferd im Außen- oder im Handgalopp?

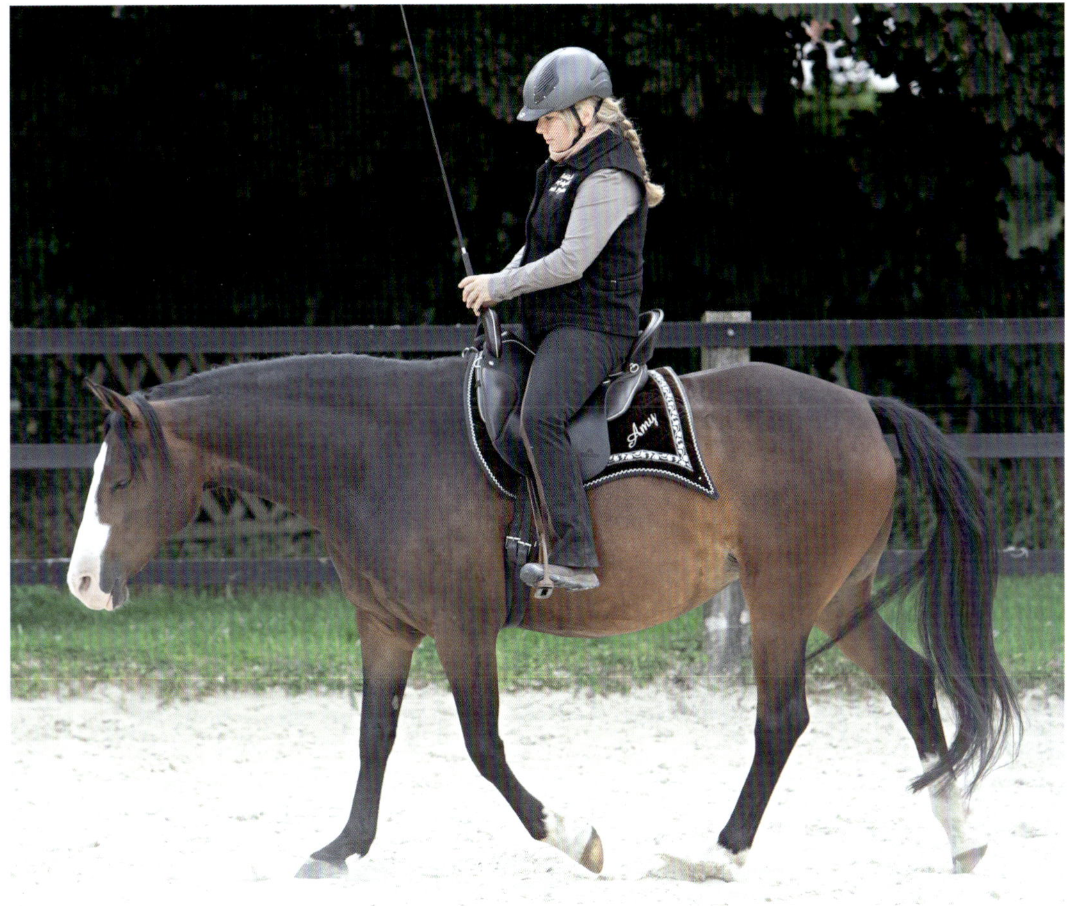

Testen Sie, wie gut Sie auch in höheren Gangarten Passagier bleiben können, oder versuchen Sie es mit entsprechender Vorbereitung auch mal ohne Zügel.

Rückwärtsrichten

Das Rückwärts ist aus vielen Gründen bei Pferden nicht gerade populär. Warum es allerdings von großer Bedeutung ist, erfahren Sie hier.

EINE UNGELIEBTE LEKTION

Rückwärtstreten ist anstrengend, die Pferde sehen nicht genau, wo sie hingehen. Als Fluchttiere wollen sie sowieso immer lieber nach vorne laufen, manche Pferde werden sogar damit bestraft und überhaupt: Warum sollten sie irgendwo rückwärts hingehen, wenn es auch vorwärts geht?

Da ist es nicht verwunderlich, dass auch viele Reiter es scheuen, sich mit diesem Thema zu befassen. So passen dann auch in eine 45-minütige Reitstunde mit Schritt, Trab und Galopp oft nur ein oder zwei Pferdelängen Rückwärts. Dabei ist für das körperliche und mentale Training und die Beziehung zum Pferd das Rückwärts ein entscheidender Faktor.

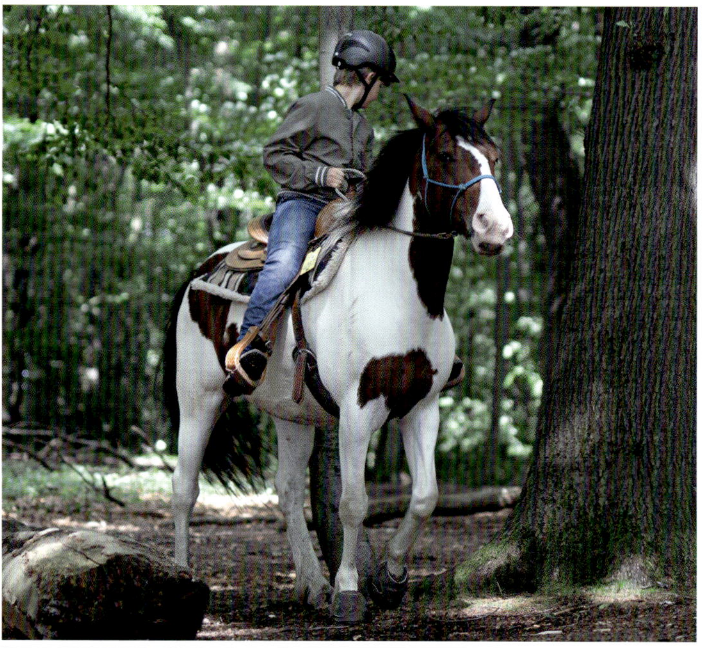

Pferde gehen von Natur aus nicht gerne rückwärts. Man sollte es ihnen dennoch beibringen, es wird sich in vielen Situationen auszahlen.

SINN UND ZIEL

Ziel Sie können Ihr Pferd, nur auf ein feines Gefühl am Halfter oder nur durch Ihren Sitz, in einer geraden Linie rückwärtsreiten.

Versammlung Eine gute Balance zwischen vorwärts und rückwärts, zwischen „Go" und „Whoa", wie es im Westernreiten heißt, bringt das Pferd dazu, mental bereit zu sein, sich jederzeit nach vorne oder nach hinten zu bewegen. Dazu muss es seine Hinterhand aktivieren, um auch physisch besser reagieren zu können.

Vertrauen und Aufmerksamkeit Der Blick der Pferde geht zwar auch immer ein bisschen nach hinten, um sich vor Feinden zu schützen, aber einen echten Überblick haben sie dort nicht. Aus diesem Grund müssen sie einerseits ihre Beine bewusster setzen, sprich sie müssen aufmerksamer sein und besser nachdenken, wenn sie rückwärtsgehen. Andererseits fordert es auch ein höheres Maß an Vertrauen in den Reiter, sich in das Ungewisse hinter ihnen zu begeben.

Koordination Das hat noch weitere Auswirkungen auf die Bewegungen des Pferdes. Mit etwas Übung bekommen sie automatisch ein besseres Körpergefühl, besonders für die Position ihrer Hinterbeine.

Sicherheit und Freiheit / Respekt Gerade für das freie Reiten und die Sicherheit ist es von großem Wert, wenn Sie Ihr Pferd ohne die Hilfe von Zügel und Kopfstück rückwärtsfragen können.

Praktisch im Alltag Das Anhalten, Lenken, Stehenbleiben und Gangartübergänge nach unten werden sich durch ein (gutes und leichtes) Rückwärts erheblich verbessern. Sie werden Ihr Pferd leichter positionieren können, etwa um ein Tor zu öffnen oder eine Jacke oder Decke über die Bande zu legen.

Sich rückwärts dirigieren zu lassen, verbessert die Koordination der Hinterbeine, und Pferde nehmen dadurch bewusster wahr, was hinter ihnen ist.

DIE SITZPOSITION

In verschiedenen Reitweisen werden für das Rückwärtsrichten teilweise sehr verschiedene Sitzpositionen bevorzugt. Manche Reiter lehnen sich nach vorne, um das Pferd zu entlasten, manche nach hinten, um die Hinterhand zu aktivieren. Außerdem reagieren Pferde auch individuell ganz unterschiedlich auf den Sitz des Reiters. Dazu kommt noch, dass es sich ja eigentlich nie um eine Sitzposition, sondern immer um eine Sitzdynamik handelt, die sich der Bewegung des Pferdes anpassen muss. Für kontrolliertes Reiten ohne Zügel ist es unserer Erfahrung nach sinnvoller, das Becken tendenziell nach hinten zu kippen, also sich tief reinzusetzen. Aus dieser Position heraus kommen die Beine leicht nach

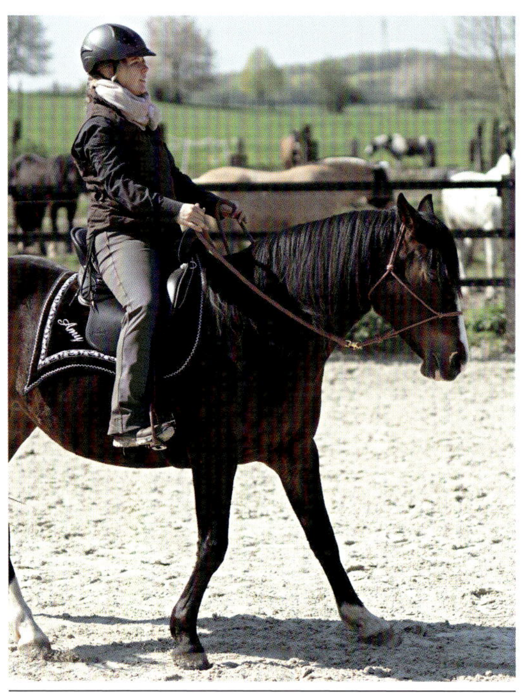

01

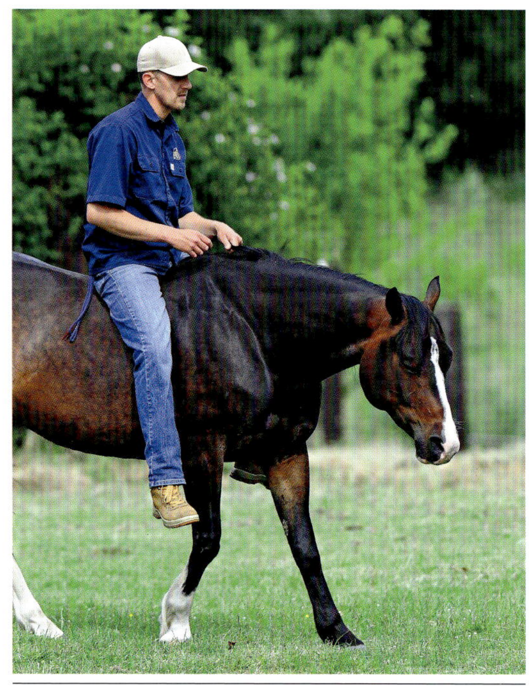

02

01 – 02 Die Sitzposition ist ein Streitpunkt unter den Reitern und Reitweisen. Nach vorne oder nach hinten lehnen, Becken abkippen oder nicht, wohin mit den Beinen? In einem gewissen Rahmen finden Sie durch gezieltes Ausprobieren die optimale Position für sich und Ihr Pferd.

vorne, sodass man seinen Sitz durch Rhythmus mit den Beinen an der Schulter unterstützen kann. Auch im Sinne der Harmonie und des Spiegelns ist diese Position sinnvoller, weil es die angestrebten Bewegungen des Pferdes nachahmt. Unser Sitz imitiert die Bewegung des Pferdebeckens, und unser Fokus richtet sich ebenso rückwärts, wie es das Pferd tun soll. Aber wie gesagt, auch das ist nicht immer für jedes Pferd und jede Situation eine Erfolgsgarantie. Wie so oft hilft planvolles Ausprobieren dabei, die optimale Lösung für Reiter und Pferd zu finden.

VORAUSSETZUNGEN

Wenn Sie Ihren Fokus bisher gut eingesetzt und trainiert haben, haben Sie Glück: Es wartet nämlich eine kleine Herausforderung auf Sie. Außerdem können Sie vor allem ein feines, direktes Gefühl am Halfter und am String um den Hals gut gebrauchen.

DURCHFÜHRUNG

Um das Rückwärts zu etablieren, sitzen Sie am besten zunächst ohne Stick(s) auf dem Pferd. Die Zügel haben Sie für diese Übung vorübergehend „ganz normal“ auf beiden Seiten eingehakt. Unsere Beschreibung hat wieder Zügelunabhängigkeit als Hauptziel.

Schritt 1 Es beginnt direkt mit der versprochenen Herausforderung für Ihren Fokus. Suchen Sie sich einen Fokuspunkt, der etwa in Augenhöhe geradeaus vor Ihnen liegt. Am besten etwas weiter entfernt und/oder möglichst stabil; einen Baum, einen Zaunpfosten oder Ähnliches. Nun stellen Sie sich vor, wie Sie von diesem Punkt wegreiten. Sie stoßen sich gewissermaßen davon nach hinten ab. Dazu nehmen Sie Ihren Bauchnabel zurück (Becken nach hinten kippen und tief in den Sattel setzen). Tun Sie so, als würden Sie noch auf dem Boden stehen und rückwärts von dem Objekt Ihres Fokus weggehen.

Schritt 2 Für Ihre Beine gibt es wieder mehrere Strategien. Für unsere Zwecke empfiehlt es sich, sie nach vorne zu nehmen. An der Pferdeschulter bewegen Sie sie mit leichtem Rhythmus zur Seite hin und her. Im weiteren Trainingsverlauf reicht es auch aus, nur seitlich mit den Fußspitzen zu wackeln.

Schritt 3 Nun nehmen Sie die Zügel mit einer Hand senkrecht etwa brusthoch über den Widerrist, sodass Ihr Pferd am Halfter gerade spürt, dass jetzt eine Frage mit den Zügeln kommt.

Schritt 4 Die andere Hand legen Sie dabei um beide Zügel und lassen sie bis zum Widerrist hinabgleiten.

Schritt 5 Dort halten Sie die Zügel mit dem Daumen fest, ziehen aber noch nicht daran, sondern haben nur leichten Kontakt zum Pferdekopf über das Halfter. Ihre „obere“ Hand nehmen Sie währenddessen wieder herunter. Sie lässt den Zügel los, damit sie frei ist für den nächsten Schritt.

Schritt 6 Mit beiden Händen teilen Sie jetzt die Zügel am Widerrist. Sie halten in jeder Hand einen Zügel mit dem Daumen bzw. zwischen Daumen und Zeigefinger.

Schritt 7 Nacheinander schließen sich in Schritt 7 die Finger beider Hände vom Zeigefinger bis zum kleinen Finger um die Zügel. Nachdem sich die Finger vollständig geschlossen haben, besteht auch ein deutlicher, direkter Kontakt zum Halfter.

Schritt 8 Konnten diese Maßnamen Ihr Pferd noch nicht überzeugen, seine Beine zu bewegen, stehen Sie vor einer ähnlichen Herausforderung wie bei der seitlichen Biegung: Wie ist man effektiv, ohne das Pferd mit Kraft oder Gewalt zurückzuziehen? Schließlich möchten wir ja bald ein weiches Nachgeben. Drei Strategien bieten sich hierfür an – wieder abgestimmt auf Pferdetyp und Situation. Erstens könnten Sie einfach ein paar Augenblicke warten, ob der Druck auf der Nase dem Pferd nicht von alleine schnell zu unangenehm wird. Die zweite

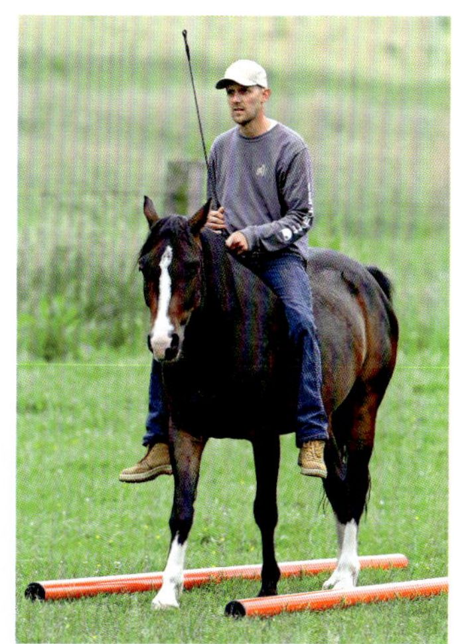

Eine große Herausforderung: Selbst wenn man rückwärtsreitet, ist der Fokus geradeaus nach vorn gerichtet.

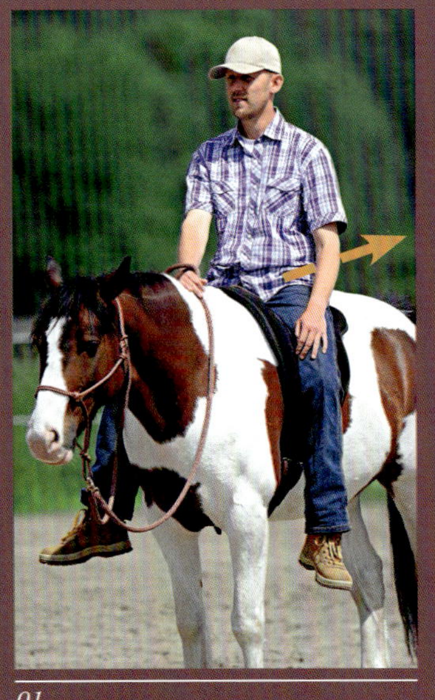

01

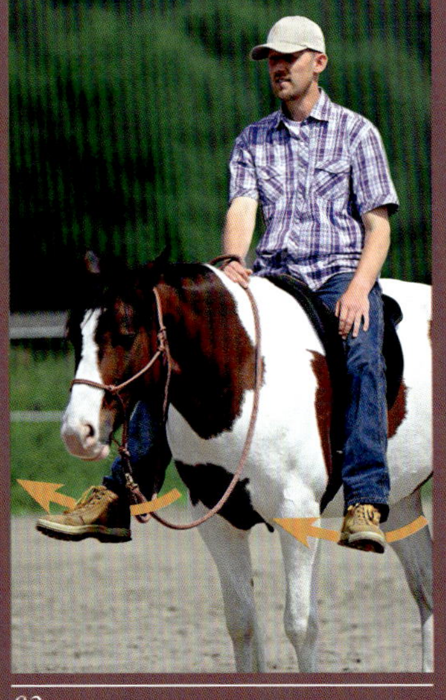

02

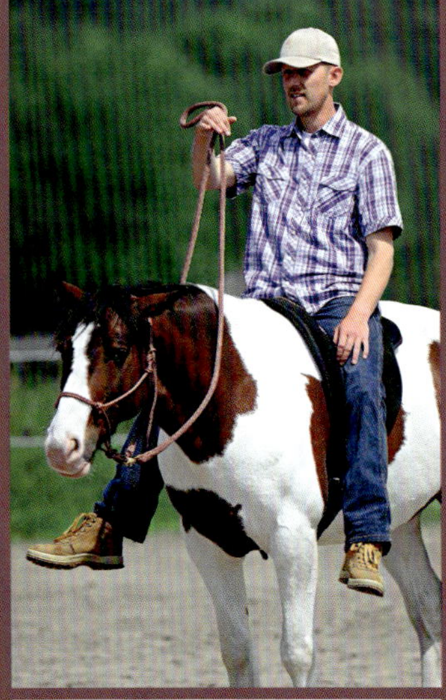

03

☞ DURCHFÜHRUNG

Schritt 1 — *Der Fokus geht geradeaus, und das Becken kippt ab. Stellen Sie sich vor, wie Sie vom Fokuspunkt wegreiten.*

Schritt 2 — *Die Beine kommen nach vorne und bewegen sich seitlich mit leichtem Rhythmus.*

Schritt 3 — *Heben Sie die Zügel mit einer Hand vor sich an, aber ziehen Sie nicht an ihnen.*

Schritt 4 — *Die andere Hand gleitet an beiden Zügeln entlang zum Widerrist.*

Schritt 5 — *Dort halten Sie beide Zügel mit dem Daumen fest, während Sie die andere Hand herunternehmen.*

Schritt 6 — *Die untere Hand teilt die Zügel. Jede Hand hat jetzt einen Zügel in der Hand.*

Schritt 7 — *Die Finger schließen sich nach und nach, bis die Zügel Kontakt zum Pferdekopf haben.*

Schritt 8 — *In dieser Position abwarten, leicht zupfen oder vorsichtig ziehen – die Hände bleiben dabei vor der Hüfte.*

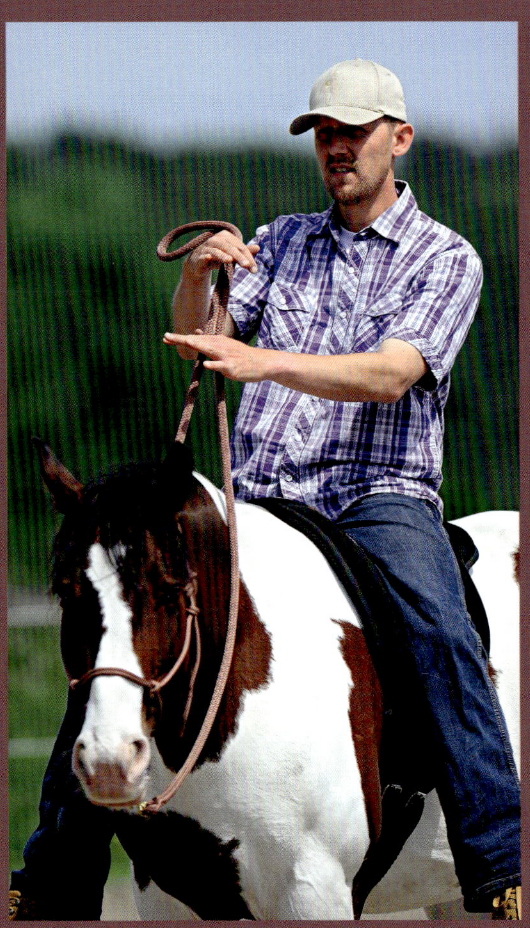

04

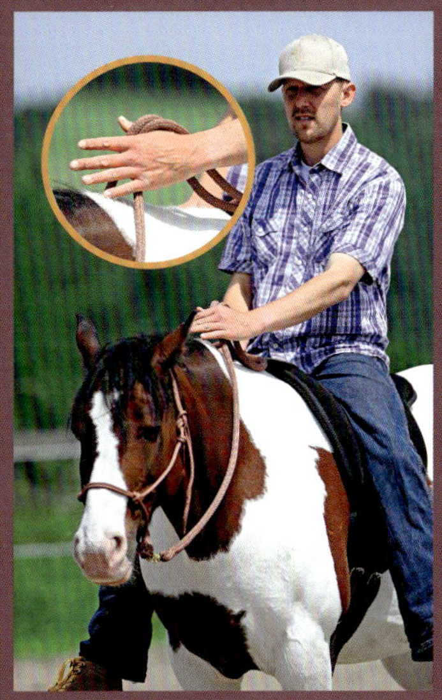
05

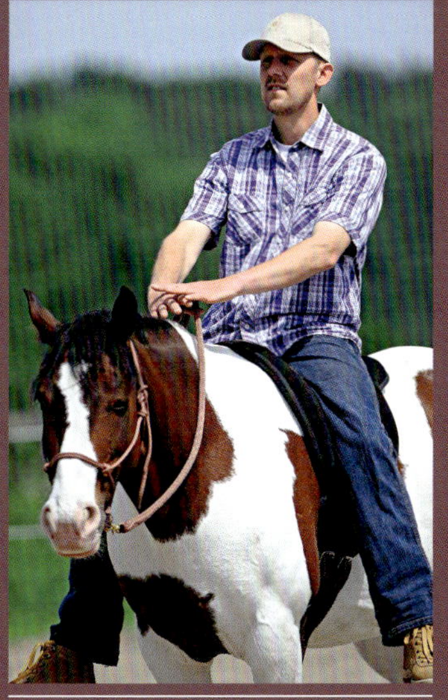
06

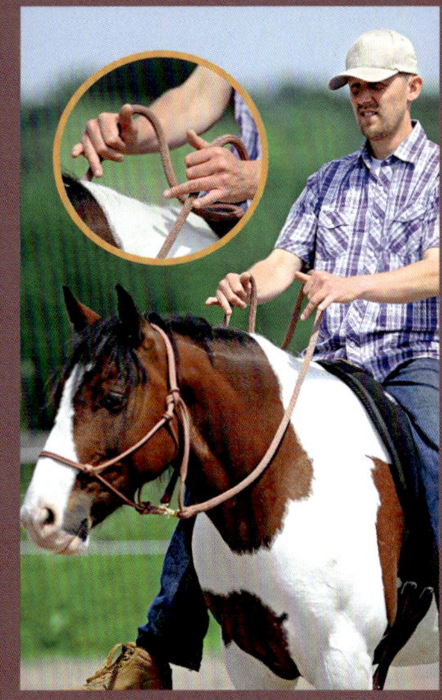
07a

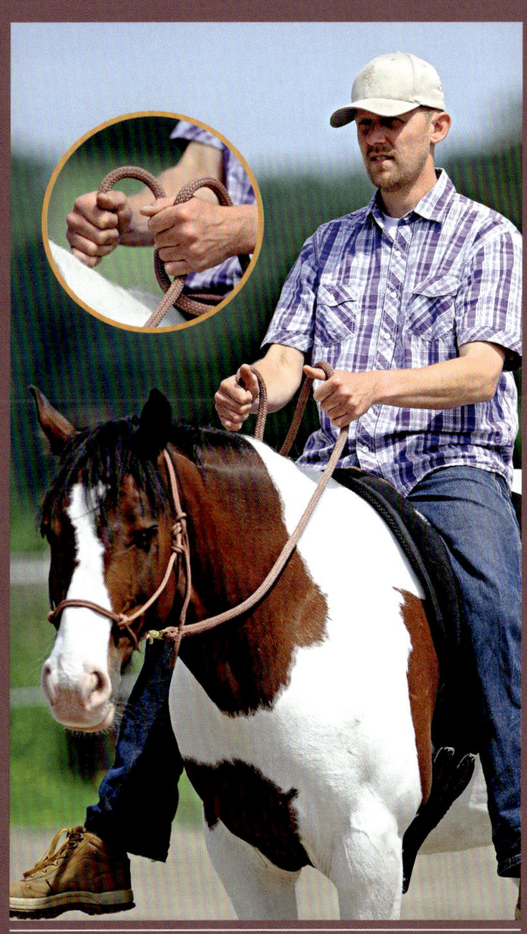
07b

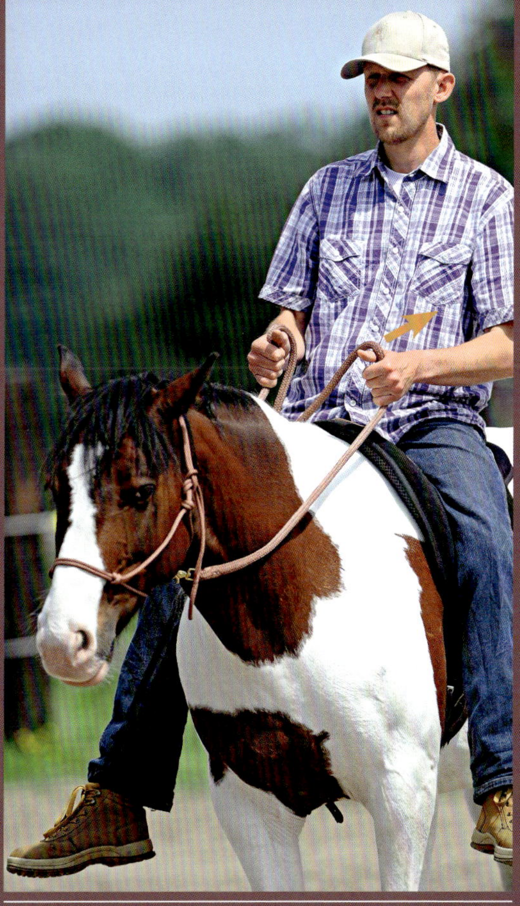
08

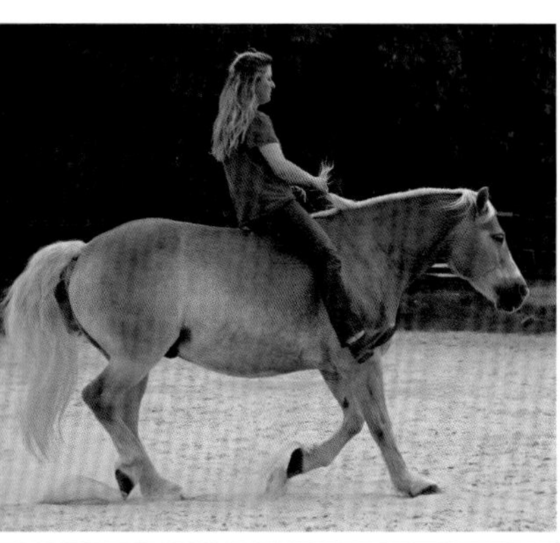

Auch ohne Zügel hilft ein gutes Rückwärts, später aus höheren Gangarten frei zu stoppen.

Möglichkeit besteht darin, Ihre Arme langsam und mit Gefühl ein Stück nach hinten zu nehmen, jedoch ohne mit Ihren Ellbogen hinter Ihre Hüfte zu geraten. Die dritte Technik kennen Sie ebenfalls schon von der Biegung. „Zupfen" Sie mit Ihren Fingern am Seil, wobei Sie es aber weder fester ziehen noch locker lassen. Testen Sie, welche Strategie Ihnen am ehesten liegt, aber bitte nicht jedes Mal alle auf einmal und durcheinander ausprobieren.

Geht oder lehnt sich das Pferd zu irgendeinem Zeitpunkt nach hinten, lassen Sie die Zügel zu Beginn ganz los, später öffnen Sie nur ein bisschen die Hand.

SITZ ODER ZÜGEL?

Diese Reihenfolge ist nicht fix. Sie ist dazu gedacht, den Sitz als primäre Hilfe von Anfang an mit einzubauen. Natürlich können und sollten Sie für feines Reiten auch ein weiches Nachgeben nur am Zügel erarbeiten und erhalten (also auch ohne die Hilfe der Beine und des Sitzes). Doch tun Sie das mit Bedacht, denn schnell passiert es, dass Sie sich an den Zügeln und das Pferd mit den Zügeln festhalten. Das edle Ziel Eigenverantwortung rückt in weite Ferne. Trotzdem: Gerade in Situationen, in denen Sie unsicher sind oder auf einem unruhigen Pferd sitzen, sind Sie unter Umständen auf die Zügel als alleinige Hilfe angewiesen. Zum Beispiel nach einer ungeschickten Bremsung, oder wenn das Pferd sich erschreckt hat und Sie gerade eben noch so im Sattel sitzen. Da kann es lebensrettend sein, wenn das Pferd gelernt hat, auch auf die Zügelhilfe separat zu reagieren.
Deswegen möchten wir Sie ausdrücklich ermutigen, unsere Reihenfolge der Schritte gerne umzustellen und zum Beispiel die Sitzhilfe weiter nach hinten (vielleicht sogar ans Ende der Reihe?) zu stellen. Oder Sie lassen den Rhythmus mit den Beinen einfach weg, wenn Ihnen momentan das freie Reiten gar nicht so wichtig ist. Sie sollten sich allerdings immer im Klaren sein, warum Sie etwas tun, das heißt, welchen Zweck Sie damit verfolgen.

AUS EINEM SCHRITT WERDEN VIELE

Ein flüssiges Rückwärtsrichten auf feine Hilfen zu erarbeiten, ist ungleich schwerer, als etwa die Hinterhand einige Schritte hintereinander weichen zu lassen. Deswegen haben wir dieser Herausforderung hier ein Extrakapitel gewidmet. Beginnen Sie damit, wie oben beschrieben, jeden guten Schritt mit einem Nachgeben am Zügel und Ausschalten zu belohnen. Funktioniert das fein und leicht, gehen Sie dazu über, dem Pferd für den ersten Schritt nur ein kurzes Nachgeben anzubieten. Fokus und Energie behalten Sie aber bei, um direkt im Anschluss nach einem weiteren Schritt zu fragen. Nach dem zweiten Schritt rückwärts gibt es dann wieder eine „echte" Pause. Fühlt sich das wiederum feiner an, machen Sie aus den zwei Schritten erst drei, dann vier usw. Nach jedem Schritt rückwärts geben Sie dem Pferd durch kurzes Nachgeben am Zügel die Info: „Danke, das war gut so.“ Da Sie Energie und Fokus jedoch weiterhin aufrechterhalten, beinhaltet das ebenfalls die Frage: „Wie wäre es denn mit noch einem Schritt?“ Seien Sie Ihrem Pferd beim Rückwärtsgehen nicht im Weg. Machen Sie seine Bewegungen mit, lassen Sie Ihre Hüfte und Ihren Sitz von ihm bewegen. Am besten bekommt man ein Gefühl dafür, wenn man sein Pferd von einem Helfer am Boden rückwärtsbewegen lässt und sich selbst nur auf das Fühlen konzentriert.

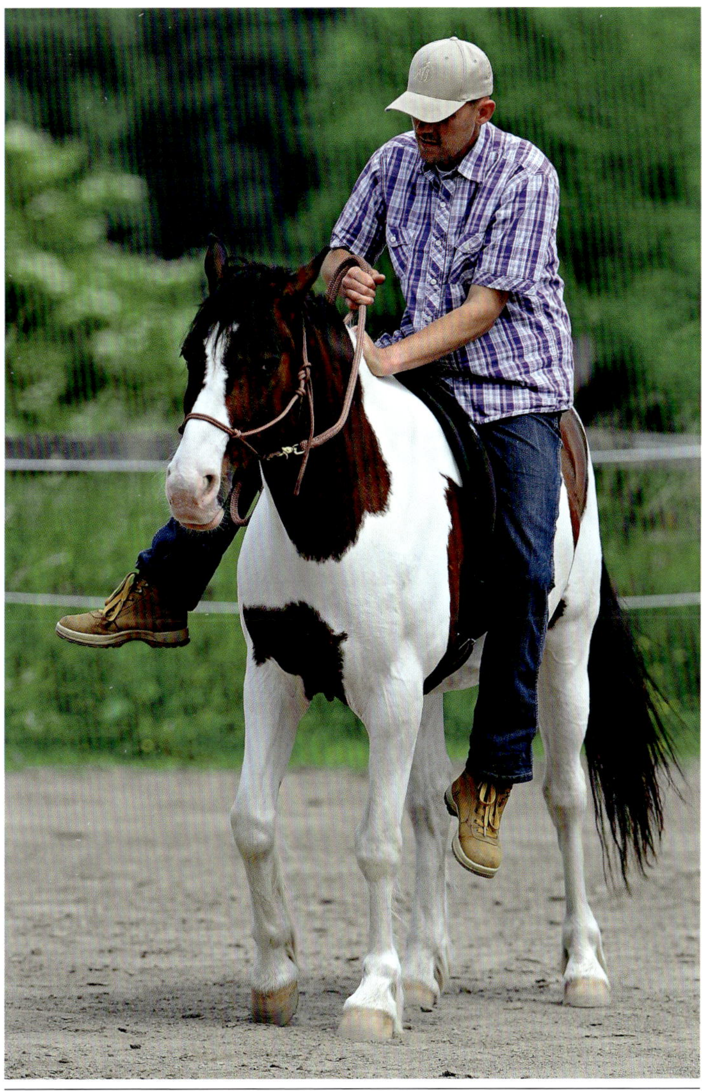

Auch wenn Sie einmal, wie auf diesem gestellten Foto, überhaupt nicht in der Balance sitzen, sollten Sie Ihr Pferd trotzdem noch allein mit den Zügeln rückwärtsfragen können.

HÄUFIGE PROBLEME UND LÖSUNGEN

DAS PFERD REAGIERT NICHT

Dieses Thema dürften Sie eigentlich nicht mehr haben, wenn Sie Ihre Hausaufgaben am Boden gewissenhaft gemacht haben. Doch auch dann kann es noch vorkommen, dass Pferden selbst gut sitzende Boden-Lektionen vom Sattel aus schwerfallen. Seien Sie konsequent, fragen Sie ein bisschen deutlicher und entscheiden Sie sich lieber für die rhythmische Frage am Zügel als die stetige (s. Schritt 7). Belohnen Sie oft und viel für noch so kleine Ansätze des Nachgebens.

DAS PFERD GIBT NUR MIT DEM KOPF NACH / ROLLT SICH EIN

Das ist eine normale Reaktion vieler (oft sensibler) Pferde auf das Gefühl des Halfters auf der Nase. Es ist nicht ganz das, was wir möchten, aber trotzdem gewissermaßen eine richtige Antwort. Immerhin gibt Ihr Pferd dem Druck nach und weicht nach hinten. Um ihm zu zeigen, dass es das eigentlich mit den Beinen und nicht nur mit dem Kopf tun soll, stellen Sie sicher, dass Ihre anderen Hilfen (Beine, Gewicht) verständlich genug sind, und bleiben Sie dran. Sie können ggf. schon von Anfang an die Reitsticks nutzen, wenn die Zügelhilfe zu unklare Signale sendet. Im weiteren Verlauf des Trainings sollten Pferd und Reiter dann ohnehin in der Lage sein, ein bloßes Nachgeben mit dem Kopf von einer Frage nach dem Rückwärtsrichten zu unterscheiden (siehe Herausforderungen auf S. 125).
Manchmal ist es auch eine gute Idee, direkt das Seilchen um den Pferdehals zu nutzen, damit das Pferd gar nicht erst die Möglichkeit hat, sich mit dem Kopf zu entziehen.

DAS PFERD GEHT VORWÄRTS ODER DRÜCKT MIT DEM KOPF GEGEN DEN DRUCK

Das passiert entweder, wenn das Pferd unsicher ist (eingeengt durch Druck und Enge vom Reiter und den Hilfen) oder wenn es (noch) nicht gelernt hat, dass Nachgeben die bessere Lösung ist, und lieber gegen den Druck ankämpft. Im ersten Fall fragen Sie langsamer und weicher und tendenziell mit weniger Druck. Im zweiten Fall bleiben Sie konsequent und warten ab, ohne sich auf einen Kampf einzulassen. Sie fragen einfach Ihre Frage zu Ende und geben sich dann mit kleinen Ansätzen zufrieden.

DAS PFERD GEHT SCHIEF RÜCKWÄRTS

Ist das ein Dauerzustand, klären Sie unbedingt körperliche Ursachen ab. Ist das ein kurzfristiges Thema, dann ist das besonders in der Anfangsphase nicht so tragisch. Da ist feines Nachgeben wichtiger als eine gerade Linie. Beheben können Sie es, indem Sie zu allererst überprüfen, ob Sie gerade sitzen, die Hilfen auf beiden Seiten gleichmäßig geben

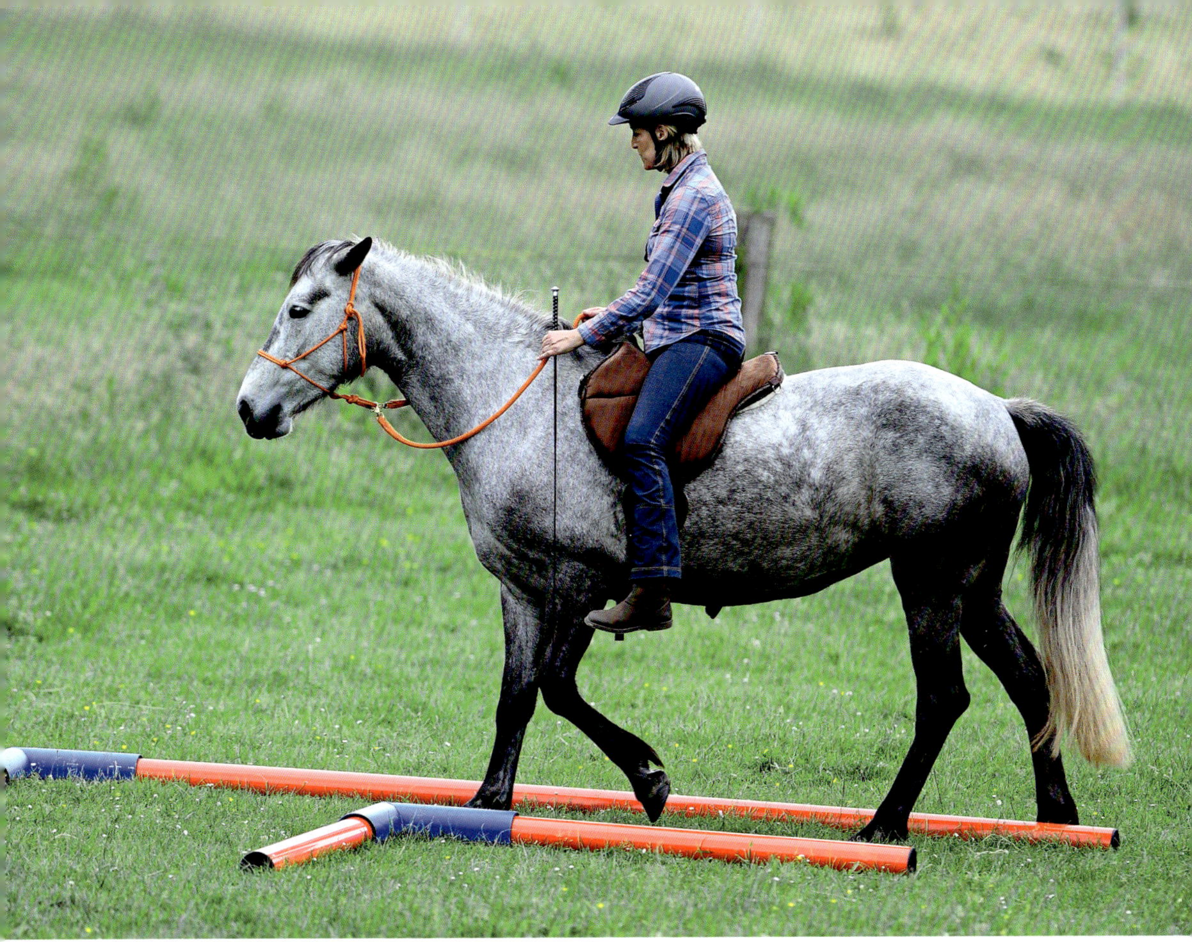

Geht das Rückwärtsrichten „schief", ist das am Anfang nicht schlimm. Orientierungshilfen wie Stangen helfen Ihnen langfristig dies besser zu erkennen und zu beheben.

und ob Ihr Fokus auch wirklich geradeaus gerichtet ist. Zusätzlich können Sie Hindernisse nutzen, durch die Sie rückwärts hindurchreiten (siehe Herausforderungen auf S. 123). Nutzen Sie sowohl die Vorhand als auch die Hinterhand, um die Richtung zu korrigieren. Auch die Bande als Begrenzung kann Ihnen helfen, ein schiefes Rückwärts wieder gerade zu bekommen. Sie und Ihr Pferd haben eine klare Orientierungshilfe und müssen nur in eine Richtung korrigieren.

HERAUSFORDERUNGEN: SO GEHT ES WEITER

RÜCKWÄRTS ÜBER HINDERNISSE

Durch Hindernisse hindurch oder darüber hinweg zu reiten kann schon ein schwieriges Unterfangen sein, aber es ist auch ein ausgezeichnetes Training für den Fokus. Versuchen Sie es über Stangen, durch zwei Tonnen oder durch das Reitplatztor hindurch in den Pferde-Feierabend hinein (das wirkt besonders motivierend). Oder wie wäre es mit einem Stangen- L oder gar einem Rückwärtsslalom?

All das ist möglich und fordert in hohem Maße die Koordination und das Zusammenspiel von Pferd und Reiter. Doch beachten Sie dabei unbedingt alles, was wir im Kapitel über das Desensibilisieren („Du bist nicht gemeint") gesagt haben und was Sie noch im Abschnitt über das Reiten mit Hindernissen auf S. 174 f. erfahren werden.

ANHALTEN MIT ZWEI ZÜGELN

Mit einem weichen, flüssigen Rückwärts steht Ihnen jetzt auch die Möglichkeit offen, mit zwei Zügeln anzuhalten.

Passiv anhalten Sie können zunächst aus dem Schritt heraus wie gewohnt Ihren Fokus und Ihre Energie ausschalten, und falls Ihr Pferd nicht anhält, die auf S. 102 beschriebenen Zügelhilfen anwenden, bis es stoppt.

Aktiv stoppen Im nächsten Stadium denken Sie aus dem Schritt heraus schon rückwärts und führen danach die Schritte 1 bis 8 durch, bis das Pferd nicht nur anhält, sondern einen Schritt rückwärtstritt. Auch Schritt-Rückwärts-Schritt-Übergänge sind damit bald nicht mehr in weiter Ferne. Diese Methode verhilft Ihnen zu einem exakteren Stop. Allein auf Ihren Fokus müssen Sie sorgfältig achten: Möchten Sie nur einen Stop, wollen Sie einen Stop mit anschließendem Rückwärtsrichten oder reicht es Ihnen, einfach passiv anzuhalten? Zu jedem Manöver brauchen Sie ein klares Bild im Kopf. Auf das Durchparieren wird diese Methode ebenfalls einen positiven Einfluss haben.

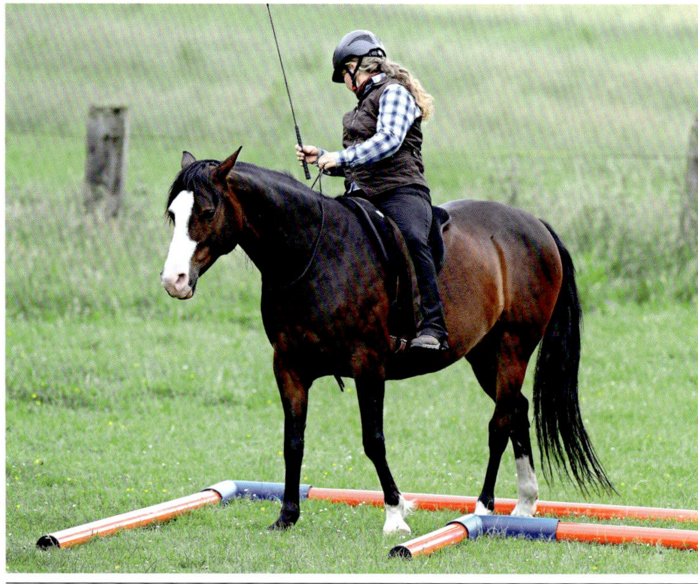

Eine dreifache Rückwärts-Herausforderung: ohne Kopfstück um die Ecke durch das Stangen-L

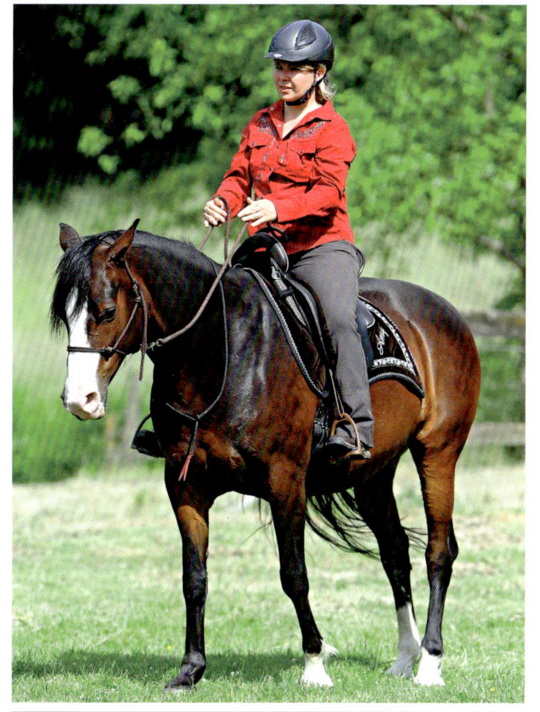

01

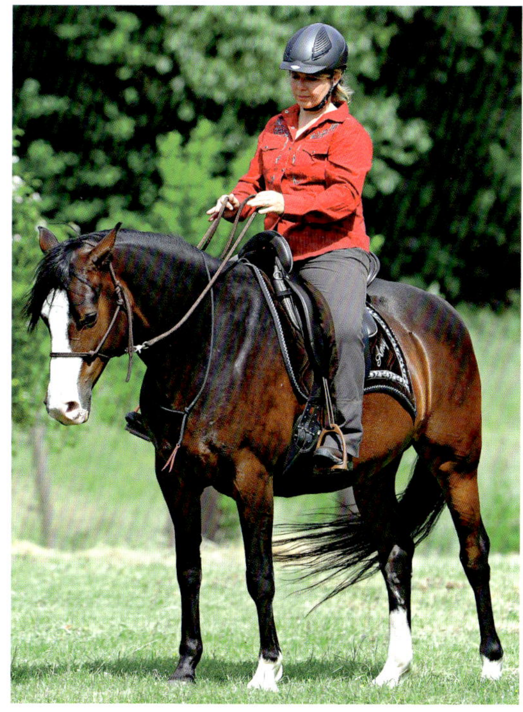

02

01 – 02 *Amy weiß, wann Jenny den gesamten Pferdekörper und wann sie nur den Kopf anspricht. So geht sie im ersten Fall rückwärts und gibt im zweiten nur im Genick nach. Fokus und Energie machen das möglich.*

DER UNTERSCHIED ZWISCHEN RÜCKWÄRTS UND BEIZÄUMEN

Eine besondere Herausforderung ist es, zwischen einem Rückwärts (ganzes Pferd) und einem Beizäumen (nur der Kopf) zu differenzieren. Der kleine aber feine Unterschied liegt vor allem im Fokus. Zum Rückwärtsrichten schauen Sie geradeaus auf Ihren Fokuspunkt und stellen sich vor, wie Ihr Pferd rückwärtsgeht. Möchten Sie dagegen nur die Nase ansprechen, bleibt Ihr Fokus auf der Stelle, Sie schauen eher auf den Nacken Ihres Pferdes und visualisieren, wie es im Genick nachgibt. Wenn es den Unterschied nicht versteht, dürfen Sie es ganz leicht mit Ihren treibenden Hilfen am Rückwärtsgehen hindern.

FÜR MEHR FREIHEIT

Sobald Sie sich sicher genug fühlen und das Pferd verstanden hat, worum es geht, können Sie dazu übergehen, die Zügelhilfen immer mehr durch den String um den Pferdehals und/oder durch einen oder zwei Reitsticks zu ersetzen. In beiden Fällen benutzen Sie Ihren Fokus, Ihre Energie, Ihren Sitz und Ihre Beine so, wie wir es in der Durchführung beschrieben haben. Das gilt auch für die Reihenfolge der Hilfen: Für das freie Reiten sparen Sie sich zusätzliche Hilfsmittel wie Stick oder String immer bis zum Schluss auf. Im Einzelnen funktioniert das wie folgt:

MIT DEM STRING ALS HILFE

Während Sie nur mit Fokus, Sitz und Rhythmus der Beine fragen, bleibt das Seilchen noch locker um den Hals des Pferdes hängen. Erst wenn diese ersten Schritte nicht ausreichen, nehmen Sie den String in eine Hand und heben ihn erst leicht, dann deutlicher etwas nach hinten oben an. Falls Ihr Pferd nicht oder anders als geplant reagiert, nehmen Sie wieder die Zügel oder den Stick zur Hilfe. Bei Problemen richten Sie sich nach unseren zuvor beschriebenen Lösungsvorschlägen.

MIT STICK(S) ALS UNTERSTÜTZUNG

Sie können sich entscheiden, ob Sie einen einzelnen oder zwei Reitsticks benutzen. Wie immer gibt es dabei Vorteile und Nachteile. Nehmen Sie einen einzelnen, werden Sie als verstärkende Hilfe abwechselnd rechts und links das Pferd an der Brust tapsen oder einen Rhythmus machen. Der Nachteil dabei ist, dass das Pferde nervös machen kann, oder sie es als Aufforderung verstehen, mit der Vorhand nach rechts oder links zu weichen. Doch andererseits haben Sie mit dieser Lösung immer noch eine Hand frei für die Zügel oder das Seilchen.

Mit zwei Sticks haben Sie in der Regel weniger Verständigungsschwierigkeiten und können auch mit weniger „Hektik", also feiner und weicher, agieren. Da Sie jetzt jedoch in jeder Hand ein Stöckchen haben, können Sie nur schlecht auch noch die Zügel souverän und unabhängig benutzen.

Wieder beginnen Sie mit den Hilfen von Fokus, Sitz und Beinen, wobei die Sticks in ihrer neutralen Position bleiben. Danach nehmen Sie die Stöckchen zuerst weg vom Hals bzw. von Ihren eigenen Schultern herunter und halten sie etwas nach vorne rechts und links vor der Brust des Pferdes. Reicht das nicht aus, beginnen Sie einen seitlichen Rhythmus in Richtung Brust zu machen, um am Ende die Brust mit den Reitsticks zu tapsen. Wird Ihr Pferd dabei unsicher, unruhig und geht nach vorne, festigen Sie die Lektion lieber noch ein bisschen mehr mit dem Zügel.

01 – 03 Der Weg in die Freiheit führt immer über das Reduzieren von Hilfsmitteln und das Verfeinern der Körpersprache.

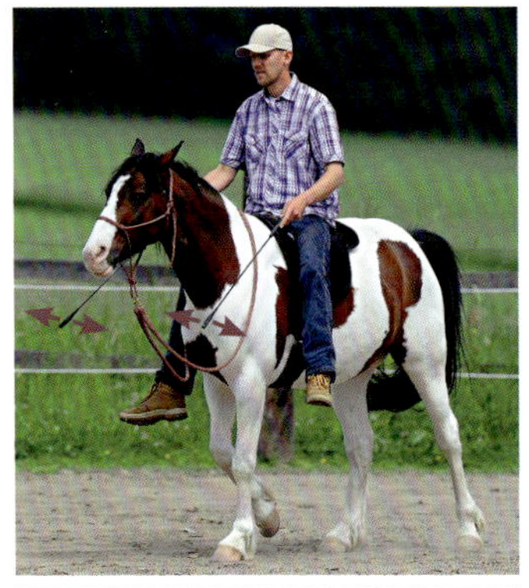

01

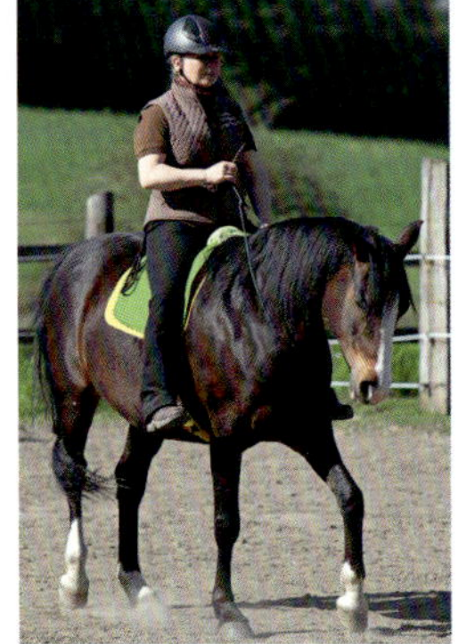

02

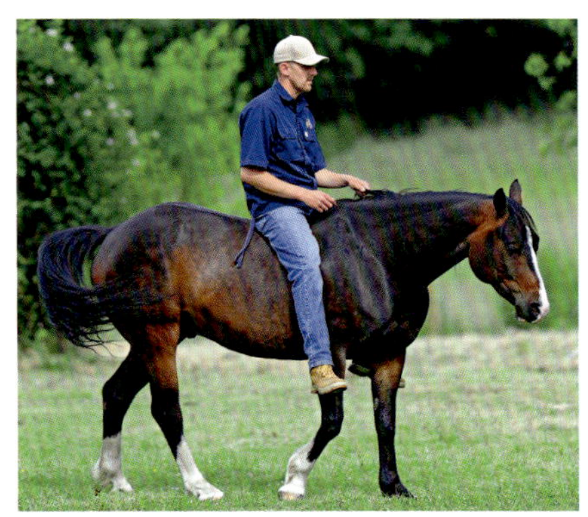

03

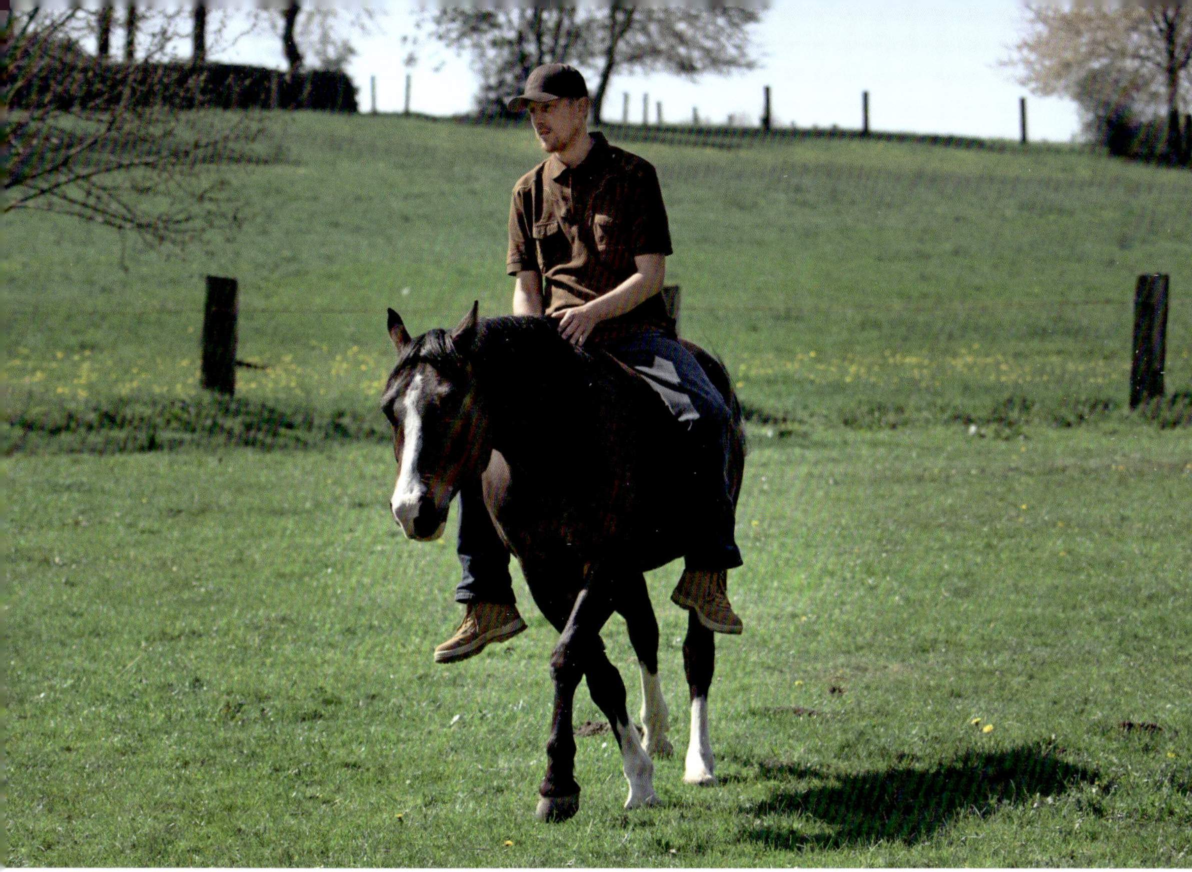

Das Lenken über die Vorhand ist gerade für das freie Reiten wichtig.

Vorhand beeinflussen

Um ein Pferd in eine bestimmte Richtung zu dirigieren, gibt es mehrere Möglichkeiten. In diesem Kapitel beschreiben wir das Lenken über die Vorhand.

BASISLEKTION

Das ist vielleicht nicht unbedingt die eleganteste oder am meisten versammelnde, aber dennoch eine effektive Methode, auf die Sie gerade beim freien Reiten sehr verlässlich zurückgreifen können.

SINN UND ZIEL

Ziel Der Zweck des Lenkens ist natürlich in erster Linie, dass man da ankommt, wo man hin möchte. Die Vorübung im Stehen besteht darin, die Vorhand separat von der Hinterhand bewegen zu können.

Zügelunabhängigkeit Ihre Körpersprache gewinnt für das Pferd an Bedeutung und die Zügel verlieren an Bedeutung für Sie.

Mehr Kontrolle über die Vorhand Für eine ganze Reihe Aspekte des Reitens ist der Einfluss auf die Vorderbeine hilfreich, ja nötig. Zum Beispiel, um einen Zirkel zu vergrößern und zu verkleinern, für eine Hinterhandwendung bzw. einen „Spin", um eine Pirouette zu reiten und nicht zuletzt für Manöver wie das Schulterherein.

Mehr Gewicht auf der Hinterhand Wird die Vorhand des Pferdes beweglicher, wird sie auch leichter und das Pferd muss mehr Gewicht mit der Hinterhand aufnehmen.

Vorwärts oder Seitwärts? Pferde möchten fast immer vorwärts weglaufen. Indem man verschiedene Körperteile des Pferdes einzeln auch seitwärts beeinflussen kann, wirkt man dieser Flucht nach vorn entgegen. Das macht sie sicherer und freier.

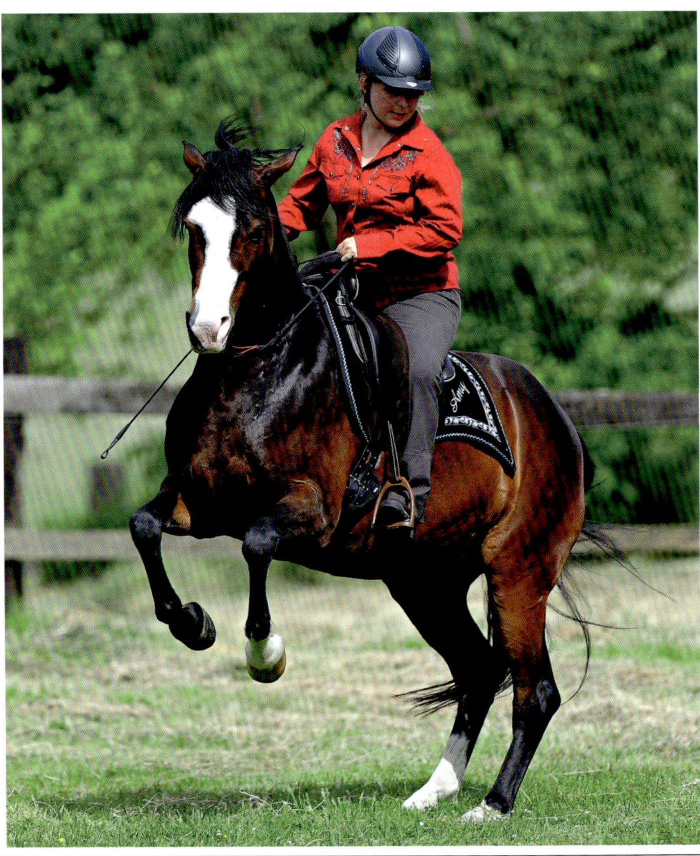

Je leichter die Vorhand zu bewegen ist, umso besser kommt Gewicht auf die Hinterhand.

Beziehung Die Vorhand zu beeinflussen bzw. zu bewegen, erfordert Vertrauen und Respekt vom Pferd sowie Geduld und Durchhaltevermögen auf unserer Seite. So wächst die Beziehung zwischen Pferd und Reiter und mit ihr auch die mentale Verbindung.

Besser Reiten Sie als Reiter trainieren Ihre Koordination, Ihre Reitdynamik, Ihren Fokus und Sie werden sich mehr auf Ihre eigenen Körpersignale konzentrieren (müssen). Vertrauen Sie Ihrem Gefühl, lassen Sie sich aber auch bei Bedarf von außen korrigieren.

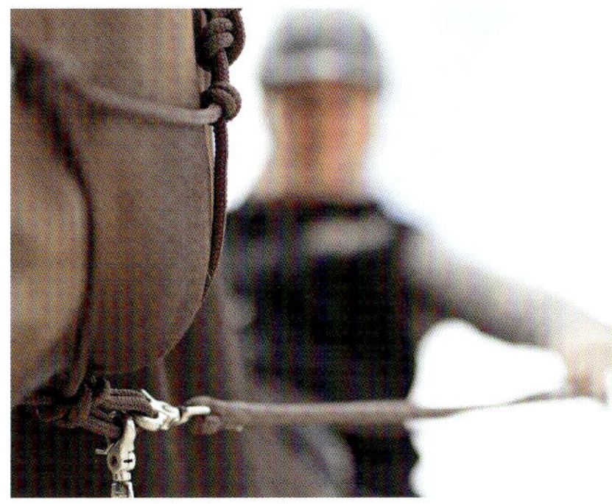

Hat man das Reiten ohne Kopfstück als Ziel, muss man zuvor dafür sorgen, dass das Pferd weich und leicht dem Gefühl am Halfter folgt. Je besser es das tut, umso schneller werden Sie das Halfter los.

VORAUSSETZUNGEN

Ihr Pferd steht ruhig und entspannt, folgt dem direkten Gefühl am Halfter und hat kein Problem damit, dass Sie einen Stick benutzen. Das Pferd (und Sie selbst auch) sollte das Weichen mit der Vorhand am Boden schon gut beherrschen. Rückwärtsrichten muss man nicht unbedingt vor dem Lenken können, aber es macht es sehr viel einfacher, gerade bei Pferden mit Vorwärtsdrang.

DURCHFÜHRUNG

Sitzen Sie in der Grundposition, eventuell mit Stick, auf dem Pferd. Das Seil befindet sich auf der linken Seite.
Bevor wir uns ans Lenken machen, möchten wir zuerst die Vorhand im Stehen bewegen. Es gibt mehrere Wege, dieses Ziel zu erreichen, je nachdem, ob für Sie das Reiten ohne Kopfstück oder die Sicherheit im Vordergrund steht oder ob Sie auf Nachgiebigkeit am Halfter Wert legen, was später vor allem für gymnastizierende Übungen wichtig ist. Allerdings unterscheiden sich die verschiedenen Ansätze nur in Nuancen. In der folgenden Durchführung beschreiben wir, wie man unabhängig vom Zügel wird.

Schritt 1 Schauen Sie ein wenig übertrieben dorthin, wo Sie hin möchten. Suchen Sie sich dazu einen Fokuspunkt etwa 90 Grad links von Ihnen, auf Augenhöhe oder höher. Gleichzeitig drehen sich auch Ihre Schultern und Ihre Hüfte in dieselbe Richtung. Bleiben Sie aber dabei im Gleichgewicht. Lehnen Sie sich also nicht übertrieben nach rechts oder links. Das gilt auch für alle weiteren Schritte.

Schritt 2 Nehmen Sie Ihr linkes Bein etwas vom Pferd weg. Dadurch öffnen Sie ihm die Tür nach links. Mit dem rechten Bein schließen Sie langsam die Tür auf der anderen Seite, indem Sie es leicht an der Gurtlage anlegen. Stellen Sie sich zusätzlich vor, wie Sie das Pferd mit dem rechten Teil Ihres Hinterns nach links schieben.

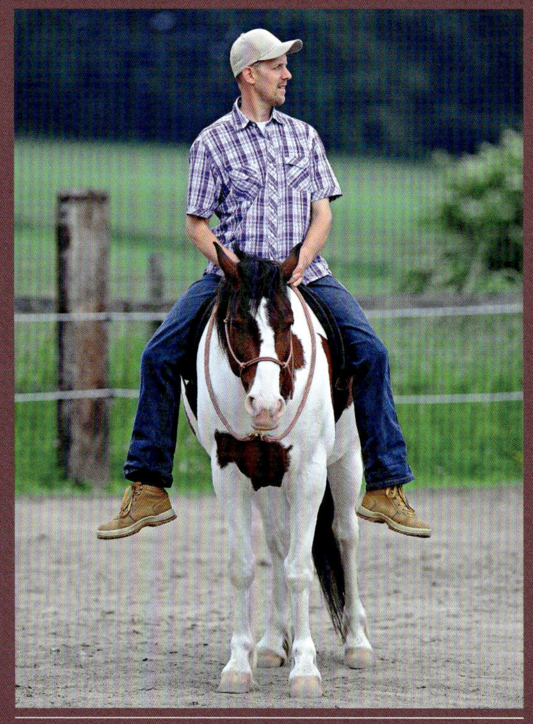
01

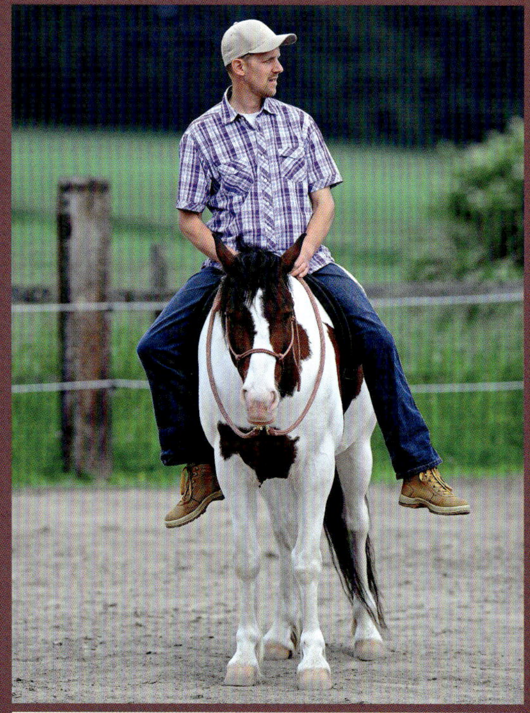
02

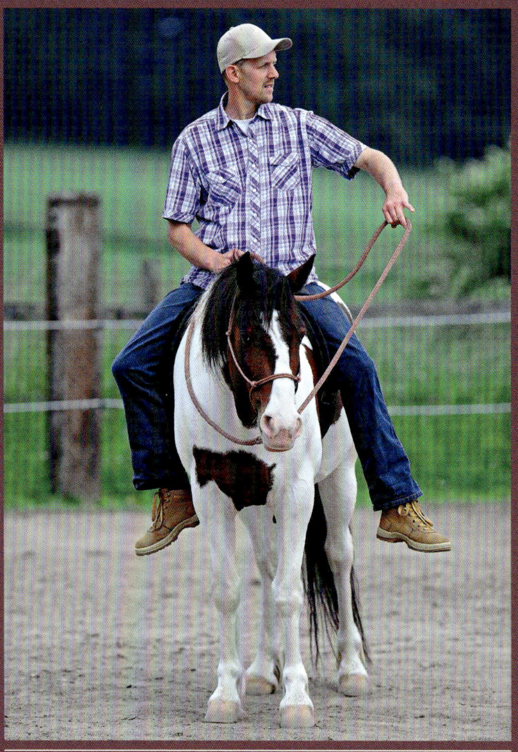
03

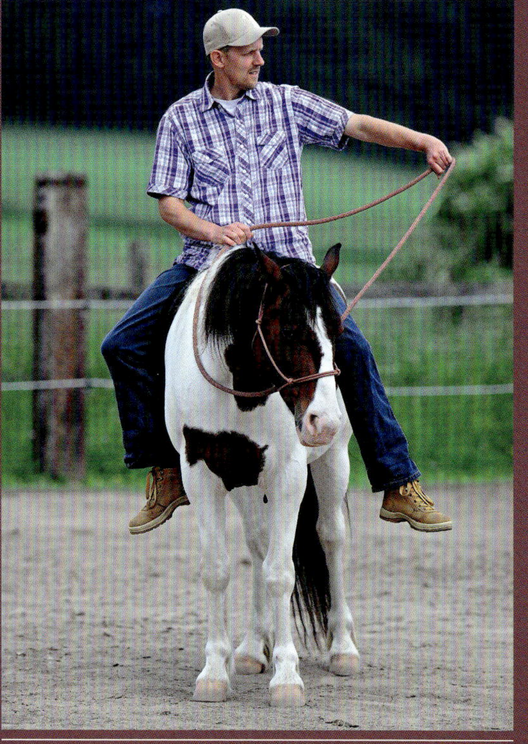
04

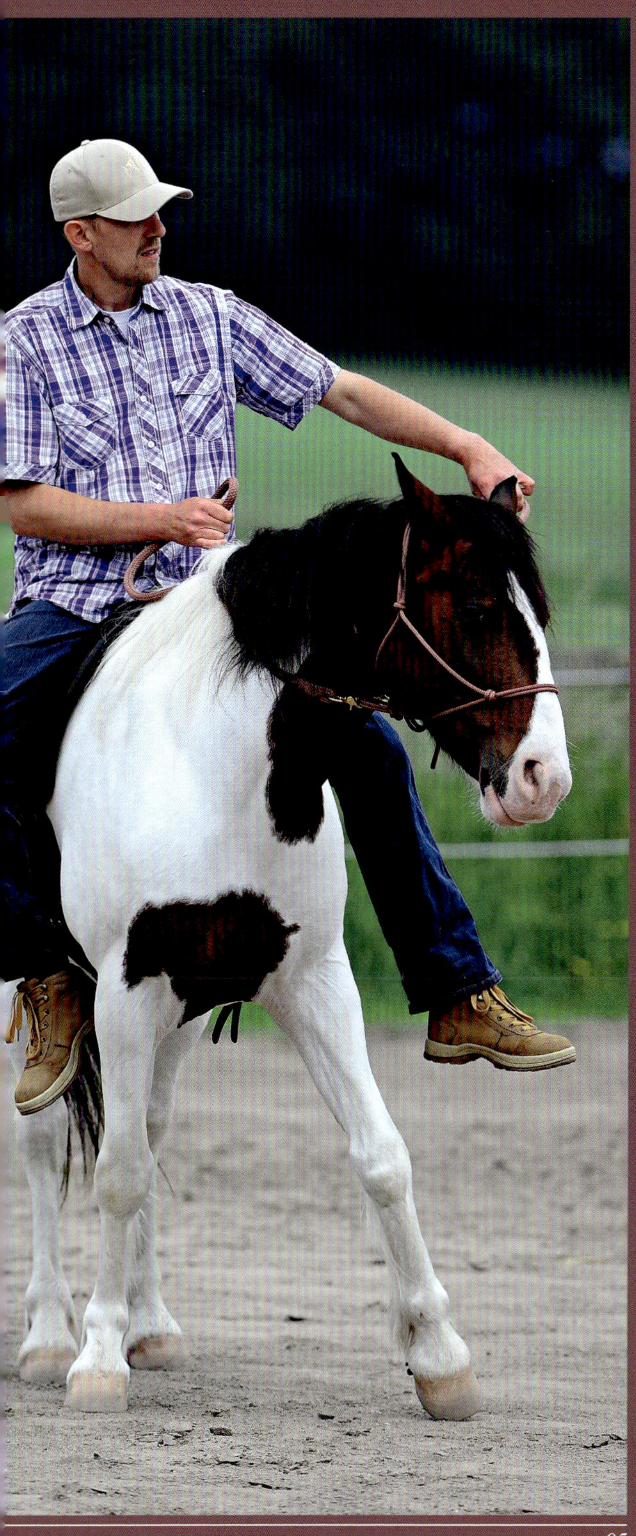

05

☞ DURCHFÜHRUNG

Schritt 1	*Blick, Schulter und Hüfte drehen sich, der Fokuspunkt liegt auf Augenhöhe oder höher.*
Schritt 2	*Das innere Bein macht Platz, das äußere Bein verleiht dem Fokus Nachdruck.*
Schritt 3	*Der innere Arm weist leicht angewinkelt in die Bewegungsrichtung.*
Schritt 4	*Der Arm streckt sich und der Zügel führt die Nase in die gewünschte Richtung.*
Schritt 5	*Der Zug am Zügel verstärkt sich (mit oder ohne Rhythmus) und/oder der äußere Zügel kommt am Hals zum Einsatz.*

Schritt 3 Heben Sie das Seil leicht mit der rechten Hand an und führen Sie es mit der linken Hand in einer fließenden Bewegung auf Ihren Fokuspunkt zu. Ihre Hand gleitet dabei am Seil entlang, während Sie sie nach außen drehen, bis die Finger nach unten oder sogar in Bewegungsrichtung zeigen. Ihr Arm bleibt noch angewinkelt, wodurch Ihr Ellbogen nach oben kommt. Am Halfter sollte bis jetzt nur ein leichtes Gefühl vom Seil ankommen.

Schritt 4 Nun bewegen Sie den Unterarm, während Sie Ihre Hand schließen, ein kleines Stück weiter nach außen, bis das Pferd einen direkten Zug am Halfter spürt. Warten Sie in dieser Position darauf, dass die Vorhand einen Schritt nach links macht. Später werden diese Schritte natürlich immer feiner und dezenter, bis Sie nicht mehr den gesamten Arm brauchen und sich nur noch das Handgelenk dreht.

Schritt 5 Reagiert das Pferd nicht, haben Sie verschiedene Möglichkeiten, effektiv zu sein. Verdeutlichen Sie die Frage beispielsweise durch etwas Rhythmus am Seil – dieses „Zupfen“ hat Ihnen schon bei der lateralen Biegung geholfen. Ggf. können Sie in dieser Phase auch den Druck des äußeren Schenkels etwas verstärken.
Falls Sie Zügel benutzen (also nicht nur das Seil auf einer Seite), können Sie das Pferd mit dem äußeren Zügel unterstützen (dem sogenannten „indirekten Zügel“), den Sie am Hals des Pferdes anlegen. Zusätzlich bzw. stattdessen nehmen Sie den Stick als Hilfe, indem Sie auf der äußeren Seite das Pferd am Hals rhythmisch antapsen (aber bitte die Phasen des indirekten Gefühls beachten!). Der Stick hat den Vorteil, dass er vielseitiger einsetzbar ist als der äußere Zügel: Er kann wenn nötig im schnellen Wechsel den gesamten Hals und auch die Schulter des Pferdes ansprechen und sogar gleichzeitig rückwärtsfragen. Er unterstützt sowohl Ihren Sitz und Ihr Bein als auch die Zügel oder das Seil. Auch wenn das allein schon viel Koordinationsvermögen erfordert, versuchen Sie möglichst, Ihren Fokus und Ihre Körpersignale auch dabei nicht zu verändern.

Waren Sie erfolgreich, werfen Sie das Seil auf die andere Seite und wiederholen Sie dort die Schritte.
Diese Reihefolge ist, wie gesagt, sinnvoll, wenn Sie in erster Linie auf das Reiten ohne Kopfstück hinarbeiten. Sie verwenden Halfter und Zügel so als sekundäre Hilfen, das heißt, sie unterstützen Ihren Sitz, Ihren Fokus und Ihre Schenkelhilfen.
Wenn dagegen noch die Sicherheit im Vordergrund steht, dann können Sie die Zügelhilfen vor die Körperhilfen setzen oder beide Hilfen gleichzeitig mit Schritt 1 beginnen lassen. Grundsätzlich gilt die Devise, dass Ihr Pferd immer feiner reagieren wird, je länger Sie ihm in den ersten Schritten Zeit geben.

HÄUFIGE PROBLEME UND LÖSUNGEN

ALLGEMEIN

Die Vorderbeine zu bewegen und dabei die Hinterhand stehen zu lassen, ist für viele Pferde nicht einfach. Gleichgewicht, Gewichtsverteilung, Koordination etc. müssen dabei trainiert werden. Auch auf unserer Seite gilt es, einige Stolperfallen zu bewältigen. Daher müssen Sie gerade bei der Vorhand damit rechnen, dass etwas anderes dabei herauskommt als geplant.

Um Schwierigkeiten im Vorfeld zu vermeiden, belohnen Sie unbedingt kleine Schritte mit großem Nachgeben. Versteifen Sie sich nicht auf gute Ergebnisse, sondern lernen Sie, schon geringe Verbesserungen und Bemühungen des Pferdes zu erkennen und vor allem anzuerkennen. Natürlich bleibt auch dann noch genug Spielraum für Missverständnisse. Hier finden Sie mögliche Lösungsansätze für die häufigsten Probleme.

DIE VORHAND WEICHT NICHT BZW. DAS PFERD REAGIERT NICHT

Wenn Sie vorher alles richtig gemacht haben, sollte das eigentlich nicht der Fall sein. Es ist wahrscheinlicher, dass Ihr Pferd irgendetwas tut, anstatt gar nichts zu tun. Vielleicht sind Sie in Ihrer Frage nicht überzeugend, weil Sie zu zaghaft sind oder auf zu viele Dinge gleichzeitig achten müssen. Dann üben Sie weiter, bis Sie glaubhaft oder multitaskingfähiger geworden sind. Vielleicht ist das Pferd aber auch unsicher und introvertiert. Dabei kann eine zweite Person vom Boden aus helfen.

DAS PFERD BIEGT SICH NUR IM HALS

Am Anfang verwechseln viele Pferde verständlicherweise das Lenken mit der seitlichen Halsbiegung, weil das Signal vom Zügel sehr ähnlich

01 – 02 Selbst wenn Körpersprache und Fokus stimmen, ist es für Pferde oft schwer, den Unterschied zur Halsbiegung herauszufinden. Es gibt einige Kniffe, ihnen dabei zu helfen, das Wichtigste ist aber auf jeden Fall dranzubleiben, bis das Pferd die Idee hat, die Vorhand zu bewegen. Bei diesem ersten kleinen Schritt von Amy muss Henry jetzt schnell „Dankeschön" sagen.

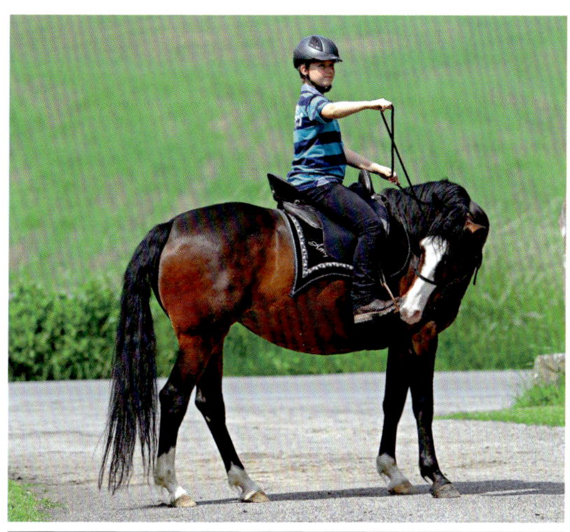

01

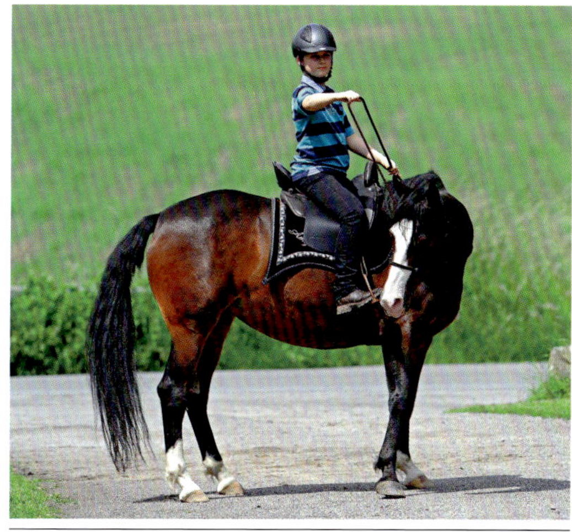

02

ist, und sie diese Technik ja tatsächlich im Schlaf beherrschen sollten. Seien Sie gewissenhaft mit Ihrem Fokus und Ihren Körpersignalen, die den Unterschied zwischen dem Vorhandweichen und der Biegung ausmachen: Der Arm zeigt zur Seite und geht nicht zum Oberschenkel; Hüfte, Schulter und Kopf drehen sich in die Richtung, in die Sie lenken möchten, anstatt neutral zu bleiben wie bei der Biegung; die Beine machen innen auf und außen zu, bleiben also ebenfalls nicht neutral. Der „Neck- Rein", also der unterstützende Zügel am Hals, und der Rhythmus vom Stick haben bei diesem Problem besondere Bedeutung (siehe Schritt 5). Sie bieten zusätzliche Informationen für das Pferd, die einen klaren Unterschied zur lateralen Biegung machen.

DIE HINTERHAND WEICHT ODER DAS PFERD DREHT SICH UM DIE MITTELHAND

Auch das ist häufig ein Vorurteil seitens der Pferde, das vom vielen Üben der Kombination von seitlicher Biegung und Hinterhandweichen herrührt. Die Lösung in beiden Fällen gleicht der des vorherigen Problems mit der Halsbiegung. Zusätzlich können Sie anfangs Ihr äußeres Bein etwas nach hinten nehmen, um das Ausbrechen der Hinterhand aktiv einzudämmen.

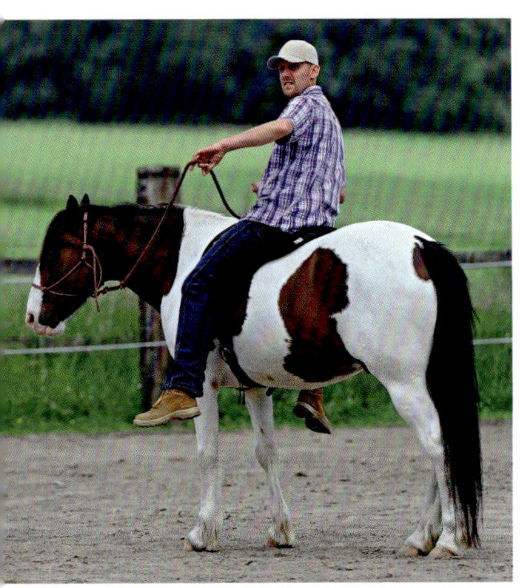

Hat das Pferd eine ausgeprägte Vorwärtstendenz, richten Sie Ihren Fokus eher nach hinten und benutzen Sie einen Stick, um damit das Pferd eher von vorne an der Brust zu tapsen.

DAS PFERD GEHT VORWÄRTS

Richten Sie Ihren Fokus (Blick) noch etwas weiter als 90 Grad zur Seite, also fast nach hinten, und achten Sie darauf, dass Sie die Hüfte tendenziell mit in die gleiche Richtung drehen. Wenn man nicht aufpasst, passiert es leicht, dass man die Hüfte in die entgegengesetzte Richtung drehen möchte, um sich so quasi am Sattel abzudrücken. Die Tendenz nach hinten können Sie zusätzlich unterstützen, indem die Energie (der Rhythmus) des Sticks weiter vorne an der Brust ankommt.

Mit dem String um den Pferdehals lässt sich das Pferd in der Regel gut zurückhalten, zumal es das schon vom Rückwärtsrichten kennt. Doch vergessen Sie nicht, ihn nur punktuell und nicht kontinuierlich einzusetzen, schließlich soll es ja auch ohne Ihr Zutun auf der Stelle bleiben. Wenn Sie die Vorhand in einem fließenden Übergang direkt aus dem Rückwärtsrichten nach links oder rechts wenden, „denkt" das Pferd von vorneherein weniger vorwärts und das Gewicht verlagert sich auf die Hinterhand.

DAS PFERD GEHT RÜCKWÄRTS

Checken Sie nochmal ganz ehrlich ab: Zieht Ihr Arm zur Seite oder doch eher nach hinten? Wenn Sie Zügel verwenden, fragen Sie sich, ob der andere Zügel wirklich nachgibt? Manchmal liegt das Problem aber auch darin begründet, dass der unterstützende Zügel die Vorhand anspricht: Schiebt er am Hals des Pferdes oder ziehen Sie damit am Halfter?

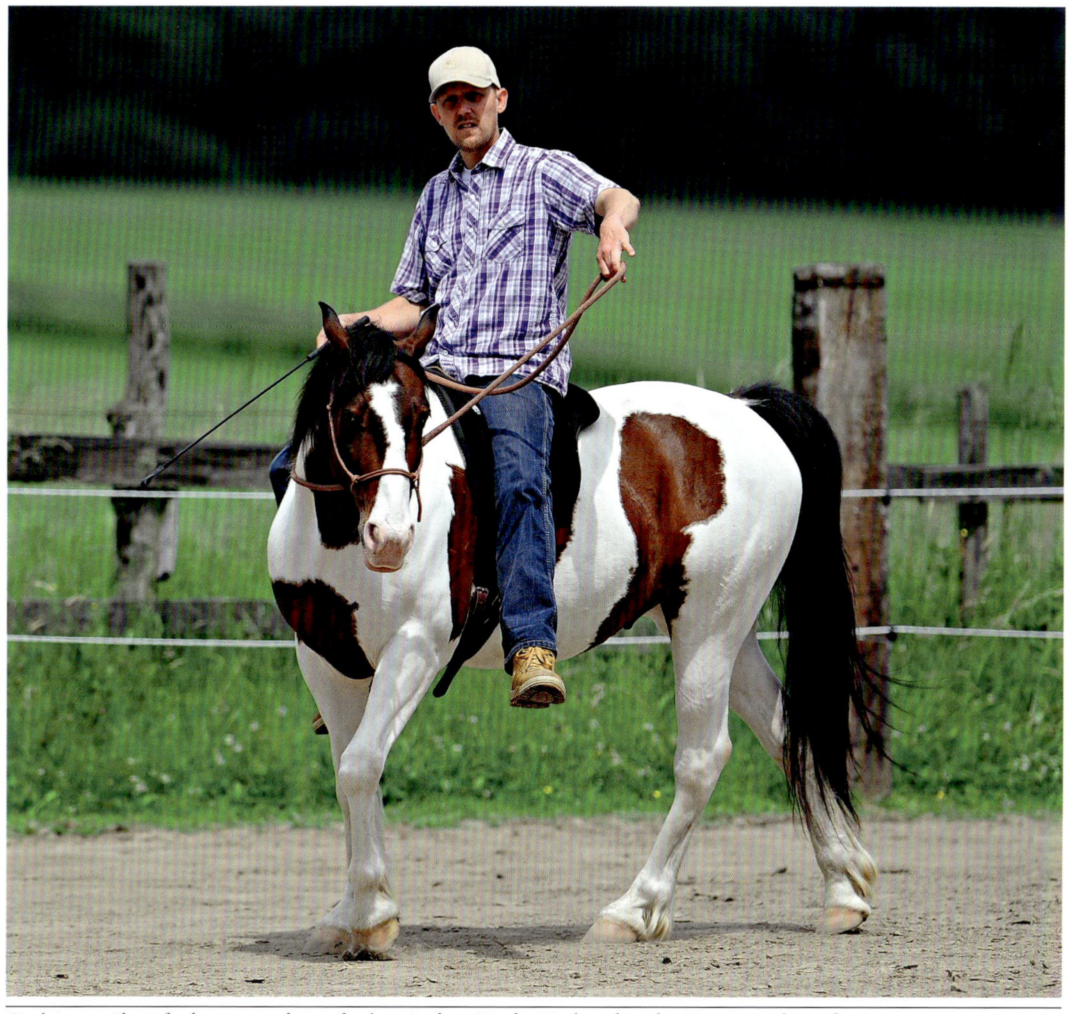

Sie können Ihr Pferd unter anderem lenken, indem Sie die Vorhand in der Bewegung beeinflussen.

LENKEN

Wenn Sie die Vorhand im Stand gut nach links und rechts bewegen können, dann ist das Lenken über die Vorhand in der Bewegung normalerweise kein großes Problem mehr. Trotzdem möchten wir Ihnen noch ein paar Tipps mitgeben. Versuchen Sie, nicht alles auf einmal lernen und lehren zu wollen. Denken Sie daran, dass es in Wahrheit keine scharfen Grenzen zwischen den Übungen gibt. Vielmehr verbinden sich fast unmerklich verschiedene Fertigkeiten allmählich zu einem größeren Ganzen, das seinerseits wieder Einfluss auf andere Bereiche der Pferd-Mensch-Beziehung hat.

In unserem konkreten Fall bedeutet das, dass Sie nicht einfach ab jetzt pausenlos bestimmen, wo es langgeht, sondern vielmehr das Lenken zunächst in die Passagierlektion mit einbauen. Beginnen Sie für ein

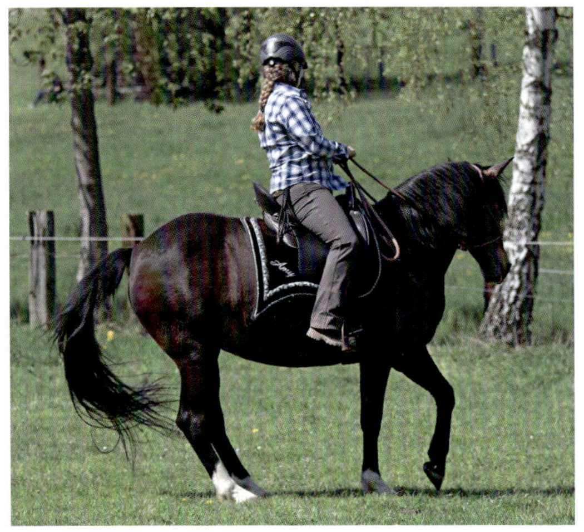
01

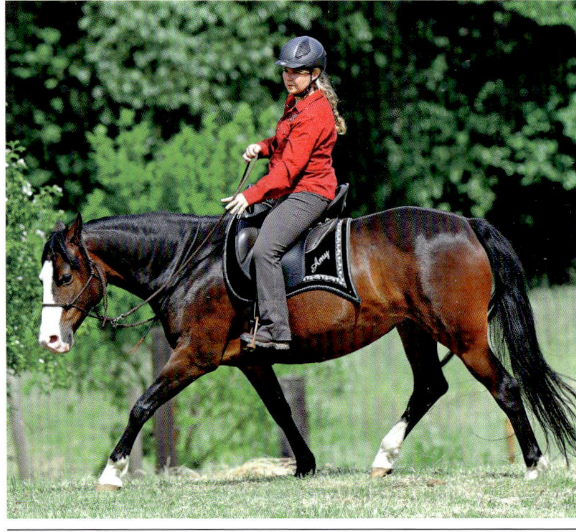
02

01 – 02 Immer feiner, mit mehr Dynamik und in höheren Gangarten die Vorhand zu bewegen, ist schon eine Herausforderung.

paar Meter als Passagier, bevor Sie Ihr Pferd nach rechts oder links lenken. Tut es das, öffnen Sie Ihre Hand, lassen sich wieder nur tragen und das Pferd die Richtung bestimmen. Nach ein paar Metern lenken Sie es in eine andere Richtung, und werden danach erneut zum Passagier. Sobald Sie fühlen, wie das Pferd weicher und kooperativer wird, beenden Sie diese Kombi-Übung mit der seitlichen Biegung und machen eine Pause.

Natürlich müssen Sie nicht immer links und rechts abwechseln, entscheiden Sie ganz spontan, wo Sie gerade hin möchten.

Da wir als Menschen gerne immer alles gleich auf einmal bestimmen möchten, fällt die folgende Regel vielen Menschen besonders schwer: Ob das Pferd nach dem Abwenden weiter im Kreis in die gleiche Richtung geht, ob es einfach geradeaus läuft, oder ob es sogar die Richtung wieder selbstständig ändert, spielt im Moment noch keine Rolle. Lassen Sie es gewähren, sofern es zuvor Ihrer Frage nachgegeben hat. Alles andere kommt bald in kleinen Portionen dazu. Versprochen!

HERAUSFORDERUNGEN: SO GEHT ES WEITER

Auch wenn es am Anfang etwas Kraft und Überzeugung erfordert, werden selbst Pferde, denen es schwerfällt, immer feiner am Zügel und an den anderen Hilfen sein. Konzentrieren Sie sich bei der Vorhand einfach zuerst darauf, dass Ihr Pferd nachgiebig wird und grundsätzlich versteht, was Sie von ihm möchten. Die Präzision wird dann im nächsten Schritt viel einfacher zu erreichen sein, wenn Sie nicht sowieso schon von alleine kommt. Bald sind Sie dann in der Lage auch scharfe Wendungen zu reiten oder im Stand eine volle 360 Grad Wendung zu erreichen.

Obwohl unser eigentliches Ziel ja die Freiheit ist, wäre es dennoch falsch, die Kommunikation über den Zügel unter den Tisch fallen zu lassen. Haben Sie und Ihr Pferd gelernt, verschiedene Zügelsignale zu unterscheiden (wie etwa bei der Biegung, der Hinterhand und der Vorhand), können Sie sie leicht kombinieren und etwa für die Kopfhaltung flexibler nutzen.

006 In diesem Film sehen Sie die Übungen Rückwärts, die Vorhand beeinflussen und das Pferd lenken.

FÜR MEHR FREIHEIT

Lenken zu können, ohne die Zügel zu benutzen, ist gleich nach dem Anhalten und dem Rückwärtsrichten eine der wichtigsten Zutaten für das freie Reiten. Und noch einmal müssen wir es sagen: Es macht Sie nicht nur frei, sondern es macht Sie vor allem sicher, wenn Sie sich nicht auf Zügel und Gebisse verlassen müssen, um dorthin zu reiten, wohin Sie möchten.

MIT DEM STRING ALS HILFE

Beginnen Sie Ihre Frage mit den Sitz- und Fokushilfen. Danach kommt das Seilchen um den Pferdehals zum Einsatz. Nehmen Sie es in die Hand und führen Sie es mit dem gleichen Gefühl wie die Zügel in die gewünschte Richtung. Erst fein, dann deutlicher. Danach versuchen Sie es in der Bewegung. So haben Sie eine Art Übergangslösung parat – keine Zügel mehr, aber noch nicht ganz frei.

MIT DEM STICK ALS UNTERSTÜTZUNG

Eine andere Lösung besteht darin, den Stick nicht zur Verstärkung der Zügel einzusetzen, sondern gleich an deren Stelle. Der String kann parallel dazu immer noch zum „Bremsen“ dienen.

01 – 03 Ein möglicher Weg in Freiheit: über das Seilchen und die Sticks, bis hin zu „nix“

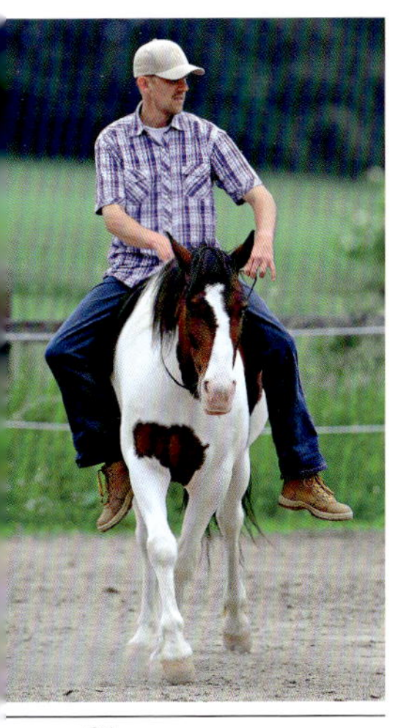

01

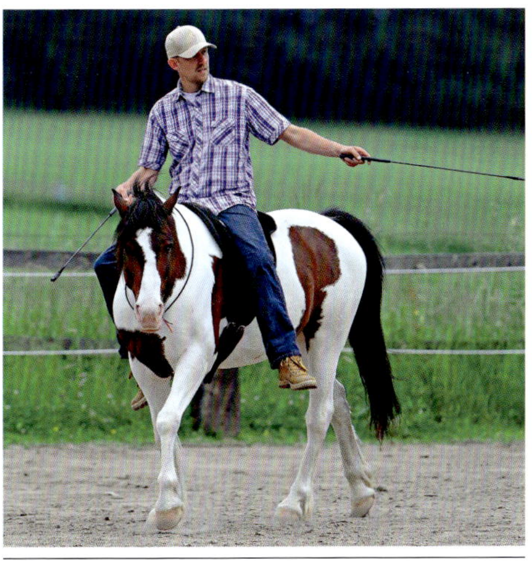

02

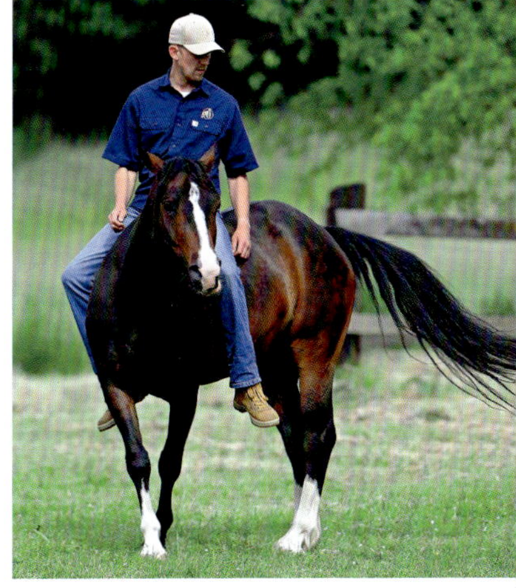

03

Gangartübergänge

Geschwindigkeit ist keine Hexerei. Schnell reiten zu können, ist zwar mutig, aber es ist tatsächlich nicht besonders schwierig. Feine Verständigung, Kontrolle und Leichtigkeit mit in höhere Gangarten (und wieder mit zurück) zu nehmen, ist im Gegensatz dazu ein ganz anderes Thema.

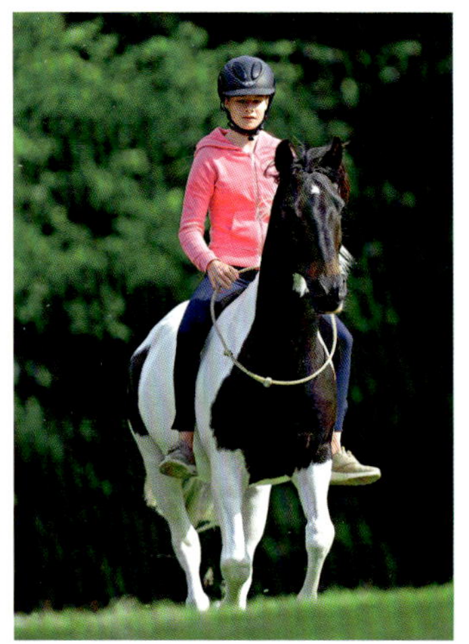

Geschwindigkeit ist keine Hexerei. Feine Kommunikation in höheren Gangarten schon

SINN UND ZIEL

Ziel So fein und weich wie möglich die Gangart nach oben oder unten wechseln.

Leichtigkeit und Sicherheit Eine höhere Gangart geht in der Regel mit mehr Energie und weniger Kontrolle einher. Das sorgt für Unsicherheit und Anspannung sowohl beim Pferd als auch beim Menschen. Leichtigkeit und Sicherheit stehen daher auch im Mittelpunkt unserer Tipps rund um das Traben und Galoppieren.

Fokus und Energie Ihr Fokus gewinnt an Klarheit und Kraft und gleichzeitig entwickelt sich Ihr Feingefühl. Dieses Gegensatzpaar ist notwendig für den Erfolg in höheren Gangarten.

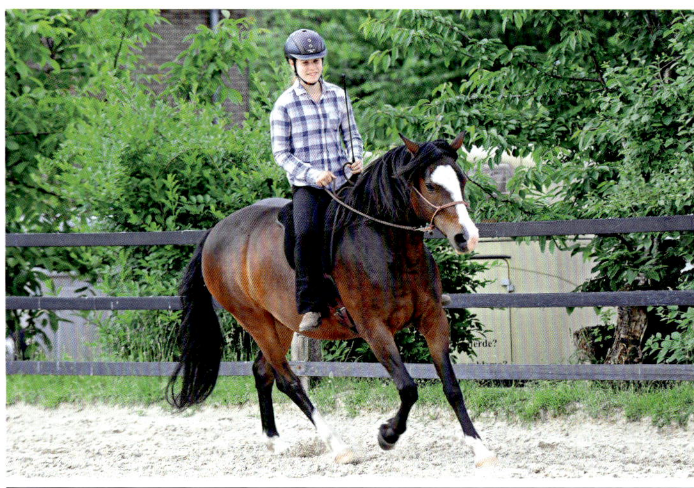

Weiche Übergänge nach oben und unten bringen Leichtigkeit und Sicherheit, Verantwortung und Vertrauen und verbessern obendrein den Reitersitz.

Verbesserter Sitz Durch wiederholte Wechsel von Geschwindigkeit, Rhythmus und unter Umständen auch der Richtung wird der ausbalancierte Sitz enorm gefördert.

Verantwortung und Vertrauen Indem wir als Reiter auch im Trab oder Galopp nicht ständig treiben oder an den Zügeln ziehen, delegieren wir ein weiteres Stück Verantwortung an das Pferd, müssen ihm dafür aber unsererseits Vertrauen schenken. Auf uns warten also ebenfalls neue Verantwortlichkeiten, durch die wir unseren Pferden beweisen, dass sie sich auf uns verlassen können.

IN EINE HÖHERE GANGART WECHSELN

Sie sitzen im Schritt in der Grundposition auf Ihrem Pferd und sind dabei neutral, das beinhaltet auch, jetzt noch nicht an Trab oder Galopp zu denken. Die Phasen zum Antraben gleichen grundsätzlich denen des Losreitens. Sie fokussieren Ihre Richtung und schalten Ihre Energie ein. Dann beginnen Sie mit einer netten und freundlichen Frage, indem Sie Ihren Sitz aktivieren und daraufhin die Beine leicht anlegen. Als Phase 4 unterstützen Sie am Ende Ihre Frage effektiv durch Rhythmus mit dem Seilchen an Ihrer Hand, dem Reitstick o. Ä. Zuerst tapsen Sie dabei sich selbst oder den Sattel, dann das Pferd, bis es tatsächlich eine Gangart hochschaltet. Ein paar „Special features" gibt es beim Trab und Galopp allerdings noch:

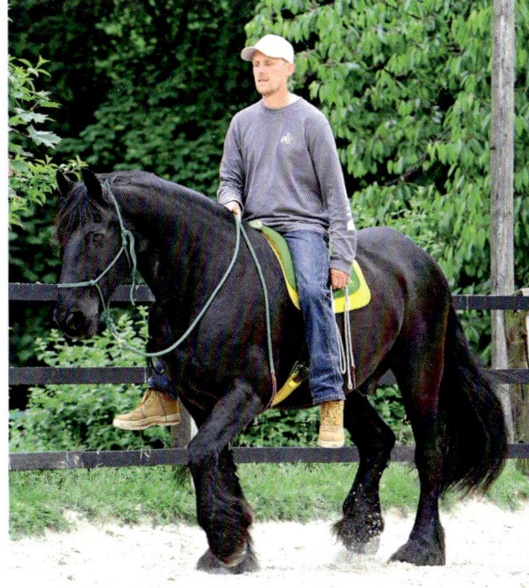

Die Phasen und Regeln beim Wechsel in eine höhere Gangart entsprechen im Kern denen des Losreitens. Zum Beispiel sind wieder Timing und ein gutes Neutral als Belohnung gefragt.

— Beim Antraben oder Angaloppieren schalten Sie sich aus dem Neutralmodus und aus der Bewegung heraus ein. Das ist etwas schwieriger umzusetzen und auch für das Pferd schwerer zu bemerken. Beim Koordinieren von Fokus, Energie, Bewegungen und Hilfsmitteln können Mensch oder Pferd leicht durcheinanderkommen.

— Zum Antraben können Sie die Schenkel ein bisschen weiter hinten anlegen, aber bitte nach wie vor nur sanft und leicht benutzen.

— Zum Angaloppieren können Sie das äußere Bein die berühmte Handbreit zurücknehmen.

— Mit einer effektiven Phase 4 den Gangartwechsel auch wirklich durchzusetzen, mag dem einen oder anderen Reiter schon schwerfallen. Bilder von bockenden Pferden und Stürzen im Hinterkopf blockieren die Hand mit dem Stick oder dem Seilende. Doch Konsequenz ist nötig, um das Pferd durch Dauerdruck nicht abzustumpfen oder gar sauer zu machen. Dann wäre die Gefahr des Bockens oder Rennens ja sogar noch größer.

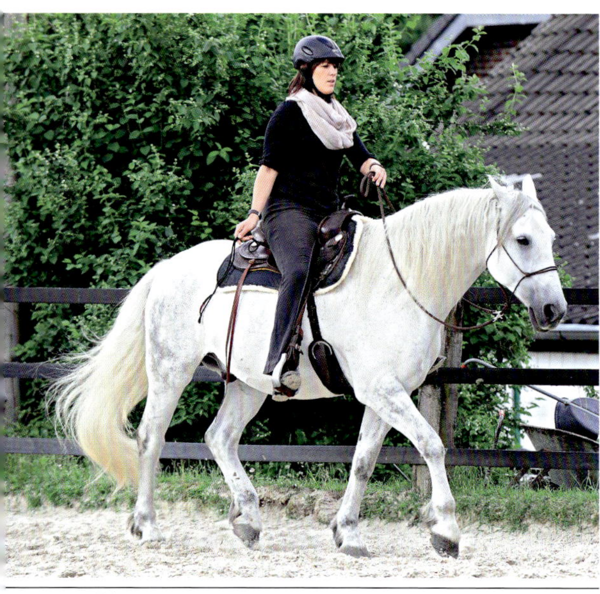

01

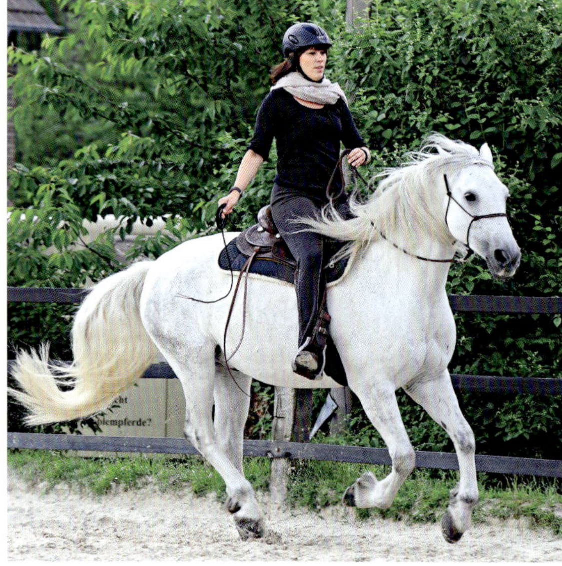

02

01 – 02 Auch im Galopp sollten Sie unbedingt Ihre Frage zu Ende stellen, wie es Svenja auf den Fotos tut. Wissen Sie schon im Vorfeld, dass Sie sich vielleicht nicht trauen, verschieben Sie die Übung lieber!

— Sobald das Pferd in der gewünschten Gangart geht, müssen Sie unbedingt wieder zum Passagiermodus, dem Neutral, übergehen. Das bedeutet: sich harmonisch mitbewegen, nicht steif sein, aber auch so wenig wie möglich rumwackeln. Das ist viel schwerer als im Schritt, also seien Sie geduldig mit sich selbst.

— Spätestens bei Unsicherheit sollten Sie das Pferd lieber direkt nach dem Antraben durch die seitliche Biegung wieder komplett anhalten und nach kurzer Pause langsam von vorne beginnen. Das bringt Pferd und Mensch emotional wieder herunter, denn beide denken nicht mehr über die Geschwindigkeit, sondern über das Anhalten nach. Um noch sicherer zu werden, bietet es sich an, hier gleich noch ein Notfall-Absteigen aus dem Trab anzuschließen (siehe S. 82).

— Je leichter der Übergang, umso besser die Gangart. Traben Sie nicht stundenlang, sondern bauen Sie Schritt-Trab-Übergänge ein, bis sie weich, aber auch prompt gelingen. Belohnen Sie im Zweifelsfall lieber einen guten Übergang als einen langen Trab. Das gleiche gilt für den Galopp. Schneller, länger, weiter – das sind Ziele, die nur auf Weichheit und Leichtigkeit aufbauen können.

— Leichttraben oder aussitzen? Das müssen Sie selbst entscheiden. Einiges gibt es dabei zu bedenken. Es kommt darauf an, wie bequem oder angespannt Ihr Pferd ist. Zum Fühlen der Bewegungen, und um Ihr Neutral zu finden, ist das Aussitzen besser geeignet, dafür ist es aber eine lohnenswerte Herausforderung, sich im Leichttraben viel zu bewegen und trotzdem neutral zu bleiben.

STATISCH ODER DYNAMISCH: DURCH SPIEGELN IN DIE NÄCHSTE GANGART

Durch die Passagierübung konnten Sie schon häufig die Vorteile gemeinsamer harmonischer Bewegung erleben. Auch Ihr Pferd hat diese schätzen gelernt und möchte sie gerne beibehalten. Übergänge in höhere Gangarten bieten sich nun an, die Richtung des Spiegelns langsam umzukehren. Ihr Pferd lernt, Ihren Bewegungen beim Reiten zu folgen. Das hat es wohl teilweise vorher auch schon gelernt, doch der Schwerpunkt liegt jetzt auf Rhythmus und Energie. Und so funktioniert es: Ihre Sitzhilfe fragt nicht mehr nur einfach nach mehr Energie, sondern gibt nun die Bewegungen genauer vor. Sie bewegen sich also so, wie Sie es im Trab bzw. im Galopp tun würden, und ändern vor allem den Rhythmus, z. B. von einem Viertakt im Schritt zu einem Zweitakt im Trab. Das ist sozusagen Ihre Phase 1. Dabei ist aber Feingefühl gefragt. Die Veränderung muss deutlich sein, aber nicht übertrieben. „Hopsen" Sie plötzlich auf dem Pferderücken hoch und runter, wird Ihr Pferd Sie sicher nicht verstehen.

Auf diese Weise wird die angenehme gemeinsame Bewegung unterbrochen, doch sobald das Pferd dann antrabt, ist sie wieder da. Diese Methode kommt dem Wunsch der Pferde, sich zu synchronisieren, entgegen.

Das heißt übrigens nicht, dass statische Hilfen, etwa reine Schenkelhilfen oder vielleicht auch ein Stimmsignal, falsch sind. Sie können gute Dienste leisten, vor allem bei jungen Pferden oder „Problem"-Pferden, etwa wenn die Hilfen vorher am Boden schon etabliert wurden. Jedoch steht unserem Verständnis nach die gemeinsame harmonische und synchrone Bewegung bei jeglicher Reiterei im Vordergrund. Und da passen dynamische Hilfen, also solche, die sich den Bewegungen des Pferdes anpassen, eben besser ins Konzept als rein konditionierte Signale, die uns obendrein meist noch steifer und unbeweglicher machen.

01 – 02 Statisch oder dynamisch? Sie können Signale zum Antraben und Angaloppieren etablieren, besser sind aber Fragen, die auf einer Reitdynamik im Sinne des Spiegelns basieren. Sie fördern flüssige Übergänge.

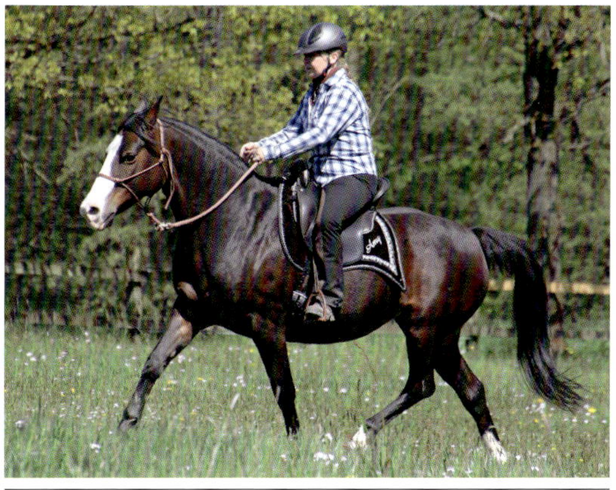

01

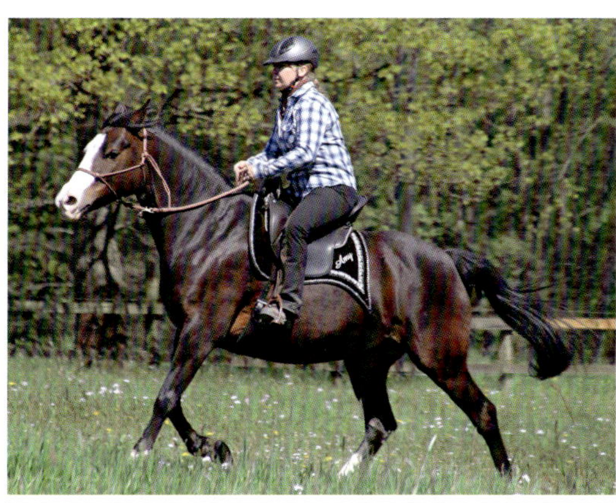

02

AN DIE GANGART HERANTASTEN

Antraben und Angaloppieren möchte man natürlich idealerweise auf den Punkt abfragen können. Doch gerade in der Kombination unerfahrener Reiter - unerfahrenes Pferd kann es dabei leicht zu Konflikten kommen. Die Technik des Spiegelns hilft auch hier weiter. Arbeiten Sie zum Beispiel vor dem Antraben daran, das Pferd nur durch Ihren Sitz schneller und langsamer Schritt gehen zu lassen. Sie werden leichter aus einem schnelleren Schrittrhythmus in den Trabrhythmus übergehen können, wodurch das Antraben weicher und runder wird. Hat das Pferd das verstanden, wird es dieses weichere Gefühl beim Antraben im Laufe des weiteren Trainings auch punktgenau beibehalten können.

GANGARTWECHSEL NACH UNTEN

Um in eine langsamere Gangart durchzuparieren, greifen Sie auf die seitliche Biegung zurück, die Sie auf die gleiche Weise einsetzen, wie schon beim Anhalten.

Nehmen wir den Übergang vom Trab zum Schritt als Beispiel. Im Trab atmen Sie aus, sitzen locker und entspannen sich. Ihre Energie schalten Sie jedoch nicht ganz aus, sondern nur herunter – stellen Sie sich dabei vor, wie Sie Schritt gehen. Reagiert Ihr Pferd darauf nicht, dann biegen Sie den Hals des Pferdes wie Sie es gelernt haben, und warten Sie, bis es Schritt geht. Manchmal passiert das schon, wenn Sie das Seil oder den Zügel nur anheben, weil Ihr Pferd das bereits zu

01 – 04 Vom Trab in den Schritt: ausschalten, den Hals des Pferdes biegen, warten, bis es Schritt geht, und dann wieder neutral werden

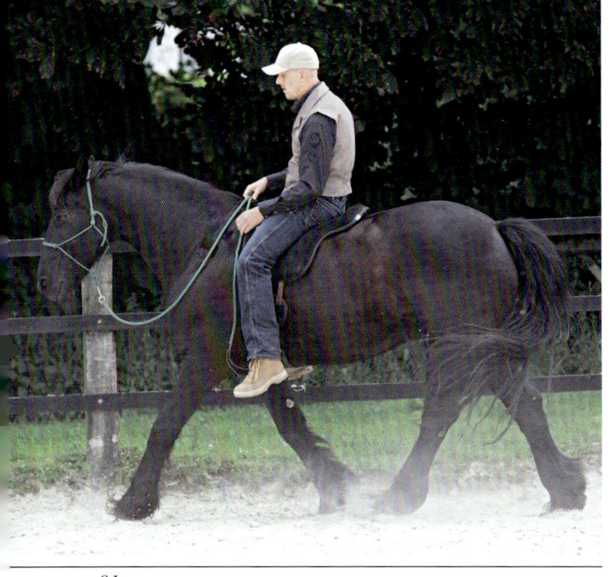

01

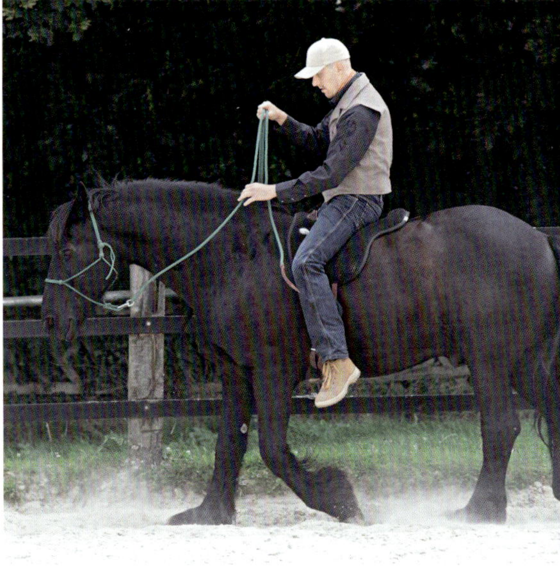

02

Genüge kennt. Vielleicht müssen Sie die Biegung aber auch wirklich zu Ende abfragen, etwa bei angespannten Pferden. Sobald das Pferd vom Trab in den Schritt durchpariert, lösen Sie die Biegung auf und reiten im Schritt weiter in Ihrem Neutralmodus.
Umgekehrt wie beim Antraben, können Sie es auch gerne mit der Spiegeltechnik versuchen. Geben Sie dazu schon im Trab den Viertakt des Schritts vor, an den sich das Pferd dann anpassen kann.
Ebenso verfahren Sie beim Übergang vom Galopp zum Trab oder zum Schritt.
Natürlich können Sie auch aus einer höheren Gangart direkt anhalten. Manchmal ist das sogar sinnvoll. Allerdings muss Ihr Fokus das auch ausdrücken und es ist oft etwas unbequem.

HÄUFIGE PROBLEME UND LÖSUNGEN

DAS PFERD TRABT ODER GALOPPIERT NICHT AN

Können Sie körperliche Ursachen ausschließen, ist das entweder ein Platzproblem oder ein Energiethema. Sind Sie (und Ihr Fokus) wirklich überzeugend? Wollen Sie wirklich antraben oder angaloppieren? Wenn nicht, werden Sie nicht effektiv sein. Bereiten Sie sich zuerst mental darauf vor und probieren es dann noch einmal. Wenn es an zu engem Raum liegt, gehen Sie auf einen großen Platz, eine Wiese oder gleich ins Gelände. Dort lernen es die meisten Pferde schneller, freier und sind motivierter. Auf einem Zirkel oder in einer kleinen Bahn trauen sie oft ihrer Balance nicht.

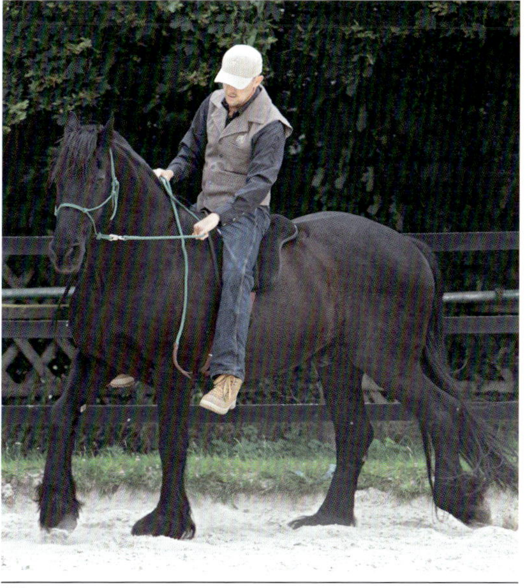

03

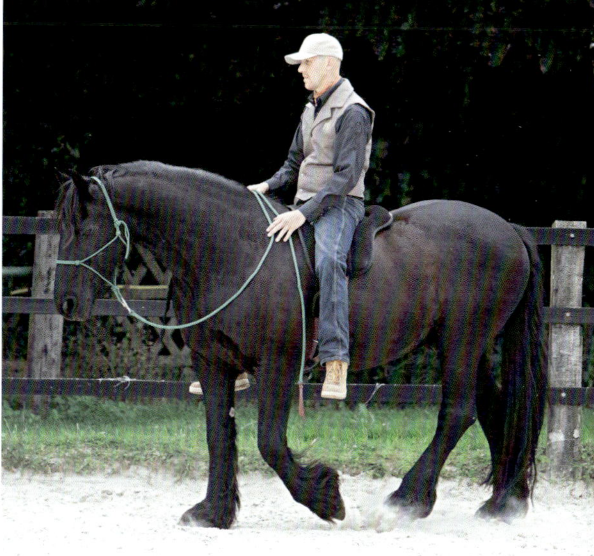

04

DAS PFERD TRABT ODER GALOPPIERT VON SELBST AN

Tut es das von Anfang an, kann die Ursache Aufregung oder zu viel Energie sein. Bringen Sie es jedes Mal entweder zurück in den Schritt oder halten Sie es an. Warten Sie, bis es von sich aus entspannt gehen oder stehen kann, bevor Sie es erneut nach Trab oder Galopp fragen. Bei zu flotten Pferden sind gerade Strecken nicht ratsam. Gehen Sie in einen Longierzirkel, lassen Sie sich an die Longe nehmen oder reiten Sie Volten.

Haben Sie vorher schon ein paar Mal die Gangart erhöht, ist es vermutlich voreingenommen. Bestehen Sie entweder auf Schritt, oder machen Sie etwas ganz anderes, als das, womit das Pferd rechnet.

DAS PFERD WIRD ZU SCHNELL

Biegen Sie es seitlich, bis es das gewünschte Tempo erreicht hat, und lassen Sie die Zügel daraufhin wieder locker. Parallel dazu überprüfen Sie Ihre Energie. Denken Sie oder lehnen Sie sich zu sehr vorwärts, werden Sie diese Tendenz beim Pferd nicht eindämmen können. Reiten Sie viele Übergänge und gebogene Linien.

DAS PFERD BOCKT BEIM ÜBERGANG

Fahren Sie Ihre Energie langsam hoch, damit es nicht das Gefühl hat, sich wehren zu müssen, oder zu übermütig wird. Biegen Sie es, wenn es trotzdem noch bockt, damit Sie selbst locker und sicher bleiben (für unsichere Reiter). Aber Vorsicht: Die Verknüpfung: „Ich bocke und muss dann nicht traben, weil mein Mensch mich anhält!“, kann ein Pferd schnell gegen Sie verwenden. Deswegen gibt es an dieser Stelle ebenfalls den Ratschlag für mutigere Reiter: Treiben Sie Ihr Pferd angemessen vorwärts durch das Bocken hindurch. Es fühlt sich nicht zurückgehalten und hat noch dazu einen Job. Fragen Sie im Zweifelsfall einen Fachmann um Rat.

HERAUSFORDERUNGEN: SO GEHT ES WEITER

Gestalten Sie die Übergänge immer feiner, genauer und weicher. Überspringen Sie eine Gangart oder überlegen Sie sich vorher, nach wie vielen Galoppsprüngen Sie wieder traben oder wo genau Sie angaloppieren möchten. Anfangs ruhig mit Hilfe einer Markierung, die auch für das Pferd deutlich ist (Pylone, Tonne etc.). Versuchen Sie es auf der geraden Strecke und auf dem Zirkel. Schaffen Sie es, auch irgendwann, ohne die Geschwindigkeit zu erhöhen die Gangart nach oben zu wechseln?

Sie motivieren Ihr Pferd dazu, sehr fein zuzuhören und schon auf feinste Signale zu reagieren, wenn Sie immer variantenreicher werden, ohne Ihren Fokus zu verlieren.

FÜR MEHR FREIHEIT

Arbeiten Sie besonders darauf hin, zuerst die Biegung und dann das Seil selbst nicht mehr für das Durchparieren zu benötigen. Zusammen mit dem Rückwärts ist das von großem Wert für das freie Reiten. Ein Roundpen oder Longierzirkel sind geeignete Orte, um zu testen, wie wenig Sie beim Traben und Galoppieren auf die Zügel angewiesen sind.

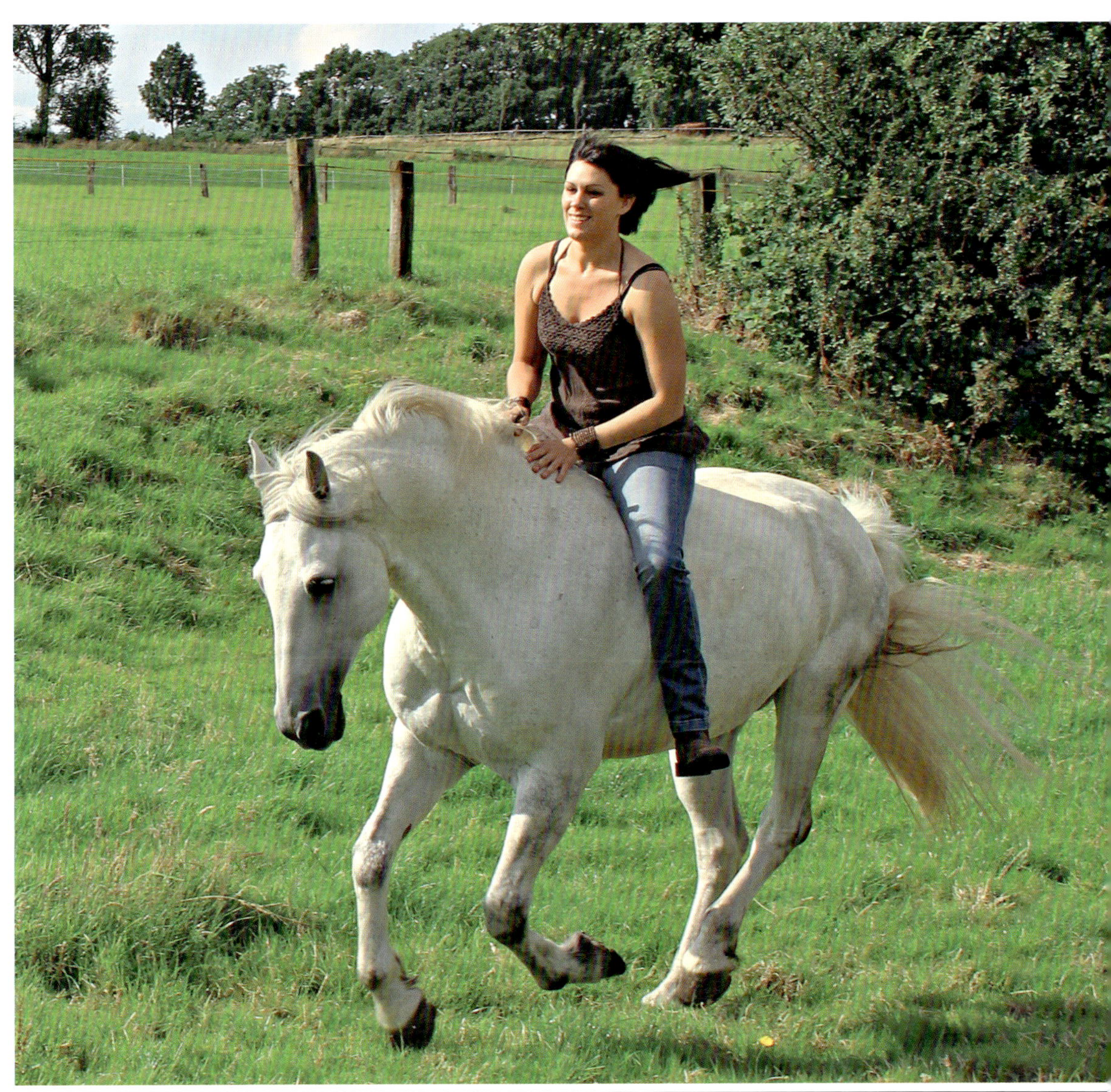

Wer träumt nicht davon, frei über eine grüne Wiese zu galoppieren. Auch für Sie ist das möglich. Doch es gibt keine Abkürzungen. Zuerst müssen Sie sich auf Ihre Gangartübergänge verlassen können, dann tasten Sie sich im Roundpen oder auf dem Platz an größere Flächen heran. Und das Wichtigste: Es geht dabei nicht um das Ziel, sondern immer um das Vertrauen des Pferdes!

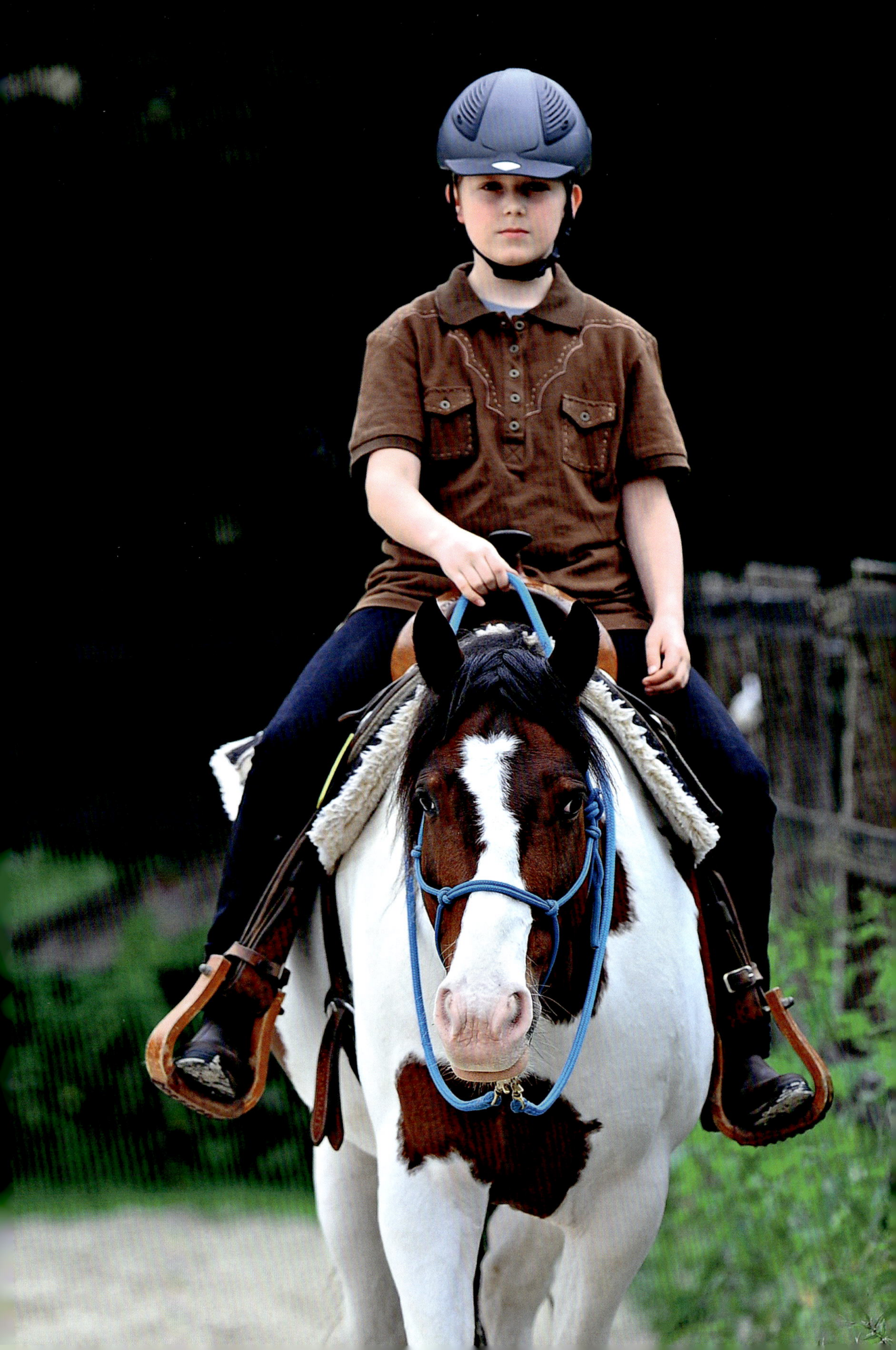

Zusammengesetzte Übungen — Aufgaben kombinieren

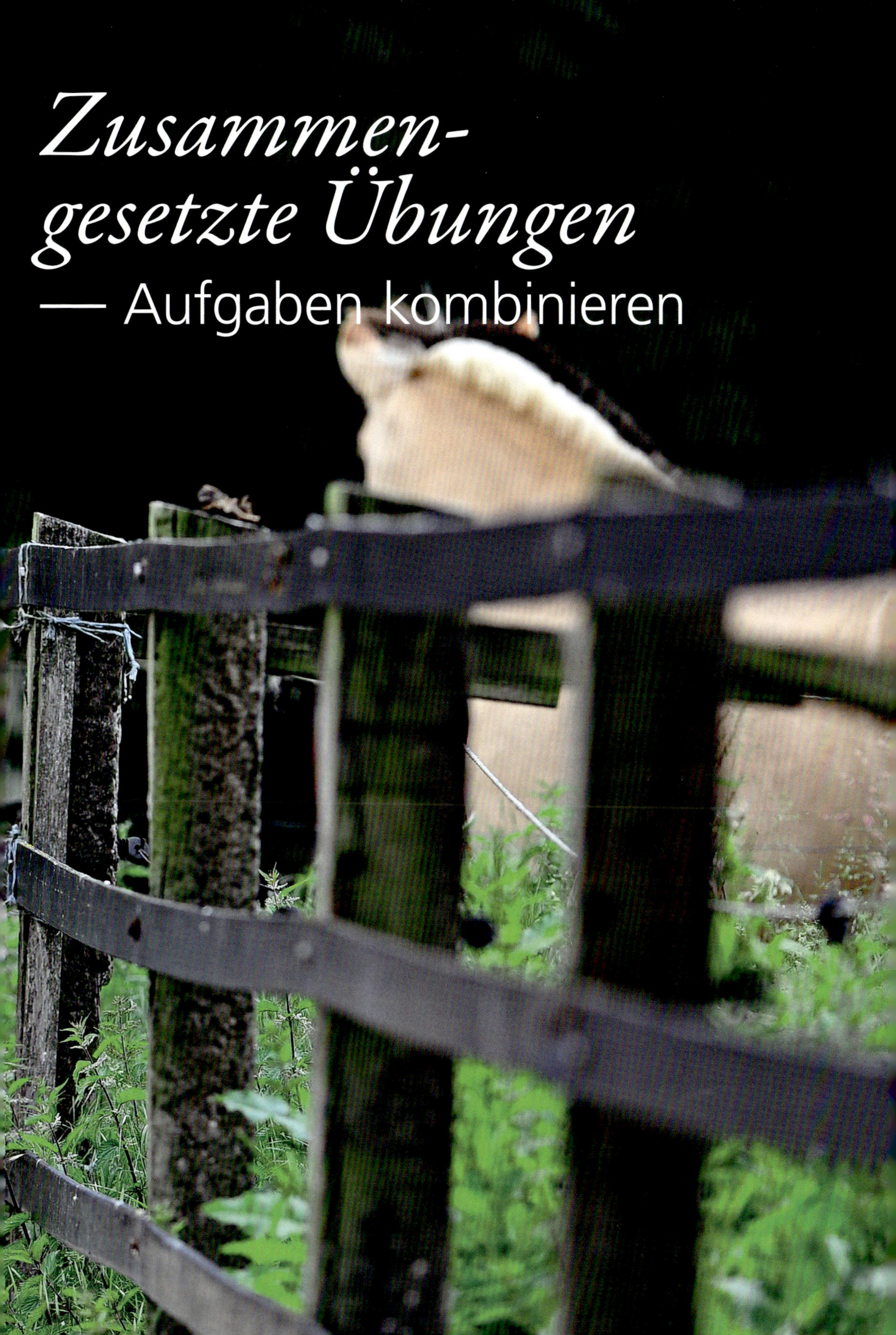

Das Aufwärm-Trio

Mit den Grundübungen haben Sie eigentlich schon alles, was Sie zum Reiten brauchen. In den folgenden Übungen lernen Sie „nur noch", diese Einzellektionen zu komplexeren Übungen zu kombinieren.

DIE SICHERHEITSCHECKS VOR JEDEM REITEN

Die im vorigen Kapitel beschriebenen Grundübungen vor dem eigentlichen Reiten noch einmal zu testen, ist in jedem Fall sinnvoll. Sie kommen mit ihnen sicher aufs Pferd, können sich mit ihrem Pferd zusammen vorwärts- und rückwärtsbewegen und können Kopf, Vorhand und Hinterhand unabhängig voneinander nach rechts oder links fragen. In diesem Kapitel erfahren Sie, wie Sie die einzelnen Basisübungen sinnvoll miteinander verbinden können. Um Sie schonend darauf einzustimmen, haben wir für den Einstieg eine schöne und wertvolle Kombinations-Übung für Sie. Es geht darum, die seitliche Biegung, die Hinterhandkontrolle und das Vorhandweichen zu einer einzigen fließenden Übung zu vereinen. So stellen Sie in einem Rutsch sicher, dass die Notbremse (die Biegung), die Kupplung (die Hinterhand) und die Lenkung (die Vorhand) funktionstüchtig sind. Das erlaubt es Ihnen, diese relevanten Sicherheitsaspekte immer wieder vor dem Reiten und auch zwischendurch zu überprüfen. Das macht Ihr Pferd geschmeidig und durchlässig.

01 – 03 Das Sicherheits-Trio: die seitliche Halsbiegung, das Hinterhandweichen und das Vorhandweichen flüssig zu einer Bewegung vereint

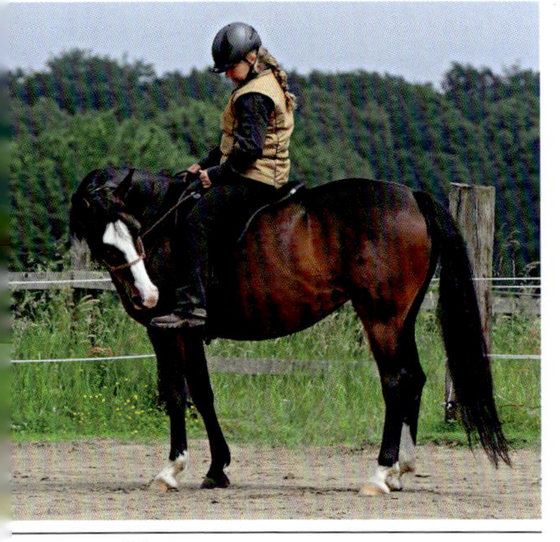

01

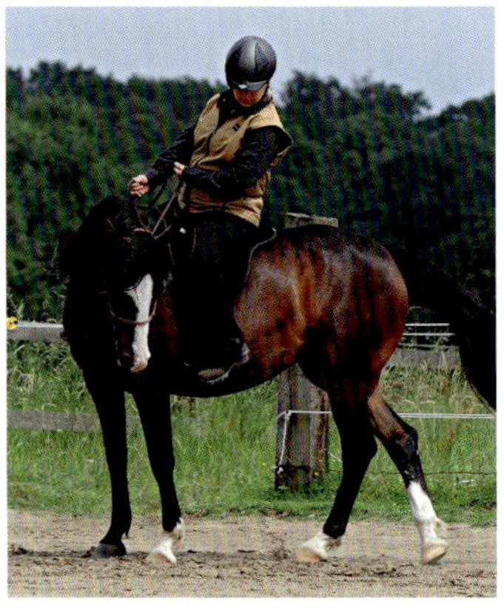

02

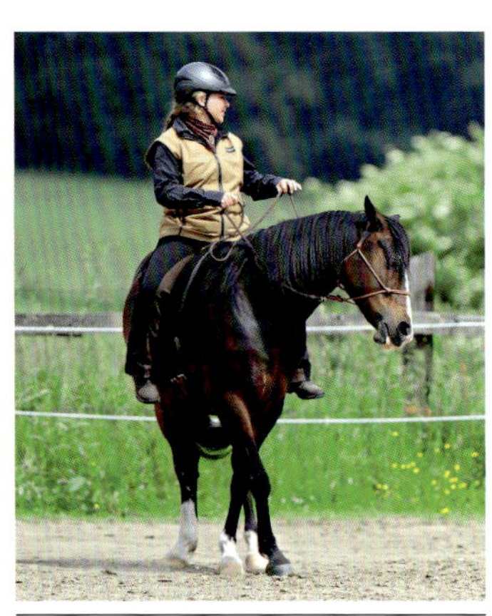

03

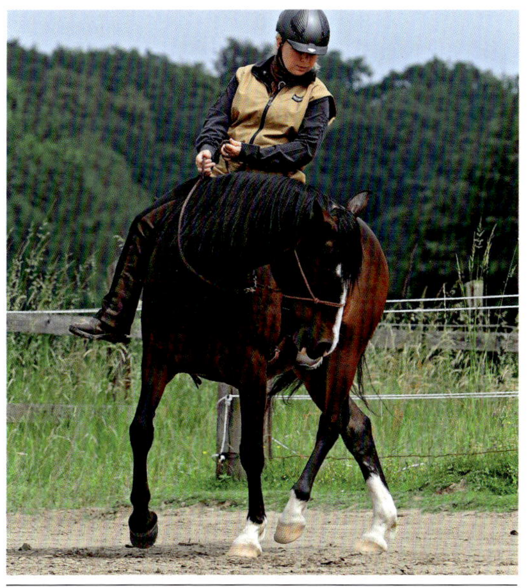

01

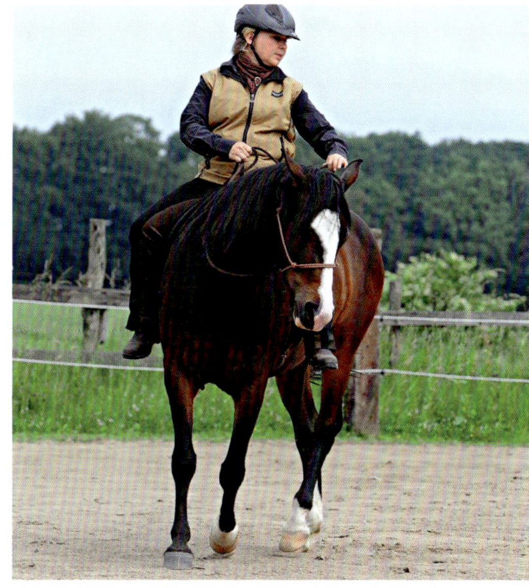

02

01 – 02 Und auch in der Bewegung macht es Pferd und Reiter geschmeidig und aufmerksam.

IM STAND

Sie beginnen mit der Biegung und schließen in einem fließenden Übergang daran das Weichen der Hinterhand an. Nun warten Sie aber nicht, bis die Hinterhand wieder stillsteht, sondern fahren nahtlos mit dem Vorhandweichen fort. Ihr Arm bewegt sich also von Ihrem Bauchnabel aus nach außen, Ihr Fokus wandert von der Hinterhand weg in die neue Bewegungsrichtung der Vorhand und auch Ihr Sitz macht den Weg für die Schulter frei. Danach schalten Sie sich wieder aus.

IN DER BEWEGUNG

Im Schritt geht das genauso. Doch Vorsicht: Fokus und Energie bleiben während der gesamten Übung im Schrittmodus. Während es mit dem Hals nachgibt, soll das Pferd also weiterlaufen, biegen Sie daher den Hals nicht zu stark. Beim Hinterhand- und Vorhandweichen sollte auch eine deutliche Vorwärtstendenz zu erkennen sein, damit alles im Fluss bleibt. Lassen Sie das Pferd mit Vor- und Hinterhand jeweils ein paar Schritte in Folge weichen. Idealerweise reiten Sie am Ende wieder in dieselbe Richtung weiter, in die Sie vorher schon geritten sind.

ACHTUNG BEI VORWEGNAHME

Bisher haben wir die einzelnen Komponenten noch getrennt voneinander behandelt (selbst die Hinterhand und die Biegung). Wenn Sie diese jetzt zu einer kombinierten Übung verbinden, ist es wahrscheinlich, dass Ihr Pferd schon den nächsten Schritt vorwegnimmt, bevor Sie danach gefragt haben. Das zeigt zwar, dass es verstanden hat, worum es geht, aber achten Sie trotzdem darauf, dass es langfristig erst dann etwas tut, wenn Sie es auch gefragt haben.

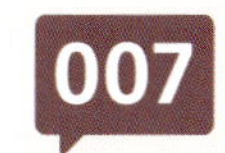

In diesem Film sehen Sie Gangartenübergänge und das Test-Trio.

Folge dem Hufschlag!

Im Abschnitt über die Passagierübung haben Sie Ihrem Pferd bereits beigebracht, dass es die Gangart nicht unterbrechen soll. Nun kommt eine weitere Verantwortung dazu, nämlich die Richtung beizubehalten.

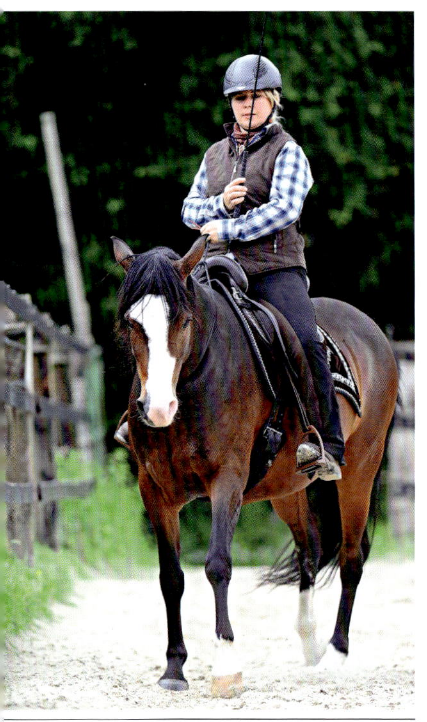

Feines Reiten gelingt erst, wenn man Beine und Hände frei hat für komplexe Kommunikation.

SINN UND ZIEL

Ziel Ihr Pferd bleibt eigenverantwortlich auf dem Hufschlag. Sie müssen es dort nicht durch Zügel oder Schenkel „halten", nur durch Ihren Fokus läuft es weiter an der Bande entlang.

Potenzial für differenziertere Hilfengebung Durch die Passagierübung brauchen Sie Ihre Arme und Beine schon kaum noch zum Treiben oder Bremsen. Jetzt werden Sie sie bald auch weniger benutzen müssen, um in eine bestimmte Richtung zu reiten. Das bringt Sie anspruchsvolleren Lektionen einen weiteren Schritt näher.

Freiheit Richtungskontrolle gehört neben Geschwindigkeitskontrolle zu den elementarsten Bausteinen des freien Reitens. Wenn Ihre Lenkung funktioniert, ist das gut, denn Sie können Ihr Pferd dorthin reiten, wohin Sie möchten. Doch noch besser ist es, wenn das Pferd selbst weiß, wann es in eine bestimmte Richtung gehen oder einen bestimmten Weg entlanggehen soll, und das auch eigenständig tut.

Schritt für Schritt Die Aufgabe, dem Hufschlag zu folgen, hat den großen Vorteil, dass Ihnen die Bande die Hälfte der Arbeit abnimmt. Sie müssen nur darauf achten, ob Ihr Pferd sich von der Bande weg bewegt. Und folglich brauchen Sie es auch nur in eine Richtung zu korrigieren. Das macht das Lernen auf beiden Seiten leichter.

Verbindung und Beziehung Sowohl Reiter als auch Pferd müssen besser aufeinander achten. Dazu gehört, dem Pferd noch mehr zu vertrauen, ihm sozusagen zuzutrauen, dass es die Aufgabe meistern kann. Auf diesem Wege erlangt auch das Pferd ein weiteres Stück Mitbestimmung, denn es kann sich einbringen, kann probieren und herausfinden. Dies wird ihm das nachhaltige Lernen erheblich erleichtern. Lenken und Leiten lehren das Pferd besser als Druck und Strafe. Die Hufschlagübung eignet sich hervorragend dazu, das zu verinnerlichen, denn sie ist simpel und dabei sehr effektiv.

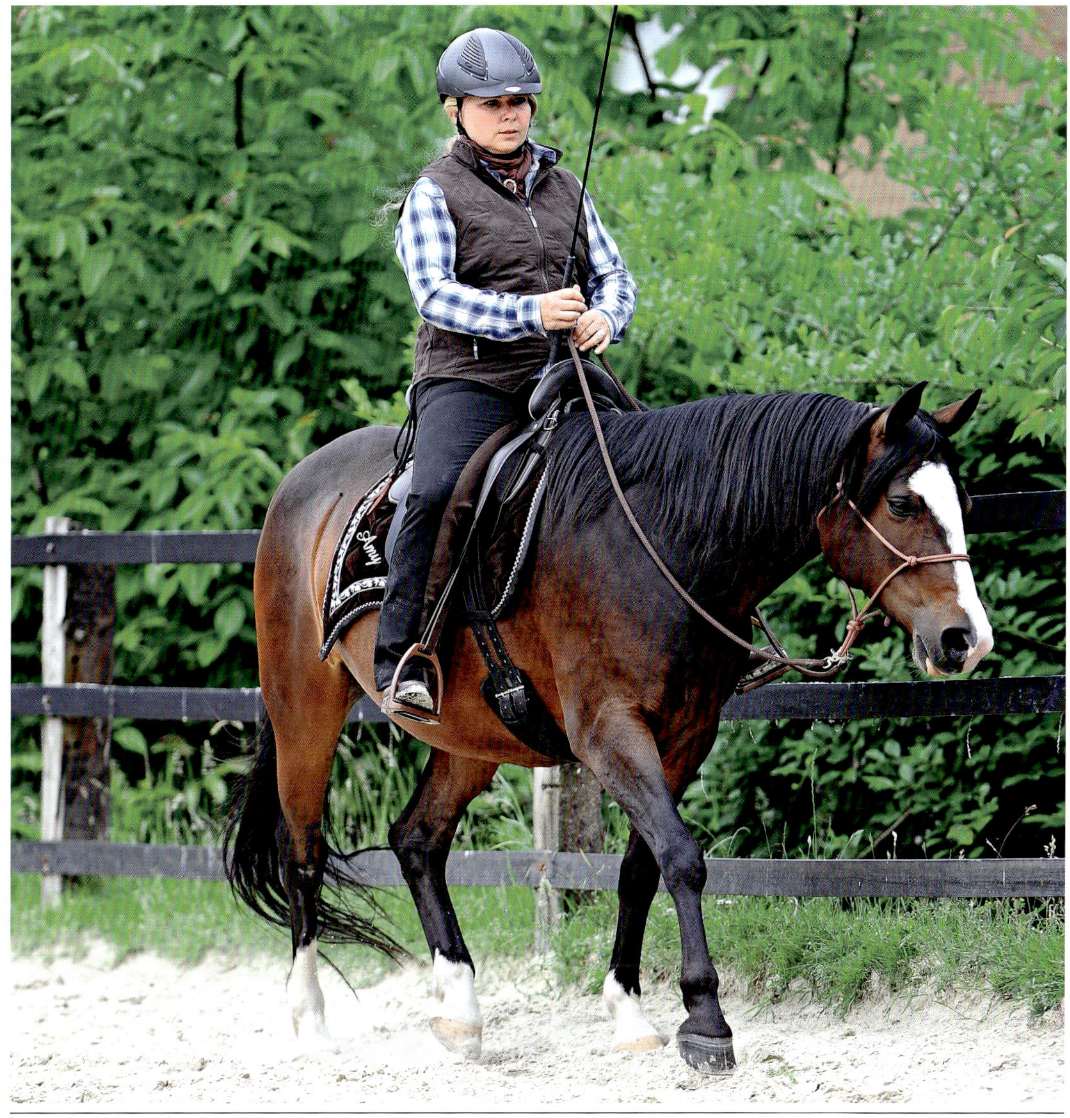

Pferd und Reiter lernen ihre gegenseitige Verantwortung für die Richtung am einfachsten an der Bande kennen.

DURCHFÜHRUNG

Schritt 1 Reiten Sie Ihr Pferd an die Bande. Am besten beginnen Sie kurz hinter der Ecke an einer langen Seite. Das verschafft Ihnen den nötigen „Anlauf", sprich genügend Zeit und Platz zum Agieren.

Schritt 2 Sobald Sie an der Bande sind, richten Sie Ihren Fokus in die nächste Ecke. Das bedeutet, Augen, Schultern und Hüfte sind in diese Ecke gerichtet. Die Zügel halten Sie dabei locker und durchhängend in der inneren Hand (auf der Seite der Bahnmitte). Sie können die Hand auf dem Widerrist oder dem Sattel(horn) ablegen.

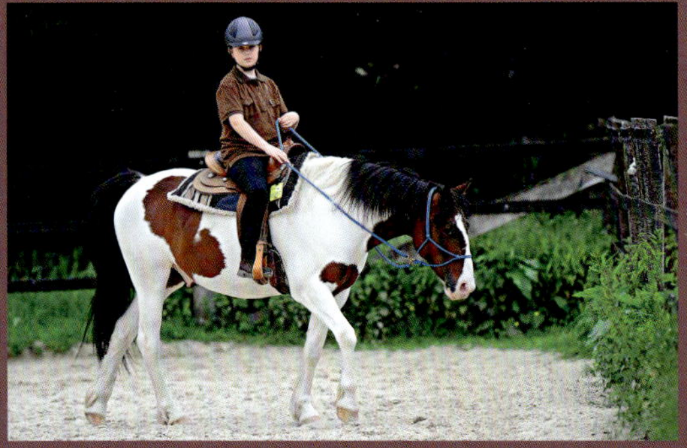

01

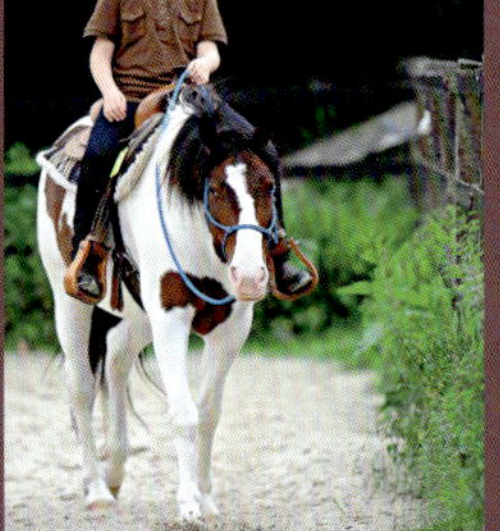

02

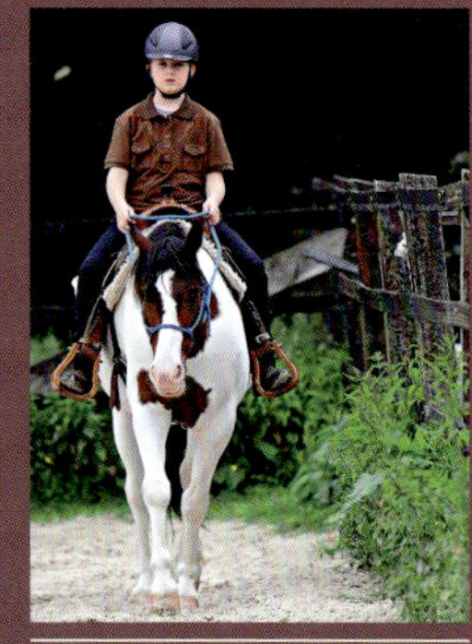

03

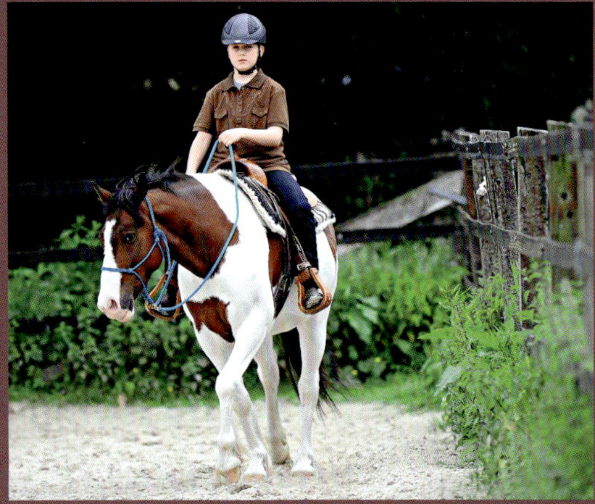

04a

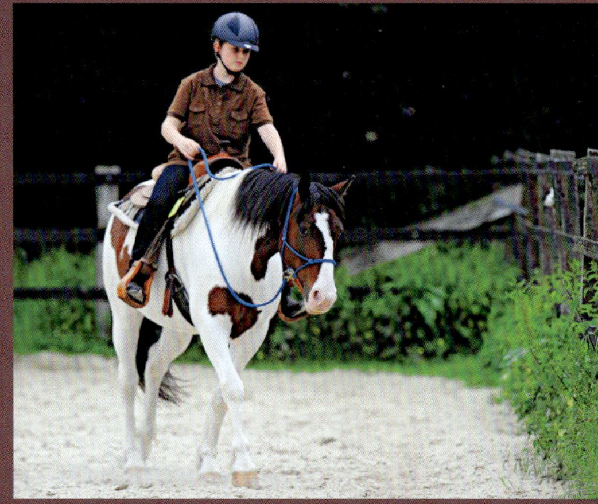

04b

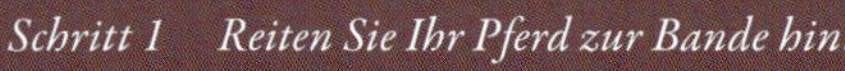

DURCHFÜHRUNG

Schritt 1 *Reiten Sie Ihr Pferd zur Bande hin.*

Schritt 2 *Dort richten Sie Ihren Fokus in die nächste Ecke.*

Schritt 3 *Bleiben Sie neutral, solange das Pferd an der Bande ist.*

Schritt 4 *Driftet es von der Bande weg, lenken Sie es wieder zum Hufschlag.*

Schritt 5 *Zurück an der Bande werden Sie wieder neutral.*

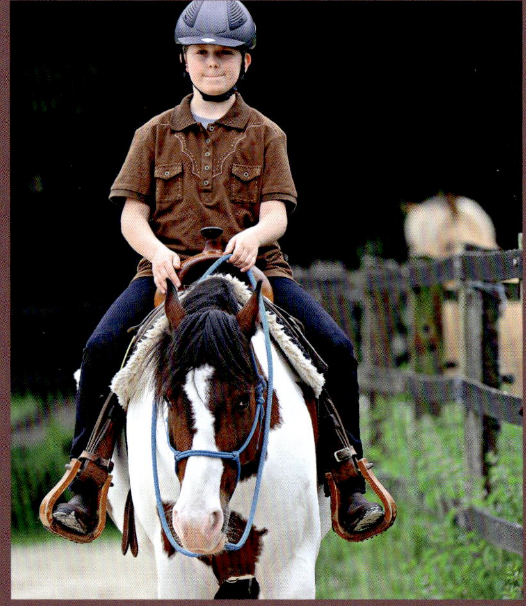

05

Schritt 3 Solange das Pferd an der Bande bleibt, behalten Sie diese Position (Fokus) und eine neutrale Energie bei.

Schritt 4 Bewegt sich Ihr Pferd von der Bande weg, lassen Sie es geschehen, werden aber dann direkt aktiv. Sie beginnen, es zunächst mit Ihrem Fokus und Sitz, danach mit dem Bein und schließlich auch mit dem Zügel an die Bande zurückzulenken. Ihr Fokus richtet sich währenddessen nicht mehr in die Ecke, sondern in Richtung Bande. Tun Sie das unmittelbar, jedoch nicht prophylaktisch, sondern wirklich erst, wenn Ihr Pferd die Richtung ändert. Es muss ja Ihre Aktion mit dem Verlassen des Hufschlags verknüpfen können.

Schritt 5 Sind Sie wieder an der Bande angelangt, kehren Sie zurück zu Ihrem Neutralmodus und richten den Fokus erneut in die Ecke. Das Ganze muss nicht schnell gehen. Ausschlaggebend für den Erfolg ist der Unterschied in Ihrer Energie: neutral an der Bande, eingeschaltet, wenn das Pferd von der Bande wegdriftet.

Weitere Schritte Die Schritte vier und fünf wechseln sich ab, bis Ihr Pferd es schafft, einige Tritte länger an der Bande zu bleiben als zuvor. Dafür bekommt es eine Pause (ausschalten und z. B. anhalten). Am meisten bringt eine Pause an der Bande, um die Idee „Der Hufschlag ist toll!“ noch zu verstärken. Empfindet das Pferd das allerdings als unangenehm, lassen Sie es selbst entscheiden, was es in seiner Pause tun möchte. Am Anfang bleibt Ihr Pferd vielleicht nur für ein, zwei oder drei Schritte an der Bande. Wenn es nach ein paar Versuchen fünf oder sechs Schritte durchhält, wäre das schon eine Pause wert. Dann können Sie die Strecke langsam steigern. Auf diese Weise lernt das Pferd – wie schon beim Zirkeln am Boden oder bei der Passagierübung im Sattel – dass es angenehm ist, wenn es Ihrem Fokus folgt und dass es langsam unangenehm wird, wenn es das nicht mehr tut.

ALTERNATIVE

Es gibt eine alternative Vorgehensweise, um das Pferd wieder zurück an die Bande zu dirigieren. Sie scheint etwas aufwändiger und im ersten Moment unlogisch zu sein, ist aber ebenso effektiv. Ihr großes Plus: Sie erlaubt es uns, mit dem Pferd zu arbeiten, statt dagegen, also „Ja“ zu sagen zu seiner Idee, statt „Nein“. Auch ist sie für schnelle oder unerfahrene Pferde geeignet sowie für solche, die gerne mal etwas kämpfen oder sich wehren. Der Unterschied zur vorher beschriebenen Durchführung liegt im vierten Schritt. Wenn das Pferd in die Bahn driftet, lenken Sie es gerade nicht in die andere Richtung zur Bande zurück, sondern in einer Volte von der Bande weg. So gelangt es über den Kreis am Ende wieder auf den Hufschlag, wo Sie Ihren Fokus wie gehabt in die Ecke richten und neutral werden. Die Botschaft lautet wie so oft: „Ja, das kannst du ruhig machen, du hast aber nichts davon.“

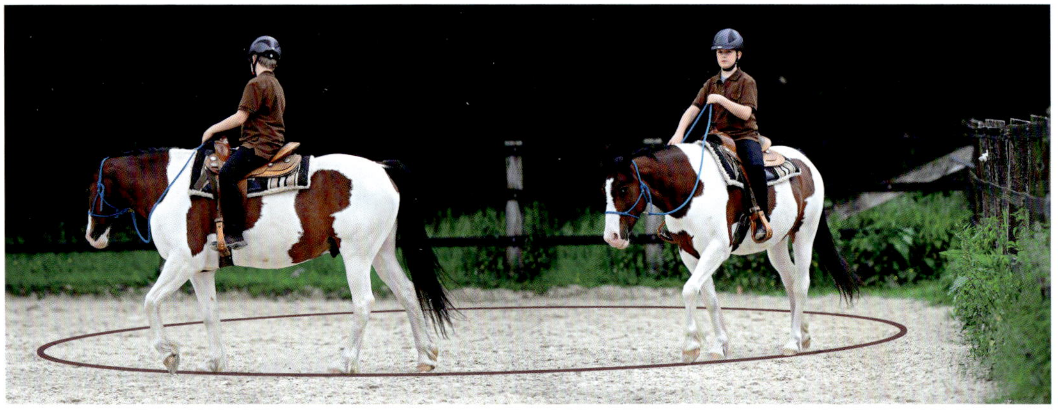

Sie können das Pferd auch kurz in die Bahn gehen lassen, um es dann nahtlos in einer Volte zurück zum Hufschlag zu dirigieren. Diese Variation ist weniger konfrontativ.

Ohne Konfrontation bekommen Sie so, was Sie wollen, und das Pferd hat noch weniger das Gefühl, etwas falsch gemacht zu haben. Ganz nebenbei kommen Sie als Reiter weniger in Versuchung, Ihr Pferd an der Bande „festhalten" zu wollen.

WAS MACHE ICH, WENN EINE ECKE KOMMT?

Diese Frage taucht bei der Bleib-an-der-Bande-Übung schnell auf. Am Anfang schafft man eine Verbesserung eben nicht immer in einer einzigen Bahnlänge. Also muss man sich früher oder später mit einer Ecke auseinandersetzen. Die Problematik mit den Ecken kennen Sie und Ihr Pferd eventuell schon von der Passagierlektion. Wenn Sie beide sich dort schon erfolgreich darum gekümmert haben, brauchen Sie sich auch bei der Hufschlagübung kaum Gedanken darüber zu machen.

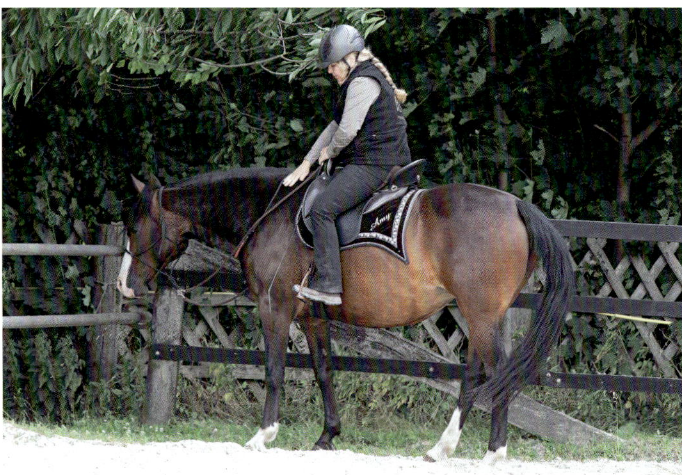

Pausen in den Ecken motivieren das Pferd, an der Bande zu bleiben und die Ecken nicht abzukürzen.

Lassen Sie Ihr Pferd einfach durch die Ecke gehen – schließlich gehört sie ja mit zur Bande. Ist Ihr Pferd allerdings noch etwas unerfahrener, dürfen Sie es auch gerne durch die Ecken durchlenken, bis es die Übung besser verstanden hat.

DAS ECKENSPIEL

Sitzen Sie auf einem Pferd, das nicht sehr bewegungsfreudig ist, oder aber auf einem, das aufgeregt ist und immer vorwärtseilt, dann versuchen Sie es mit dem „Eckenspiel". Es ist für beide Extreme eine gute Kur. Beim Eckenspiel reiten Sie an der Bande entlang, wie Sie es gerade gelernt haben, jedoch machen Sie in jeder Ecke eine Pause. Das verlässliche, nahe Ziel motiviert die „Faulen", bremst die Flotten aus und gibt den Nervösen Sicherheit durch Vorhersehbarkeit und Struktur. Diese Taktik gewöhnt im Übrigen auch jedem Pferd das Abkürzen der Ecken ab. In einer kleineren Reitbahn ist das für die Pferde verständlicherweise besser nachzuvollziehen, als an einer 60m langen Bande. Sie können aber einfach auf einem langen Hufschlag ein oder zwei zusätzliche feste Stationen einbauen. Damit schaffen Sie automatisch eine gute Überleitung zur nächsten Übung, in der es darum geht, geradeaus von einem Ziel zum nächsten zu reiten.

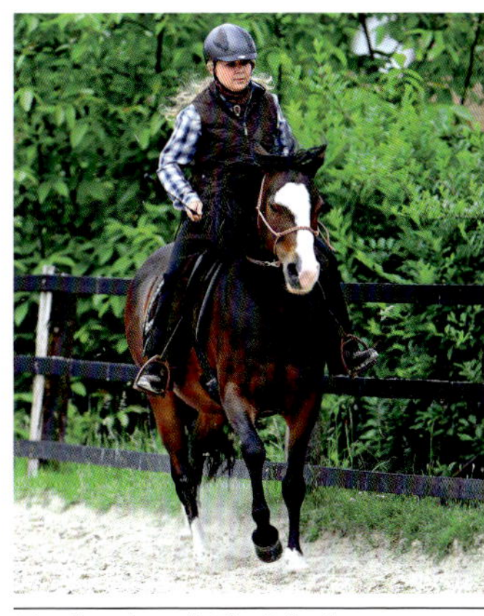

Erschreckt sich Ihr Pferd, etwa vor „Gespenstern" hinter der Bande, sorgen Sie erst wieder für Entspannung, bevor Sie mit der Hufschlagübung fortfahren.

HÄUFIGE PROBLEME UND LÖSUNGEN

ALLGEMEIN

Solange die Basiskommunikation stimmt, sollte es kaum Probleme geben. Wenn doch, dann forschen Sie nach Hindernissen und Lösungen bei den Einzelteilen, und hier vorrangig bei dem Einfluss auf die Vorhand und beim Beibehalten der Gangart. So oder so ähnlich gilt das im Übrigen auch für alle folgenden Übungen.

DAS PFERD VERSTEHT NICHT, DASS ES AN DER BANDE BLEIBEN SOLL

Pferde sind gute Musterlerner. Jedoch liegen jedem Pferd manche Muster mehr und andere weniger. Und ganz unter uns: Dem Hufschlag zu folgen, ist zwar praktisch, aber besonders spannend ist es für das Pferd nicht. Da kann es schon mal seine Zeit dauern, bis es sich darauf einlässt. Wiederholen Sie die Übung öfter, aber dafür kurz, und loben Sie viel für kleine Fortschritte.

DAS PFERD WIRD (ZU) SCHNELL

Sie können bei diesem Problem versuchen, das Pferd, ähnlich wie bei dem alternativen Übungsaufbau, in einer Volte zu reiten, die wieder an der Bande endet. Diesmal aber nicht nur, wenn es den Hufschlag verlässt, sondern (auch) wenn es zu schnell wird oder gar in eine höhere Gangart wechselt. Dabei kümmern Sie sich gleichzeitig um zwei

Aufgaben des Pferdes: in der Gangart zu bleiben und seinen Weg nicht zu verlassen. Falls es nur kurzfristig aufgeregt ist und etwa antrabt, beruhigen und entspannen Sie es durch die seitliche Biegung und ggf. das Hinterhandweichen. Ist es dagegen ein längerfristiges Thema, dann verschieben Sie die Hufschlagübung auf einen späteren Zeitpunkt und festigen Sie zuerst Ihre Passagierlektion und die Sicherheitsübungen.

DAS PFERD BLEIBT BEIM ECKENSPIEL NICHT IN DER ECKE STEHEN

Selbst hartnäckige Kandidaten werden früher oder später die Ecke als Pausenort schätzen lernen. Allerdings müssen Ihre Energie und Ihr Fokus stimmen. Der Unterschied zwischen neutral bleiben auf dem Hufschlag und sich ausschalten in der Ecke ist dabei ausschlaggebend. Planen Sie genügend Auslauf ein, das soll bedeuten, dass Sie schon einige Meter vor der Ecke aufhören zu reiten und sich ausschalten. Das gibt dem Pferd Zeit, sich darauf einzustellen, und Sie können es ohne Hektik beim Anhalten unterstützen. Eine Ausnahme sind unsichere, extrovertierte Pferde, denn sie suchen nicht nach einer Pause, sondern nach Fluchtwegen. Wenn Sie auf solch einem Pferd sitzen, sollten Sie sich unter Umständen fürs Erste eine andere Aufgabe suchen, um ihm zu helfen, seinen Kopf wieder einzuschalten.

HERAUSFORDERUNGEN: SO GEHT ES WEITER

Testen Sie, ob Ihr Pferd auch im Trab und später im Galopp an der Bande entlanglaufen kann. Aber Achtung, je höher die Geschwindigkeit, umso größer die Wahrscheinlichkeit des Dauertreibens und Festklammerns mit den Beinen. Entspannung hat hier Priorität vor Präzision. Bringen Sie Abwechslung ins Eckenspiel, indem Sie auch mal schon vor der Ecke anhalten, vielleicht sogar etwas rückwärtsrichten und dann erst wieder vorwärts bis zur Ecke reiten. Oder lassen Sie eine oder mehrere Ecken aus. Das alles jedoch nicht bevor das Pferd das Grundprinzip der Übung verstanden hat.

FÜR MEHR FREIHEIT

Der Weg zu mehr Freiheit besteht in erster Linie darin, das Pferd zu lehren, seine Verantwortung wahrzunehmen. Denn wenn es das tut, brauchen Sie ohnehin keine Zügel mehr. Diese Aufgabe übernehmen hauptsächlich Ihr Fokus und Ihre Energie. Egal ob geradeaus oder im Kreis, ob gebogen oder gerade, ob vorwärts oder rückwärts, wenn Sie Ihr Pferd überzeugen, Ihrem Fokus und Ihrem Gefühl zu folgen, dann können Sie alles mit ihm erreichen.

Doch das ist ein langer Weg, und selbst wenn es „eigentlich schon funktioniert“, gibt es immer noch genug Stolpersteine (Ablenkungen, schlechte Konzentration etc.). Daher werden Sie also auch Ihre Lenkung immer weiter verfeinern müssen. Diese benutzen Sie ähnlich wie beim Autofahren, wo Sie immer ein wenig das Lenkrad nachjustieren müssen, damit das Auto geradeaus fährt.

Während Sie dazu übergehen, statt der Zügel immer mehr Stick und String zu benutzen, sollten diese Hilfsmittel ebenfalls neutral bleiben, solange das Pferd seine Aufgabe erledigt. Das heißt, den String also nicht Richtung Bande ziehen und den Stick vielleicht lieber über die eigene Schulter legen, anstatt ihn am Pferdehals zu lassen. Die Bande in Verbindung mit einem Stick ist übrigens ein guter Helfer, um irgendwann tatsächlich das Halfter beim Reiten ganz wegzulassen, weil es immer eine nächste Ecke zum Bremsen gibt.

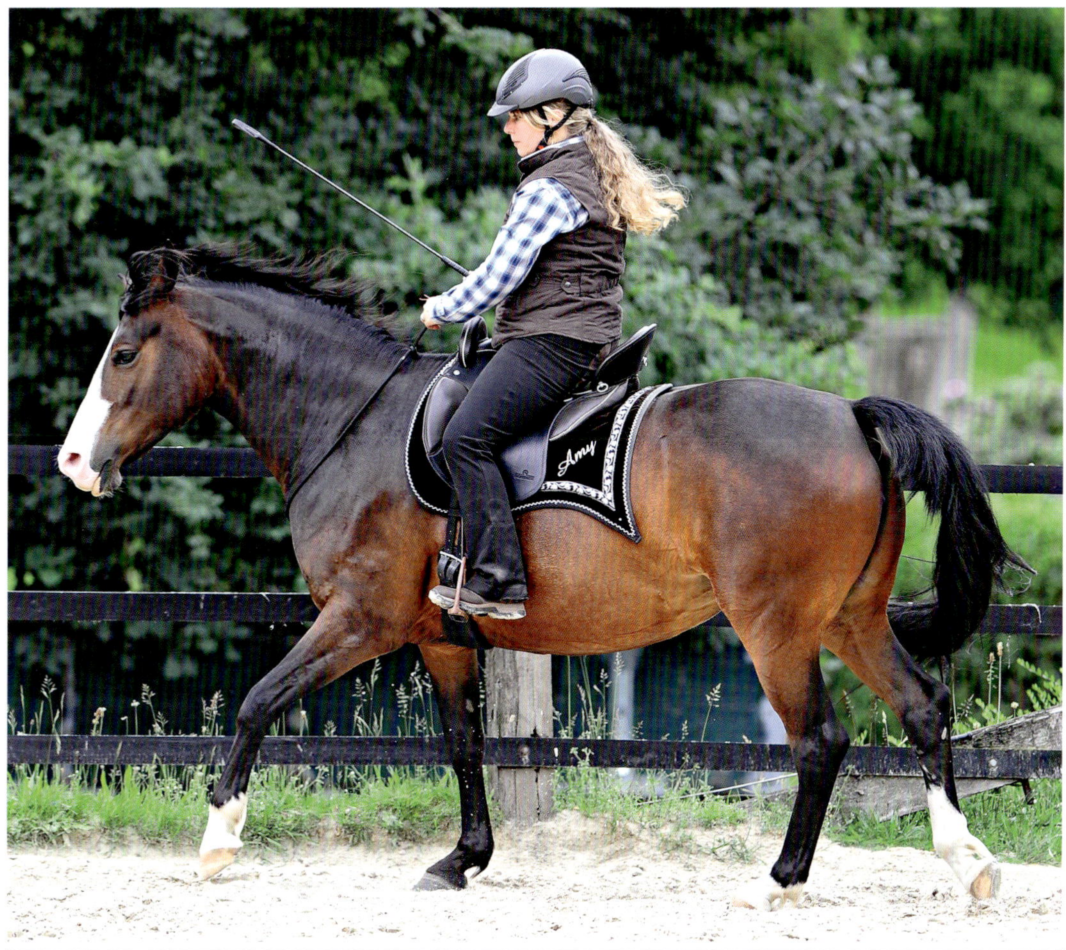

Auch wenn Sie nur mit Stick oder dem String reiten, versuchen Sie, das Pferd damit möglichst nicht an der Bande zu halten, sondern bleiben Sie neutral und korrigieren lediglich.

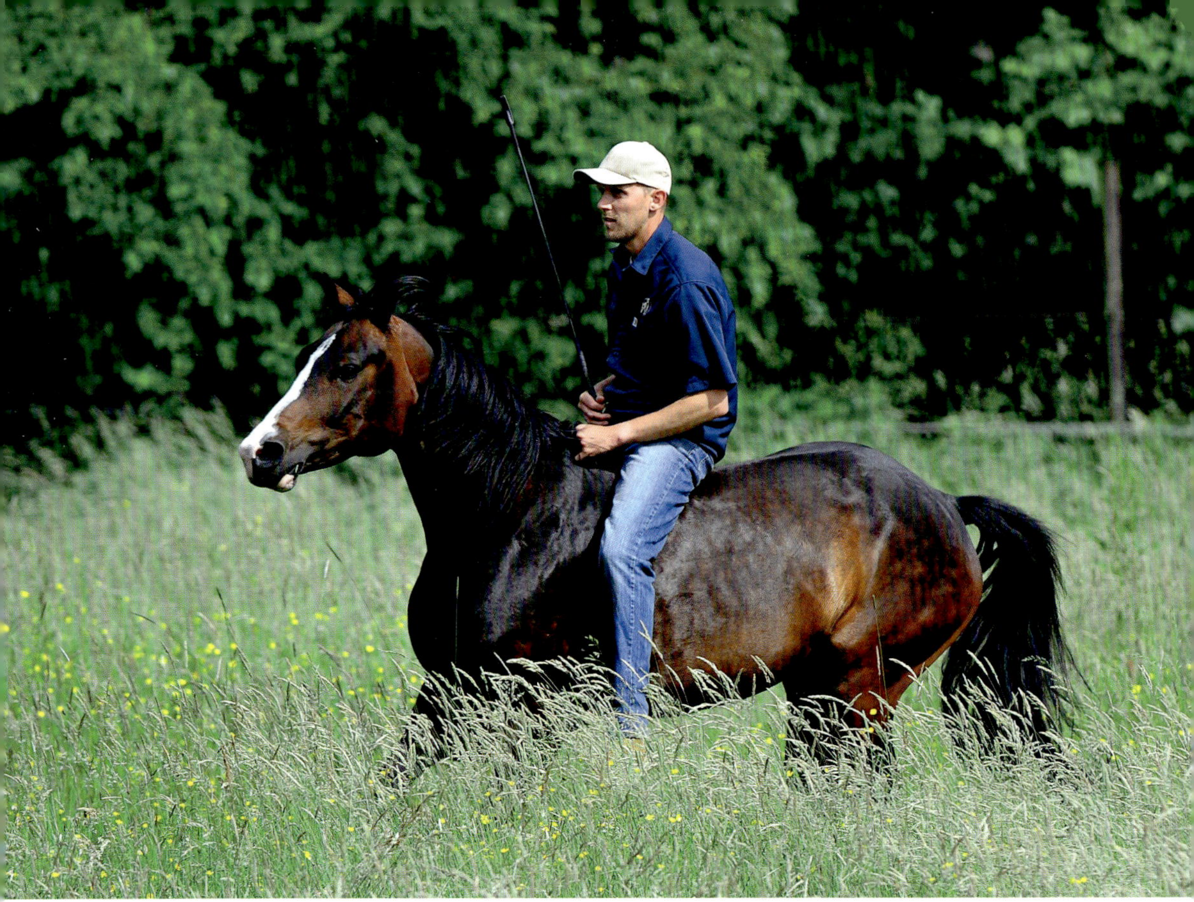

Ein Reiter mit einem Ziel gibt Pferden Klarheit und Sicherheit.

Von einem Ziel zum nächsten

Der Unterschied zwischen „Folge dem Hufschlag" und „Von Ziel zu Ziel zu reiten" besteht eigentlich nur darin, dass Ihr Pferd jetzt in beide Richtungen von seinem Weg abweichen kann, statt nur in eine.

SINN UND ZIEL

Die Vorgehensweise und die Vorteile dieser Methode sind, bis auf einige Details, prinzipiell die Gleichen wie bei der vorherigen Übung.

Ziel Das Pferd behält eigenständig die Richtung bei. Es läuft geradeaus auf ein bestimmtes Ziel zu, (fast) ohne dass Sie als Reiter aktiv werden müssen.

Flexibilität Die fehlende Begrenzung durch die Bande hat nicht nur Nachteile. Sie können sich immer wieder neue, verschiedene Zielpunkte suchen und diese nach Belieben kombinieren. Das sorgt für eine gute Mischung aus vorhersehbarem Muster und flexibler Umsetzung. So verbindet diese Übung die Vorteile von Kontinuität und Abwechslung.

Fokus Ihr Pferd lernt noch mehr, Ihrem Fokus, ausgedrückt durch Körpersprache wie Schultern, Hüfte oder Kopf, zu folgen.

Planvoll reiten Sie gewöhnen sich an, nicht nur in der Gegend herumzureiten, sondern immer ein klares Ziel zu haben, das Sie anvisieren. Das wird auch Ihr Pferd mitbekommen und Sie als einen Reiter schätzen lernen, der immer einen konkreten Plan hat.

VORBEREITUNGEN

Schon bevor Sie beginnen, sollten Sie sich Ziele aussuchen bzw. vorbereiten. Suchen Sie sich Bahnpunkte oder Zaunpfosten aus, oder stellen Sie sich Sprungständer, Tonnen, Pylonen und Ähnliches als Ziel auf – sowohl an die Bande, als auch in die Bahn hinein. Doch übertreiben Sie es nicht, schließlich brauchen Sie noch Platz, um hin und her zu reiten.

DURCHFÜHRUNG

Ihr Pferd steht irgendwo in der Bahn und Sie sitzen in der Grundposition oben drauf.

Schritt 1 Suchen Sie sich einen Zielpunkt, zu dem Sie hinreiten möchten. Schauen Sie dort hin und lassen Sie Ihren Blick darauf geheftet, bis Sie ihn erreicht haben. Dadurch drehen sich Ihre Schulter, Ihr Bauch und Ihre Hüfte automatisch mit auf das Ziel zu. Das ist dann bald auch das Signal für das Pferd, seinen Blick und seinen Körper ebenfalls dorthin zu drehen.

Schritt 2 Reiten Sie in die Richtung Ihres Ziels los. Wenn Sie einen Punkt direkt vor sich angepeilt haben, dann reiten Sie an, wie im Kapitel „Losreiten" beschrieben. Liegt der Zielpunkt seitlich oder gar hinter Ihnen, müssen Sie Ihr Pferd gleichzeitig lenken und losreiten.

Schritt 3 Sobald und solange die Nase des Pferdes auf den Zielpunkt zeigt, sind Sie neutral und lassen sich einfach nur von den Bewegungen des Pferdes tragen.

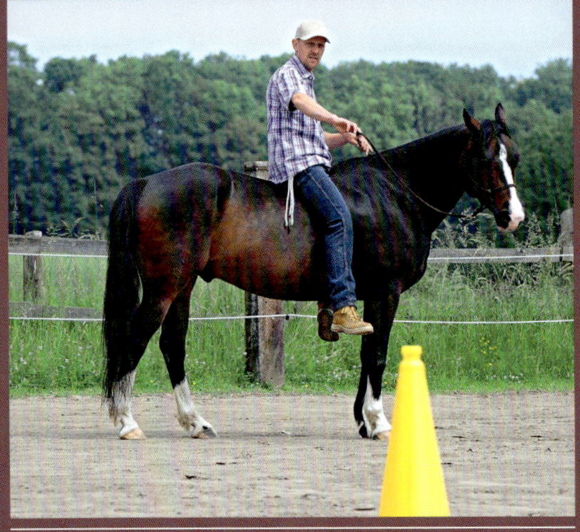

01

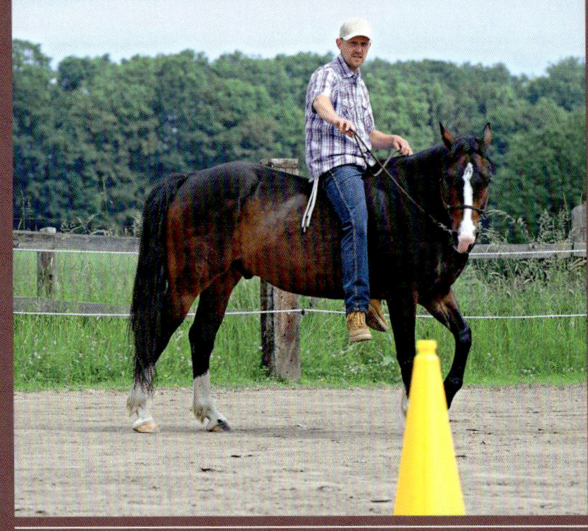

02

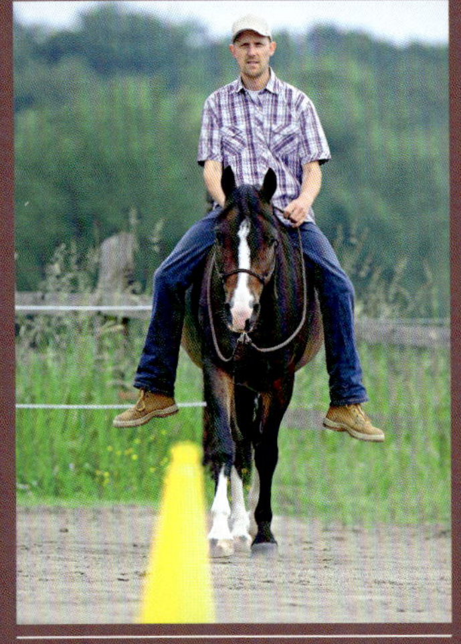

03

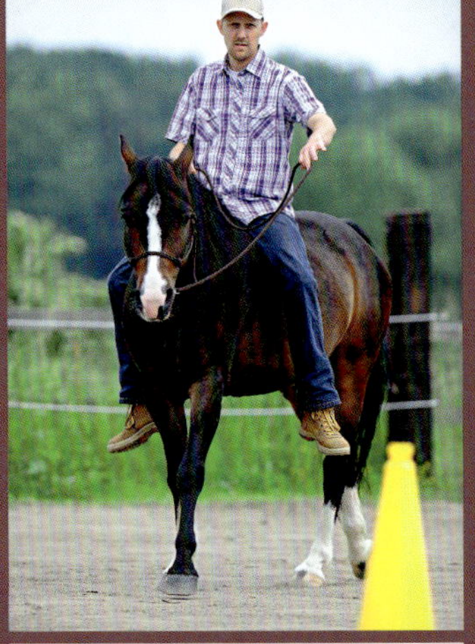

04

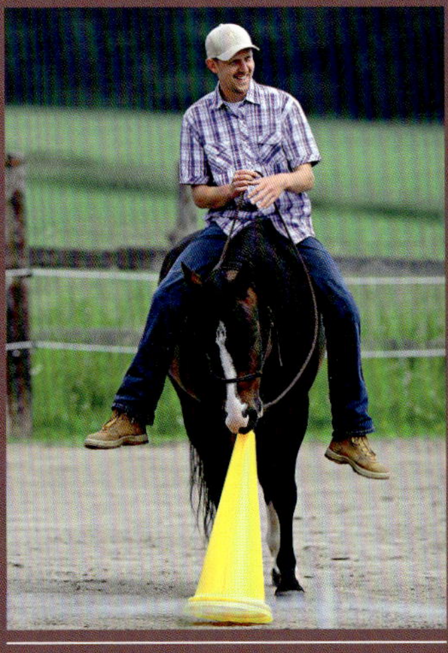

05

☞ DURCHFÜHRUNG

Schritt 1 *Visieren Sie Ihr Ziel mit Fokus und Körpersprache an.*

Schritt 2 *Reiten Sie in Richtung des Ziels los.*

Schritt 3 *Bleiben Sie neutral, solange die Pferdenase zum Ziel zeigt.*

Schritt 4 *Weicht das Pferd vom Weg ab, lenken Sie es wieder in Richtung Zielpunkt.*

Schritt 5 *Am Zielort gibt es eine Pause.*

Schritt 6 *Auf zum nächsten Ziel*

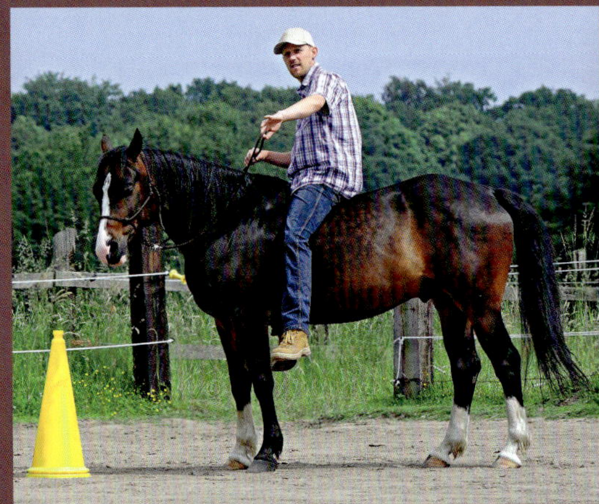

06

Schritt 4 (Nur) Wenn es von der vorgegebenen Richtung abweicht, werden Sie aktiv und lenken das Pferd wie immer freundlich, aber bestimmt zurück auf Ihr gewähltes Ziel zu. Die Schritte 3 und 4 wechseln sich ab, bis Sie Ihr Ziel erreicht haben.

Schritt 5 Sind Sie schließlich an Ihrem Zielpunkt angelangt, halten Sie an und machen Sie eine (kurze) Pause zusammen mit Ihrem Pferd.

Schritt 6 Suchen Sie sich das nächste Ziel aus und beginnen wieder bei Schritt 1.

Je seltener Sie die Richtung korrigieren müssen, umso besser hat Ihr Pferd verstanden, dass es darum geht, geradewegs zum Zielpunkt zu laufen.
Wenn Sie also beispielsweise auf dem Weg von der einen Bande zur anderen zuerst fünfzehn Mal die Nase wieder nachjustieren müssen, nach ein paar Versuchen jedoch nur noch fünf Mal, dann haben Sie schon große Fortschritte gemacht, und das Pferd hat sich eine lange Pause verdient. Steigen Sie zur Belohnung am besten am betreffenden Zielpunkt ab.

ERWEITERTER SCHRITT 5: DAS ZIELSPIEL

Diese Option erfordert etwas mehr Genauigkeit. Das Pferd soll das Ziel nicht nur ungefähr erreichen, sondern es tatsächlich mit seiner Nase berühren. Dazu reiten Sie zunächst wie oben beschrieben zu einem Ziel, etwa einem Bahnpunkt, hin.
Dort angekommen, machen Sie nicht sofort Pause, sondern fragen das Pferd, ob es sich auch mental mit dem Bahnpunkt auseinandersetzen und daran riechen kann. Das tun Sie, indem Sie wieder aktiv werden, solange die Pferdenase woanders ist, und in den Standby-Modus wechseln, sobald sie sich zum Zielpunkt hinbewegt. Haben Sie den Eindruck, das Pferd beschäftigt sich bewusst mit dem Bahnpunkt („Ach schau mal an, ein Buchstabe!"), schalten Sie sich ganz aus. Wir erklären dieses Spiel gerne mit dem Topfschlagen-Prinzip: Ihr Einschalten, Neutral und Ausschalten geben dem Pferd die Rückmeldung: „Kälter", „Wärmer" oder „Jetzt hast du es gefunden!".
Wählen Sie für das Pferd leichte, offensichtliche und interessante Dinge zum Üben aus. Für routinierte Pferde dürfen die Zielobjekte dann ruhig etwas höher, tiefer, langweiliger oder furchteinflößender sein. Das Zielspiel schafft Erfolgserlebnisse für Ross und Reiter, ist aber auch ein ausgezeichnetes Gegenmittel bei Gruselecken in der Halle oder anderen gefährlichen Orten.
Hat das Pferd die Grundidee hinter dem Zielspiel verstanden, wird es schnell Spaß daran finden und genauer suchen. Und gerade bei „gefährlichen" Gegenständen wird es sich eher entscheiden, zu schauen, anstatt zu fürchten.

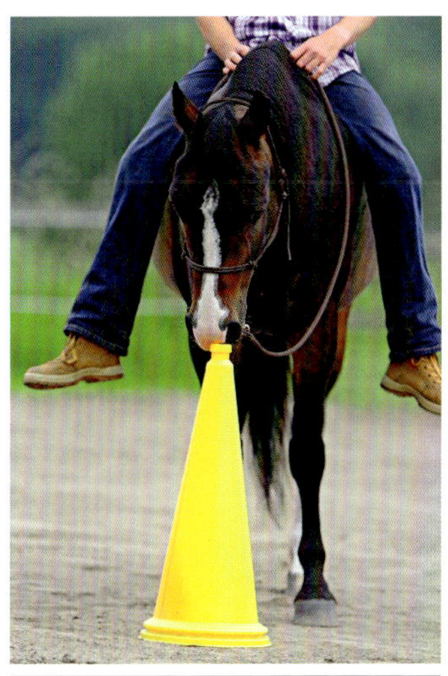

Idealerweise steht das Pferd nicht nur am Zielobjekt herum, sondern beschäftigt sich damit. Dieses präzisere Zielspiel fällt nicht allen Pferden leicht, macht das sture Geradeausgehen aber am Ende interessanter.

HÄUFIGE PROBLEME UND LÖSUNGEN

DAS PFERD WILL/KANN NICHT ANHALTEN

Oft ist die Pause am Ziel für lauffreudige Pferde kein großer Anreiz. Legen Sie trotzdem Wert darauf, dass Ihr Pferd das Ziel erreicht, erlauben Sie ihm dann aber selbstbestimmt weiterzulaufen. Ein Lob am Ziel kann als Unterstützung das Signal setzen: Aufgabe erledigt!

SIE ERREICHEN DAS ZIEL NUR ÜBER VIELE UND GROSSE UMWEGE

Bis sie das Ziel als solches erkennen, interessieren sich Pferde für alles Mögliche, auf dem Boden oder in der Umgebung. Machen Sie sich aber keine allzu großen Sorgen darüber, wie oft oder wie weit Ihr Pferd vom Ziel abdriftet. Hauptsache ist, Sie kommen am Ende dort an und – ganz wichtig – Ihr Pferd empfindet das Ziel als etwas Positives. Es kann helfen, sich zunächst nur zwei Ziele zu wählen und zwischen ihnen hin und her zu pendeln. Das erhöht die Wahrscheinlichkeit des Musterlernens.

DAS PFERD HÄLT IMMER WIEDER AN

Richten Sie es so ein, dass die Ziele nah beieinander sind. Machen Sie das Ziel attraktiver durch etwas Leckeres (z. B. ein Karottenstück oder ein Apfel auf einer Tonne). Zuerst an jedem Ziel, später nur ab und zu. Es soll ja schließlich nicht nur um das Ziel gehen, sondern mehr und mehr um die Richtung! Bei unmotivierten Pferden sind immer gleiche Zielorte kontraproduktiv. Sie denken sich: „Da war ich doch schon, wieso soll ich meine Energie einsetzen, um da noch mal hinzugehen?"

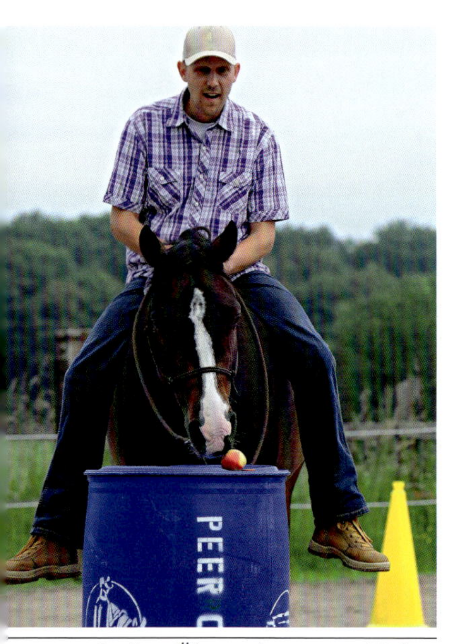

Leckere Überraschungen am Ziel machen müde Pferde munter und wirken motivierend.

HERAUSFORDERUNGEN – SO GEHT ES WEITER

DER WEG WIRD ZUM ZIEL

Stellen Sie nach und nach immer mehr die Richtung und weniger das Ziel an sich in den Mittelpunkt der Aufgabe. Dafür haben Sie drei Möglichkeiten, die sich auch gut untereinander kombinieren lassen:

1. Sie machen nicht mehr an jedem Ziel Pause, sondern reiten daran vorbei zum übernächsten. Später pausieren Sie dann nur noch bei jedem dritten oder vierten Ort usw.

2. Richten Sie schon vor dem Erreichen des nächsten Ziels den Fokus auf einen anderen Punkt und reiten Sie dorthin. Also auf dem Weg von A nach B entscheiden Sie, dass Sie doch lieber zu C reiten möchten.

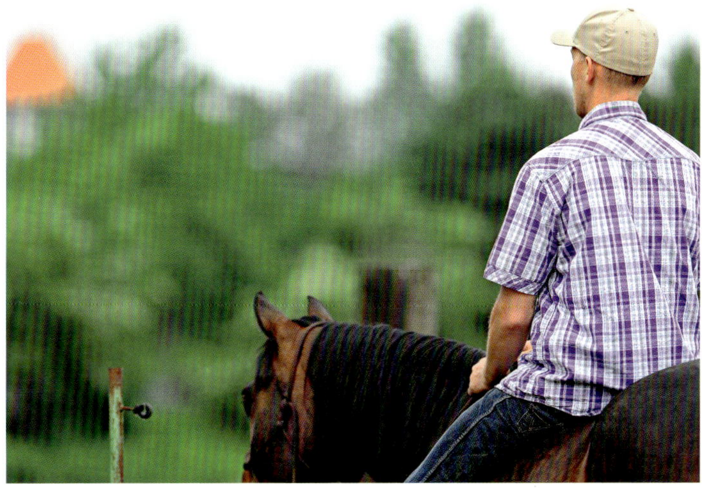

Entfernte Objekte oder Landmarken können zum Ziel Ihres Fokus werden.

3 Suchen Sie sich Fokuspunkte außerhalb des Reitplatzes, die Sie gar nicht erreichen können, wie etwa Strommasten, Bäume usw.

Es sollte Ihre Gewohnheit werden, immer wenn Sie irgendwo hinreiten möchten, sich einen Zielpunkt zu wählen. Im Gelände oder schon auf dem Hof gibt es auch unzählige Möglichkeiten, sich immer wieder kleine, neue Zielpunkte zu suchen.

WEITERE HERAUSFORDERUNGEN

Wechseln Sie zwischen der Passagierlektion und der Übung, Von Ziel zu Ziel zu reiten, um das Reiten mit und ohne Fokus zu trainieren. Sie werden sich so mit der Zeit immer besser mit dem Pferd synchronisieren. Bei der einen Übung gibt das Pferd den Weg vor und Sie passen sich an, bei der anderen ist es genau umgekehrt.
Wenn Sie mutig genug sind, traben oder galoppieren Sie von Ziel zu Ziel. Hat Ihr Pferd das Spiel verstanden, werden Sie ganz nebenbei Ihre Stopps verbessern und sehr viel Dynamik ins Spiel bringen.

FÜR MEHR FREIHEIT

Da es nun keine Bande gibt und das Anhalten genau am Ziel eine große Rolle spielt, empfiehlt es sich, zwei Reitsticks mit auf den Pferderücken zu nehmen. Mittlerweile haben Sie vermutlich schon einige Erfahrungen mit den Sticks und dem Seilchen um den Hals gesammelt und vielleicht ein Gefühl dafür bekommen, worauf Ihr Pferd gut reagiert, was ihm Sicherheit gibt und was es verunsichert. Hören Sie auf Ihr Gefühl und auf Ihr Pferd, um herauszufinden, ob ihm die Sticks, der String oder eine Kombination beim Lenken und Anhalten eine größere Hilfe sind.

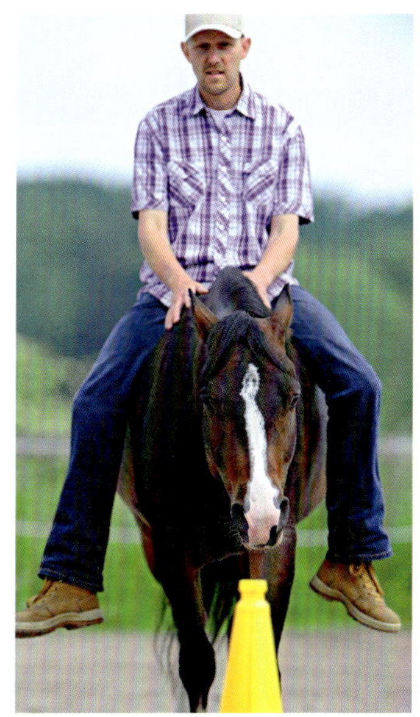

Frei auf dem Pferd, die Beine hängen locker herunter und trotzdem läuft Lex geradewegs auf das Hütchen zu.

Auf dem Zirkel reiten

Für jeden Weg oder jede Bahnfigur muss man entweder eine gerade Linie oder einen Kreis(bogen) reiten. Auf einer geraden Linie zu gehen, haben Sie Ihrem Pferd schon beigebracht, jetzt geht es auf den Zirkel.

SINN UND ZIEL

Ziel Das Pferd lernt, größtenteils selbstständig einen Zirkel beizubehalten. Es achtet auf Ihren Fokus und lernt, „auf dem Kreis bzw. an einen Kreis zu denken".

Vorbereitung auf Gymnastizierung Gymnastizierende Übungen auf dem Zirkel funktionieren nur, wenn der Reiter sich nicht permanent um die Einhaltung der Kreislinie kümmern und das Pferd nur noch im kleinen Rahmen (Fokus) dabei unterstützen muss.

Fokus und Körpersprache Sie werden lernen, Ihren Fokus und Ihre Körpersprache noch einmal anders einzusetzen, nämlich indirekt und nicht direkt. Im Unterschied zu den bisherigen Übungen reiten Sie nicht auf ein Ziel zu oder davon weg, sondern drum herum.

Bessere Führung durch konkrete Aufgaben Sie und Ihr Pferd trainieren Ihre Genauigkeit. Ganz konkrete Aufgaben, z. B. welchen Radius Ihr Kreis haben soll, fördern Ihren Fokus und verbessern Ihre Führungsqualitäten.

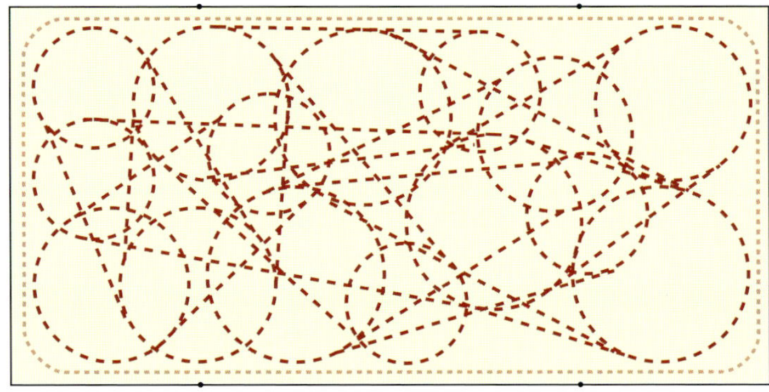

Jeder Weg, den Sie in der Bahn oder irgendwo anders reiten hat etwas mit Kreisen und Geraden zu tun.

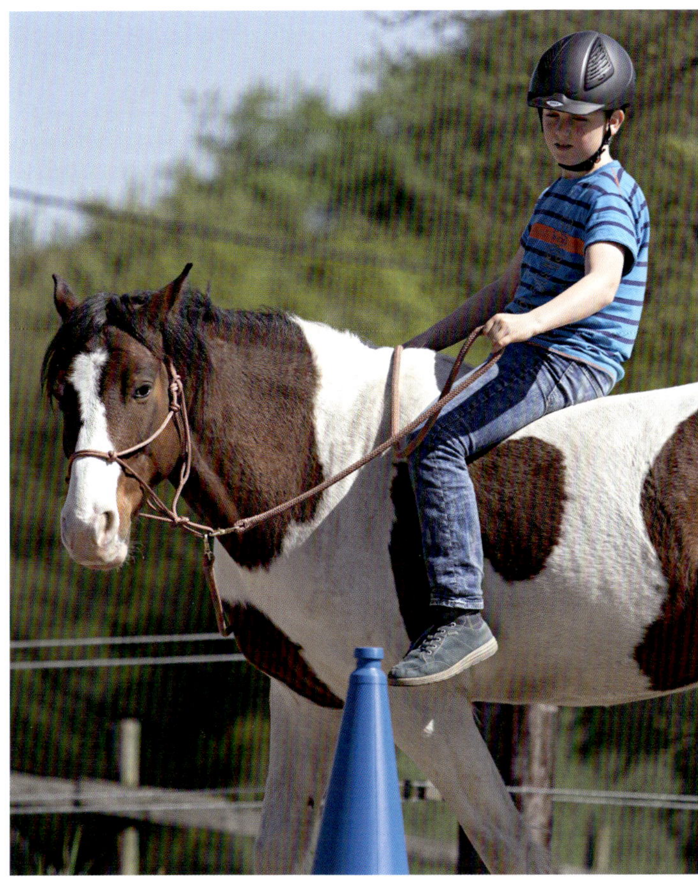

Ihr Fokus führt Sie nun um ein Ziel herum und nicht einfach nur darauf zu.

Weg in die Freiheit Der Zirkel ist die letzte Zutat, um mit oder ohne Zügel überall hinreiten zu können: wo Sie wollen, wann Sie wollen und wie schnell Sie wollen.

DURCHFÜHRUNG

Es gibt zwei Arten, unsere Kreisübung umzusetzen. Jede hat ihre Vorzüge und Schwierigkeiten und sie eignen sich für verschiedene Situationen. Probieren Sie beide Arten und entscheiden Sie dann, wann welche besser für Sie und Ihr Pferd funktioniert. Der größte Unterschied zwischen den beiden besteht im Fokus.

1. FOKUS AUF DEN MITTELPUNKT

Stellen Sie sich eine Pylone oder eine Tonne auf den Platz. Richten Sie Ihren Fokus, also Ihren Blick, in Richtung Mittelpunkt und belassen Sie ihn während der gesamten Übung dort. Anfangs drehen Sie auch deutlich Schulter und Hüfte mit.

Daraufhin reiten Sie in einem vorher gewählten Abstand im Kreis um das Hindernis herum. Die anfängliche Größe des Radius sollte bei ca. 4 Metern liegen. Ist er zu klein, ist die Versuchung für Ihr Pferd groß, immer wieder in die Mitte zu driften. Reiten Sie Ihn zu groß, wird Ihr Pferd den Kreis nicht mehr so leicht als solchen erkennen. Später können Sie natürlich mit der Kreisgröße spielen und so ganz leicht die Anforderung erhöhen.
Solange das Pferd auf dem Kreisbogen läuft, bleiben Sie neutral und lassen die Zügel durchhängen. Kommt es vom Kreisbogen ab, korrigieren Sie es mit Hilfe des Sitzes, der Beine, der Zügel und ggf. eines Sticks, bis es zur Zirkellinie zurückkehrt. Dann werden Sie wieder neutral. Für die erste Zeit ist es eine gute Idee, schon beim kleinsten Abdriften zu reagieren und das Pferd mit häufigeren (aber nicht permanenten) Hilfen zu unterstützen. Pferden fällt es dann leichter, das Muster zu erkennen.
Der Fokus gibt übrigens nicht wie beim „Ziel zu Ziel“ ausschließlich die Richtung vor, sondern hier definiert der gekennzeichnete Mittelpunkt den Weg durch den Radius, also den Abstand zur Mitte. Eine Garrocha bietet eine ähnliche Hilfestellung. Sie können sich die Garrocha auch einfach als imaginäres Bild vorstellen.
Wenn Sie den Mittelpunkt für das Pferd attraktiv machen, wird es auch dorthin denken. Machen Sie daher Ihre Pausen bei dieser Variante an Ihrer Markierung im Zentrum. So wird es sich ohne Ihr Zutun selbstständig nach innen orientieren und sogar biegen. Driftet es zu sehr nach innen, dirigieren Sie es aktiv nach außen, bis Sie eine gute Balance gefunden haben. Reiten Sie für die Pause nicht in einer Spirale bis in die Mitte, sondern wenden Sie deutlich vom Kreisbogen ab.

2. FOKUS AUF DEN KREISBOGEN

Obwohl am Ende der gleiche Zirkel herauskommt, und die Vorgehensweise dieselbe bleibt, liegt Ihr Fokus diesmal nicht auf dem Mittelpunkt, sondern auf dem Kreisbogen. Ihre Reitdynamik gleicht der zuvor beschriebenen, Ihr Blick ist diesmal jedoch etwa einen Viertelkreis im Voraus auf den Bogen gerichtet.
Der große Nutzen ist, dass etwa das Reiten von Bahnfiguren und der Wechsel zwischen Kreis und Gerade flüssiger vonstatten geht, ebenso wie häufige Richtungswechsel oder das Reiten von Bögen, die keiner exakten Kreisbahn entsprechen.
Damit es auch für Ihr Pferd in dieser Version erkennbar um den Weg und nicht um den Abstand oder den Mittelpunkt geht, gönnen Sie ihm die Belohnungspause auf der Zirkellinie.
Den Fokus vorausschauend auf seinem Weg zu halten, ist schwieriger, als ihn an einem Fixpunkt festzumachen. Mit folgenden Orientierungshilfen fällt es Ihnen sicher leichter:

— Zeichnen Sie sich tatsächlich den angedachten Kreisbogen in den Sand.

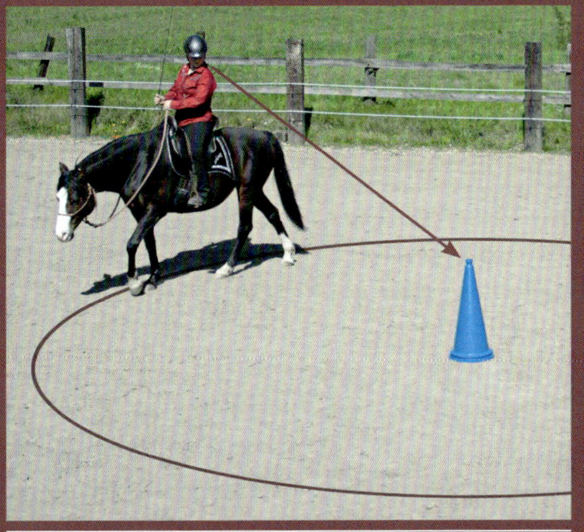

01

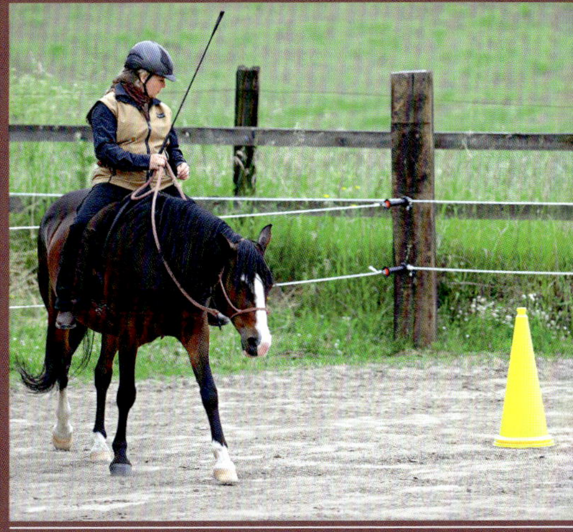

02

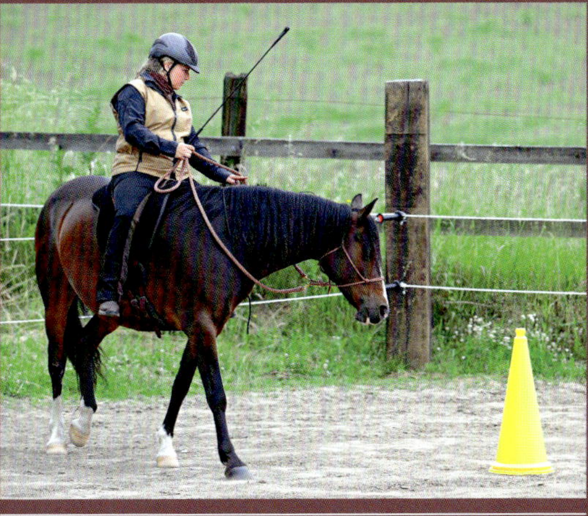

03a

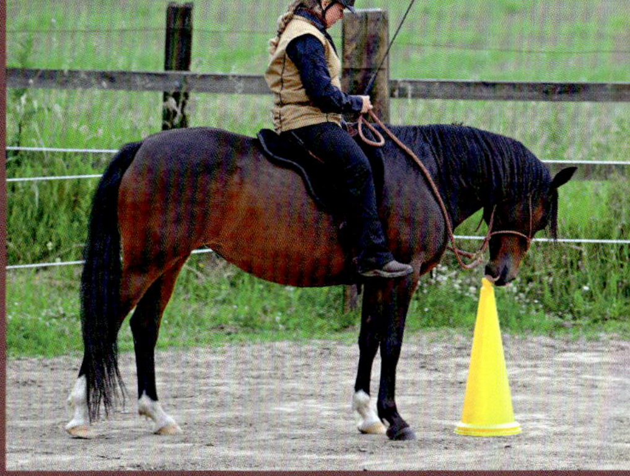

03b

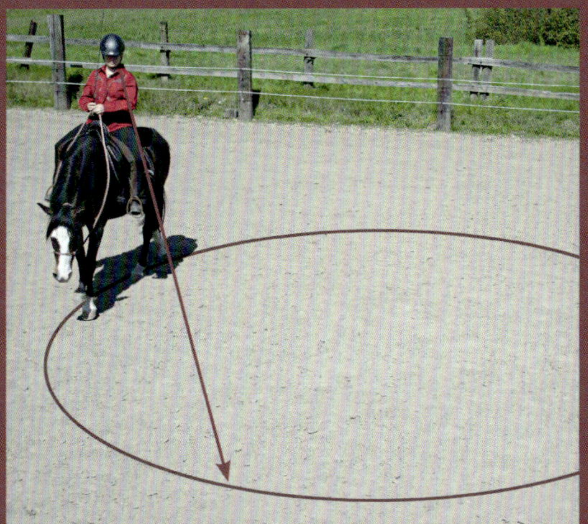

04

☞ DURCHFÜHRUNG

01 *Eine mögliche Hilfe für den Zirkel ist der Kreismittelpunkt.*

02 *Wenn Sie Ihren Fokus auf den Mittelpunkt richten, hält Ihre Körperhaltung das Pferd fast automatisch auf dem Kreis – allerdings nur, sofern es auf Ihre Körpersprache hört…*

03 *Und wieder hilft die Pause (diesmal in der Mitte), einen Ort attraktiv zu machen. Ihr Pferd wird immer öfter nach innen „denken", anstatt nach außen zu driften."*

04 *„Auch mit dem Fokus auf dem Kreisbogen können Sie eine Zirkellinie reiten."*

— Stellen Sie sich vor, die Kreislinie ist ein tiefer Graben, oder sie ist rechts und links durch eine hohe Mauer begrenzt, wie Amanda Barton es veranschaulicht.
— Ordnen Sie Pylonen kreisförmig an und reiten Sie außen an ihnen vorbei. Nach und nach reduzieren Sie die Anzahl der Pylonen, bis Sie ganz darauf verzichten können.

KOMBINIERTE ÜBUNG: MIT UNTERSCHIEDLICHEM FOKUS ZWISCHEN KREIS UND GERADE WECHSELN

Versuchen Sie, ganz bewusst die einzelnen Fokustechniken zu kombinieren und zwischen der Hufschlagübung, der Zielübung und der Zirkelübung in fließenden Übergängen zu alternieren.
Schalten Sie auf dem Zirkel immer mal wieder zwischen Fokus auf dem Mittelpunkt und Fokus auf der Kreislinie um. Später ermöglicht Ihnen diese Übung z. B. das Erarbeiten von gymnastizierenden Übungen auf dem Kreisbogen.
Oder reiten Sie z. B. auf einem Kreis mit Fokus auf dem Mittelpunkt, visieren Sie dann einen Punkt an der Bande an und reiten gerade darauf zu. Einige Meter vor der Bande visualisieren Sie einen Halbkreis, auf dessen Linie Sie entlangreiten, bis Sie am Ende wieder einen neuen Fokuspunkt anpeilen usw. Bauen Sie sich einen Slalomparcours aus Pylonen auf und arbeiten Sie darin einmal mit Fokuspunkten für das Lenken und einmal mit den Hindernissen als Kreismittelpunkten.

01 – 02 Kombinieren und variieren Sie Ihr Können. Hier erkennt man sehr schön, wie Jenny jeweils eine andere Spielart des Fokus wählt, um den gleichen Effekt zu erreichen. Einmal reitet sie einen Bogen mit Fokus auf dem Hütchen als Mittelpunkt, im zweiten Bild gibt ein Zielpunkt am Zaun die Richtung durch die Pylone vor. Mit beiden Varianten kann man den gleichen Slalomparcours meistern.

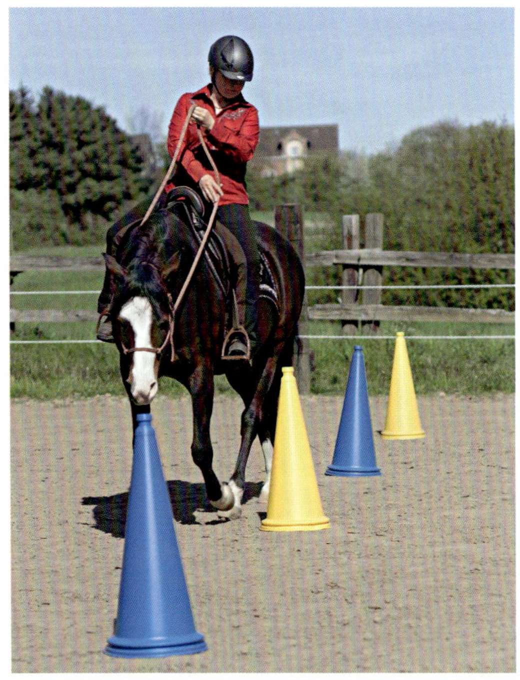

01

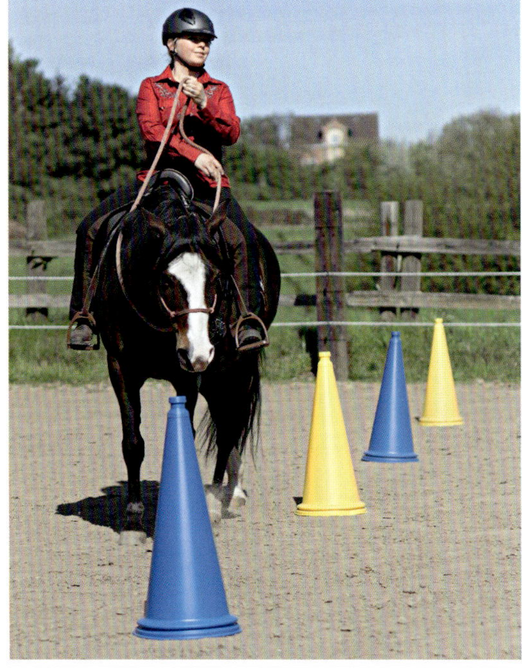

02

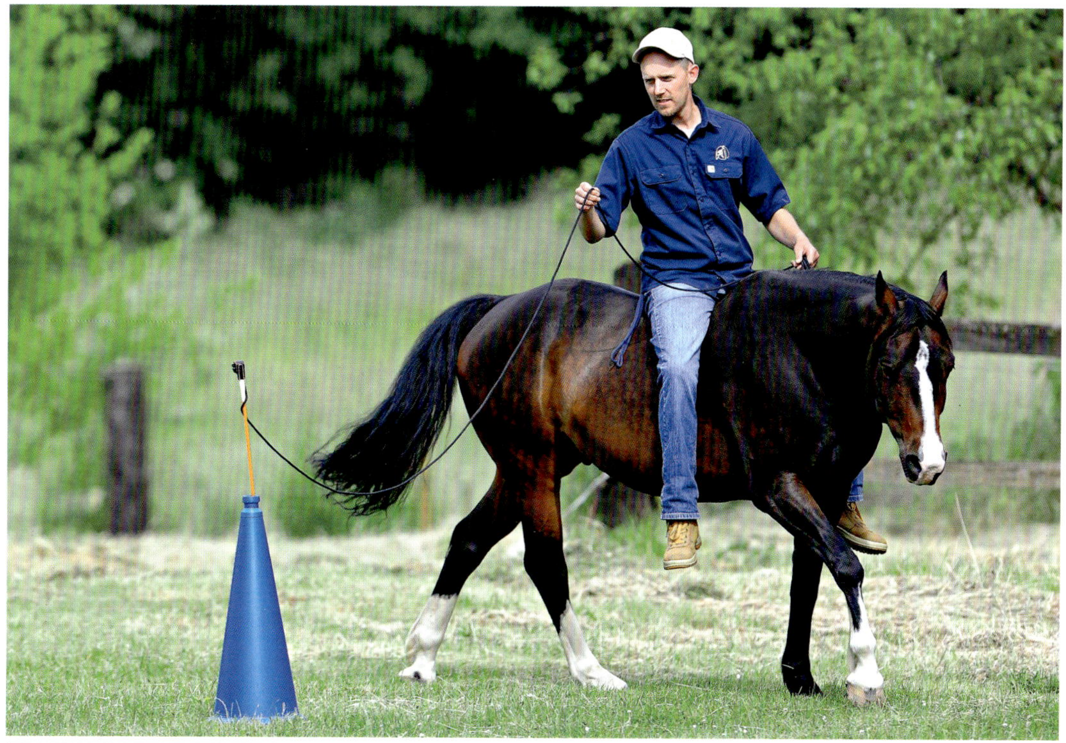

Es gibt viele zusätzliche Hilfsmittel, die den Kreis vorgeben und das Lernen erleichtern. Hier zum Beispiel haben wir uns ein Provisorium aus Stick, String und Hütchen zusammengebastelt.

Nicht zuletzt wird sich auch das Reiten ganz konkreter Bahnfiguren mit Hilfe der neu erlangten Kraft Ihres Fokus verbessern. Hieraus ergeben sich fast unendliche Möglichkeiten. Für uns heißt Freiheit nämlich nicht nur, immer weniger Hilfsmittel zu benutzen, sondern auch bei der Umsetzung der Übungen immer freier zu werden, und das nicht nur auf dem Zirkel. Je besser Sie die Idee hinter den Übungen verstehen, umso flexibler können Sie diese auch in der Praxis anwenden. Bald werden Sie Ihr Pferd mit Ihrem Fokus dorthin reiten können, wohin Sie möchten – ohne immer an einen Kreis oder an eine Gerade denken zu müssen. Die einzelnen Muster treten in den Hintergrund und das wesentliche Grundprinzip kommt immer mehr zum Tragen: „Folge meinem Fokus."

HÄUFIGE PROBLEME UND LÖSUNGEN

DAS PFERD EIERT AUF DEM KREIS

Haben Sie Geduld mit Ihrem Pferd und auch mit sich selbst. Gleichmäßigkeit ist ein sehr großes, arbeitsintensives Ziel. Stellen Sie jemanden mit einem Seil in die Mitte des Zirkels, dessen anderes Ende Sie in der Hand halten. So longieren Sie sich quasi selbst und bekommen ein besseres Gefühl für Abweichungen vom Zirkel. Findet sich niemand, stellen Sie einen Stick in eine Pylone, an dem Sie das Seil befestigen. Lassen Sie dabei Ihren Fokus auf der Kreislinie (inklusive Hilfslinie oder Pylone), das ist für Präzision besser geeignet.

EINE SEITE FUNKTIONIERT BESSER ALS DIE ANDERE

Genau wie wir Menschen, haben auch Pferde eine Schokoladenseite. Trainieren Sie auch die schlechtere Seite, um ein Gleichgewicht zu schaffen. Sollte eine Seite dauerhaft erheblich schlechter sein als die andere, überprüfen Sie, ob körperliche Ursachen der Grund sein könnten.

DAS PFERD IST UNKONZENTRIERT UND FINDET DAS KREISMUSTER NICHT HERAUS

Auch hier ist Geduld der Schlüssel zum Erfolg. Vor allem introvertierte Pferde brauchen ihre Zeit, um die Aufgabe zu verstehen. Bleiben Sie beständig, führen Sie Ihr Pferd immer wieder auf die Kreislinie und belohnen Sie es reichlich für die kleinste richtige Idee. Manchmal ist es nötig, komplett aus der Aufgabe herauszugehen, um erst einmal Entspannung, Verbindung und Konzentrationsfähigkeit wieder herzustellen. Zusätzlich können die Pylonen auf dem Zirkel als Orientierung schneller zum Ziel führen, oder Sie lassen sich andere Orientierungshilfen einfallen. Finden Sie die geeignete Zirkelgröße.

In diesem Film sehen Sie die Übungen Folge dem Hufschlag, Von Ziel zu Ziel und Reiten auf dem Zirkel.

DIE ÜBUNG FÜHLT SICH NICHT HARMONISCH AN

Haben Sie den Eindruck, Sie müssen über eine längere Zeit zu viel Druck anwenden, vergessen Sie den Kreis und kehren Sie noch einmal zurück zur Passagierlektion, um sich wieder besser in Ihr Pferd hineinzufühlen. Oder lassen Sie sich longieren. Dadurch verbinden sich ganz stressfrei der Zirkel und die Passagierübung. Fühlt sich das wieder harmonisch an, starten Sie einen neuen Versuch ohne Longe.

HERAUSFORDERUNGEN: SO GEHT ES WEITER

Reiten Sie eine Acht um zwei Mittelpunkte. Wenn das im Schritt gut funktioniert, trauen Sie sich ruhig, die Gangart höher zu schalten. Im Galopp können Sie sich zunächst an einfache, später vielleicht sogar an fliegende Galoppwechsel heranwagen!

Üben Sie durch beide Fokusvarianten, den Zirkel zu vergrößern und zu verkleinern. Mit dem Fokus auf dem Weg reiten Sie die Linie eines Schneckenhauses nach. Mit dem Mittelpunkt als Fokus stellen Sie sich vor, Sie sind mit ihm durch ein Seil verbunden, das sich auf- bzw. abwickelt.

Sobald das Pferd selbstständig auf der Kreislinie läuft, können Sie versuchen, es zu biegen oder zu stellen. Weitere konkrete Anregungen dazu warten beim Thema Gymnastizierung auf Sie.

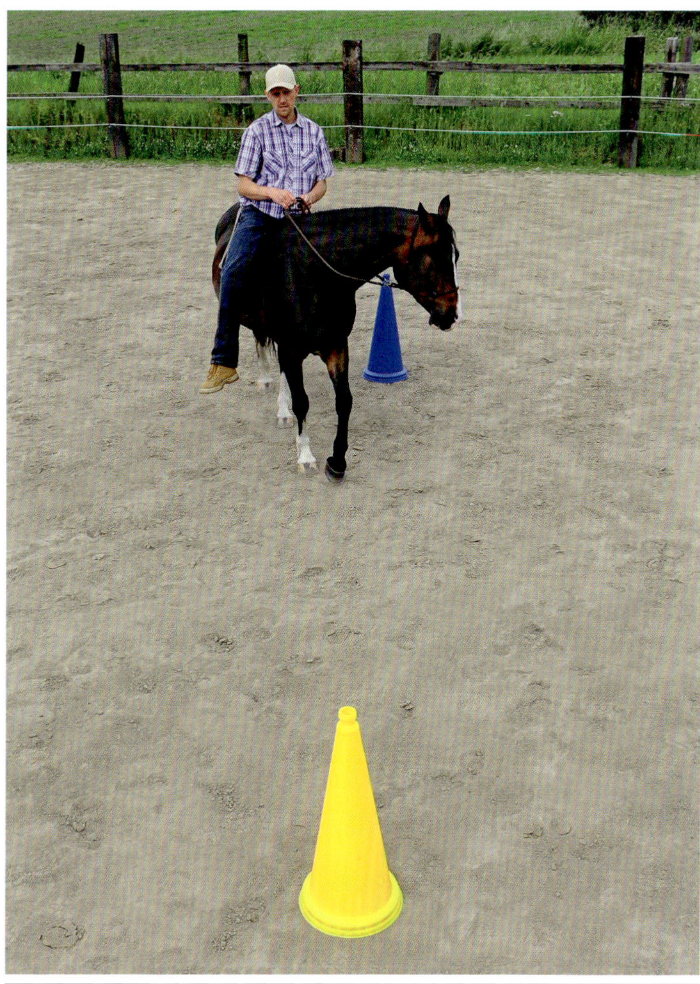

Übungen wie das Schulterherein können später aus dem Zirkel entstehen, indem Sie mit dem gebogenen Pferd aus dem Kreis in die Gerade reiten.

FÜR MEHR FREIHEIT

Für freieres Reiten auf dem Zirkel haben wir eine leichte und eine schwere Aufgabe für Sie. Die leichte ist, wie Sie sicher schon ahnen, für die Hilfengebung mehr und mehr auf Stick(s) und String zu setzen. Bei der schweren Aufgabe geht es darum, immer besser gleichzeitig zu beeinflussen und sich einzulassen, also das Pferd zu bewegen und sich zugleich von ihm bewegen zu lassen. Wie ist das gemeint? Mit Ihrem Sitz geben Sie dem Pferd den Kreis zwar vor, doch wenn Sie sich nicht harmonisch mit ihm bewegen, stören Sie seinen Bewegungsablauf – es wird nicht ohne zusätzliche Hilfen auf dem Zirkel bleiben können. Diese anspruchsvolle Reitdynamik wird sich erst mit der Erfahrung und einem wirklich feinen und aufmerksamen Pferd ergeben, doch man sollte früh genug damit beginnen.

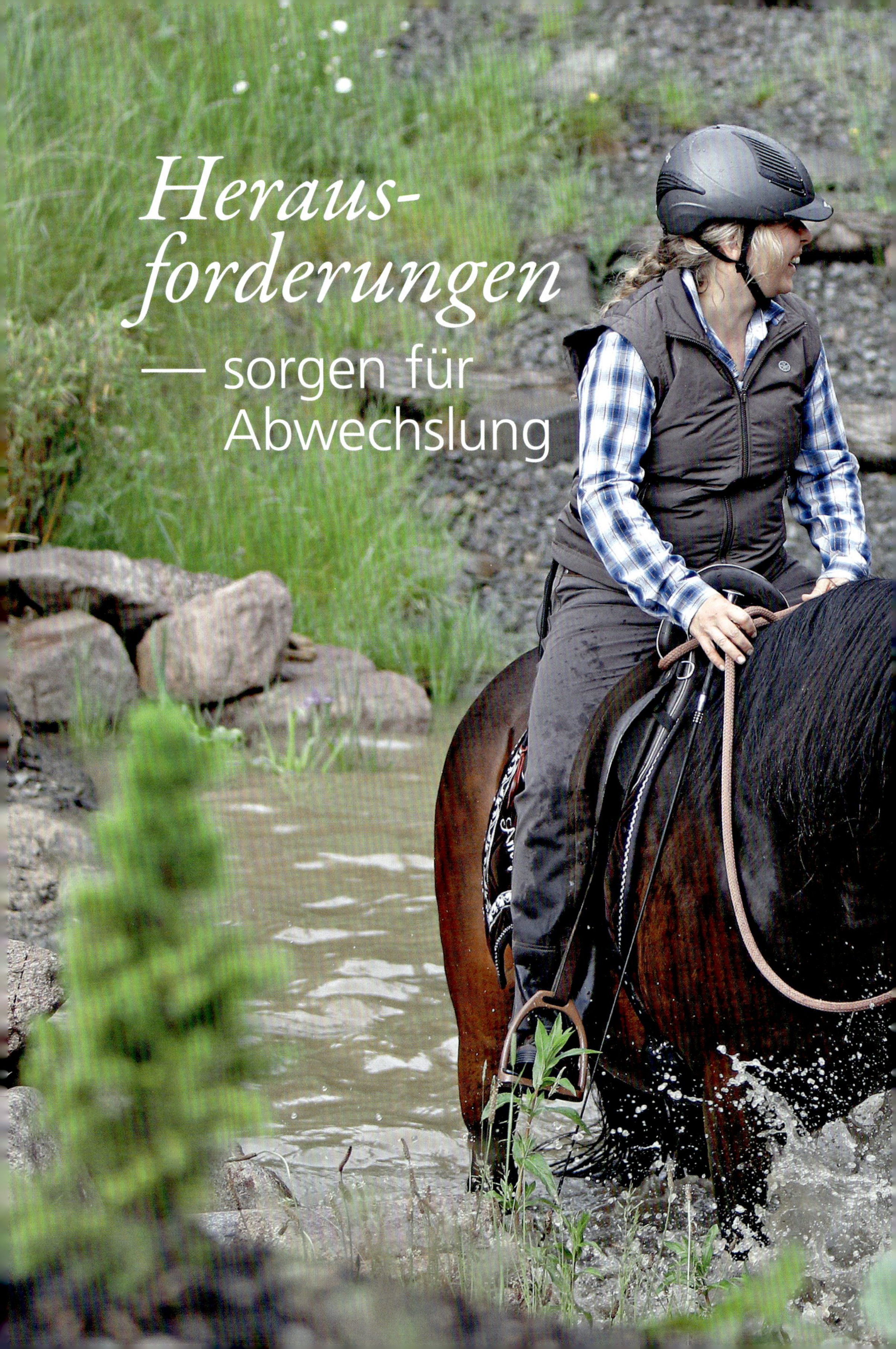

Herausforderungen — sorgen für Abwechslung

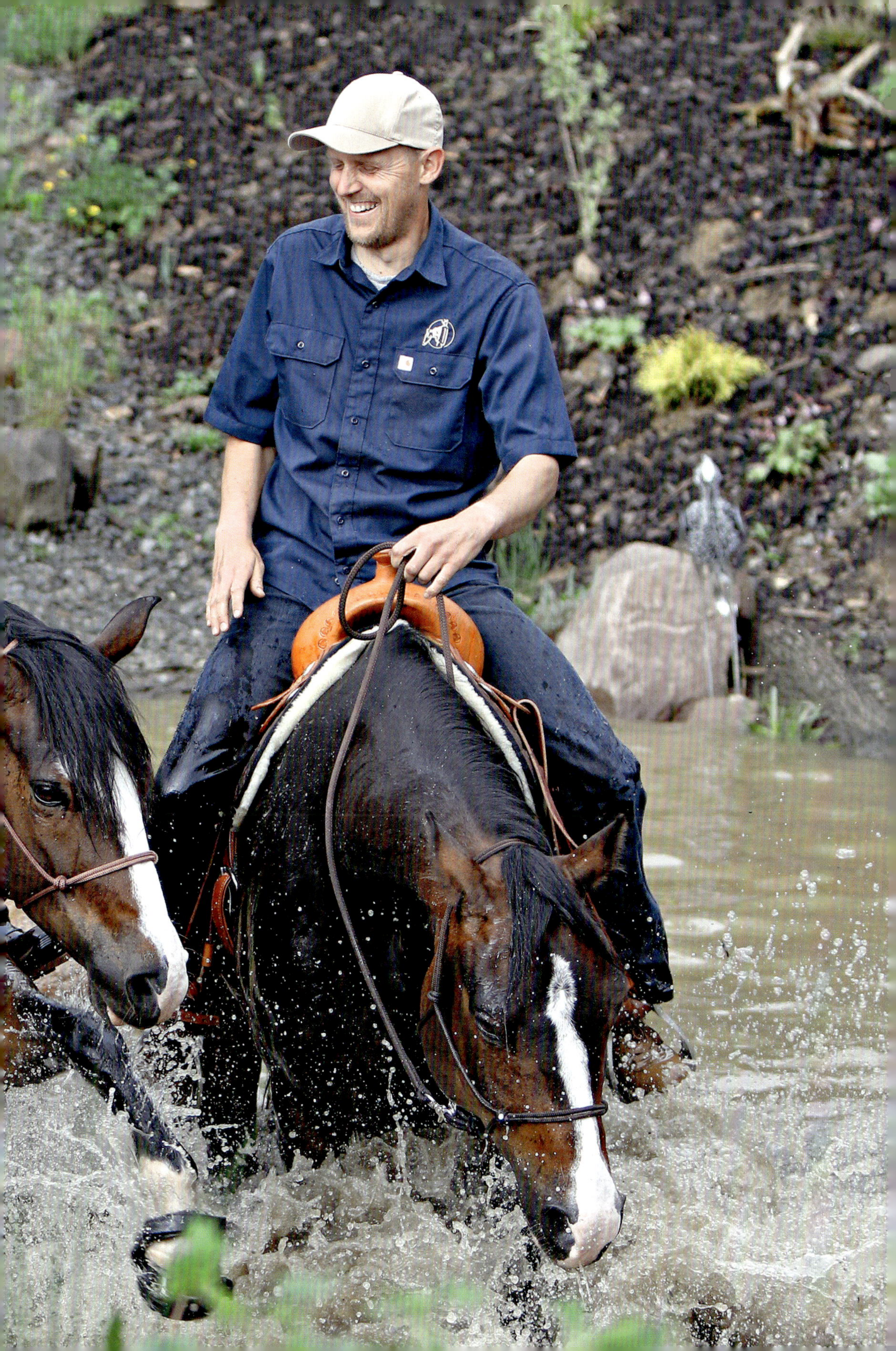

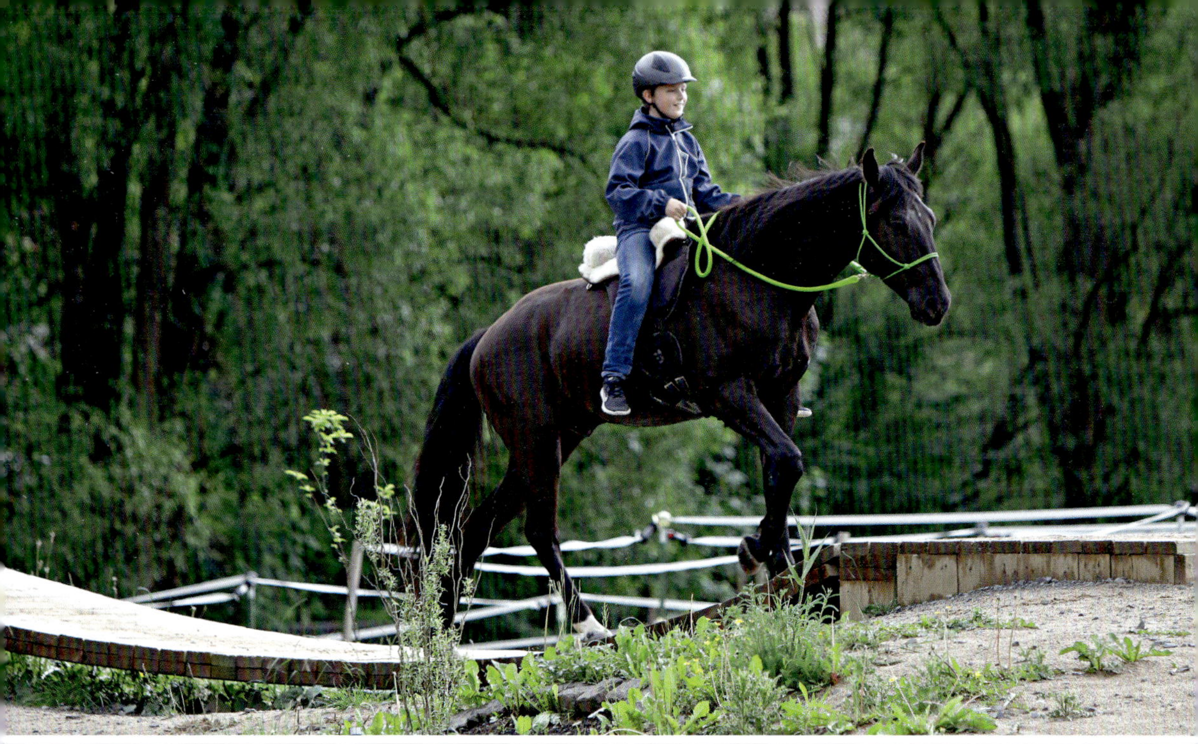

Verantwortung, Sicherheit und Spaß sind nur einige positive Nebenprodukte, wenn man gemeinsam Herausforderungen angeht.

Hindernisse

Hindernisse jeglicher Art bringen Abwechslung in den Reiteralltag. Weiterhin helfen sie uns auch im übertragenen Sinne, mit Dingen, die uns (vermeintlich) im Weg stehen, konstruktiver umzugehen und daran zu wachsen.

SINN UND ZIEL

Reiten mit Sinn und Zweck Das Pferd erkennt einen nachvollziehbaren Sinn hinter dem Reiten, da es am Ende ein klar erkennbares Ziel gibt.

Fokus Eine konkrete Aufgabe zu haben, hilft auch Ihnen dabei, Ihren Fokus zu stärken, die Grenzen des Pferdes zu erkennen und es bei Bedarf zu unterstützen.

Neue Verantwortung Nach der Verantwortung für Richtung und Gangart lernt das Pferd, nun mit den Hindernissen auch selbstständig darauf zu achten, wo es seine Beine und Füße hinsetzt und wie es mit Hindernissen umgeht.

Sicherheit Reiter und Pferd machen sich dadurch fit für alle möglichen und unmöglichen Situationen.

Erfolgserlebnisse Jedes Hindernis an sich ist eine einzelne kleine Aufgabe, deren Bewältigung für Pferd und Mensch automatisch an ein Erfolgserlebnis geknüpft ist.

Kreativität Das Hindernis an sich gibt die Aufgabe vielfach schon vor, doch oft gibt es noch genügend Spielraum für eigene Ideen. Lassen Sie Ihr Pferd ruhig kreativ sein, meist haben die Pferde die besten Ideen.

DURCHFÜHRUNG

ANNÄHERUNG UND RÜCKZUG

Hindernisse stellen an Pferd und Reiter ganz unterschiedliche Anforderungen und manches verunsichert Ihr Pferd vielleicht zunächst, oder Sie stoßen an momentane körperliche und geistige Grenzen. Um diese Grenzen zu verschieben und Pferde sicherer zu machen, bedienen wir uns einmal mehr des Prinzips von Annäherung und Rückzug. Führen Sie Ihr Pferd langsam an unbekannte Aufgaben heran, hören Sie ihm zu und schubsen Sie es nicht über seine Grenzen. Es soll und darf sich mit dem Hindernis beschäftigen. Hat es das Objekt fertig untersucht, gibt es erst einmal einen Rückzug. So werden Sie sich immer weiter an das Hindernis selbst und schnell an die eigentliche Aufgabe heranwagen können und schließlich auch Herausforderungen meistern.

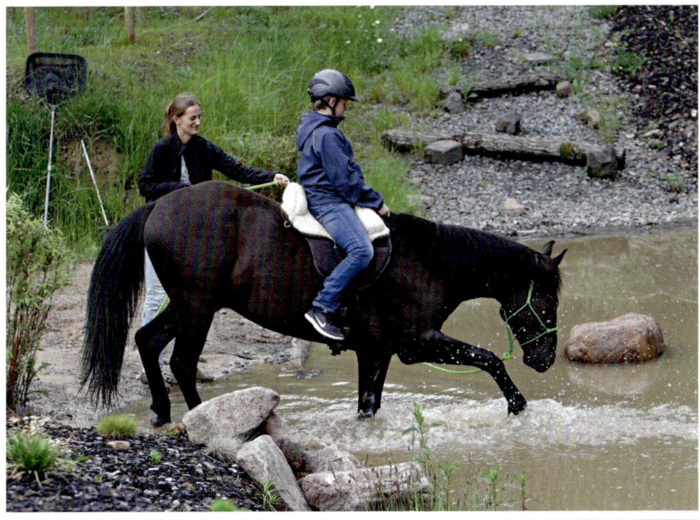

Um langfristig für künstliche und natürliche Hindernisse gewappnet zu sein, müssen Sie in kleinen Schritten immer wieder die Prinzipien von Annäherung und Rückzug praktizieren.

KLEINE SCHRITTE

Gehen Sie nicht zu schnell und unüberlegt an die Aufgaben heran, das könnte Ihr Pferd verunsichern. Nutzen Sie lieber seine natürliche Neugierde. Wenn Sie mit weniger zufrieden sind, wird Ihnen Ihr Pferd umso mehr schenken.

VOM LEICHTEN ZUM SCHWEREN

Steigern Sie langsam den Schwierigkeitsgrad, sodass der Weg nach „oben" immer mit einem Erfolgserlebnis endet. Ihr Pferd sollte nach Bewältigung der Aufgabe stolz auf sich sein, so wird es an Mut gewinnen und sich an die nächstschwierigere Aufgabe heranwagen.

VARIATIONEN

Sie können Ihr Pferd an verschiedenen Hindernissen fördern und dabei testen, wie gut Ihre Kommunikation, Ihr Fokus, Ihr Timing, die Trittsicherheit und der Mut Ihres Pferdes sind. Man kann aber z. B. auch ein und dasselbe Hindernis in unzähligen Varianten nutzen und so seine eigene Kreativität und die des Pferdes ausleben.
Schon allein Stangen bieten hier vielfältige Möglichkeiten: Sie können vorwärts oder rückwärts über sie, an ihnen vorbei oder geradeaus und seitwärts darüberreiten. Oder Sie überqueren eine Stange nur mit den Vorderbeinen und fragen das Pferd dann wieder rückwärts. Auch rückwärts über eine Stange, durch zwei parallele Stangen hindurch oder

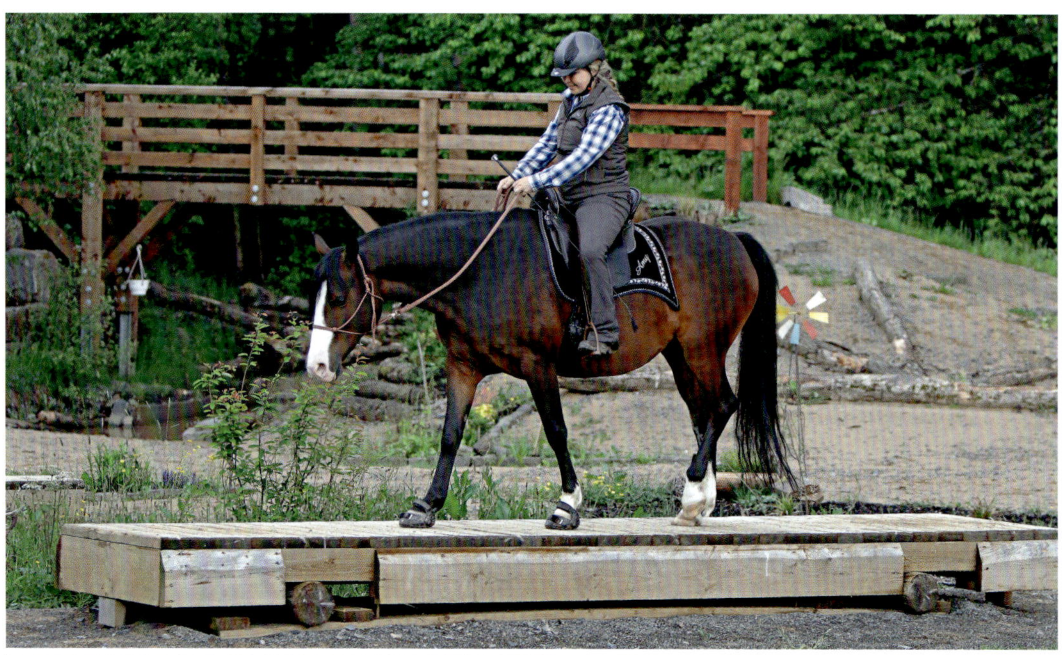

Im Trailpark kann man zusammenwachsen und ebenso die Qualität von Kommunikation und Vertrauen testen. Es ist für jeden etwas dabei, von liegenden Baumstämmen bis hin zu rollenden Brücken.

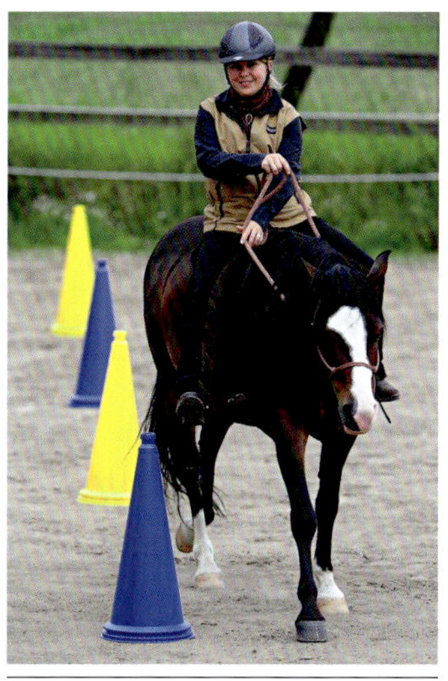

01

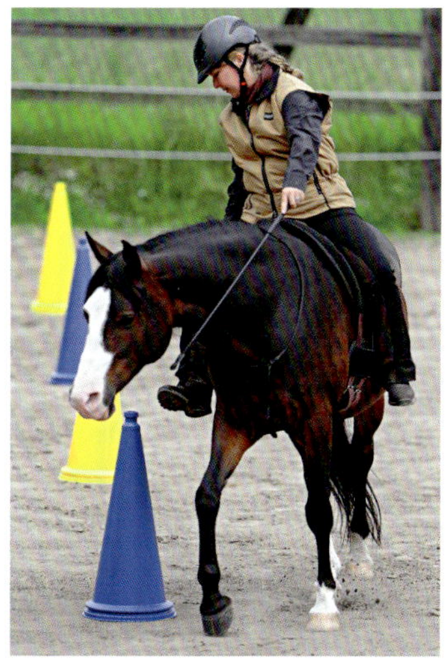

02

01 – 02 Selbst einfache Hindernisse wie ein kleiner Hütchen-Slalom bieten vielfältige Möglichkeiten. Sie können Ihren Fokus und die Basisfertigkeiten trainieren und sie in der Praxis verbinden, wie hier etwa das Lenken und das Zirkeln mit verfeinertem bzw. ganz ohne Zügeleinsatz.

durch ein Stangen- L zu reiten, ist eine gute Übung. Und schließlich geht es auch ganz klassisch im Trab oder Galopp über die Stangen oder einen Sprung hinweg.

TRAILPARCOURS

Im Extrem- oder Natur-Trail-Park können Sie Ihr Pferd hervorragend auf schwierige Situationen vorbereiten und die Anforderungen langsam steigern. Das Besondere sind die festen Hindernisse, deren Bewältigung Genauigkeit und gezieltes Nachdenken erfordert, die aber auch ein hohes Maß an Sicherheit bieten. Die Vorbereitung findet in der Regel auch zunächst vom Boden aus statt und erst, wenn das kein Problem mehr darstellt, machen Sie sich vom Pferderücken aus an die Trail-Hindernisse. Sie können regelrecht dabei zuschauen, wie Ihr Pferd immer trittsicherer wird und Spaß an der gemeinsamen Bewältigung der einzelnen Herausforderungen entwickelt.

AUF DEM REITPLATZ

Aber auch ohne Trailplatz bieten verschiedene Hindernisse Anregungen, um Ihrem Pferd kreative Aufgaben zu stellen. Versuchen Sie Türen und Tore vom Pferderücken aus zu öffnen, reiten Sie über Planen oder decken Sie sich und Ihr Pferd damit zu oder ziehen Sie verschiedene Gegenstände hinter sich her. Benutzen Sie Pylonen oder Tonnen, um Slalom oder Achten um sie herum zu reiten. Reiten Sie auf ein Podest mit zwei oder mit allen vier Beinen. Können Sie auf einer Wippe wippen oder über Hindernisse springen? Es macht besonders viel Spaß, wenn Sie sich zusammen mit Freunden einen Hindernisparcours aufbauen und diesen gemeinsam bewältigen oder sich gegenseitig Aufgaben stellen. Achten Sie dabei aber unbedingt immer auf Ihre eigenen Grenzen und die Ihres Pferdes.

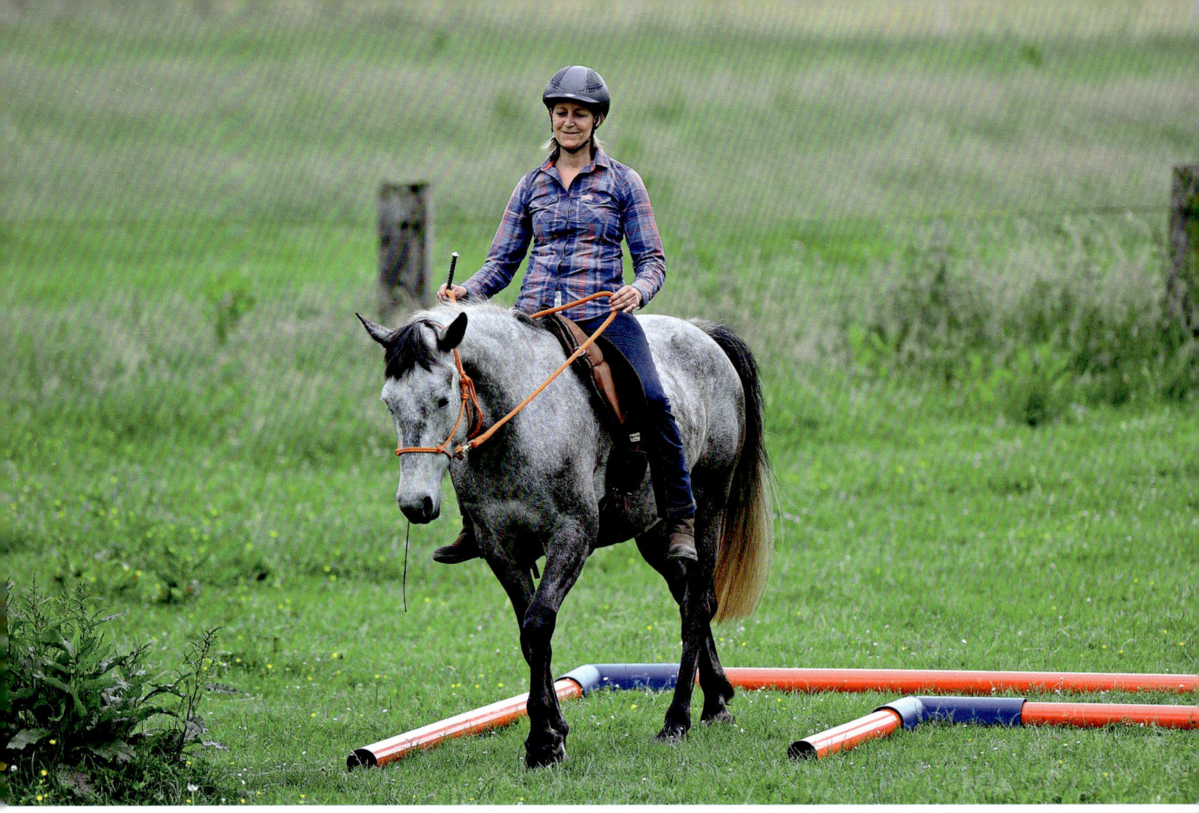

Ist Ihr Pferd überfordert, glaubt es Ihnen nicht oder versteht es die Aufgabe nicht, vereinfachen Sie diese weit genug, um wieder ein gemeinsames Erfolgserlebnis zu schaffen.

HÄUFIGE PROBLEME UND LÖSUNGEN

DAS PFERD SCHEUT IMMER WIEDER VOR DEM HINDERNIS UND REGT SICH AUF

Wahrscheinlich wollten Sie zu schnell zu viel und haben die ersten „Neins" Ihres Pferdes übergangen. Der Weg ist das Ziel, gehen Sie mit Ruhe und Geduld an die Sache heran. Entspannung, Nachdenken und die Verbindung sind wie immer der Schlüssel zum Erfolg. Lesen Sie bitte nochmals im Kapitel „Du bist nicht gemeint" nach. Und nicht vergessen: Wir haben eher den Anspruch, den Pferden zu helfen, als das Hindernis zu überwinden.

DAS PFERD GEHT IMMER AM HINDERNIS VORBEI

Prüfen Sie Ihren Fokus und seien Sie ganz genau bei Ihrer Frage. Gerade bei den Hindernissen braucht das Pferd ganz klare Regeln: „Es geht nicht rechts und links daran vorbei, zurück darfst du zwar immer, aber für einen richtigen Rückzug musst du dich erst wieder mit der Aufgabe beschäftigen!"

SELBST NACH VIELEN VERSUCHEN STELLT SICH KEINE ENTWICKLUNG ODER VERBESSERUNG EIN.

Immer, wenn Ihr Pferd etwas mittelfristig nicht macht oder schafft, sagt es Ihnen damit eins von drei Dingen:

„Ich kann nicht" Ihr Pferd ist körperlich, mental oder emotional überfordert. Schrauben Sie den Schwierigkeitsgrad zurück. Nehmen Sie dieses Nein bitte besonders ernst. Häufig ist Hilfe von Fachleuten von Nöten.

„Ich will nicht" Sie haben ein Respektproblem oder anders ausgedrückt: Ihr Pferd zweifelt an Ihren Führungsqualitäten. Arbeiten Sie an sich selbst, Ihrem Fokus und Ihrer inneren Einstellung.

„Ich weiß nicht" Sie haben ein Kommunikationsproblem. Ihr Pferd versteht Sie bzw. die gestellte Aufgabe nicht. Versuchen Sie, sich genauer auszudrücken, und vereinfachen Sie ggf. die Aufgabe. Scheuen Sie sich nicht, das Problem zunächst nochmals vom Boden aus zu erarbeiten.

FÜR MEHR FREIHEIT

Wenn Sie das freie Reiten gut vorbereitet haben und das Reiten mit Hindernissen gut klappt, können Sie den nächsten Schritt wagen und die Zügel nach und nach weglassen. Häufig hilft dies sogar noch dabei, an der eigenen Präzision und dem Fokus zu arbeiten.

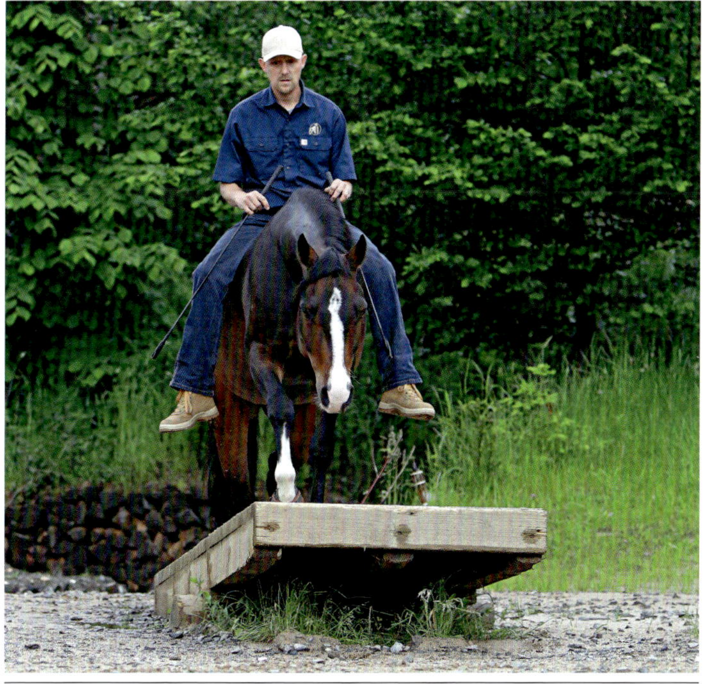

Hindernisse „ohne alles" zu bewältigen, erfordert Erfahrung und auch ein gutes Gefühl dafür, sich selbst, das Pferd und die Situation einzuschätzen. Wenn aber alles stimmt, macht es großen Spaß.

009 In diesem Film sehen Sie das Üben von unterschiedlichen Hindernissen.

Sicher ins Gelände

Für viele Reiter, die keinen Zweck darin sehen, Bahnfiguren zu exerzieren, ist ein Ausritt der Inbegriff von Freiheit, Geschwindigkeit, dem Einssein mit dem Pferd und der Natur.

SINN UND UNSINN EINES AUSRITTS

Es gibt Reiter, die Ausritte lieben, doch es gibt auch die andere Seite, also Menschen, die lieber nicht den heimatlichen Hof verlassen, weil sie einen Ritt in den Busch mit Gefahren, Ängsten und Stress verbinden. Ganz gleich, ob Sie Sorgen vor dem Ausritt oder Langeweile beim

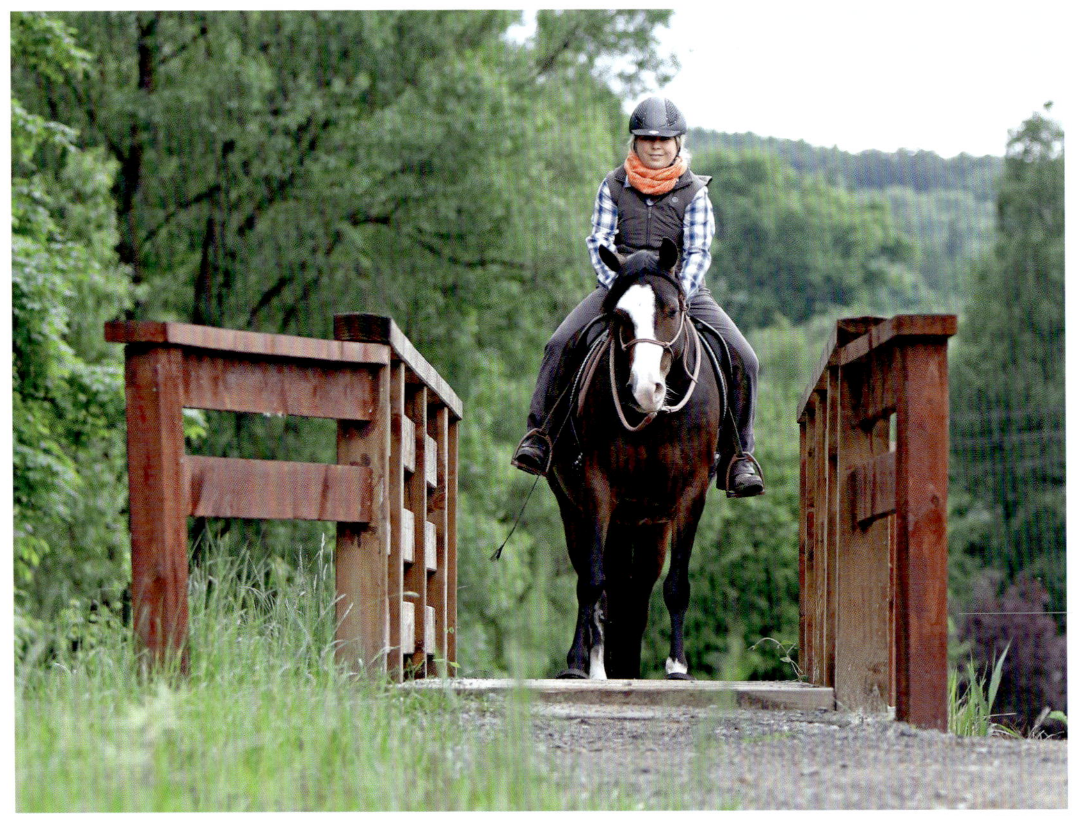

Bedeutet ein Ausritt ins Gelände für Sie Freiheit und Abenteuer, oder werden Ihre Knie schon bei dem Gedanken daran weich?

Reiten haben, bietet Geländereiten viele Chancen, Ihre Beziehung zum Pferd und die beiderseitige Einstellung zum Reiten positiv zu beeinflussen. Es sorgt für Abwechslung, konkrete Herausforderungen und kann gleichzeitig Pferd und Reiter mutiger und entspannter machen. In jedem Fall wird es Sie als Team enger zusammenschweißen. Die Idee eines Ausritts, und dann auch noch einfach so zum Spaß, gehört nicht unbedingt zum natürlichen Verhalten eines Pferdes. Wenn es sich bewegt, dann zielgerichtet, motiviert durch Hunger, Durst, Partnersuche usw. Es muss sich nämlich seine Energie sehr gut einteilen, da diese für den Notfall (die Flucht) überlebenswichtig ist. Allein beim Spielen entwickeln Pferde ungeahntes Bewegungspotenzial „nur so zum Vergnügen“. Doch grundlos zwei Stunden durch den Wald zu laufen, das würde wohl nur wenigen Pferden einfallen. Allerdings kann das Rennen aus Übermut oder überschüssiger Energie bei einem Ausritt schnell in Flucht überspringen. Vor allem, wenn man mit mehreren Pferden unterwegs ist, siegt oft der Herdentrieb. Weil das ein großes Thema beim Geländereiten ist, behandeln wir dieses weit verbreitete Problem als Erstes.

ÜBUNGEN FÜR UNSICHERE REITER UND PFERDE

Funktionieren die Einzelteile? Testen Sie schon vor dem Ausritt, ob Ihr Pferd fein auf Ihre Hilfen reagiert. Gibt es mit Kopf und Hals, mit der Hinterhand und mit der Vorhand weich nach? Weicht es leicht rückwärts? Auch ein paar Desensibilisierungsübungen können nicht schaden.

Der Ausreitpartner Ihres Vertrauens Für Ihre Ausflüge ins Gelände eignet sich am besten ein gleichgesinnter Partner, der akzeptiert, dass es vielleicht gar nicht besonders weit oder schnell vorangeht, und dessen Pferd möglichst gelassen ist.

Entspannung von Anfang an Wenn Sie oder Ihr Pferd schon mit Aufregung losreiten, wird diese Unsicherheit selten unterwegs von alleine verschwinden. Ganz im Gegenteil können verschiedene Einflüsse die Anspannung bis hin zur Panik steigern. Berücksichtigen Sie von Anfang an den Gemütszustand Ihres Pferdes. Sollte es an einen Punkt kommen, an dem es unsicher wird, stoppen Sie sofort und lassen Sie Ihr Pferd herausfinden, dass der Ort oder die Situation gar nicht so gefährlich ist, wie es denkt. Mit den Methoden des Zielspiels und vor allem dem Prinzip von Annäherung und Rückzug werden Sie schnell erfolgreich sein: dranbleiben, auseinandersetzen, entspannen, Rückzug, Wiederholung. Haben Sie damit eine Grenze geknackt, können Sie problemlos weiterreiten.

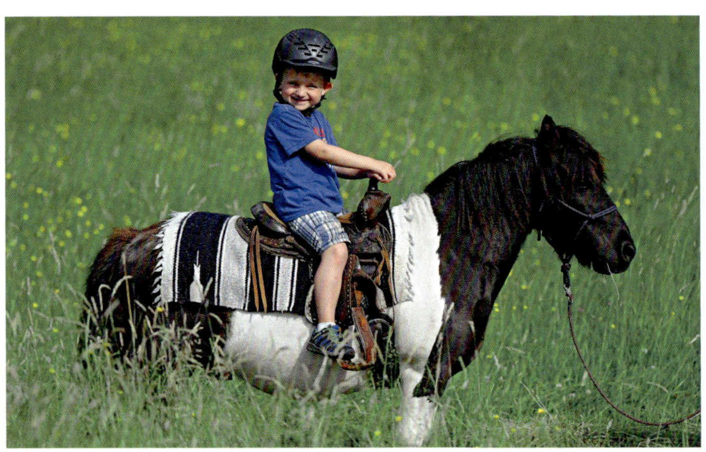

Entspannung und der richtige tierische und menschliche Ausreitpartner stellen die Weichen für einen angenehmen Ausritt.

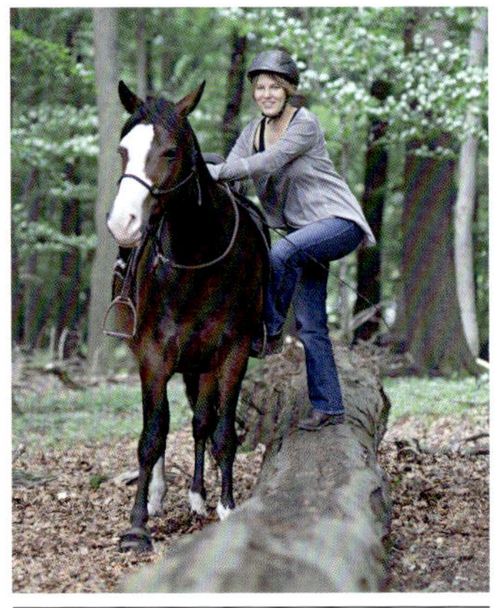

Oft ist absteigen die verantwortungsvollere Wahl. Sind Sie gut vorbereitet, finden sich genügend Möglichkeiten, auf das entspannte Pferd wieder aufzusteigen.

Wenn möglich, lassen Sie Ihr entspanntes (!) Pferd grasen. Hierdurch wird es noch besser abschalten können. Bald schon genießen Sie Ihre gemeinsamen Ausritte und können sie ausdehnen.

Sitzen bleiben oder absteigen? Auch, wenn viele Menschen es Ihnen sicher anders raten, lautet unser Tipp noch einmal: Bitte steigen Sie ab, wenn die Situation zu brenzlig wird! Ohne Rücksicht auf Verluste oben sitzen zu bleiben, nutzt weder Ihnen noch Ihrem Pferd. Ganz davon abgesehen, dass man dann leider oft doch noch unfreiwillig absteigt. Unsere Aufgabe ist es, Pferden zu helfen, und dafür müssen wir handlungsfähig bleiben. Sind wir das im Sattel nicht mehr, ist absteigen die einzig verantwortungsvolle Wahl.

WEITERE SINNVOLLE ÜBUNGEN IM GELÄNDE

„BITTE NICHT GRASEN!"

Der Versuch, ein hungriges Pferd nur am Zügel vom Gras wegzuziehen, endet oft in einem Tauziehen, und das selbst bei einem ansonsten nachgiebigen Vertreter. Hier haben wir zwei Möglichkeiten für Sie, das Pferd auch ohne Zügeleinsatz vom Gras wegzubekommen:

1. Sie nehmen so lange Einfluss auf die Hinterhand, bei Bedarf unter Zuhilfenahme Ihres Sticks oder eines Strings, bis das Pferd den Kopf hebt und aufhört zu fressen.

2. Sie ignorieren das Fressen und fragen das Pferd in den Schritt. Bestehen Sie darauf, dass es auch wirklich losläuft und dabei den Kopf hochnimmt.

Egal ob im Stehen oder beim Gehen, wird es in der Regel sofort wieder fressen wollen. Damit der Kopf aber selbstständig oben bleibt, und das Pferd nicht von sich aus sofort wieder grast, sondern uns sozusagen danach fragt, tun Sie Folgendes:
In dem Moment, in dem das Pferd den Kopf von sich aus wieder in Richtung Boden senkt, heben Sie den Zügel mit einem Impuls senkrecht nach oben an. Sobald es den Kopf wieder hochnimmt, senken Sie augenblicklich Ihre Hand, sodass der Zügel locker durchhängt. Das Wiederholen Sie so lange, bis das Pferd den Kopf von alleine oben lässt. Dann erlauben Sie ihm, wieder zu fressen.

WEGREITEN VON ANDEREN PFERDEN ODER VON DER GRUPPE

Das Wegreiten von anderen Pferden widerspricht dem Naturell des Pferdes als Herdentier. Da es sich aber nicht immer vermeiden lässt, gilt es, ihm eine andere Idee zu geben, die sinnvoll und möglich ist. Das ist ein weiterer Fall für Annäherung und Rückzug. Entfernen Sie sich ein paar Meter von der Gruppe – gerade so weit, bis das Pferd unsicher wird. Dort machen Sie kurz Pause (am besten mit Gras), und reiten dann zurück. Halten Sie jedoch nicht bei der Gruppe an, sondern reiten Sie an ihr einige Meter vorbei. Daraufhin wiederholen Sie das gleiche Spiel auf der anderen Seite. Die Pause gibt es für Ihr Pferd immer, wenn es einen Abstand von der Gruppe akzeptiert. Vergrößern Sie nach und nach die Distanz, bis Sie irgendwann komplett von der Gruppe wegreiten können.
Alternativ können Sie auch mit einem anderen Reiter auf ein und demselben Kreis gegeneinander zirkeln. Sie reiten in die eine Richtung, der zweite Reiter in die andere. Zunächst wählen Sie einen kleinen Kreis,

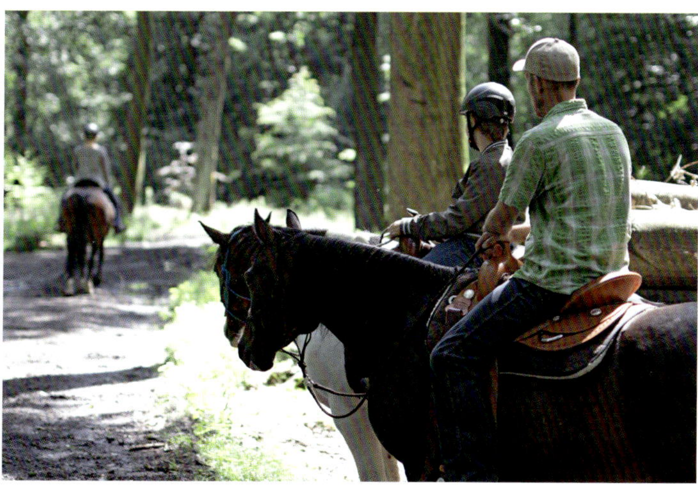

Von der Herde getrennt zu werden, ist für manche Pferde ein ernstes Problem. Üben oder testen Sie es, bevor es Ihnen einen Ausflug in den Busch verdirbt.

den Sie nach und nach vergrößern. Die Pferde verlieren sich vielleicht mal kurz aus den Augen (Bäume, Büsche), aber zwei Mal pro Runde treffen sie sich wieder. Wenn beide Pferde entspannt sind, geben Sie ihnen die Pause auf den gegenüberliegenden Seiten.

STEHEN BLEIBEN

Kann Ihr Pferd gerade im Gelände nicht ruhig stehen bleiben, liegt das meist an zu großer Anspannung und zu wenig mentaler Verbindung. Halten Sie Ihr Pferd an einer geeigneten Stelle an. Lassen Sie die Zügel lang und entspannen Sie sich. Sobald Ihr Pferd von alleine losläuft, wiederholen Sie den Vorgang, bis es anfängt, im Stehen Entspannung zu finden. Als Belohnung können Sie entscheiden, ob Sie die Pause einfach noch ausweiten oder dem Pferd die Möglichkeit geben, sich wieder in Bewegung zu setzen. Dies hängt immer ein bisschen von der Persönlichkeit Ihres Pferdes ab. Reiten Sie erst mit einem entspannten Pferd weiter.

HINDERNISSE NUTZEN

Wo, wenn nicht im Wald, haben Sie so viele Möglichkeiten, einige Übungen aus diesem Buch in die „reale" Welt zu übertragen? Falls es erlaubt ist, verlassen Sie die ausgetretenen Wege und reiten Sie querfeldein. Dies schult die Trittsicherheit, fordert Sie beide aber auch gerne mal heraus. So müssen Baumstämme überwunden oder Engpässe durchquert werden. Sie können sich einzelne Bäume als Mittelpunkt für das Zirkeln aussuchen, oder sich stets neue und interessante Punkte für das Zielspiel wählen. Herumliegende große Äste sind die besten Trabstangen und wer sich traut, gönnt sich und seinem Pferd auch mal einen kleinen Sprung. Können Sie seitwärts über einen Baumstamm reiten oder ihr Pferd bitten, sich auf einen stabilen Baumstumpf zu stellen? Wenn Sie einmal begonnen haben, werden Sie merken, dass Ihrer Fantasie kaum Grenzen gesetzt sind. Kleinere Abhänge und Bäche sind auf einmal eine Herausforderung und kein Hindernis mehr! Der wichtigste Effekt ist jedoch, dass Ihr Pferd anfängt, mitzudenken, Ihnen zuhört, versucht, Lösungen zu finden, und sich entspannt!

DER WEG NACH HAUSE

Viele Pferde wirken auf der ersten Hälfte des Ausritts entspannt, haben es aber plötzlich auf dem Heimweg sehr eilig. Die Aussage dahinter ist ziemlich klar: Ihr Pferd findet den Ausritt mit Ihnen nicht ganz so schön, wie Sie selbst und wäre lieber zu Hause im Stall. Grund genug, um etwas daran zu ändern. Machen Sie den Menschen-Ausritt auch zu einem Pferdeausflug. Annäherung und Rückzug (siehe S. 28), Respektieren der Grenzen bzw. Angstschwellen und viele (Gras-) Pausen, vor allem auf dem Rückweg, helfen Ihnen dabei. Fangen Sie klein an, reiten Sie am Ende am Hof vorbei und bieten dem Pferd eine tolle Stelle, an der Sie gemeinsam Pause machen. Verfahren Sie also ähnlich wie beim Wegreiten von der Gruppe.

WER LÄUFT WO?

In der Regel bestimmen bei einem Gruppenausflug zu Pferd die Reiter, wer an welcher Position läuft. Dies kann Probleme provozieren, wenn Pferde aus Rangordnungs- oder Sicherheitsgründen eine andere Position gewählt hätten. Lassen Sie Ihr Pferd mitentscheiden. Wenn Sie unbedingt möchten, dass es an einer bestimmten Stelle läuft, bringen Sie ihm die gewünschte Position in der Gruppe schrittweise näher, bis es Ihnen genug vertraut. Doch bis dahin, vertrauen Sie seinem Urteilsvermögen.

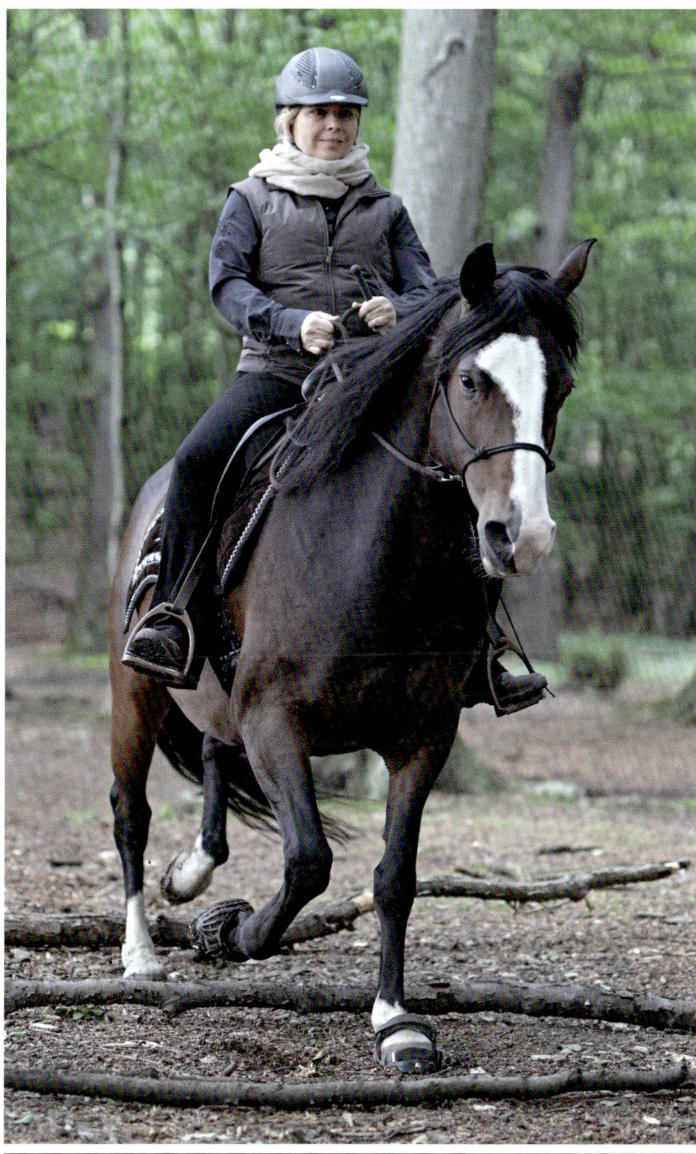

Kleine und große Trainingshilfen für zwischendurch finden sich im Wald hinter jedem Baum.

Gymnastizierung
— und Versammlung

Auch im Natural Horsemanship spielt Gymnastizierung eine Rolle. Sie bezieht neben den körperlichen auch die emotionalen und mentalen Aspekte mit ein.

GANZHEITLICHE GYMNASTIZIERUNG

Immer wieder begegnet man dem Vorwurf „die Natural-Horsemanship-Leute reiten ihre Pferde kaputt“. Das ist unserer Erfahrung nach meistens nicht der Fall. Dieses Vorurteil rührt allein von der Tatsache her, dass wir nicht von Anfang an mit Anlehnung, sondern gerne frei reiten. Unser Augenmerk liegt hauptsächlich auf den mentalen und emotionalen Aspekten des Trainings. Dies gilt sowohl für das freie Reiten als auch für das Reiten mit Anlehnung. Aus unserem Verständnis heraus kann physische Versammlung nur von innen heraus erfolgen. Dies ist zwar nicht unser Spezialgebiet, jedoch sind wir überzeugt, dass ein Pferd, das sich körperlich versammeln und auf den Punkt genau bewegen soll, dies vorher auch schon auf den beiden anderen Ebenen können muss. Alle drei Bereiche – der mentale, der emotionale und der körperliche – sollten ausgewogen zusammenspielen.

Echte Versammlung erreiche ich – vorausgesetzt das Pferd verfügt über ausreichend Körperkraft – also zu einem großen Teil durch die geistige Bereitschaft des Pferdes, auf die Hilfen des Reiters zu achten und zu antworten.

Ein Tennisspieler, der immer bereit sein muss, nach vorne oder hinten oder nach rechts oder links zu sprinten, ist auch versammelt. Nicht, weil ihm jemand sagt, wie er sich hinstellen muss, um den Ball zu bekommen, sondern weil er lernt, welche Körperhaltung er am besten einnehmen sollte, wenn er den Ball erwischen will.

Bei Pferden ist es das Gleiche. So wichtig es auch ist, Kopf und Hals, die Vorhand und die Hinterhand für versammelnde Übungen zu positionieren und zu gymnastizieren, so nutzlos ist es, wenn man dabei die mentale und emotionale Versammlung außer Acht lässt.

Jedoch ist es tatsächlich so, dass es die Anatomie des Pferdes kaum erlaubt, ohne körperliches Training und Gymnastizierung schadlos einen Menschen zu tragen. Deswegen haben wir diesem Thema auch ein eigenes Kapitel eingeräumt.

WARUM IST GYMNASTIZIERUNG WICHTIG?

Das Ziel von Gymnastizierung ist die Bildung korrekter Muskulatur, um den Reiter gesund tragen zu können. Das Pferd sollte dazu motiviert werden, seine eigene Energie einzusetzen und sich selbst zu versammeln. Die Funktion von Gymnastizierung und Versammlung möchten wir Ihnen anhand eines weiteren praktischen Beispiels erklären: Sind Sie schon einmal Tretroller gefahren? Welches Bein muss sich mehr anstrengen – das Bein auf dem Roller oder das Bein, das Schwung gibt? Tatsächlich wird das Standbein extrem viel stärker beansprucht, als das Schwungbein. Wenn Sie es nicht glauben, probieren Sie es aus.

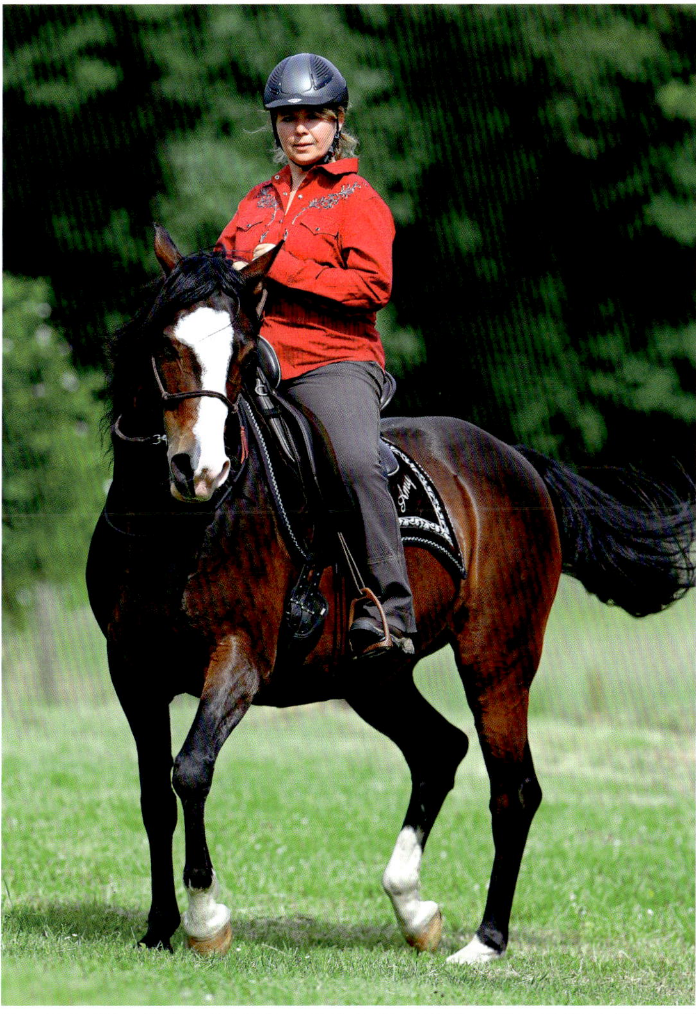

Gymnastizierung ist ein Zusammenspiel mentaler und körperlicher Aspekte. Sowohl beim Pferd als auch beim Reiter.

Grund hierfür ist, dass dieses Bein für einige Momente (während der Rollphase) Ihr gesamtes Körpergewicht tragen muss. Ganz automatisch bringen Sie es unter Ihren Schwerpunkt und finden Ihr Gleichgewicht, weil Sie sonst einfach umfallen würden. Am Anfang werden Sie spüren, dass das Rollerfahren sehr viel anstrengender ist, als Sie vermutet hätten, und dass Sie häufiger das Bein wechseln, um das beanspruchte zu erholen. Meistens kann man nicht beide Beine gleich gut als Standbein benutzen, aber mit einiger Übung wird auch dies ausgeglichener funktionieren und einfacher werden, da das Training schnell zum gezielten Muskelaufbau führt.
Gymnastizierung bzw. Versammlung hat beim Pferd genau denselben Zweck. Sie zielt unter anderem darauf ab, die Hinterbeine des Pferdes vermehrt unter seinen Schwerpunkt zu bringen und so die nötige Muskulatur aufzubauen, um einen Menschen zu tragen.

VORAUSSETZUNGEN

Die Spiegelübung in beide Richtungen hilft Ihnen, sich mit dem Pferd zu synchronisieren. Die von Ihrem Pferd getragene Verantwortung für die Gangart und die Richtung macht Ihre Hände und Beine frei für feine und präzise Hilfen. Ihr Pferd sollte durchlässig sein, das heißt an allen Körperteilen unabhängig voneinander sehr weich und leicht auf alle direkten und indirekten Hilfen reagieren.

Um die Gangart und die Richtung kümmert sich Ihr Pferd jetzt zu einem großen Teil selbst. Das bietet Ihnen Freiraum für neue Projekte.

ÜBUNGEN ZUR GYMNASTIZIERUNG

DIE EINZELTEILE UNABHÄNGIG BEWEGEN

Üben Sie zunächst im Stand, ob Sie die Hinterhand, die Schulter und den Kopf des Pferdes unabhängig voneinander und zu beiden Seiten hin beeinflussen können. Fragen Sie beispielsweise die Hinterhand für nur einen Schritt, während Sie Kopf und Hals in der gleichen Position belassen. Probieren Sie das Gleiche mit der Schulter. Wie sieht es mit dem Kopf aus? Können Sie ihn in einer fließenden Bewegung von links über gerade nach rechts stellen und umgekehrt? Können Sie auch die Abstellung des Kopfes variieren?

NACHFÜHLEN: WAS MACHEN DIE PFERDEBEINE?

Wer genauer Einfluss nehmen möchte, der muss auch besser hinhören. Den Pferdebeinen kommt bei der Gymnastizierung eine besondere Bedeutung zu. Es ist z. B. wichtig, zu „erfühlen", welches Hinterbein gerade abhuft. Das wird Ihnen helfen, dieses später im richtigen Moment zu unterstützen. Dazu fühlen Sie sich im Schritt in die Bewegungen des Pferdes hinein, wie in der Passagierübung beschrieben. Sie werden merken, dass sich Ihr Becken gemeinsam mit dem Pferd in einer Rechts-

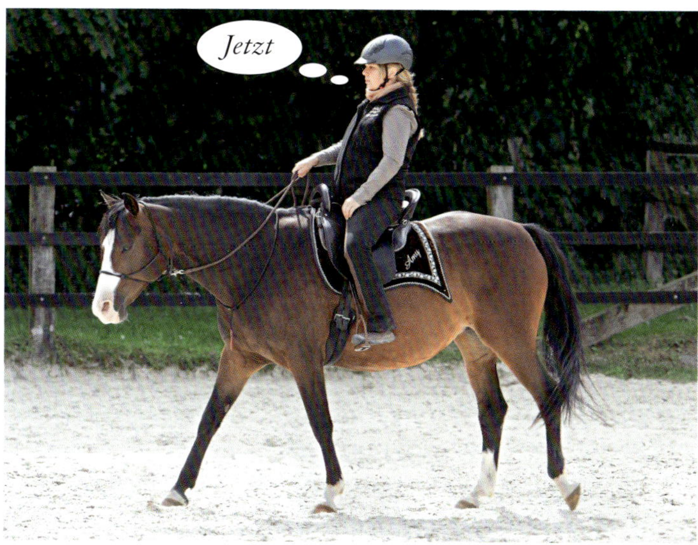

Wann huft das Hinterbein ab?

links-Bewegung hebt und senkt. Jedes Mal, wenn Ihr Becken nach links unten kippt, hebt das Pferd sein linkes Hinterbein, es huft also ab. Sagen Sie „jetzt", wenn Sie es fühlen, so verinnerlichen Sie das Bild schneller. Eine Hilfsperson am Boden kann Ihr Gefühl bestätigen oder Sie korrigieren. Danach versuchen Sie es auf der rechten Pferdeseite.

NOCH EINMAL DIE SITZPOSITION

Oft verhindert eine falsche Sitzposition des Menschen eine im gymnastizierenden Sinne korrekte Stellung und Biegung. Mögliche Gründe hierfür sind: mangelndes Wissen über die Reitdynamik, die Anatomie des Menschen oder des Pferdes oder auch Fliehkraft und Radius des Zirkels. Bisher haben Sie gelernt, dem Pferd mit der Sitzposition nicht im Weg zu sein, wenn es das Richtige tut. Das ist jetzt nicht anders: Biegt es sich korrekt, sitzen Sie auf der Seite der Biegung (= innen) etwas tiefer. Versuchen Sie sich daher auch bewusst nach innen zu setzen, um dem Pferd die gewünschte Position vorzugeben bzw. zu ermöglichen.

DAS GEWICHT UNTER DEN SCHWERPUNKT BRINGEN

Reiten Sie Ihr Pferd auf dem Zirkel, stellen Sie seinen Kopf leicht nach innen und setzen Sie sich, wie eben erläutert, etwas auf die Innenseite der Biegung. Fühlen Sie, wann das innere Hinterbein abhuft. Fordern Sie das Pferd genau jetzt auf, dieses Bein verstärkt in Richtung Schwerpunkt unterzusetzen. Wiederholen Sie das ruhig für ein paar Schritte und lassen Sie Ihr Pferd dann wieder „normal" weiterlaufen. Üben Sie gleichmäßig auf beiden Händen. Denken Sie aber immer an das Rollerfahren. Am Anfang ist es noch sehr anstrengend, so viel Gewicht auf einem Bein zu tragen.

In diesem Film sehen Sie das Reiten im Gelände sowie die Gymnastizierung des Pferdes

DIE SCHULTER FREI BEWEGEN AUF DER GERADEN

Während Sie in der Bahn auf einer geraden Linie reiten, versuchen Sie, die Schulter des Pferdes für einige Schritte mal nach links und mal nach rechts zu bewegen. Die Schwierigkeit dabei: Schwingt die Schulter nach links, bleibt der Pferdekopf rechts und umgekehrt. Ihr Fokus richtet sich dahin, wohin Sie die Schulter bewegen möchten. Hier ist der „indirekte Zügel", den Sie vom Lenken her kennen, von großem Wert. Für die nächste Übung reiten Sie an der Bande entlang. Sie stellen den Kopf des Pferdes leicht nach innen und bewegen gleichzeitig seine Vorhand auf den zweiten Hufschlag. Setzen Sie dazu Ihre Körperdynamik, den äußeren Zügel und ggf. Ihren Schenkel ein. Die Hinterbeine verlassen dabei den Hufschlag jedoch nicht. Dafür sorgen Ihr inneres Bein und der innere indirekte Zügel. Ihr Oberkörper sollte sich in Blickrichtung des Pferdes drehen, Ihr Becken jedoch weiterhin in Bewegungsrichtung zeigen (parallel zur Bande). Schaffen Sie das für nur ein oder zwei Schritte, rückt das Schulterherein schon in greifbare Nähe.

01 – 02 Lässt sich die Vorhand unabhängig vom Kopf nach rechts und links bewegen?

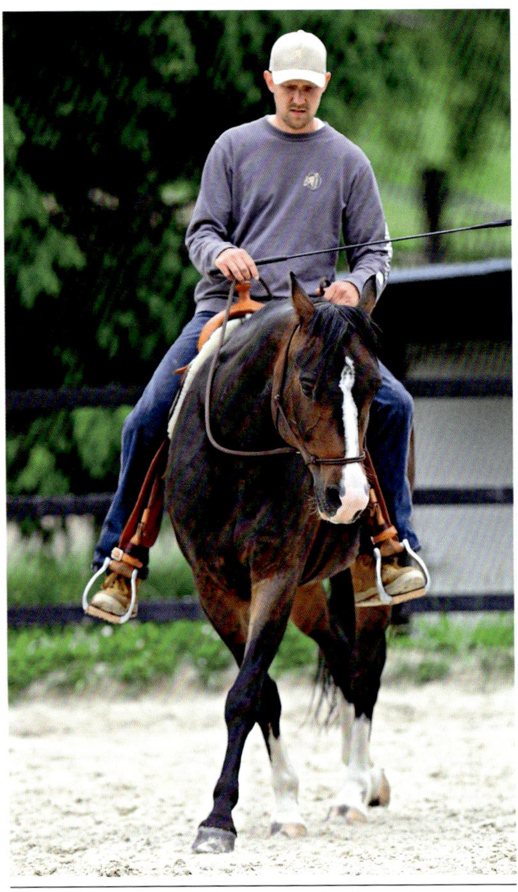

01

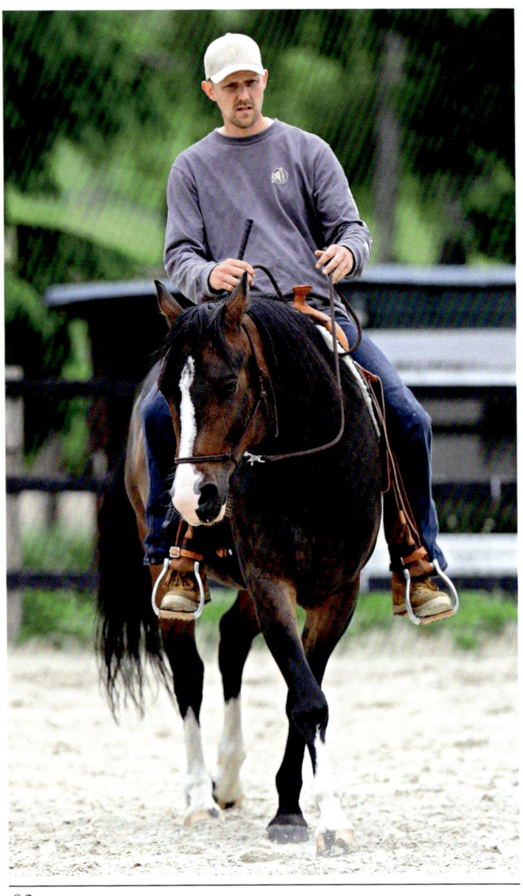

02

ZIRKEL VERKLEINERN UND VERGRÖSSERN ÜBER DIE VORHAND

Diese Übung beginnt auf dem Zirkel in Innenstellung. Behalten Sie die Kopfhaltung nach innen bei, fragen die Schulter jedoch dabei nach außen (ähnlich wie auf der Geraden). Nach ein paar Metern versuchen Sie, die Vorhand wieder nach innen zu dirigieren, ohne die Stellung von Kopf und Hals zu ändern. Hier stellt sich heraus, wie gut Ihr Fokus und Ihre Körpersprache sind. Anstatt den Zirkel nur zu vergrößern, können Sie in dieser Stellung auch weiter bis zu einem Punkt an der Bande hinreiten. Auch das erleichtert später das Schulterherein.

DIE HINTERHAND FREI BEWEGEN

Reiten Sie an der Bande entlang. Ihr Fokus bleibt auch während der nächsten Schritte zusammen mit Ihrem Oberkörper (Schulter und Kopf) geradeaus gerichtet, Fokuspunkt ist die nächste Ecke. Ihr Becken drehen Sie dagegen leicht nach innen. Es soll die Kruppe des Pferdes in die Bahn hineinfragen. Sie spiegeln also mal wieder die Bewegung,

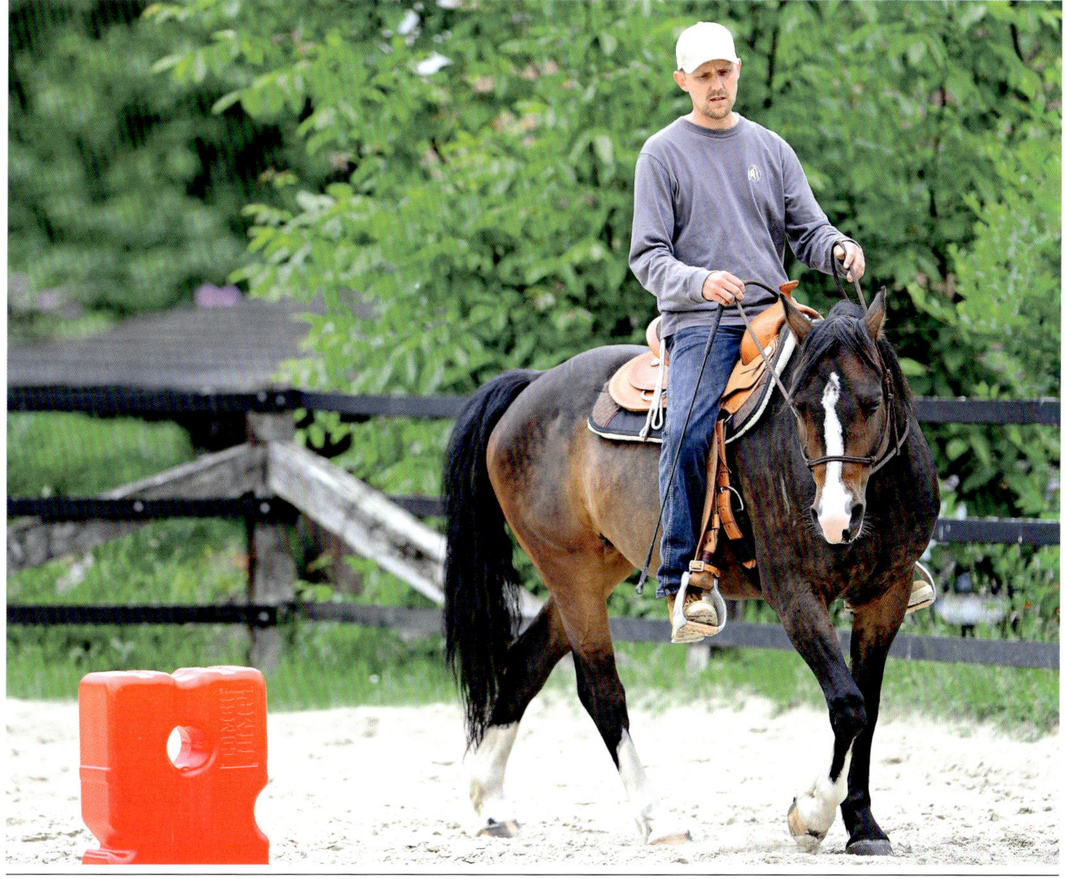

Funktioniert das auch auf dem Zirkel, z. B. wenn Sie vom Mittelpunkt weg die Schulter nach außen bewegen möchten?

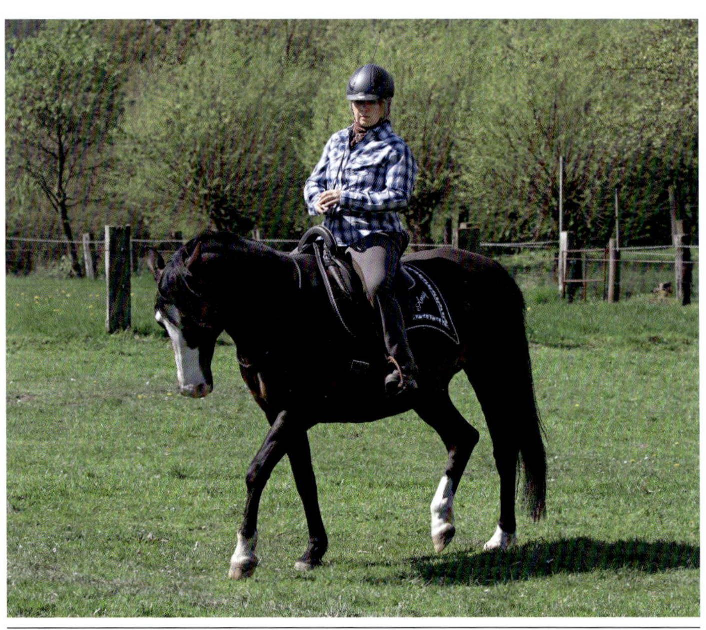

Beizäumung ist sogar ohne Zäumung möglich!

die Sie sich von Ihrem Pferd wünschen. Helfen Sie ggf. mit dem äußeren Schenkel nach. Dann versuchen Sie es auf dem Zirkel. Fokussieren Sie die Zirkellinie und fragen Sie, wie an der Bande, die Hinterhand für einen Schritt in Richtung Zirkelmitte.
Belohnen Sie bei diesem schwierigen Manöver wieder direkt die erste richtige Idee des Pferdes. Damit haben Sie sich bereits die Anfänge des Kruppeherein (Travers) erarbeitet, mit dem Sie auch das äußere Hinterbein des Pferdes unter den Schwerpunkt treten lassen können.

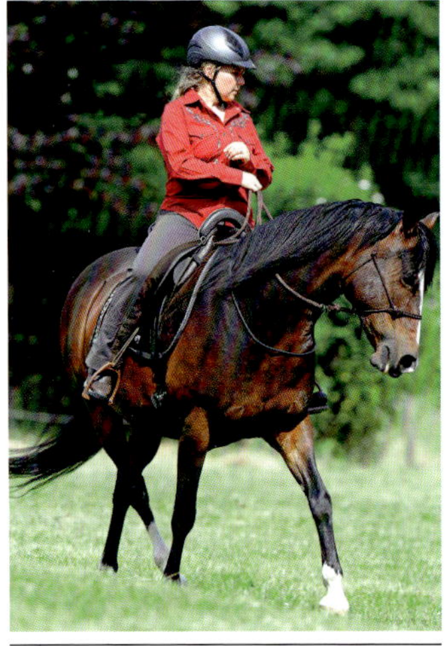

Auch komplexe Bewegungsabläufe wie die Traversale sind mit natürlicher Vorbereitung möglich.

BEIZÄUMUNG

Wird das Pferd in eine bestimmte Haltung gezwungen, provoziert das Abwehr. Geht das Pferd aber gegen den Zügel, bilden sich genau die gegenteiligen Muskeln, als eigentlich von Ihnen gewünscht. Gutes Reiten in schöner Haltung kann nur funktionieren, wenn Ihr Pferd aufmerksam und nachgiebig ist und es Eigenverantwortung für das Tragen seines Kopfes übernimmt.
Bei den Herausforderungen des Rückwärtsrichtens war die Beizäumung schon ein Thema, da der Einsatz der Zügel ähnlich war. Nun probieren Sie das auch im Schritt und bei den hier beschriebenen Vorschlägen für gymnastizierende Übungen. Gehen Sie dabei mit ganz viel Gefühl vor und belohnen Sie das kleinste Nachgeben Ihres Pferdes. Wenn Sie Ihr Pferd Schritt für Schritt bis zu diesem Punkt gebracht haben, können Sie vor dem Beizäumen mit dem Zügel ein Signal mit dem Stick an der Pferdeschulter geben.
Bald wird Ihr Pferd verstehen und Sie können sogar hier auf den Zügel verzichten.

Ein paar Worte zum Schluss

Reiten ist einfach und kompliziert zugleich. Sicher haben Sie das beim Lesen und Ausprobieren schon festgestellt. Wir hoffen, dass Sie bei Problemen mutig und geistesgegenwärtig genug sind, immer in die Einfachheit zurückzukehren, aber andererseits auf Grund der Komplexität nicht müde werden, immer wieder über die Pferde zu staunen. So bewahren Sie sich den Spaß beim Reiten und das Gefühl für Pferde. Viel Erfolg bei Ihrem weiteren natürlichen Weg wünschen Ihnen

PEER UND JENNY

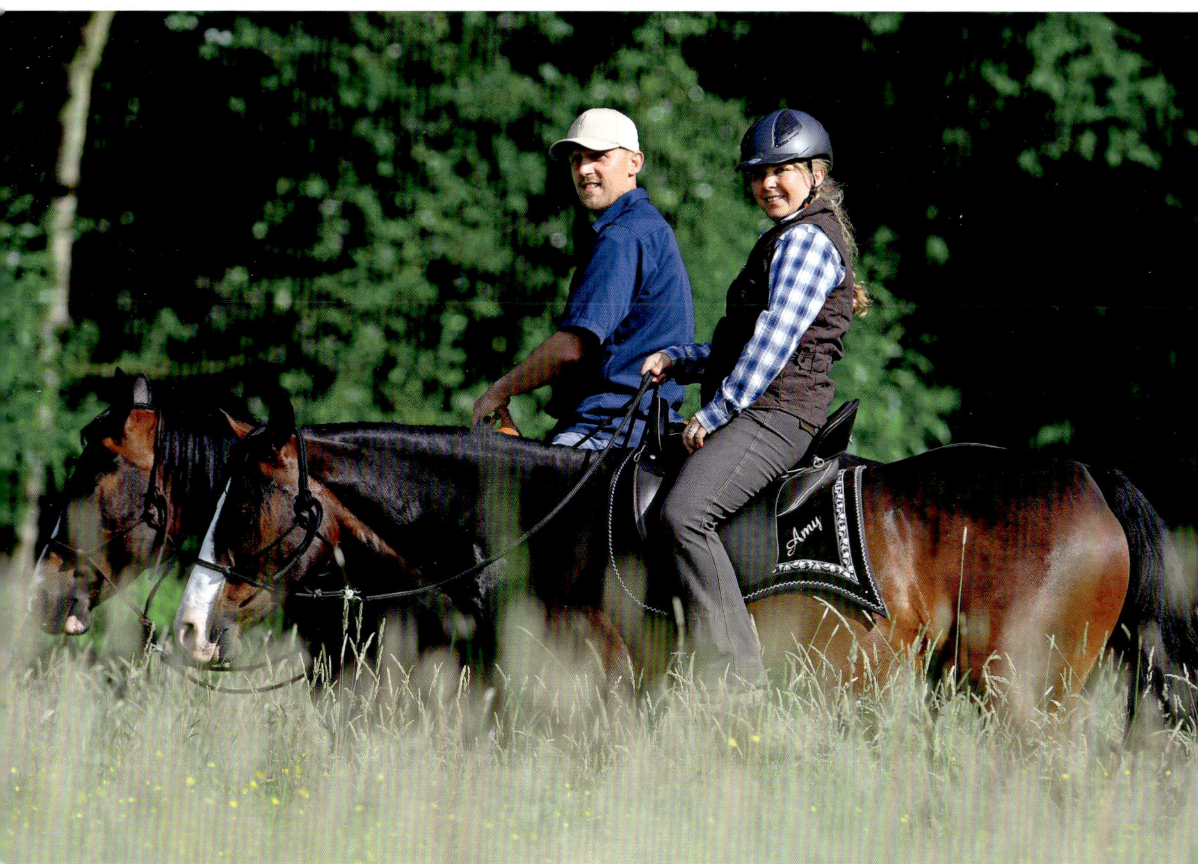

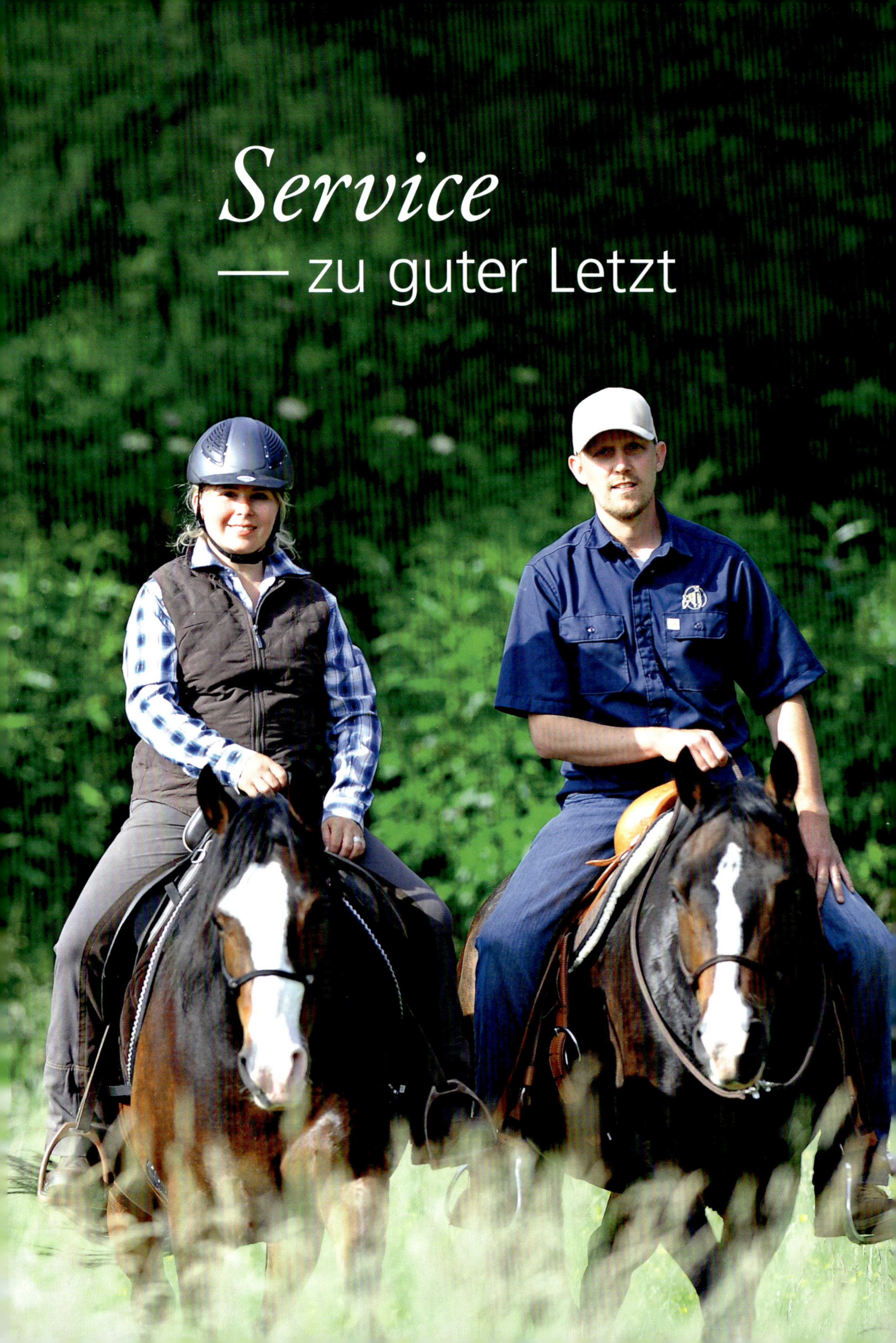

Service
— zu guter Letzt

NÜTZLICHE ADRESSEN

Jenny Wild und Peer Claßen
jenny-wild@peer-classen.de
peer-classen@peer-classen.de
www.peer-classen.de
www.facebook.com/Peer-und-Jenny-NATÜRLICH-ERFOLGREICH-MIT-PFERDEN-185689374817782

DANK

Ein Dankeschön an unsere Partner und Sponsoren, die uns für den Fototermin ausgestattet haben:

www.carhartt-europe.com,
www.http://filzsattel.ezp-media.com,
www.flexfit-europe.com,
www.hofmeister-pferdesport.de,
www.sattelwagen.com,
www.sonnenreiter.de,
www.starsandstripes.de,
www.uvex-sports.de,
www.wayoutwest.de

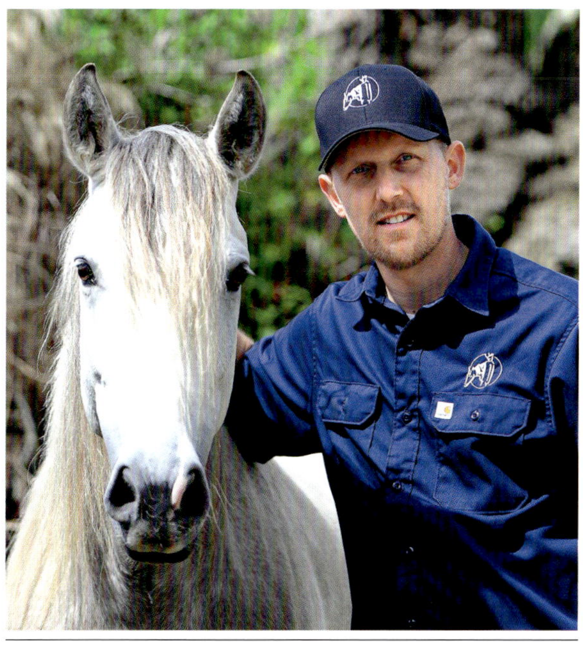

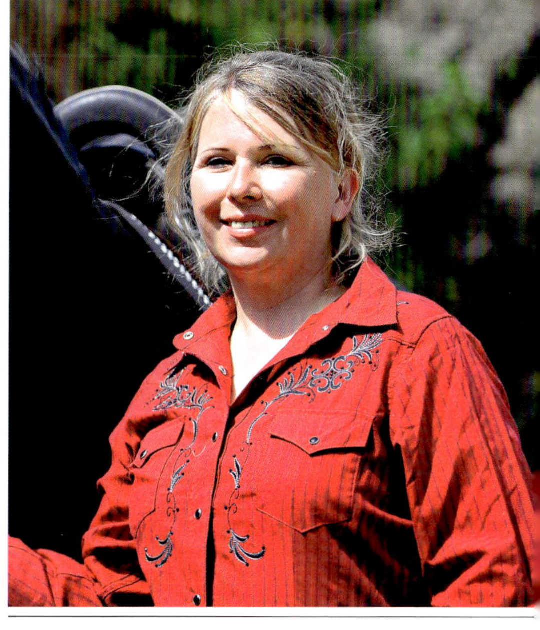

ZUM WEITERLESEN

Aguilar, Alfonso: **Professionelle Ausbildung am Boden,** ... für jedes Alter, für jede Rasse; Edition WuWei bei KOSMOS 2014
Für Alfonso Aguilar ist die Bodenarbeit ein wichtiger Teil in der Pferdeausbildung. Sein schrittweise aufgebautes Buch zeigt Übungen für jedes Pferdealter – vom ersten Aufhalftern bis zu anspruchsvollen Lektionen an der Doppellonge. Eine „Roadmap" hilft, den eigenen Trainingsstand zu bestimmen und die individuellen Ausbildungsschritte mit dem eigenen Pferd zu gehen.

Branderup, Bent: **Die Logik hinter den Biegungen,** Gustav Steinbrecht neu erklärt; Edition WuWei bei KOSMOS 2016
Gustav Steinbrechts Buch „Das Gymnasium des Pferdes" war ein bahnbrechendes Werk zur Pferdeausbildung. Bent Branderup, Großmeister der Reiterei, erklärt, wie das historische Wissen auch heute noch für die Ausbildung von Pferd und Reiter genutzt werden kann und welche Erkenntnisse mit der modernen Forschung zur Biomechanik des Pferdes vereinbar sind.

Hembes, Silke: **Reiten erschreiten,** Lektionen laufend lernen in 5 Punkten; KOSMOS 2016
Die erfahrene Trainerin Silke Hembes hat ein neues Konzept für effizienteres Training und mehr Spaß beim Reiten entwickelt. Das Programm kombiniert „erlaufene" Lektionen am Boden mit deren Umsetzung im Sattel. Diese Verbindung sorgt für Aha-Effekte beim Reiter und das immer bessere Verstehen der Hilfen seitens des Pferdes.

Klimke, Ingrid: **Reite zu Deiner Freude,** Grundsätze meiner Pferdeausbildung; KOSMOS 2016
Ingrid Klimke stellt erstmals ihre Trainingsphilosophie vor. Die Basis bilden Vielseitigkeit und Abwechslung wie Cavaletti-Arbeit, Dressur, Springen und Reiten im Gelände. Am Beispiel ihrer eigenen Pferde gibt sie wertvolle Tipps zur Förderung des jeweiligen Pferdecharakters. Auch als E-Book erhältlich.

Müller, Karin: **HippoSophia,** Warum Pferd und Mensch sich gut tun; KOSMOS 2016
Wer schon einmal in einem Pferdestall war und die friedliche Atmosphäre spüren konnte, weiß: Pferde und ihr Umfeld tun uns gut. Wir stärken und entwickeln uns durch die Pferde, doch wir können ihnen auch viel geben, sodass ein gegenseitiges Fördern und Wachsen entsteht. Wie der Stall ein Ort der Heilung werden kann und welche Rolle Mensch und Pferd dabei spielen, wird in diesem Buch erstmals tiefgehend beschrieben und wissenschaftlich belegt.

Rashid, Mark: **Pferde sanft führen,** So wird deine Idee zur Idee des Pferdes; KOSMOS 2016
Mark Rashid beschreibt seinen Weg zu einem neuen, sanften Umgang mit Pferden. Begegnungen mit zahlreichen beeindruckenden Pferdepersönlichkeiten haben ihn als Trainer zum Umdenken angeregt. Er zeigt wie es gelingt , eine von Einfühlung, Gelassenheit und Sanftheit getragene Beziehung zum Tier aufzubauen.
Auch als E-Book erhältlich.

Tietze, Tuuli: **Reiten mit inneren Bildern,** Lektionen verbessern mit mentaler Stärke; KOSMOS 2016
Erfolgreiches Reiten beginnt mit inneren Bildern, diese Erfahrung machen immer mehr Reiter. Aber warum verstehen Pferde die menschliche Vorstellungskraft und welche inneren Bilder eignen sich für welche Lektionen? Dressurausbilderin und Reitlehrerin Tuuli Tietze erklärt wichtige Grundregeln der mentalen Verständigung und stellt viele praktische Regieanweisungen für das reiterliche Kopfkino vor.

Wild, Jenny / Claßen, Peer: **Übungsbuch Natural Horsemanship;** KOSMOS 2015
Pferde sind von Natur aus nicht für die moderne Welt der Menschen geschaffen: Lärm und Hektik, wenig Platz – all das verängstigt sie. Es liegt in der Verantwortung des Menschen, dem Pferd Sicherheit und Vertrauen zu geben, so dass die gemeinsamen Unternehmungen harmonisch ablaufen können.
Das Rüstzeug hierfür bietet dieses Buch: Es enthält alle grundlegenden Übungen der Kommunikation mit Seil und Halfter, erklärt, wie ich mein Pferd sicher vorwärts, rückwärts und seitwärts bewege. Ebenso das Anhalten, Richtung ändern und Hindernisse überwinden mit und ohne Seil. So lernen Mensch und Pferd, wie Klarheit beim gemeinsamen Tun zu einer tiefen Verbindung führt.

REGISTER

BILDNACHWEIS

201 Farbfotos wurden von Horst Streitferdt für dieses Buch aufgenommen.

Weitere Farbfotos von Gerhard Bauer-Schmitz, http://www.bauer-schmitz.photos (1): S. 4; Peer Claßen (1): S. 60; Madith Pauwels (8): S. 10, 47, 172/173, 174, 175, 176, 179, 180; Horst Streitferdt / Kosmos (201): S. 5, 6, 8, 9, 12, 13, 15 li., 17, 20, 21, 22, 23, 24, 25, 26, 27, 28, 29, 31, 32, 33, 38, 39, 40, 43, 44, 45, 46, 48, 49, 50, 52, 53, 54, 59, 62, 63, 65, 66, 67, 68, 69, 70, 73, 74, 75, 76, 77, 78, 79, 81, 83, 84, 85, 87, 88, 92, 94, 95, 96, 97, 100, 101, 105, 106, 107, 111, 112, 115, 116 re., 117, 118, 119, 121, 123, 124, 125, 126 li., re., 128, 130, 131, 133, 134, 135, 136 re., 137, 138, 139, 140, 146, 147, 148, 149, 150, 151, 152, 154 o., 155, 157, 158, 160, 161, 162, 163, 167 o. re., mi., 169, 171, 177, 178, 182 o., 187, 188, 190, 191, 192 u., 193, 195; Justin Wiedemann (70): S. 7, 14, 18, 19, 30, 35, 36, 37, 41, 42, 51, 55, 56, 57, 58, 61, 71, 72, 80, 82, 90, 91, 93, 98, 103, 104, 109, 110, 113, 114, 116 li., 126 mi., 127, 129, 136 li., 142, 143, 154 u., 165, 167 o. li., u., 168, 182 mi. li., 183, 185, 189, 192 o.; Sina Wilczek (1): S. 145; Bea Wild (3): S. 102,120, 141

Mit 1 Farbillustration von Cornelia Koller / Kosmos S. 164

IMPRESSUM

Umschlaggestaltung von GRAMISCI Editorial Design, Cornelia Sekulin, München unter Verwendung von zwei Farbfotos von Horst Streitferdt / Kosmos. Das Titelbild zeigt Jenny Wild mit ihrer Stute Amy.

Mit 285 Farbfotos und 1 Farbillustration

Alle Angaben und Methoden in diesem Buch sind sorgfältig recherchiert, erwogen und geprüft. Sie entbinden den Pferdefreund nicht von der Eigenverantwortung für sein Tier und sich selbst. Die Anwendung der beschriebenen Methoden liegt in eigener Verantwortung. Der Verlag und die Autoren übernehmen keine Haftung für Personen-, Sach- oder Vermögensschäden, die aus der Anwendung der vorgestellten Materialien und Methoden entstehen.

Unser gesamtes Programm finden Sie unter **kosmos.de**.
Über Neuigkeiten informieren Sie regelmäßig unsere Newsletter, einfach anmelden unter **kosmos.de/newsletter**

Gedruckt auf chlorfrei gebleichtem Papier

ISBN 978-3-440-14595-1
Redaktion: Alexandra Haungs
Gestaltungskonzept: Peter Schmidt Group GmbH, Hamburg
Gestaltung und Satz: Atelier Krohmer, Dettingen/Erms
Produktion: Nina Renz
Druck und Bindung: Print Consult GmbH, München
Printed in Slovakia / Imprimé en Slovaquie

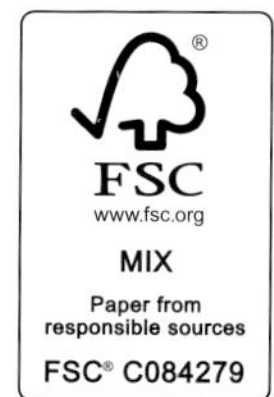